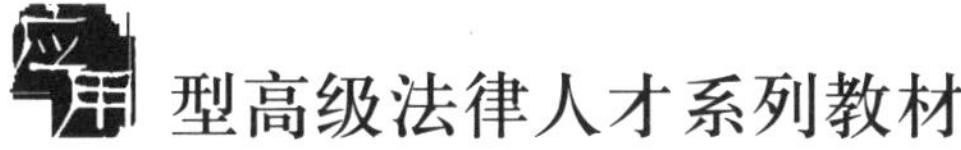
型高级法律人才系列教材

民事诉讼法实务教程

主　编　唐　力　陈　彬

撰稿人　唐　力　马登科　李永泉　包冰锋

向国慧　毋爱斌　徐德臣

中国人民大学出版社

·北京·

总　序

法学是研究法律现象及其规律的科学。法学的实践性、技术性要求法学教育密切关注社会现实，尤其要与法律职业形成衔接与互动机制，以更好地实现法学的社会功能，推进社会发展。社会分工的不断细化对应用型法律实务人才应具备的能力提出了更高的标准——熟练运用法律解决社会问题、化解社会纠纷、平衡利益冲突，进而维护社会秩序、实现社会公正。这种在应用法律的过程中融汇法学知识与社会现实的法律实务能力，既要求法律人才对法学知识精准理解，对社会、人性、案件细节等准确把握，更需要综合法律规范与事实情况，将职业技能和品质融会贯通。因此，作为法学教育的重要目标之一，法律实务能力培养必须以法律职业为导向，使知识结构、职业技能、职业伦理的学习与训练统筹兼顾，为经济发展和社会管理输送优秀的应用型高级法律实务人才。

近年来，各高校、科研院所及法律职业培训机构在应用型高级法律实务人才培养方面进行了有效探索。西南政法大学作为全国法学教育的重要基地，六十余年的法学教育经验积淀成型“论辩文化”和“实务人才培养”两个鲜明的办学特色；不断丰富和完善法律实务教育内涵的课堂教学与社会实践，初步构建具有西政特色的法律实务教育体系。以此为基础，西南政法大学在法律硕士研究生的教育培养中进行大胆实践。2010 年，西南政法大学作为教育部首批确定的 19 所高水平法律硕士培养单位，参与了国家专业学位教育综合改革试点工作，在深化应用型高级法律实务人才教育改革、探寻应用型高级法律实务人才培养需求、开拓具有鲜明特色的法律实务教育模式等方面进行了有益的探索与创新：

——为丰富课堂教学手段，学校将课堂教学改革与考试制度改革紧密结合，通过“模拟法庭”、“法律诊所”、“案例分析报告”、“实践调研报告”等多样化的日常实务性教学内容，将真实案例纳入课堂教学，引导学生进行思考、讨论和演练，并聘请实务专家进行指导。

——为开拓学生的法律实践视野，学校广邀实践经验丰富的法律专家举办“律师面对面”、“实务课堂”、“法官论坛”、“律师周讲课堂”、“实务大讲堂”等系列讲座，聘请法律实务专家担任校外兼职导师，邀请他们实质性地参与学生培养方案制定、课程设置和日常教学工作等培养工作。

——为弥补学院派法学教育在实务教学方面的不足，学校坚持学生到一线实践，通过与地方基层法律实务部门合作，建立了规模化法律实务实习基地，确立了“律师助理制度”、“法官助理制度”、“检察官助理制度”、“警官助理制度”等具有创新价值的实习制度。

——为增强人才培养的针对性和适应性，学校与法律实务部门深入合作，开展联合订单培养工作试点，不仅为学生提供了较高的法律实践平台，还为法律实务部门建立了稳定的专业人才储备。

霍姆斯说：“法律的生命从来不是逻辑，而是经验”。应用型法律实务人才教育应当侧重于实务能力的培养，既要掌握扎实的法学“知识”，更要具备丰富的法律“经验”。在教学过程中充分体现实务的理念，将法学原理与法律实践密切结合，将学生对法律实践的零散认知升华为系统的法律实务能力训练，成为实务课程教学的重要任务。为此，急需一套能简明扼要地阐明法律精义、条分缕析地叙述法律逻辑、深入浅出地讲授实践案例的优质教科书，作为课堂教学的重要载体。

针对目前实务性法学教材比较匮乏的问题，我校结合长期培养经验，充分发挥师资力量雄厚与实务经验丰富的优势，将教材建设作为定位人才培养、凝练教学特色和强化实践环节的重要途径，组织编写了这套“应用型高级法律人才系列教材”，旨在为法律硕士专业研究生、法律实务工作者及重视实务教学的法学本科生提供一套理论与实务并重的特色教材。

与其他法学教材相比，本套教材主要有以下几个特点：

第一，多方合作、体系完整。本套教材分为两类：必修课教材和选修课教材。必修课教材涵盖了法律硕士专业学位研究生培养的全部学位课程，选修课教材则主要精选西南政法大学教学效果优良、师资力量雄厚、学科体系成熟的特色研究生课程。教材原则上实行双主编制，主编分别由来自实践部门和教学研究机构具有高级职称以上的专家、学者担任，编委成员中1/3来自法律实务部门，1/3为其他法律硕士培养单位院校的教师，西南政法大学校内编委成员不超过编委总人数的1/3，力求最大限度地保证教材体系的完整性、内容的充实性与学习的实用性。

第二，立足基础、突出应用。本套教材对于一些与基本知识关系不大的内容（如性质、特征、意义、历史沿革、中外对比等），或简述要领，或略而不谈，以突出重点、突出应用。同时，为透彻讲述知识的关联性、逻辑性，增强文本的形象性、可读性，在教材中适当使用了实务图表，如票据背书的举例图片、知识列举性的表格等，更便于学生理解和把握知识框架结构和内部逻辑关系。

第三，案例丰富、融会贯通。本套教材运用了丰富的实践案例，将知识讲授与案例评析有机结合，避免“两张皮”。真正做到以案说法，用案例突出、引导和解释重点知识，突出案例与知识的互动。

第四，启发思维、侧重能力。本套教材重视实务思维和实践能力的专门培养，每章设疑难问题、延伸阅读等板块，引导学生进行法律思维训练。

第五，立体多元、新旧并重。本套教材将配套建设背景知识、延伸阅读、图片音像、法律法规等网络资源，为教学、研习提供多元化、全方位的立体化服务。

第六，篇幅适中、便于使用。本套教材篇幅严格控制，一般不超过30万字，个别课程内容较多的也控制在40万字以内。每本教材各章的篇幅内容也较为均衡。

本套教材得以面世，首先要感谢校内外多位主编、编委和作者们的精诚合作和辛勤笔耕；还要感谢中国人民大学出版社的大力支持，特别感谢郭虹编辑对教材编写和出版的精心策划和宝贵建议。西南政法大学副校长孙长永教授、法律硕士学院院长李燕教授在教材设计和编写方面做了大量的开创性工作；西南政法大学研究生部（法律硕士学院）培养管理办公室的各位工作人员，在教材编写和出版过程中做了大量耐心细致的工作。还有很多为本套教材默默付出辛劳的人员，教材编委会一并表示诚挚的敬意和谢忱。

是为序。

付子堂　谨识

2012年初春

编写说明

受西南政法大学应用型高级法律人才系列教材编委会的委托，我们组织编写了《民事诉讼法实务教程》这本教材，参加编写的人员除了来自高校从事法学教育的教师外，还有来自最高人民法院等实务部门的专家。本教材编写体例较以往有很大不同，是以专题的形式将民事诉讼法的基本理论、规则及实务操作等内容全面展开。本书编写人员基本情况及写作分工如下：

唐力：西南政法大学学院教授，博士研究生导师。主要著作有：《民事诉讼机构研究》（专著），《民事诉讼法基本原则研究》（专著）；《民事诉讼构造的法理》（论文），《辩论主义的嬗变与协同主义的兴起》（论文），《论民事强制执行的正当性与程序保障》（论文）等。撰写第八专题。

陈彬：重庆市高级人民法院副院长，西南政法大学兼职教授，硕士研究生导师。主要著作有：《中国审判理论研究》（合著）、《中国仲裁制度研究》（合著）；在《中国法学》、《现代法学》、《法学论坛》等刊物发表论文三十余篇。

马登科：西南政法大学法学院教授，硕士研究生导师。主要著作有：《民事强制执行中的人权保障》（专著）；《民事案由制度之检讨与重构》（论文），《民事强制执行中的人权保障》（论文），《举证时限制度的冷思考》（论文），《对民事许可执行之诉的解读》（论文），《论民事简易程序的基本法理》（论文）等。撰写第十专题。

李永泉：西南交通大学法学系副教授，硕士研究生导师。主要著作有：《中外司法制度比较》（合著），《建筑与房地产法律制度》（主编）；《重构我国法院调解制度的理性思考》（论文），《要件事实理论与诉讼标的》（论文），《论民事诉讼当事人证据搜集权的保障》（论文），《当事人证明权的法理考察》（论文）等。撰写第五专题。

包冰锋：西南政法大学法学院讲师，法学博士。主要著作有：《民事诉讼证明妨碍制度研究》（专著）；《多元化适用：证明妨碍法律效果的选择路径》（论文），《民事诉讼诚实信用原则客体范围研究》（论文），《论文提出命令的秘密保护》（论文），《诉讼标的与法官释明权的行使》（论文）等。撰写第四、六、九专题。

向国慧：最高人民法院法官，西南政法大学博士研究生。主要著作有：《纠纷解决机制改革研究与探索》（合著），《调解技能与艺术》（合著）；《调解协议司法确认程序的完善与发展》（论文），《〈关于建立健全诉讼与非诉讼相衔接的矛盾纠纷解决机制的若干意见〉的理解与适用》（论文），《司法确认程序案外人利益保护机制研究》(论文)。撰写第一专题。

毋爱斌：广东省东莞市第一人民法院执行局局长助理，西南政法大学博士研究生。主要著作有：《法院附设型人民调解及其运作》(论文)，《对我国人民调解各地模式的考察》(论文)，《传承与超越：人民陪审制的现代转型》(论文)，《论言词主义的历史变迁》(论文)，《人民调解的中国经验》(论文)等。撰写第二专题。

徐德臣：山东理工大学法学院讲师，西南政法大学博士研究生。主要著作有：《农村房地产交易制度的反思与构想》(论文)，《论公证债权文书的功能扩张与可诉性：以新的制度主义变迁理论为契合点》(论文)等。撰写第三、七专题。

编　者

2012年4月

目　录

第一专题　民事纠纷及其解决机制

【内容摘要】

民事纠纷的存在是纠纷解决机制出现的前提。当前多元化的社会中，民事纠纷具有多样性特征，相应也有多种化解途径。总体而言，各种解纷机制可以分为诉讼纠纷解决机制和非诉讼纠纷解决机制两大类。在学习过程中，要掌握诉讼纠纷解决机制和非诉讼纠纷解决机制的特点、适用范围以及相互关系，能够分析各类纠纷解决机制的优劣，在纠纷处理中能够选择最为适合的解纷方式。

【知识要点】

一、民事纠纷

（一）民事纠纷的含义及类型

无论是人类文明的发展史，还是司法制度的演进史，都可以看成是一部纠纷解决方式的演化史。[①] 人类的存在决定了社会纠纷的不可避免。这是因为人们在生产、流通、分配、消费等诸多领域，形成了纷繁复杂的各种社会关系，并使社会呈现出有秩序的状态。这种社会秩序既是人们在社会生活中自然形成的，也是人们自觉遵守自己制定的各种行为规范的结果。人们在观念及利益方面总是存在不一致，因此往往表现为行为的冲突，从而导致各种纠纷的产生。

现代法律意义上的民事纠纷，与民事冲突、民事争议等词语通常具有同一含义，

---

① 参见何兵：《和谐社会与纠纷解决机制》，1页，北京，北京大学出版社，2007。

通常是指平等主体之间对民事权利、义务或者民事权益的归属或者状态的争执。民事纠纷主要分为财产关系纠纷和人身关系纠纷，具体包括婚姻家庭纠纷、著作权纠纷、荣誉权纠纷、债权债务纠纷、损害赔偿纠纷、劳动合同工资纠纷、海损事故纠纷、货物买卖纠纷、房屋租赁纠纷、山田水利纠纷、森林草原所有权归属纠纷等。①

（二）民事纠纷的特征

与其他的法律纠纷相比，民事纠纷具有以下特征：

1. 民事纠纷主体的平等性。民事纠纷是公民之间、法人之间以及公民与法人之间产生的纠纷，无论其身份、地位存在多大的差别，纠纷主体始终置身于市场经济中，相互之间不存在服从与隶属的关系，即民事主体相互之间，不论是公民、法人，还是其他组织，在纠纷中均处于平等的地位。

2. 民事纠纷内容的特定性。民事主体之间的纠纷争议内容，只限于他们之间的民事权利、义务关系。民事权利、义务的争议如果超出了这个范畴，则不属于民事纠纷，而可能属于其他法律纠纷。民法理论将这些权利、义务高度概括为财产权利、义务和人身权利、义务。

3. 民事纠纷产生的违法性。民事纠纷之所以产生，是因为违反民事实体法的规定，使其所保护的社会关系遭到了破坏，使民事法律关系处于一种不正常的状态，即一方当事人的民事权益已经实际受到侵害，或者即将受到侵害。只有使民事实体法所保护的社会关系恢复常态，纠纷才能平息。

4. 民事纠纷的可处分性。民事纠纷主体的平等性和内容的特定性，决定了主体对其内容具有处分权能。由于民事纠纷是关于民事权利的享有和民事义务承担的争议，当事人在解决时可以互相让步，放弃自己的某些权利。当然，民事纠纷主体的处分权利也并非绝对的。

（三）民事纠纷的解决路径

民事纠纷的发生是不可避免的，故其解决路径十分重要。民事纠纷的解决路径与一定社会阶段的政治、经济、文化状况相适应，经历了一个由低级到高级的逐步发展、完善的过程。解决民事纠纷的途径既有合法的，也有非法的。非法的方式是法律所禁止的，如果采用，将受法律制裁，如以牙还牙的暴力报复、通过非法限制人身自由的方式讨要欠款等。合法的方式是为法律所允许或者不为法律所禁止的方式，包括忍让、谈判、调解、仲裁、诉讼等基本方式。

忍让是不经协商，单方决定对自己权益的放弃。忍让是一种常用的纠纷解决方式，但这种方式通常被学术研究忽视。清代“六尺巷”的故事实际上反映了忍让的纠纷解决方式：邻居因为修墙发生纠纷，解决方式是一方主动退让，另一方随之退让，纠纷得以顺利解决，邻里关系保持了和谐。谈判（和解）是由涉入纠纷的当事人通过相互讨论，充分交流立场和观点，寻求解决纠纷的方式。调解是由第三方协

① 参见田平安：《民事冲突与和谐社会》，载《甘肃政法学院学报》，2006（3）。

助双方当事人谈判的纠纷解决方式，第三方通过说服、疏导等方法，促使当事人在平等协商基础上自愿达成调解协议。仲裁是由法院以外的第三方作出裁决的纠纷解决方式。诉讼是由法院处理民事纠纷的纠纷解决方式。

民事纠纷的上述基本解决方式以是否有第三方参与为标准，可以分为基于合意的纠纷解决方式和基于第三方决定的纠纷解决方式。忍让、谈判和调解都是基于合意的纠纷解决方式，而仲裁和诉讼则是基于第三方决定的纠纷解决方式。在基于合意的纠纷解决方式中，当事人对结果的控制力强，当事人更易表达和坚持自己的意见，但也意味着当事人之间可能很难达成共识，从而阻碍纠纷的解决。而一旦形成一致意见，当事人更易自觉遵守协商的结果。基于第三方决定的纠纷解决方式中，当事人对程序和结果的控制力较弱，纠纷解决的效率较高，只要程序启动就必然会产生相应的纠纷解决结果。但是，当事人对这种结果的认同度相对较低。基于合意的纠纷解决方式是全面解决纠纷的一种方式，当事人不仅能够借此机制解决法律争议、事实争议，也可以借之解决感情、尊严等超越法律的问题。而基于第三方决定的纠纷解决方式更注重对纠纷的法律判断，通常只能就纠纷作出法律意义上的是非判断，并进而分配法律意义上的权利和义务，并不能从根源上全面、彻底解决当事人之间的纠葛。

二、非诉讼纠纷解决机制

（一）非诉讼纠纷解决机制的意义

如何化解矛盾、解决纠纷，是任何社会都必须面对并认真解决的问题，是社会治理的一个重要部分。党的十六届四中全会提出要“加强社会建设和管理，推进社会管理体制创新”，“建立健全党委领导、政府负责、社会协同、公众参与的社会管理格局”。党的十六届六中全会专门就社会主义和谐社会建设作出了战略部署，其中专门就完善社会管理作出了专门安排，包括：建设服务型政府，强化社会管理和公共服务职能；推进社区建设，实现政府行政管理和社区自我管理有效衔接、政府依法行政和居民依法自治良性互动；健全社会组织，增强服务社会功能；等。党的十七大报告提出，要健全“党委领导、政府负责、社会协同、公众参与的社会管理格局，健全基层社会管理体制”。在社会管理、社会治理方面，既要发挥政府的作用，强化政府职责，又要充分发挥各类市场主体和社会组织的作用，对能够实行市场运作的公共服务，建立公共服务供给的社会参与机制。

与社会管理体制相适应，在今天我们发展市场经济的情况下，纠纷解决必须符合社会治理的需要，既要加强公权控制，也要鼓励社会参与，积极鼓励发展非诉讼纠纷解决机制，鼓励当事人选择非诉讼的途径解决纠纷。当前，我国正处于社会矛盾和纠纷不断增长的时期，面对日益增长、形形色色的纠纷，司法并不是一帖包治百病的灵丹妙药，行政的、司法的、民间的、宗教的，和解、调解、仲裁、诉讼等各种方式在纠纷解决过程中都有其独特的作用。只有各种纠纷解决方式相互配合，协调一致，才能真正实现政局稳定、社会和谐，体现良好的法律效果、政治效果和社会效果。

（二）非诉讼纠纷解决方式及其效力

谈判、调解、仲裁等非诉讼纠纷解决机制在有效化解民事纠纷方面各具特点和优势。

1. 谈判。谈判是一种旨在相互说服的交流或对话过程[①]，其实质是一种双方的交易活动。谈判的目的是达成解决纠纷（或预防潜在纠纷）的协议。在纠纷解决的意义上，谈判就是双方当事人为了达成和解的协商交易过程或活动。[②] 民事纠纷当事人通过谈判解决纠纷可以有效降低纠纷解决成本，能够增进相互理解，有助于彻底化解矛盾纠纷，但也存在可能耗时过长、公正性过分依赖于纠纷主体的诚信程度的局限性。通过谈判达成的协议为和解协议。当事人就民事纠纷达成的和解协议（涉及婚姻、收养、监护等有关身份关系的协议除外）本质上是自然人、法人、其他组织等平等主体之间设立、变更、终止民事权利义务关系的协议，与《合同法》所指的合同具有同样的性质，具有同样的法律效力。

2. 人民调解。人民调解是指人民调解委员会通过说服、疏导等方法，促使当事人在平等协商基础上自愿达成调解协议，解决民间纠纷的活动。人民调解委员会是依法设立的调解民间纠纷的群众性组织。人民调解制度一直有效地起到了解决社会纠纷、减轻法院压力的作用。近年来，人民调解工作领域不断拓宽，化解矛盾纠纷的能力不断提高，在继续加强对婚姻、家庭、邻里、损害赔偿等传统民间纠纷的调解的同时，还主动介入村务管理、土地承包及流转、征地拆迁和补偿、劳动争议、医患纠纷等社会难点、热点纠纷的调解，调解对象也由原来的公民之间的矛盾扩展为公民与法人之间、公民与其他社会组织之间以及社会组织相互之间的矛盾。经人民调解委员会调解达成的调解协议，具有法律约束力。关于调解协议的法律约束力的性质目前有不同认识，但一般认为，经人民调解委员会调解达成的具有民事权利、义务内容并由双方当事人签字或者盖章的调解协议，具有民事合同性质，当事人应当按照约定履行自己的义务，不得擅自变更或者解除调解协议。

3. 商事调解、行业调解及其他民间调解。随着我国社会主义市场经济的发展，贸易、投资和国际经济合作业务持续增长，各种商事纠纷和贸易摩擦也不断增加。适应形势发展的需要，商事调解机构应运而生，逐渐发展，帮助中外当事人化解了大量商事纠纷，包括贸易、投资、金融服务、知识产权、房地产、物业纠纷等商事及海事领域里的纠纷，成为纠纷解决领域一支重要的社会力量。此外，近年来一些仲裁机构也积极在仲裁程序外开展调解工作，使一些没有仲裁协议、没有进入仲裁程序的案件通过调解得到妥善解决，对于维护正常的市场交易秩序发挥了积极作用。

在社会主义市场经济发展过程中，行业协会作为行业性组织也发展迅速。在现代社会，专业分工愈加细致，行业协会对其行业的熟悉就成为纠纷解决中一种宝贵

---

① 参见［印］马海发·梅隆：《诊所式法律教育》，彭锡华等译，114页，北京，法律出版社，2002。

② 参见齐树洁主编：《纠纷解决与和谐社会》，24页，厦门，厦门大学出版社，2010。

的资源。行业调解一般是由行业协会或其他行业性内设组织，针对行业成员之间以及行业成员与其他相关主体间发生的纠纷，通过调解方式，促进纠纷当事人的沟通、协调，促成纠纷解决。通过行业调解，大量的社会矛盾得到妥善化解。

在解决劳动争议方面，《劳动争议调解仲裁法》规定，企业劳动争议调解委员会、基层人民调解组织以及在乡镇、街道设立的具有劳动争议调解职能的组织可以对劳动争议进行调解。该法同时还规定，“经调解达成协议的，应当制作调解协议书。调解协议书由双方当事人签名或者盖章，经调解员签名并加盖调解组织印章后生效，对双方当事人具有约束力，当事人应当履行”。根据上述规定，企业劳动争议调解委员会、基层人民调解组织以及在乡镇、街道设立的具有劳动争议调解职能的组织可以依法调解大量劳动争议。

由此可见，商事调解、行业调解及其他民间纠纷解决力量一起，构成了庞大的民间纠纷解决网络，为各种民商事纠纷的解决提供了相应的解决渠道。但是，由于对通过商事调解、行业调解及其他民间纠纷调解机制达成的调解协议效力存在不同看法，当事人对通过这些纠纷解决途径解决纠纷的信心不足。实际上，通过这些民间纠纷解决机制达成的调解协议，属于特殊的民事合同，在传统民法上称为和解合同，是当事人对已经发生的争议达成的处理其民事权利、义务的合同。我国现行合同法规定的合同种类中没有和解合同，调解协议属于《合同法》规定的无名合同。

4. 行政调解。行政机关在行政管理活动中，可以依法对作为平等主体的当事人之间的民事争议进行调解。作为我国民事纠纷调解制度的重要组成部分，行政调解在解决纠纷、减少诉讼、维护良好的社会生活秩序方面发挥了重要作用。但是，多数行政调解的效力并不明确，制约了当事人对行政调解的利用。一般情况下，行政机关对民事争议进行调解，调解书生效后当事人不履行的，对方当事人并不能申请行政机关或人民法院强制执行，当事人依法向人民法院提起民事诉讼后，原调解协议具有什么样的法律地位，法律并没有明确规定。实际上，行政机关对民事争议进行调解后达成的调解协议对当事人应当具有约束力，调解协议本质上是当事人签订的合同，当事人不履行调解协议，就原民事争议向人民法院起诉的，人民法院应当依法审查调解协议是否是在自愿、合法基础上达成的，对符合自愿、合法原则的调解协议，人民法院应当依法支持。从实际情况看，行政调解若要真正发挥其化解平等主体间民事争议的作用，就必须赋予通过行政调解达成的调解协议一定的法律效力。否认这种调解协议的法律效力，不利于促进当事人诚实地参与调解，不利于迅速、及时、有效地解决纠纷，同时也会在一定程度上浪费行政机关和当事人在调解中投入的人力和物力，增加纠纷解决成本，浪费公共资源。

此外，行政机关除了可以依法对民事争议进行调解外，还可以依法对民事争议进行裁决或者依法作出其他处理。除法律另有规定的外，行政机关依法对民事纠纷作出的不属于可诉具体行政行为的处理，经双方当事人签字或者盖章后，也应当具有民事合同性质。

5. 商事仲裁。商事仲裁主要由《仲裁法》进行规范。商事仲裁的范围主要为平等主体的公民、法人和其他组织之间发生的合同纠纷和其他财产权益纠纷。婚姻、收养、监护、扶养、继承纠纷以及依法应当由行政机关处理的行政争议不能进行商事仲裁。我国的商事仲裁实行或裁或审原则，也就是说，当事人达成仲裁协议，一方向人民法院起诉的，人民法院不予受理，但仲裁协议无效的除外。商事仲裁实行一裁终局的制度，裁决作出后，当事人就同一纠纷再申请仲裁或者向人民法院起诉的，仲裁委员会或者人民法院不予受理。商事仲裁裁决当事人应当履行裁决，一方当事人不履行的，另一方当事人可以依照民事诉讼法的有关规定向人民法院申请执行。

6. 劳动争议仲裁。劳动争议仲裁的范围为劳动争议，具体包括：因确认劳动关系发生的争议；因订立、履行、变更、解除和终止劳动合同发生的争议；因除名、辞退和辞职、离职发生的争议；因工作时间、休息休假、社会保险、福利、培训以及劳动保护发生的争议；因劳动报酬、工伤医疗费、经济补偿或者赔偿金等发生的争议；法律、法规规定的其他劳动争议。部分劳动争议适用有条件的一裁终局的制度，具体包括：追索劳动报酬、工伤医疗费、经济补偿或者赔偿金，不超过当地月最低工资标准12个月金额的争议；因执行国家的劳动标准在工作时间、休息休假、社会保险等方面发生的争议。对上述争议的劳动仲裁裁决，劳动者不服的，可以自收到仲裁裁决书之日起15日内向人民法院提起诉讼；而用人单位只有在有证据证明所签署仲裁裁决具有法定情形的，才可向劳动争议仲裁委员会所在地的中级人民法院申请撤销裁决。当事人对上述情形之外的其他劳动争议案件的仲裁裁决不服的，可以自收到仲裁裁决书之日起15日内向人民法院提起诉讼；期满不起诉的，裁决书发生法律效力。

7. 农村土地承包仲裁。农村土地承包仲裁的受案范围为农村土地承包经营纠纷，具体包括因订立、履行、变更、解除和终止农村土地承包合同发生的纠纷，因农村土地承包经营权转包、出租、互换、转让、入股等流转发生的纠纷，因收回、调整承包地发生的纠纷，因确认农村土地承包经营权发生的纠纷，因侵害农村土地承包经营权发生的纠纷，法律、法规规定的其他农村土地承包经营纠纷。因征收集体所有的土地及其补偿发生的纠纷，不属于农村土地承包仲裁委员会的受理范围，可以通过行政复议或者诉讼等方式解决。当事人不服农村土地承包仲裁裁决的，可以自收到裁决书之日起30日内向人民法院起诉，逾期不起诉的，裁决书即发生法律效力。当事人对发生法律效力的裁决书，应当依照规定的期限履行，一方当事人逾期不履行的，另一方当事人可以向被申请人住所地或者财产所在地的基层人民法院申请执行。

三、诉讼纠纷解决机制

（一）民事诉讼的概念与特征

民事纠纷的非诉讼纠纷解决机制可以化解相当一部分民事冲突。在一定意义上，非诉讼救济途径是国家认可的当事人自我教育、自我管理的最好形式。[①] 但非诉讼

---

① 参见田平安主编：《民事诉讼法原理》，4版，7页，厦门，厦门大学出版社，2009。

纠纷解决机制的民间性质决定了其在权威性上有相当的局限性，这就要求国家必须设立具有强大权威性的诉讼纠纷解决机制。诉讼纠纷解决机制是国家设立的化解民事纠纷的终局性程序，即民事诉讼。民事诉讼活动的启动由当事人实施，但国家司法机关对已经受理的民事纠纷有权作出权威、终局的处理。

民事诉讼是指人民法院在双方当事人和其他诉讼参与人的参加下，依法审理和解决民事纠纷案件与其他案件的各种诉讼活动，以及由此所产生的各种诉讼法律关系的总和。这种诉讼纠纷解决机制具有以下特征：

1. 公权性。诉讼纠纷解决机制以审判权为中心，而审判权以国家强制力为保障，具有公权性。在诉讼纠纷解决机制中，人民法院审判人员对案件进行审理、裁判，执行人员对生效法律文化依法予以强制执行。他们的诉讼行为对民事诉讼的发生、发展和终结有公权决定性作用。

2. 强制性。诉讼纠纷解决机制是解决民事纠纷的司法手段，这就决定了它具有强制性。诉讼程序的启动、发展，无须当事人双方自愿，只要一方起诉，另一方当事人就只能被动地参加诉讼，而且诉讼的结果由法院作出裁判。当事人必须服从并履行最终的生效裁判，否则就会受到法律上的强制执行。

3. 程序性。在诉讼纠纷解决机制中，各种诉讼法律关系主体都必须依照《民事诉讼法》的规定分阶段行使诉讼权利、履行诉讼义务。诉讼的每一个阶段都有自己的任务，只有完成前一阶段的任务，才能开启下一阶段的任务。

（二）民事诉讼法的概念、性质和任务

1. 民事诉讼法的概念。民事诉讼法就是国家制定或认可的，调整民事诉讼法律关系主体的行为和相互关系的法律规范的总和。民事诉讼法有狭义和广义之分。狭义的民事诉讼法是指民事诉讼法典，即国家最高权力机关制定、颁行的关于民事诉讼的专门法律。1991 年第七届全国人民代表大会第四次会议通过并公布颁行的《民事诉讼法》就是狭义的民事诉讼法。而广义的民事诉讼法，不仅包括民事诉讼法典，还包括其他法律中有关民事诉讼程序的规定，如《民法通则》等法律中有关民事诉讼程序的规定、最高人民法院发布的指导民事诉讼的司法解释等。

2. 民事诉讼法的性质。民事诉讼法的性质是指民事诉讼法的社会属性，大致可以概括为以下三个方面：

（1）民事诉讼法是基本法。法律依地位和作用的不同，可分为根本法、基本法和一般法。在我国，民事诉讼法处于基本法的地位，它是人民法院、诉讼当事人以及其他诉讼参与人进行民事诉讼所必须遵守的准则。

（2）民事诉讼法是部门法。依法律调整的社会关系不同，一国的法律体系分为各自独立的法律部门。民事诉讼法是专门调整民事诉讼法律关系主体的诉讼行为及其相互关系的独立的部门法。

（3）民事诉讼法是程序法。依法律调整的社会关系，可将法律分为实体法和程序法。民事诉讼法规定了民事诉讼法律关系中各个主体的诉讼权利和诉讼义务，是确保程序公平、正义的重要依据，属于程序法。

3. 民事诉讼法的任务。民事诉讼法是国家的基本法律，它和公民、法人及其他社会组织的经济生活、社会生活有密切联系，是保护其合法权益的重要法律。根据我国《民事诉讼法》第 2 条规定，民事诉讼法有以下四个任务：

（1）保护当事人行使诉讼权利。保护当事人行使诉讼权利是民事诉讼法的一项重要任务。要保护当事人行使诉讼权利，在立法上就要提高程序质量，力求减少或排除效益不高甚至完全无效益的程序形式；在司法上审判人员应慎重选择程序手段，引导和启发当事人合理、合法地实施诉讼行为，避免诉讼行为失当，造成不必要的耗费或损失。

（2）保证人民法院查明事实，分清是非，正确适用法律，及时审理民事案件。人民法院审理民事案件，应以事实为基础。只有查清事实，才能分清是非，依法对案件作出公正的裁判。查明事实，主要是查明当事人所主张的事实。《民事诉讼法》规定的各项制度、程序，为人民法院查明案件事实和分清是非责任提供了有力的保障。正确适用法律，是指人民法院根据实体法和程序法的规定，解决当事人之间的争议。及时审理案件，是指人民法院应当遵守《民事诉讼法》关于诉讼期间的规定，在审理期限内将案件审结，不能久拖不决，从而提高审判效率，防止纠纷扩大，以取得较好的社会效益。

（3）确认民事权利义务关系，制裁民事违法行为，保护当事人的合法权益。民事纠纷的发生，可能是由于当事人之间民事权利义务关系不明确，而民事诉讼法的任务之一，就是要保障人民法院通过对案件的审理，确认当事人之间的民事权利义务关系，解决当事人之间的争议。制裁民事违法行为，是民事权利义务关系确认的必然结果。人民法院通过对民事案件及时审理，对争议的民事权利义务关系进行裁判，就是对民事违法行为进行制裁。

（4）教育公民自觉遵守法律。民事诉讼法教育公民自觉遵守法律的任务，是通过人民法院对民事案件的审判来实现的。人民法院公开审判民事案件，不仅诉讼当事人及其他诉讼参与人要参加，而且群众可以旁听，新闻记者可以采访报道，这就可以使当事人及其他诉讼参与人、广大群众都受到法制教育。

(三) 民事诉讼法的效力

民事诉讼法的效力，是指民事诉讼法对事、人以及在时间、领域范围内有效。民事诉讼法的效力，也称民事诉讼法的适用范围，包括以下四个方面：

1. 民事诉讼法对事的效力。民事诉讼法对事的效力是指法院审理民事案件的范围，即对哪些案件应当依照民事诉讼法的规定进行审理。根据我国《民事诉讼法》第 3 条和其他法律、法规的规定，民事诉讼法对事的效力体现在两类案件中：（1）平等主体之间民事法律关系发生争议并引起诉讼的案件；（2）法律规定适用《民事诉讼法》审理的其他案件。

2. 民事诉讼法对人的效力。民事诉讼法对人的效力是指民事诉讼法对哪些人适用，哪些人应受其约束。根据《民事诉讼法》第 4 条的规定，民事诉讼法对在我国人民法院进行诉讼活动的一切人有效。不论是中国的当事人还是外国或无国籍的当事人，只要在我国领域内进行民事诉讼，都必须受我国《民事诉讼法》的约束，遵守我国《民事诉讼法》的规定。

3. 民事诉讼法的时间效力。民事诉讼法的时间效力，是指民事诉讼法的有效期间，也即民事诉讼法在什么时间范围内具有效力，包括何时生效、失效，以及对民事诉讼法生效前的民事案件有无溯及力。我国《民事诉讼法》是从 1991 年 4 月 9 日起生效。2007 年修改的《民事诉讼法》有关条文，自 2008 年 4 月 1 日起生效。

4. 民事诉讼法的空间效力。民事诉讼法的空间效力是指民事诉讼法适用的地域范围，即民事诉讼在哪些地方有效。根据《民事诉讼法》第 4 条的规定，凡在中华人民共和国领域内进行民事诉讼，必须适用我国《民事诉讼法》。这里的领域包括：领土、领海、领空以及领土的延伸部分。凡在这些领域内发生的民事诉讼，均应遵守我国《民事诉讼法》的规定。

(四) 诉讼纠纷解决的途径

从我国目前的规定看，诉讼纠纷解决的途径也是多元的。法律为化解各种不同的民事纠纷提供了多种选择，使民事纠纷得到有效处理的同时，兼顾公正和效率的价值。

1. 普通程序。民事诉讼法对一般的民事纠纷设置了普通的审判程序。《民事诉讼法》第十二章专门针对一审普通程序进行了规定，明确了起诉和受理、审理前的准备、开庭审理、诉讼中止和终结、判决和裁定等程序环节的具体要求。在法律没有例外规定情况下，人民法院受理和审理民事纠纷要遵循这些规定，当事人也要根据这些规定依法行使诉讼权利、履行诉讼义务。

2. 简易程序。简易程序适用于基层人民法院和它的派出法庭审理事实清楚、权利义务关系明确、争议不大的简单的民事案件。适用简易程序的案件可以用简易方式起诉、传唤，由审判员一人独任审理。简易程序相对于普通程序而言，具有程序更简便、时间更短的特点；此外，适用简易程序审理的案件减半交纳案件受理费。这些有利于节约司法资源，提高审判效率，保障当事人合法权益。因此，除了《民事诉讼法》规定的案件外，最高人民法院《关于适用简易程序审理民事案件的若干规定》明确规定，对基层人民法院适用第一审普通程序审理的民事案件，当事人各方自愿选择适用简易程序，经人民法院审查同意的，可以适用简易程序进行审理。

3. 小额速裁程序。我国现行《民事诉讼法》没有明确规定小额速裁程序，但一些法院根据改革要求在进行小额速裁程序的试点工作。从试点情况看，一般而言，小额速裁程序适用于当事人起诉的法律关系单一，事实清楚，争议标的金额不足 1 万元的给付之诉的案件。小额速裁程序中，询问证人的方式更简洁，可以利用视频系统等方式询问证人；可不区分法庭调查、法庭辩论阶段；可以当庭宣判。当事人对于人民法院适用小额速裁作出的判决不服，可以在收到判决书之日起 10 日内向原审人民法院提出异议申请。目前，小额速裁程序的适用以当事人选择或者同意为前提。在决定适用小额速裁程序审理案件前，人民法院要询问双方当事人是否选择适用小额速裁程序，不以任何直接或间接方式强制当事人选择小额速裁程序。小额速裁通过设定专门的审理流程、专门的速裁机构，最大限度地简化民事诉讼程序，以尽可能提高效率，及时保护当事人合法权益。

4. 诉讼调解。根据《民事诉讼法》的规定，人民法院审理民事案件，应当根据自愿和合法的原则进行调解；调解不成的，应当及时判决。2004 年 9 月 16 日，最高人民法院颁布了《关于人民法院民事调解工作若干问题的规定》，总结了《民事诉讼法》实施以来人民法院调解工作的实践经验，明确规定了调解的启动时间、启动方式、调解方法、调解协议内容、调解协议生效方式、调解激励与约束机制等制度，统一了诉讼调解相关法律适用问题。近年来，为充分发挥行政机关、社会组织及其他热心调解工作的个人在解决纠纷方面的特点和优势，使不同特点的纠纷通过适当的方式得到妥善解决，人民法院在立案前或立案后委派或委托适当的行政机关或有关社会组织调解，或者在诉讼中邀请符合条件的组织或人员与审判组织共同进行调解，形成法院主导、多方参与的司法调解机制。

5. 特别程序。针对社会生活的多样性和当事人司法需求的多样性，《民事诉讼法》还规定了若干类型的特别程序。人民法院审理选民资格案件、宣告失踪或者宣告死亡案件、认定公民无民事行为能力或者限制民事行为能力案件和认定财产无主案件适用特别程序的相关规定。

四、诉讼与非诉讼纠纷解决机制的关系

（一）诉讼与非诉讼纠纷解决机制的关系

司法的核心在于提供公正、权威的纠纷解决途径。在公正、高效、权威三者中，公正对于司法具有首要的价值。在诉讼与非诉讼纠纷解决机制的功能划分方面，诉讼应当主要侧重于公正地解决纠纷，并以权威作为公正的保障，兼顾效率（便利）的价值。而对于非诉讼纠纷解决机制而言，应当将更多的资源投入提高便利性等方面，与诉讼相辅相成，为当事人提供多种满足其特定需要的纠纷解决方式和途径。非诉讼纠纷解决方式在有效性方面的薄弱点一般在于缺乏能够强制当事人履行纠纷解决结果的力量，不论这种强制是潜在的强制还是现实的强制。诉讼之优势却恰恰在于裁判结果所具有的强制力量。非诉讼纠纷解决方式如果以某种方式获得来自审判的强制力量的支持，就可以在一定程度上弥补不足，提高纠纷解决的有效性。但是，审判对非诉讼纠纷解决方式的支持方式和程度却不仅仅是一个逻辑的问题，必须立足于现实，这些现实的因素包括审判自身的力量、纠纷当事人的普遍性意愿、非诉讼纠纷解决机构的素质和解决纠纷的能力与水平等诸多因素。审判对非诉讼纠纷解决方式的支持方式可以包括：承认纠纷解决结果的合同效力、允许其申请支付令、允许申请司法确认、允许申请强制执行。人民法院既要通过畅通衔接程序，确认和执行非诉讼纠纷解决结果，也要充分发挥司法的规范、监督职能，对非诉讼纠纷解决过程中存在的违法、不当行为给予监督，及时予以纠正。此外，人民法院还应当积极指导非诉讼纠纷解决机构和人员，促进其不断提高纠纷解决水平。

（二）诉讼与非诉讼纠纷解决机制的衔接

从现有的法律规定看，诉讼与非诉讼纠纷解决机制的衔接机制主要有以下几种：

1. 当事人申请人民法院撤销或执行仲裁裁决。根据《仲裁法》的规定，当事人可以依法向人民法院申请撤销仲裁裁决或依法向人民法院申请执行仲裁裁决。为支持仲裁的发展，人民法院在仲裁协议的效力、证据规则、仲裁程序、裁决依据、撤销裁决审查标准、不予执行裁决审查标准等方面，应当尊重和体现仲裁制度的特有规律，最大限度地发挥仲裁制度在纠纷解决方面的作用。在仲裁过程中申请证据保全、财产保全的，人民法院也应当依法及时办理。

2. 与劳动、人事争议仲裁机构仲裁工作的衔接。首先，人民法院应当受理符合法定条件的因不服仲裁裁决而提起诉讼或者撤销终局裁决的申请；其次，人民法院应当执行生效仲裁裁决，包括仲裁庭对追索劳动报酬、工伤医疗费、经济补偿或者赔偿金的案件，根据当事人的申请作出的先予执行裁决以及发生法律效力的仲裁调解书。最后，劳动、人事争议的当事人申请劳动、人事仲裁，但劳动、人事争议仲裁机构不予受理或者逾期未作出决定的，申请人可以就该劳动、人事争议事项向人民法院提起诉讼。

3. 对农村土地承包仲裁机构的裁决不服而提起诉讼，或者申请法院强制执行已经发生法律效力的裁决书和调解书。人民法院应当加强与农村土地承包仲裁机构的沟通与协调，妥善处理农村土地承包纠纷，努力为农村改革发展提供强有力的司法保障和法律服务。当事人对农村土地承包仲裁机构的裁决不服而提起诉讼的，人民法院应当及时审理。当事人申请法院强制执行已经发生法律效力的裁决书和调解书的，人民法院应当依法及时执行。

4. 申请确认并执行调解协议。对人民调解组织调解达成的调解协议，当事人双方如果担心该协议将来可能得不到履行，可以在调解协议达成30日内共同向主持调解的人民调解组织所在地的人民法院依法申请确认该调解协议的效力。人民法院应当自受理司法确认申请之日起15日内作出是否确认的决定，人民法院确认调解协议效力的确认决定具有强制执行力。

5. 向人民法院起诉，请求履行、变更、撤销调解协议或者确认调解协议无效。如果经行政机关、人民调解组织、商事调解组织、行业调解组织或者其他具有调解职能的组织调解后达成了具有民事合同性质的调解协议，但当事人一方反悔了，这时，当事人获得司法救济的途径是以对方当事人为被告，向人民法院提起诉讼，请求履行调解协议或者请求变更、撤销调解协议或者确认调解协议无效。

6. 对行政调解、裁决或者其他处理不服提起诉讼。行政机关在行政管理过程中，经常需要对平等主体之间的民事纠纷进行调解、作出裁决或其他处理。根据目前的法律和司法解释，当事人不服行政调处的司法救济途径有两种：一种是以行政机关为被告提起行政诉讼，一种是以对方当事人为被告提起民事诉讼。但是，由于目前的法律规定不够完善，对于当事人因不服行政机关对平等主体间的民事争议作出的行政裁决或其他处理决定，当事人应当提起民事诉讼还是行政诉讼的问题，仍有不明确之处。根据最高人民法院《关于建立健全诉讼与非诉讼相衔接的矛盾纠纷解决机制的若干意见》，当事人不服行政机关对平等主体之间的民事争议所作的调解、裁决或者其他处理，以对方当事人为被告就原争议向人民法院起诉的，由人民法院作为民事案件受理。当然，如果法律或司法解释明确规定作为行政案件受理的，人民法院在对行政行为进行审查时，可对其中的民事争议一并审理，并在作出行政判决的同时，依法对当事人之间的民事争议一并作出民事判决。实际上，在法律或司法解释无明确规定的情况下，当事人对行政机关就平等主体间民事争议所作裁决或其他处理不服的，有权选择提起行政诉讼或民事诉讼。

7. 申请执行公证债权文书。对具有给付内容的调解协议，当事人可以根据《公证法》的规定，向公证机关申请依法赋予其强制执行效力。对于经公证机关赋予强制执行效力的调解协议，当事人可以申请人民法院予以执行。

8. 依法申请支付令。调解协议可以申请支付令的有两种：一种是普通调解协议，即对于具有合同效力和给付内容的调解协议，债权人可以根据《民事诉讼法》和相关司法解释的规定向有管辖权的基层人民法院申请支付令。另一种是劳动争议调解协议。根据《劳动争议调解仲裁法》的规定，因支付拖欠劳动报酬、工伤医疗费、经济补偿或者赔偿金事项达成调解协议，用人单位在协议约定期限内不履行的，劳动者可以持调解协议书依法向人民法院申请支付令。

【案例评析】

案例 1①

（一）案情简介

周某经人介绍向吴某购买猪仔 34 头，货款付讫。交付后的第二天，猪仔出现不吃食的现象，后来，又有部分猪仔死亡。周某在起诉时主张按当地交易习惯进行处理，即猪仔交易后的 3 天内，因不吃食而导致的死亡，由卖方承担赔偿责任。而卖方则主张，猪仔交付时并未发现病症，按买卖合同的规定，交付时风险随之转移，故周某应自行承担猪仔死亡所带来的损失。在第三方的主持下，双方根据当地猪仔市场关于“猪仔在售出后 3 天内因不进食而导致死亡的，由卖方承担损失”的交易习惯达成调解协议，吴某合理赔偿周某的经济损失。

（二）基本问题

调解的优势在于可以运用比法律更宽泛的规则解决纠纷。

---

① 案例 1 及评析由福建省厦门市海沧区人民法院黄鸣鹤法官撰稿。

(三) 知识内容

交易习惯指的是人们在民商事活动中所逐渐形成的为广大人民群众所接受或约定俗成的交易规矩或习惯性做法，如果这种习惯存在于某行业内，也称行业惯例。由于不同的地区可能有着截然不同的交易习惯或行业惯例，所以，在调解中，可以对交易双方约定不明的习惯进行补充。法律对习惯的承认，也有利于当地自治秩序的形成。

最高人民法院《关于建立健全诉讼与非诉讼相衔接的矛盾纠纷解决机制的若干意见》第 17 条规定：有关组织调解案件时，在不违反法律、行政法规强行性规定的前提下，可以参考行业惯例、村规民约、社区公约和当地善良风俗等行为规范，引导当事人达成调解协议。这一条款的确立，极大地丰富了调解的依据。

法律在其形成的过程中，也大量吸收了善良风俗和交易习惯，并使之上升为成文法的内容。比如，在不动产交易领域，长期有着“租不拦当，当不拦卖”的习惯，这与当前法律如何处理不动产的买卖、抵押和租赁之间的关系是一致的，但更多的习惯，并未进入国家正式法体系，以非正式规范的方式存在于人们的日常生活中，有着顽强的生命力，因此，在调解中应注意风俗习惯的作用。

在调解中，参考当地交易惯例、村规民约、社区公约和善良风俗等规范，引导当事人达成调解协议，比较容易为纠纷各方所接受。当然，这也给调解员提出了较高的要求，那就是必须熟悉当地的风俗习惯，分出“良俗”与“恶俗”，将“良俗”引入调解工作之中。

那些民间的规则，虽然与法律的规定有着不同的形态，但更容易为当地群众所接受。比如“赔礼道歉”，《民法通则》未明确规定应当以何种方式进行，在城市中，“赔礼道歉”除当面口头表示外，还可以通过登报的方式进行；而在农村，“赔礼道歉”有一些约定俗成的方式，比如放鞭炮、挂红或端茶给对方等。在福建某些地方，道歉的方式是过错方请一台社戏，并在社戏开演前当着乡亲们的面向对方道歉。这些习惯，应该得到法律的尊重，在调解时，涉及“赔礼道歉”的方式的，可以参考当地的风俗习惯灵活进行。

案例 2①

(一) 案情简介

张甲的儿子张乙与马甲的儿子马乙都是小学生，一天中午，两个孩子相互追逐，张乙不小心摔倒，致小腿部分软组织挫伤。次日，张甲未了解情况，直接到马甲家大骂马乙，且欲殴打，激起了马甲的不满，两位家长由对骂发展成为互相厮打，马甲将张甲头部打伤，张甲住院治疗 4 天，花去医疗费七百多元。张甲扬言自己出院后要报复马甲，双方的矛盾进一步加剧。事情发生后，人民调解员先后多次到双方家中了

---

① 案例 2 由甘肃省定西市中级人民法院提供。

解情况，并对双方讲解了法律责任和后果，劝解不要人为扩大损害后果。经过调解，双方当事人达成调解协议：由马甲在协议达成后 3 天内给付张甲医疗费 700 元。

协议达成后，双方又心里犯嘀咕，一方怕给付了医疗费后又被对方起诉到法院，另一方怕对方不支付协议确定的医疗费。双方也没有精力去法院打官司，遂于次日到法院申请司法确认。法院在接到申请的当天就对调解协议进行了审查，并依法对调解协议进行了确认。马甲按照确认的协议自觉履行了义务，两家的矛盾得到根本性解决。

（二）基本问题

人民调解对于化解民间纠纷具有明显的优势，司法确认程序为人民调解提供了司法保障。

（三）知识内容

司法确认程序是最高人民法院根据人民法院实际工作经验总结提出的，这一程序目前运行效果良好，受到人民群众普遍欢迎。2010 年 8 月 28 日，《中华人民共和国人民调解法》正式通过，并已于 2011 年 1 月 1 日起施行。《人民调解法》第 33 条规定，经人民调解委员会调解达成调解协议后，双方当事人认为有必要的，可以自调解协议生效之日起 30 日内共同向人民法院申请司法确认。《人民调解法》用法律形式确认了司法确认程序。2011 年 3 月，最高人民法院发布《关于人民调解协议司法确认程序的若干规定》，司法确认程序正式在我国建立起来。

本案经法院司法确认之后，群众普遍反映，司法确认机制使调解协议具有强制执行效力，既及时有效化解了矛盾，又减轻了当事人的负担。事后，当事人感慨地说："都说法院门难进、脸难看，没想到法院的司法确认机制办事效率这么高，一下子改变了我原先对法院的看法。实际上法院一直是想方设法为我们老百姓办事的，只不过由于我们与法院没有打交道，而是道听途说，对法院的办事效率持怀疑态度。现在经历了这次对我们双方之间纠纷的处理，才对法院有了了解。"

案例 3①

（一）案情简介

2009 年 2 月，邱某驾驶着自己的小客车途经某市沙田镇某路段时，不慎将正在横过马路的骑车人肖某撞倒。情急之下，邱某立即下车，在道路中直接了解伤者的情况，却没有设置任何警告标志。正在两人交谈时，另一辆张某驾驶的小客车不明现状而快速驶过，以致刹车不及最终相撞。骑车人肖某当场死亡，邱某和张某不同程度受伤，两人车辆也均有损坏。事后检查证明，事故致邱某脑震荡，鼻梁软组织挫伤，双脚骨折，车辆损坏，共损失 1 750 元；张某则诊断为右晓骨远断撕脱骨折，左第六肋骨骨折，左下肺挫伤，左胸小量积液等，花费医疗费共 5 905 元，车辆维

---

① 案例 3 由广东省东莞市第二人民法院提供。

修费 8 586 元。不幸中的万幸是，邱某和张某的两辆小客车均曾向中国人民财产保险公司某市分公司投保。然而，由于事件特殊，围绕在死者家属、客车司机、保险公司之间的连环赔偿一直未果，闹得沸沸扬扬。死者家属最终诉至法院，请求判令两司机和保险公司赔偿 272 572 元，并承担本案诉讼费。

法院立案庭法官接到此案后，认真研究案情。由于事件已经拖延了半年，且涉及保险公司的赔偿问题，为避免浪费当事人更多的精力和财力，在征得当事人各方同意后，该院邀请保险行业协会指定人员为和解人员参与本案处理。最初死者家属的情绪颇为激动，但在保险行业协会的和解人员及法官多次耐心引导后，家属们的情绪得到平抚，产生了调解意向。同时，保险行业协会的和解人员又就保险赔偿数额与原、被告进行了数次协商，提出多种赔偿方案，最终使双方在赔偿问题上达成协议。

最后，被告保险公司赔偿原告死者家属交通事故赔偿金等共计 166 200 元，并在 9 月 30 日前给付；司机邱某和张某分别支付 8 000 元和 11 300 元的赔偿款。此结果让当事人均感满意，很快在法院立案庭签订了调解协议书。死者家属特意为立案庭和保险公司分别送上了两面锦旗。

（二）基本问题

保险行业协会在调解中的角色定位。

（三）知识内容

调解过程中，应重视动员社会各种力量，整合保险公司和行业协会等相关机构资源，从而形成合力，共同解决纠纷。某市第二人民法院制定《保险公司庭外和解工作规定》，推出了保险和解员制度，规定由保险行业协会指定保险公司的人员为和解人员，由其主动或者根据法院的通知参与案件的庭前和解，并根据原告的诉讼请求及提供的相应证据主动制定和解方案并提供给法院，达成协议后提请法院制作民事调解书，实现与诉讼调解的顺利衔接。

有一种观点认为行业协会在派员处理协会成员与协会外人员之间的纠纷时，行业协会派出的人员为调解员，但实际上，调解员应当是中立的第三方，与双方当事人没有利害关系，而行业协会与协会成员之间利害关系密切。行业协会一方面对协会成员发挥一定的管理职能，另一方面对外代表协会成员的利益。因此，鉴于行业协会身份的特殊性，一般不宜认为协会派出的协助和解的人员为调解员。当然，在其协调下达成调解协议后，如果当事人明知协会的地位和作用，仍然愿意签署调解协议，那么，这个调解协议仍然具有法律效力。

【法律法规】

1.《中华人民共和国民事诉讼法》
2.《中华人民共和国人民调解法》

3. 最高人民法院《关于适用〈中华人民共和国民事诉讼法〉若干问题的意见》

4. 最高人民法院《关于适用简易程序审理民事案件的若干规定》

5. 最高人民法院《关于审理涉及人民调解协议的民事案件的若干规定》

6. 最高人民法院《关于人民法院民事调解工作若干问题的规定》

7. 最高人民法院《关于加强再审调解工作的通知》

8. 最高人民法院《关于进一步发挥诉讼调解在构建社会主义和谐社会中积极作用的若干意见》

9. 最高人民法院《关于为构建社会主义和谐社会提供司法保障的若干意见》

10. 最高人民法院、司法部《关于进一步加强新形势下人民调解工作的意见》

11. 最高人民法院《关于建立健全诉讼与非诉讼相衔接的矛盾纠纷解决机制的若干意见》

12. 最高人民法院《关于进一步贯彻“调解优先、调判结合”工作原则的若干意见》

13. 最高人民法院《关于人民调解协议司法确认程序的若干规定》

实务训练

(一) 当事人如何选择适当的纠纷解决途径

对当事人而言，纠纷发生后，首先要分析纠纷的性质，是民事纠纷还是行政纠纷，还是涉及刑事犯罪，在弄清纠纷性质后，选择适当的纠纷解决方式。如果有多种纠纷解决方式可供选择，则要考虑自己的纠纷解决需求是什么：快速解决纠纷、维持和谐关系、实现法律权利、寻求是非判断、惩罚对方当事人。在此基础上，比较各类纠纷解决机制的特点，选择最符合自身需求的纠纷解决途径。下面以几类纠纷为例予以简要说明。

1. 交通事故民事纠纷

现代社会，汽车已经进入普通百姓家庭，成为人们出行的主要交通工具，因交通事故引发的民事纠纷占据了交通队和基层法院处理的民事纠纷的相当大一部分。一个简单的交通事故纠纷，如果走到诉讼阶段，不仅占用大量司法资源，也会使当事人疲于应对，严重影响正常工作和生活。因此，人们在遭遇轻微交通事故时，应当理性选择合理的方式化解纠纷。

(1) 与对方协商处理赔偿事宜。在道路上发生交通事故，未造成人身伤亡，当事人对事实及成因无争议的，可以即行撤离现场，恢复交通，自行协商处理损害赔偿事宜；不即行撤离现场的，应当迅速报告执勤的交通警察或者公安机关交通管理部门。在道路上发生交通事故，仅造成轻微财产损失，并且基本事实清楚的，当事人应当先撤离现场再进行协商处理。(《道路交通安全法》第70条第23款)

（2）请公安机关交通管理部门调解。如果当事人不能就赔偿问题自行协商解决，可以请求公安机关交通管理部门调解。（《道路交通安全法》第 74 条）

（3）向人民法院起诉。经公安机关交通管理部门调解，当事人未达成协议或者调解书生效后不履行的，当事人可以向人民法院提起民事诉讼。当事人也可以不经公安机关交通管理部门调解，直接向人民法院提起民事诉讼。（《道路交通安全法》第 74 条）

现在，许多地方的人民法院在交警大队设立了巡回审判点，人民调解组织在交警大队也设立了调解室，一些轻微的交通事故纠纷也可以由调解室调解。经人民调解工作室调解或者交通管理部门调解达成协议后，当事人可以申请人民法院巡回审判的法官对调解协议予以司法确认，赋予调解协议强制执行力。调解不成的，也可以直接申请人民法院巡回审判法官进行调解，调解不成，可以到法院起诉。

一般情况下，多数案件可以经过调解予以化解，不必去法院诉讼。人民调解和公安机关的行政调解都不收费，人民法院司法确认也不收费。如果当事人能够通过调解及司法确认程序化解纠纷，将不必为纠纷解决支付额外费用。

应当特别注意的是，交通事故纠纷通常涉及保险公司，当事人如果能就赔偿问题与保险公司协调意见，将十分有助于纠纷化解。

2. 劳动争议化解

劳动争议涉及劳动者和用人单位双方的切实利益。劳动者既希望维护自己的合法权益，也希望将来与用人单位保持良好关系，为谋生多留一条道路；而用人单位大都担心单一的劳动争议引发示范效应，导致企业其他员工效仿，影响企业正常经营。无论仲裁或者诉讼，对劳动争议双方当事人而言，都是不得已的选择。

（1）协商。发生劳动争议，劳动者最先的选择应当是和用人单位协商。由于单个的劳动者在面对用人单位时，常常处于弱势地位，难以与用人单位进行实质性的平等谈判，因此，劳动者可以请工会或者第三方共同与用人单位协商，达成和解协议。（《劳动争议调解仲裁法》第 4 条）

（2）申请调解。发生劳动争议，当事人不愿协商、协商不成或者达成和解协议后不履行的，可以向调解组织申请调解。从法律规定看，当事人可以申请调解的调解组织有三类：第一类为企业劳动争议调解委员会。企业劳动争议调解委员会由职工代表和企业代表组成。职工代表由工会成员担任或者由全体职工推举产生，企业代表由企业负责人指定。企业劳动争议调解委员会主任由工会成员或者双方推举的人员担任。但是，企业劳动争议调解委员会并不是每个企业都有，传统的国有大中型企业一般设立了调解委员会，但大量非公企业和一些小型的国有企业并没有设立相应的组织。即使有些企业设立了调解委员会，其人员组成也体现了代表性，但由于企业劳动争议调解委员毕竟设立在企业内部，难免受到企业管理层的影响，其公正性常常受到劳动者的质疑。第二类为依法设立的基层人民调解组织。基层人民调解组织的中立性比较强，但其缺点是缺乏专业性，调解人员比较擅长调解家长里短的民间纠纷，对劳动法规不熟悉。第三类为在乡镇、街道设立的具有劳动争议调解职能的组织。用人单位经常对这类调解不是太信任，认为其偏向于保护劳动者权益。

上述调解组织各有优劣，但都为化解劳动纠纷作出了突出的贡献，都是劳动者与用人单位可以选择的调解组织。(《劳动争议调解仲裁法》第 5 条、第 10 条)

(3) 申请支付令。因支付拖欠的劳动报酬、工伤医疗费、经济补偿或者赔偿金事项达成调解协议，用人单位在协议约定期限内不履行的，劳动者可以持调解协议书依法向人民法院申请支付令，人民法院应当依法发出支付令。(《劳动争议调解仲裁法》第 16 条)

(4) 申请司法确认。经《劳动争议调解仲裁法》规定的调解组织调解达成的劳动争议调解协议，由双方当事人签名或者盖章，经调解员签名并加盖调解组织印章后生效，对双方当事人具有合同约束力，当事人应当履行。双方当事人可以不经仲裁程序，直接向人民法院申请确认调解协议的效力。(最高人民法院《关于建立健全诉讼与非诉讼相衔接的矛盾纠纷解决机制的若干意见》第 11 条)

一些基层法院在与基层劳动服务站的调解衔接方面规定，对于经基层劳动服务站调解达成的劳动争议调解协议，可以不经仲裁程序，直接向法院申请确认调解协议的效力。针对劳动争议的特点，构建了基层劳动服务站的调解、劳动仲裁庭的仲裁及法院的审判三级架构，有效地缓解了因金融危机爆发而导致劳动争议纠纷剧增的被动局面。

(5) 申请仲裁。劳动者和用人单位可以在以下情况下申请仲裁：第一，不愿调解的，可以向劳动争议仲裁委员会申请仲裁。第二，自劳动争议调解组织收到调解申请之日起 15 日内未达成调解协议的，当事人可以依法申请仲裁。第三，达成调解协议（未申请司法确认的情况）后，一方当事人在协议约定期限内不履行调解协议的，另一方当事人可以依法申请仲裁。第四，当事人申请对调解协议进行司法确认，人民法院不予确认的，当事人可以向劳动争议仲裁委员会申请仲裁。(《劳动争议调解仲裁法》第 5 条、第 14 条、第 15 条，最高人民法院《关于建立健全诉讼与非诉讼相衔接的矛盾纠纷解决机制的若干意见》第 11 条)

(6) 提起诉讼。在以下情况下，当事人可以提起诉讼：

第一，对劳动争议仲裁委员会不予受理仲裁申请或者逾期（劳动争议仲裁委员会收到仲裁申请之日起 5 日内）未作出决定的，申请人可以就该劳动争议事项向人民法院提起诉讼。(《劳动争议调解仲裁法》第 29 条)

第二，仲裁机构就追索劳动报酬、工伤医疗费、经济补偿或者赔偿金，不超过当地月最低工资标准 12 个月金额的争议，以及因执行国家的劳动标准在工作时间、休息休假、社会保险等方面发生的争议作出仲裁裁决后，劳动者对仲裁裁决不服的，可以自收到仲裁裁决书之日起 15 日内向人民法院提起诉讼。(《劳动争议调解仲裁法》第 47 条、第 48 条)

第三，当事人对上述第二种情形以外的其他劳动争议案件的仲裁裁决不服的，可以自收到仲裁裁决书之日起 15 日内向人民法院提起诉讼；期满不起诉的，裁决书发生法律效力。(《劳动争议调解仲裁法》第 50 条)

(7) 申请撤销仲裁裁决并起诉。仲裁机构就追索劳动报酬、工伤医疗费、经济补偿或者赔偿金、不超过当地月最低工资标准 12 个月金额的争议，以及因执行国家的劳动标准在工作时间、休息休假、社会保险等方面发生的争议作出仲裁裁决后，用人单位可以自收到仲裁裁决书之日起30日内向劳动争议仲裁委员会所在地的中级人民法院申请撤销裁决，但应当提出以下理由：适用法律、法规确有错误；劳动争议仲裁委员会无管辖权；违反法定程序；裁决所根据的证据是伪造的；对方当事人隐瞒了足以影响公正裁决的证据；仲裁员在仲裁该案时有索贿受贿、徇私舞弊、枉法裁决行为。仲裁裁决被人民法院裁定撤销的，当事人可以自收到裁定书之日起15日内就该劳动争议事项向人民法院提起诉讼。（《劳动争议调解仲裁法》第49条）

（二）法院对纠纷解决的指导

1. 法官如何引导当事人选择适当的纠纷解决途径

当事人到法院打官司常常比较盲目，有的什么材料不带，甚至不带身份证，就到法院起诉，要求法院做主，给他解决问题。而引导当事人正确认识纠纷，正确选择纠纷解决途径，也是法院的职责。

（1）对不属于人民法院受理范围或不属于本院管辖的，应进行法律释明，告知有权处理的单位和机关。

（2）对属于法院主管和管辖的案件，如果有调解可能，可以向当事人介绍以下调解方式：第一，由立案法官进行诉前调解。有的法院在立案庭设立了调解工作室，由法官开展立案调解工作。第二，由人民调解窗口的人民调解员进行调解。一些法院在立案大厅引入了人民调解，设置了人民调解窗口，当事人可以申请由人民调解组织先行调解。第三，由法院的特邀调解员进行调解。上海市浦东新区人民法院等基层法院聘请了几十名特邀调解员，专门负责诉前的民事纠纷调解。这些特邀调解员一般由退休法官、退休检察官或者学者、律师组成，具有较高的法律素养和丰富的实践经验，能够有效引导当事人权衡利弊得失。第四，对一些需要行政职能部门、行业调解组织、商事调解组织或者其他专业性机构协助调解的案件，可以协商相关机构或者组织主持调解或者参与调解，从专业角度分析案件，为当事人提供专业知识的指导，帮助当事人形成恰当的诉讼预期，从而促成调解协议达成。

对没有立案的案件，当事人坚决反对调解的，应当及时立案。有的当事人反对调解，是因为对调解的优点没有全面认识，因此，法院应当认真、耐心地向当事人宣传调解有利于全面、及时、有效化解纠纷的特点。当事人确实不愿调解的，不应当强迫。

（3）对不宜调解的案件，要告知当事人诉讼风险，及时办理立案手续。要准确计算诉讼费用，向当事人送达有关诉讼文书。对材料不齐全的，一次性指导当事人补齐；对因故不能当即立案的，应说明原因，并约定立案时间。

法院一般情况下都能严格依照法律履行职责，部分当事人对法院有批评意见，原因通常不是重大的违法问题，而常常是法院工作人员的态度问题，因此，法官对待当事人应态度诚恳、自然、亲切，语言规范、语气温和、语调平和，不得生硬傲慢、拿腔拿调；要平等对待每一位当事人，尊重年老、疾病或残疾当事人的人格；对老弱病残孕等特殊群体应当特别关照；遇到言辞激烈、情绪激动的当事人，应保持冷静，不得与其发生争执或不理不睬；对于当事人的攻击、侮辱性语言，应表明态度，及时予以制止；对当事人的无理要求或错误意见应耐心释明，礼貌拒绝。

2. 法院特邀调解员应当如何调解纠纷

近年来，一些人民法院为及时化解矛盾纠纷，建立了特邀调解员队伍，这些特邀调解员有退休法官、退休检察官、警官、人民陪审员、高校老师、律师、街道人民调解员、行业专业人士及其他热心调解的社会人士。许多大学毕业生经过必要培训，也加入了法院特邀调解员行业，为矛盾纠纷化解作出了贡献。特邀调解员的调解工作大体遵循以下要求：

（1）接受邀请。特邀调解员接受协助调解委派、委托或者邀请后，应积极开展调解工作。

（2）不公开调解。调解不公开进行，但当事人同意的除外。

（3）参考村规民约。在不违反法律、行政法规强制性规定的前提下，特邀调解员可以参考行业惯例、村规民约、社区公约和当地善良风俗等行为规范，引导当事人达成调解协议。

（4）会谈。特邀调解员可以单独或同时会见当事人及其代理人。除非当事人同意，特邀调解员不得将单独会谈内容告知对方当事人。

（5）维护调解秩序。当事人在调解过程中有下列影响调解工作正常开展的行为的，应当予以批评教育、给予警告或者经人民法院同意后终止调解：违反法律、行政法规强制性规定的；侵害国家利益、社会公共利益的；侵害案外人合法权益的；拟签订涉及是否追究当事人刑事责任的调解协议的；在调解过程中有隐瞒重要事实、提供虚假情况或者故意拖延时间等行为的；其他影响调解工作正常开展的行为。

（6）回避。任何一方当事人申请更换特邀调解员的，经人民法院同意，该特邀调解员应当退出调解程序。

（7）制作调解协议书。特邀调解员协助调解达成协议的，应当制作调解协议书，双方当事人、特邀调解员应当在调解协议书上签字或者盖章。

（8）终结调解。调解程序在下列情形下终结：达成调解协议；分歧较大且难以调解的；当事人坚持不愿调解的。

调解终结后，特邀调解员应当将调解结果告知人民法院。

课后练习

1. 材料分析

素材一：中国古籍《幼学琼林》载：“世人惟不平则鸣，圣人以无讼为贵。”《增广贤文》也载：“好讼之子，多数终凶。”中国古代有“无讼以求”、“息讼止争”的法律传统。

素材二：1997 年 3 月 11 日，时任最高人民法院院长任建新在第八届全国人民代表大会第五次会议上作最高人民法院工作报告时指出，1996 年全国各级人民法院共审结各类案件 520 多万件，比上年上升约 16%。2007 年 3 月 13 日，时任最高人民法院院长肖扬在第十届全国人民代表大会第五次会议上作最高人民法院工作报告时指出，2006 年各级人民法院共办结各类案件 810 多万件。

根据所提供的素材，请就从古代的“无讼”、“厌讼”、“耻讼”观念到当代的诉讼案件数量不断上升的变化，自选角度谈谈自己的看法。

答题要求：

(1) 观点明确，论证充分，逻辑严谨，文字通顺；

(2) 不少于 500 字。

2. 案例分析

案情：肖某是甲公司的一名职员，在 2006 年 12 月 17 日出差时不慎摔伤，住院治疗两个多月，花费医疗费若干。甲公司认为，肖某伤后留下残疾已不适合从事原岗位的工作，遂于 2007 年 4 月 9 日解除了与肖某的劳动合同。因与公司协商无果，肖某最终于 2007 年 11 月 27 日向甲公司所在地的某省 A 市 B 区人民法院起诉，要求甲公司继续履行劳动合同并安排其工作，支付其住院期间的医疗费、营养费、护理费、住院期间公司减发的工资，公司 2006 年三季度优秀员工奖奖金等共计 3.6 万元。

B 区人民法院受理了此案。之后，肖某向与其同住一小区的 B 区人民法院法官赵某进行咨询。赵某对案件谈了几点意见，同时为肖某推荐律师李某作为其诉讼代理人，并向肖某提供了本案承办法官刘某的手机号码。肖某的律师李某联系了承办法官刘某。刘某在居住的小区花园，听取了李某对案件的法律观点，并表示其一定会依法审理此案。两天后，肖某来到法院找刘某说明案件的其他情况，刘某在法院的谈话室接待了肖某，并让书记员对他们的谈话内容进行了记录。

本案经审理，一审判决甲公司继续履行合同，支付相关费用。肖某以各项费用判决数额偏低为由提起上诉。二审开庭审理时，由于一名合议庭成员突发急病住院，法院安排法官周某临时代替其参加庭审。在二审审理中，肖某提出了先予执行的申请。2008 年 5 月 12 日，二审法院对该案作出了终审判决，该判决由原合议庭成员署名。履行期届满后，甲公司未履行判决书中确定的义务。肖某向法院申请强制执行，而甲公司则向法院申请再审。

问题：

(1) 纠纷发生后，肖某与甲公司可以通过哪些方式解决他们之间的纠纷？

(2) 诉讼中，肖某与甲公司分别应当对本案哪些事实承担举证责任？

(3) 二审中，肖某依法可以对哪些请求事项申请先予执行？对该申请应当由哪个法院审查、作出先予执行的裁定？该裁定应当由哪个法院执行？

(4) 若执行中甲公司拒不履行法院判决，法院可以采取哪些与金钱相关的执行措施？对甲公司及其负责人可以采取哪些强制措施？

(5) 根据案情，甲公司可以根据何种理由申请再审？可以向何法院申请再审？甲公司申请再审时，已经开始的执行程序如何处理？

(6) 本案中，有关法官的哪些行为违反了法官职业道德？

参考答案：(1) 和解；向公司劳动争议调解委员会申请调解；向劳动争议仲裁

委员会申请仲裁；向法院起诉。

（2）肖某应当对以下事实承担举证责任：①与甲公司存在劳动合同关系；②其受伤属工伤的事实；③各项损失的事实；④未支付全额工资和奖金的事实。甲公司应当对以下事实承担举证责任：①解除劳动合同的事实；②减少肖某住院期间工资报酬的事实。

（3）肖某依法可以对医疗费。住院期间的工资申请先予执行；肖某应当向二审法院申请；先予执行的裁定应当由B区人民法院执行。

（4）①法院可采取以下与金钱有关的执行措施：查询、冻结、划拨被执行人的存款；强制被执行人加倍支付迟延履行债务的利息。②法院可对甲公司采取罚款的强制措施；对甲公司的负责人可采取罚款/拘留/的强制措施。

（5）甲公司可以二审审判组织的组成不合法为由申请再审；可以向本省高级人民法院申请再审；执行程序继续进行。

（6）法官赵某向当事人泄露承办人信息；向当事人就法院未决案件提供法律咨询；法官赵某提出法律意见；法官刘某在居住的小区花园私下会见肖某的代理人。

延伸阅读

1. 毛国权．宗法结构与中国古代民事争议解决机制．北京：法律出版社，2007

2. 齐树洁主编．纠纷解决与和谐社会．厦门：厦门大学出版社，2010

3. 尹力．中国调解机制研究．北京：知识产权出版社，2009

4. 何兵．和谐社会与纠纷解决机制．北京：北京大学出版社，2007

5. 顾培东．社会冲突与诉讼机制．成都：四川人民出版社，1991

6. 范愉．纠纷解决的理论与实践．北京：清华大学出版社，2007

7. 徐昕．迈向社会和谐的纠纷解决．北京：中国检察出版社，2008

8. 左卫民．变革时代的纠纷解决——法学与社会学的初步考察．北京：北京大学出版社，2007

9. ［日］棚瀬孝雄．纠纷的解决与审判制度．王亚新译．北京：中国政法大学出版社，2004

10. ［日］小岛武司，伊藤真编．诉讼外纠纷解决法．丁婕译．北京：中国政法大学出版社，2005

11. ［日］高见泽磨．现代中国的纠纷与法．何勤华等译．北京：法律出版社，2003

第二专题 民事诉讼法基本原则与基本制度

【内容摘要】

民事诉讼法的基本原则和基本制度是学习民事诉讼法的基础，涉及基本原则和基本制度的划分、基本原则和基本制度的构成体系以及各基本原则和基本制度的具体内容。在学习过程中，要求了解民事诉讼法基本原则和基本制度的构成体系，掌握诉讼权利平等原则、辩论原则、处分原则、法院调解原则、直接言词原则、诚实信用原则、公开审理制度、合议制度、回避制度和两审终审制度的基本内容，能够结合具体案例分析相关原则和制度的适用范围与适用条件。

【知识要点】

一、民事诉讼法的基本原则

（一）民事诉讼法基本原则概述

民事诉讼法基本原则，是指贯穿于民事诉讼的整个过程或重要的诉讼阶段，对人民法院、当事人以及诉讼参与人和整个诉讼活动起指导作用的根本性准则。

基本原则是一个法律部门的基本原理和基本规则，它集中体现了该法律部门的精神实质和立法指导思想，具有基础性、概括性、导向性和稳定性特征。民事诉讼法基本原则具有以下三个功能：一是民事诉讼立法准则功能。民事诉讼具体制度和程序的设置，必须以民事诉讼法基本原则为根本前提或出发点。二是诉讼行为准则功能。民事诉讼法基本原则是法官、当事人以及其他诉讼参与人实施诉讼行为的基本准则，这是民事诉讼法基本原则导向性特征的要求。三是法律本身自我完善功能。

立法具有滞后性、不周延性的不足，在出现立法者未能预料到的程序问题时，基本原则可以作为指导法官、当事人或诉讼参与人完成司法活动的准则。[①]

民事诉讼法基本原则是民事诉讼法这一法律部门精神实质的高度抽象，体现了本法律部门的价值追求。目前，民事诉讼法基本原则有三种体例形式：一是立法明示体例，是指以单独或一定的章节、具体的条文来宣誓该民事诉讼法采取哪些原则或基本原则；二是制度融入体例，是指不专章对基本原则加以明文宣示，而是将基本原则的内容、精神和要求融入具体制度设计之中；三是判例归结体例，指通过具体的司法判例来确立民事诉讼法的基本原则。[②] 我国民事诉讼法的基本原则，采取第一种体例形式。

我国《民事诉讼法》第一章“任务、适用范围和基本原则”中对民事诉讼的基本原则以具体条文予以明确规定，但民事诉讼法学界对民事诉讼法究竟规定了多少个基本原则认识并不一致，不过，从立法条文来看，具体包括以下原则：诉讼权利平等原则（第 5 条）；民事审判权由人民法院统一行使原则（第 6 条）；人民法院独立进行审判原则（第 6 条）；以事实为根据、以法律为准绳原则（第 7 条）；当事人平等原则（第 8 条）；法院调解原则（第 9 条）；合议原则（第 10 条）；回避原则（第 10 条）；公开审判原则（第 10 条）；两审终审原则（第 10 条）；使用本民族语言、文字进行诉讼原则（第 11 条）；辩论原则（第 12 条）；处分原则（第 13 条）；检察监督原则（第 14 条）；支持起诉原则（第 15 条）；人民调解原则（第 16 条）；变通原则（第 17 条）。

但是，上述民事诉讼法中的基本原则体系受到学者的普遍质疑，通行的观点认为目前立法中大多数原则实际上不符合民事诉讼法基本原则的要求，应当从原则体系中予剔除。对此，不少学者对基本原则体系进行重构。例如，有学者认为民事诉讼法基本原则包括当事人诉讼权利平等原则、法院调解原则、辩论原则、处分原则、直接原则、不间断审理原则、诚实信用原则[③]；有学者认为包括当事人诉讼权利平等原则、同等原则与对等原则、法院调解自愿与合法原则、辩论原则、处分原则、诚实信用原则[④]；有学者将基本原则归为平等原则、辩论原则、处分原则和诚实信用原则。[⑤]

我们认为，民事诉讼法基本原则体系的构成，应当包括那些能够反映民事诉讼本质特点及诉讼基本规律，并且能够适用于诉讼的全过程或主要阶段的原则。基于此，我国民事诉讼法基本原则体系应当包括以下基本原则：当事人诉讼权利平等原

---

① 参见肖建国：《民事诉讼程序价值论》，140～141 页，北京，中国人民大学出版社，2000；林晓霞：《论市场经济条件下重新评价和构建我国民诉法基本原则》，载《法学评论》，1997（6）。

② 详见廖中洪：《民事诉讼基本原则立法体例之比较研究》，载《法学评论》，2002（6）；胡亚球：《从中外比较看我国民事诉讼法基本原则》，载江伟主编：《比较民事诉讼法国际研讨会论文集》，443～444 页，北京，中国政法大学出版社，2004。

③ 参见田平安主编：《民事诉讼法原理》，4 版，142 页，厦门，厦门大学出版社，2009。

④ 参见江伟主编：《民事诉讼法》，3 版，30～37 页，北京，高等教育出版社，2007。

⑤ 参见张卫平主编：《民事诉讼法教程》，69～81 页，北京，法律出版社，1998。

则、辩论原则、处分原则、法院调解原则、直接言词原则和诚实信用原则。

(二) 诉讼权利平等原则

诉讼权利平等原则，是指双方当事人在民事诉讼进行过程中平等地享有和行使诉讼权利。《民事诉讼法》第8条规定，“民事诉讼当事人有平等的诉讼权利。人民法院审理民事案件，应当保障和便利当事人行使诉讼权利”。民事诉讼法中确立当事人诉讼权利平等原则是宪法规定的“公民在法律面前一律平等”原则在民事诉讼中的贯彻和体现，也是民事纠纷当事人实体法律地位在民事诉讼程中的延伸。

1. 诉讼权利平等原则的内容

根据立法和民事诉讼原理，诉讼权利平等原则包括以下三个方面的内容：

(1) 当事人在诉讼过程中诉讼地位平等

当事人诉讼地位平等是立法中明确规定的一种静态的、应然的状态。在民事诉讼中，当事人不论性别、民族、宗教、社会地位、文化程度等有何差异，在诉讼上的地位一律平等，既没有诉讼地位的高低之分，也不存在任何诉讼上的特权。诉讼当事人在民事诉讼中，尽管有原告、被告、第三人等不同的称谓，但在诉讼过程中的诉讼地位是平等的，没有优劣、高低之分。双方当事人都平等地享有诉讼权利，也平等地承担诉讼义务。

(2) 当事人平等地享有、行使诉讼权利

当事人平等地享有、行使诉讼权利，是从动态、实然的角度的考察。双方当事人在诉讼中享有平等的诉讼地位，是通过当事人在诉讼中享有、行使平等的诉讼权利加以体现和实现的，而当事人诉讼权利的享有和行使集中体现在双方当事人在诉讼过程中的“诉讼进攻”和“诉讼防御”。具体而言，当事人平等诉讼权利可从两个方面来体现：一是同一性权利，是指为双方当事人规定了内容相同的诉讼权利，如委托诉讼代理人、申请回避、收集与提供证据、质证/辩论、提起上诉等；二是对应性权利，是指双方当事人享有的具有“对抗”性质的、内容相向的诉讼权利，如原告有起诉权，被告有答辩权；原告可以放弃或变更诉讼请求，被告可以承认或反驳诉讼请求。当事人诉讼权利的平等性不仅仅是指当事人双方享有完全相同的诉讼权利，更为重要的是原告和被告享有的不同的诉讼权利之间的相互对应性，这种相互对应性保证了彼此之间攻击与抗辩的对等性，维系了攻守力量的平衡，从而体现出诉讼权利的平等性。

(3) 保障和便利当事人平等地行使诉讼权利

当事人平等地享有、行使诉讼权利离不开立法和司法的保障。立法对当事人享有平等的诉讼权利的保障是前提，法院在司法过程中加以贯彻，保障和便利当事人平等地享有和行使诉讼权利。法院保障当事人平等地行使诉讼权利，一方面要求在当事人的诉讼权利与法院的审判权交互运作的过程中，法院审判权的运作应当定位在保障当事人诉讼权利行使这一基点上，即审判权的行使，应以保障当事人诉讼权利的充分实现为宗旨；另一方面要求法院的审判权对当事人诉讼权利保障的平等性，即要求法院在诉讼过程中应当保持中立，以维持当事人双方之间的攻守平衡，为民事诉讼的良性运作提供保障。

“便利”当事人行使诉讼权利，就是在诉讼过程中，法院应当尽量为当事人行使诉讼权利提供方便，尤其是在一方当事人行使诉讼权利遇有障碍和困难时，应当帮助当事人消除障碍和克服困难，以此实现诉讼权利行使上的真正平等。如立法时，应当考虑当事人收集证据能力的有限性，规定法院辅助收集的条件。

2. 诉讼权利平等原则的适用

民事诉讼法通过具体条文的规定来落实诉讼权利平等原则的基本要求，但是，仍离不开司法实践中对该原则的具体适用。首先，人民法院应当树立诉讼平等的观念。宪法和民事诉讼法对诉讼权利平等原则作出了规定，但关键需要司法人员在执法过程中牢固树立平等的观念，能够及时、准确告知当事人的诉讼权利，在诉讼过程中适时、恰当地指导当事人行使权利。其次，应当明确诉讼权利平等原则适用的范围。诉讼权利平等原则适用的范围包括两个方面：一是对人的适用，根据同等原则，适用于中国公民、法人或者其他组织，也适用于在我国进行民事诉讼的外国人、无国籍人、外国企业和组织。但是，根据对等原则，外国法院对我国公民、法人和其他组织的民事诉讼权利加以限制的，我国法院对该国公民、企业和其他组织的民事诉讼权利加以同样的限制。二是适用的程序，在民事纠纷案件的诉讼中，双方当事人享有平等的诉讼权利、承担相应的诉讼义务。除特别程序、公示催告程序等非诉程序外，其他诉讼程序都适用该项原则。

（三）辩论原则

辩论原则，通常是指在法院的主持下，当事人双方有权就案件事实和适用法律等有争议的问题，各自陈述自己的主张和根据，相互进行反驳和答辩，以说服法院支持自己的主张。在该过程中当事人行使的是辩论权。我国《民事诉讼法》第 12 条规定：“人民法院审理民事案件时，当事人有权进行辩论。”

1. 辩论原则的内容

辩论原则的主要内容包括以下几个方面：

（1）辩论权是当事人一项重要的诉讼权利

辩论原则是建立在当事人诉讼权利平等基础上的。在诉讼过程中，当事人平等地行使辩论权是诉讼权利平等的要求，也是当事人诉讼地位平等的反映。当事人以辩论权的行使，进行攻击和防御，为法官审理和裁判提供诉讼资料，形成原告、被告和法官之间的互动关系。辩论权是该互动过程中重要的支撑。

（2）当事人辩论权针对的内容包括实体问题和程序问题

在我国民事诉讼中，当事人辩论的内容非常广泛，涵括了所有可能产生争议的问题，具体包括实体问题和程序问题。实体问题又细分为案件事实问题和适用实体法律问题，如原、被告对所争议实体法律关系的争论，双方就案件事实可适用实体法律规范的争论。程序问题包括当事人对法院有无管辖权的争论、当事人是否适格、代理行为是否合法等。在这两者中，实体问题是辩论的核心，程序性问题的辩论是为了保证实体问题的公正解决。

（3）当事人辩论的方式既可以是口头的，也可以是书面的

当事人口头辩论是主要辩论形式，集中体现在法庭审理阶段。书面辩论主要适用于其他诉讼阶段，如原告提交诉状、被告提交答辩状。两种方式的采用体现出言词主义和书面主义互补的精神，一方面体现言词方式的灵活性和直接性；另一方面发挥书面方式便于保存的优势。

2. 辩论原则与辩论主义的关系

我国辩论原则与大陆法系的辩论主义不同。辩论主义是与职权探知主义相对的一种立法指导准则，是指只有当事人在诉讼中所提出的事实，并经辩论才能作为法院判决依据的一项诉讼制度和基本原则。反之，当事人没有在诉讼中提出的事实就不能作为法院裁判的依据。[①] 其内容包括：第一，当事人没有主张的主要事实不能作为判决的依据；第二，当事人之间无争议的事实应作为法院裁判的依据；第三，法院对证据的调查只限于当事人在辩论中提出的证据，即使法院可以依职权主动收集调查证据，也只能限定在当事人主张的范围之内。[②] 辩论主义与处分主义共同反映出当事人诉权与法官审判权之间的关系，也界定了当事人与法院在诉讼中的地位和作用。由此可以看出，我国民事诉讼法中规定的辩论原则与大陆法系的辩论主义不同，我国辩论原则仅停留在当事人进行辩论的行为层面，而没有通过立法明确当事人的辩论结果对法院裁判的约束，因而有学者将这种形式上的辩论原则称为“非约束性辩论原则”[③]。

不过，2002 年最高人民法院发布的《关于民事诉讼证据的若干规定》对自认、收集证据、质证/辩论规则的明确，使得我国民事诉讼中的辩论原则更接近于大陆法系国家的辩论主义。当事人和法院在民事诉讼中的作用分担已变得较为明确，使得民事诉讼构造更加合理。但是，我们在向辩论主义靠近的过程中，也不能矫枉过正。因为辩论主义是以当事人自我责任为基础的责任分担规则，在我国没有给当事人充分的证据收集权利的时候，不能过分强调法官收集证据的消极、被动性。同时，辩论主义的内容与要求具有流变性和开放性的特征。目前，从大陆法系国家民事诉讼法的发展趋势来看，法官职权在不断加强。与此同时，辩论主义作为民事诉讼法理的基础地位受到一定的挑战，出现了“协同主义”、辩论主义缓和、辩论主义修正观点。[④] 因而，我国在辩论原则的立法完善上，一定要和当前司法环境相适应。

3. 辩论原则的适用

（1）当事人辩论权的行使贯穿于整个诉讼过程

除特别程序外，在第一审程序、第二审程序和审判监督程序中，都应当贯彻辩论原则，但应当将法庭辩论阶段与辩论原则的适用阶段区别开来。法庭辩论阶段仅仅是当事人行使辩论权的重要体现，最集中地反映了辩论原则的主要精神，但辩论

---

① 参见张卫平：《诉讼构架与程式》，153 页，北京，清华大学出版社，2000。

② 参见［日］兼子一、竹下守夫：《日本民事诉讼法》，白绿铉译，95 页，北京，法律出版社，1995。

③ 张卫平：《我国民事诉讼辩论原则重述》，载《法学研究》，1996（6）。

④ 参见姜世明：《民事诉讼法基础论》，53～61 页，台北，元照出版公司，2006。

原则不限于法庭辩论，而是贯穿于从当事人起诉到诉讼终结的整个过程。如开庭审理前原告的起诉以及被告的答辩也是当事人辩论权的行使。

（2）法院应当保障辩论原则的实施

法院对当事人辩论原则的保障贯穿整个诉讼程序。在诉讼过程中，法官要发挥其主持、指挥和引导作用，为双方当事人提供均等的辩论机会，正确行使其诉讼指挥权，认真听取当事人的陈述、质证/辩论，在此基础上对争议事实作出公正的裁判。

（3）定案的依据必须经过质证/辩论

定案依据必须经过质证辩论是辩论原则的核心，也是当事人程序保障法理的具体要求。根据《民事诉讼法》及相关司法解释的规定，用于证明待证事实的证据材料，不经当事人庭审辩论，不能作为裁判的依据。

（四）处分原则

处分原则，是指民事诉讼当事人有权在法律规定的范围内，自由处分自己的民事权利和诉讼权利。我国《民事诉讼法》第 13 条规定："当事人有权在法律规定的范围内处分自己的民事权利和诉讼权利。"

1. 处分原则的内容

处分原则贯穿于民事诉讼的全过程，当事人的处分权对诉讼的开始、诉讼的继续和诉讼终结都有着重要的影响。在现代社会，几乎所有国家的民事诉讼制度都采用了处分原则，但在总体模式上有两种不同的选择：一种是完全的处分主义，一种是相对的处分主义。我国民事诉讼法选择的是相对的处分主义。根据我国《民事诉讼法》第 13 条，处分原则包括以下内容：

（1）当事人享有处分权

处分权的主体只限于民事诉讼当事人，不包括其他诉讼参与人，其他诉讼参与人只是辅助法官和当事人推动诉讼程序的进行。处分权虽然是当事人的权利，但可由诉讼代理人代为行使。法定代理人享有类似当事人的诉讼地位，可以在法律许可的范围内直接代理当事人处分民事权利和诉讼权利。委托代理人只能在当事人授权的范围内行使处分权。

（2）当事人处分的对象是民事权利和诉讼权利

当事人对民事权利的处分体现为：第一，当事人享有实体保护选择权。在起诉时，原告可自由确定诉讼请求、权利救济的范围和选择救济的方式。第二，诉讼过程中，原告可以变更其实体请求，被告可以承认原告的诉讼请求。如原告可以撤回一部分请求或全部请求、可以扩大或缩小请求的范围，可以将此请求变更为彼请求，但此种变更应考虑对方当事人的利益，变更应符合一定条件；被告可以部分承认或者全部承认原告实体请求，也可以拒绝并予以反驳。第三，在诉讼过程中，双方当事人可在审判人员的主持下达成调解协议，也可以自行和解；判决执行前，双方当事人可以就实体权利、义务自行和解。

诉讼权利是当事人处分的另一个对象，不过实体权利与诉讼权利的处分往往具有同步性，对实体权利的处分，一般是通过对诉讼权利的处分实现。当事人诉讼权利的处分体现为：第一，程序启动的选择权。是否启动民事诉讼程序，完全由当事人决定。无论在任何情形下，没有当事人的起诉，法院不得依职权发动诉讼。第二，攻击、防御手段的选择权。在诉讼过程中，当事人可以选择采取何种诉讼策略、手段。第三，程序终结选择权。当事人可以选择以撤回起诉的方式使诉讼宣告终结，也可以以调解或和解方式终结诉讼，也可以要求法院以判决方式结案。第四，后续程序选择权。一审判决后，是否提起上诉、是否申请再审、是否申请强制执行，由当事人决定。

（3）对当事人处分权的限制

当事人处分民事权利和诉讼权利，都必须在法律许可的范围内行使，并接受法院的审查和监督。如果当事人的处分权超出了法律规定的范围，损害国家利益、社会公共利益或他人的民事权益，该处分行为无效。如在具有特殊性的有关身份关系的诉讼中，法院应当对当事人之间的权利处分进行干预。但是，我国民事诉讼法在某些方面对当事人处分权的限制值得思考，如再审程序、执行程序的启动并未完全尊重当事人的意愿，以及协议管辖适用范围的限制、当事人撤诉必须经过法院的同意、无独立请求权第三人被追加到诉讼中等。① 这需要我们重新审视我国民事诉讼处分原则，以期建立起符合现代民事诉讼制度所要求的、具有约束力的处分原则。

2. 处分原则的适用

处分原则实质上体现的是法院与当事人之间关系，是影响民事诉讼类型的决定性因素。处分原则不能仅停留在立法层面，更重要的是司法实践中的贯彻落实。

（1）法院应保障当事人依法行使处分权

在我国民事诉讼中，在多数情况下，当事人对自己权利的处分都要接受法院的审查或认可，如诉讼过程中，原告撤回起诉，应当最终由法院审查许可，法院许可与否决定着当事人对权利处分行为的效力。因而，法院应当根据民事诉讼法的规定保障当事人行使处分权，尊重当事人个人意愿，以保证当事人依法实现对民事权利和诉讼权利的自由支配或自由处置。②

（2）正确处理审判权与处分权的关系

一方面，处分权与审判权之间是合理制约关系。处分权决定了审判权的起点、范围，影响个案审判的终结点。相反，审判权对处分权的行使具有审查监督的作用，以此防止处分权的不当扩张和滥用，保证处分权在法律规定的范围内进行。另一方面，审判权对处分权的行使具有指导作用。实践中，存在当事人不会正确运用其处分权的情况，此时法官应当作适当的指导，以便当事人能够在正确认识情况下行使

① 我国民事诉讼中当事人处分权行使对法院的约束力很大程度上具有相对性，当事人处分行为要经过法院审查并同意后才具有效力，因而有学者认为这不是真正意义处分原则的内涵。参见章武生等：《司法现代化与民事诉讼制度的建构》，195页，北京，法律出版社，2000。

② 参见张晋红主编：《民事诉讼法学》，60页，长春，吉林人民出版社，2003。

处分权，实现处分权的功效。但是，民事诉讼实践中，法官利用审判权干预或限制当事人处分权的行使的现象普遍存在，并且具有随意性[①]，如强制当事人撤诉、强迫调解等。这就需要我们在立法层面加强保障当事人处分权外，还应当重视审判人员观念转变。

（五）法院调解原则

法院调解，是指在法院的主持下，双方当事人自愿就其民事权益争议平等协商，达成协议，解决其民事纠纷的活动。法院调解是与审判活动并列的诉讼活动，也是法院解决民事纠纷的重要形式。

1. 法院调解原则的变迁

法院调解原则是在我国长期历史发展过程中演变而来的一项诉讼原则，其内涵也在不断发生变化，大致经历了从“调解为主”→“着重调解”→“自愿合法调解”→“调解优先”几个阶段。在民主革命时期，“调解为主，审判为辅”作为处理民事纠纷的基本方针，后在革命根据地和解放区司法机关得以普遍推行。新中国成立后，作为对各边区和革命根据地审判经验总结的“马锡五审判方式”成为当时民事审判工作的基本指南。1956 年最高人民法院提出“调查研究、调解为主、就地解决”的“十二字”方针，使得“调解为主”成为民事审判的基本原则。1982 年的《民事诉讼法（试行）》将“调解为主”改为“着重调解”原则，在一定程度上淡化了调解在民事审判中的主导地位，但仍然保持着调解优先于审判的基本格局。[②] 1991 年颁布的《民事诉讼法》将“着重调解”改为“自愿合法调解”，基本上奉行的是“能调则调、当判则判”的精神。2009 年最高人民法院提出“调解优先，调判结合”的方针，从政策上对 1991 年《民事诉讼法》中的调解原则予以调整。

2. 法院调解原则的内容

我国《民事诉讼法》第 9 条规定：“人民法院审理民事案件，应当根据自愿和合法的原则进行调解；调解不成的，应当及时判决。”具体包含以下内容：

（1）以自愿、合法为原则

法院调解应当建立在当事人自愿和合法的基础上。自愿指的是调解程序的开始必须经过当事人的同意，调解协议的达成也必须建立在当事人合意的基础上，法官在调解过程中不能利用其裁判者的身份强迫当事人接受调解。合法指的是调解活动在程序上必须符合民事诉讼法的规定，在结果上不得违反民事实体法的规定，损害国家、社会和第三人的合法权益。

此外，《民事诉讼法》第 85 条规定，人民法院审理民事案件，必须在事实清楚的基础上，分清是非进行调解。所以学界将“事实清楚、分清是非”作为法院调解应当遵循的另一个原则。

---

① 参见张卫平：《民事诉讼处分原则重述》，载《现代法学》，2001（6）。

② 参见江伟主编：《民事诉讼法学》，106 页，上海，复旦大学出版社，2003。

(2) 调解既是一种审理方式，又是一种结案方式

法院在审理民事案件时，应当根据需要和可能，对双方当事人进行调解，促使双方相互谅解，消除分歧，达成协议。这是与审判并列的一种处理方式。同时，当达成调解协议时，将终结调解程序和整个审判程序。调解协议书具有与民事判决相同的法律效力。因而，调解又是一种结案方式。

3. 法院调解原则的适用

(1) 法院调解的适用范围

法院调解适用的范围相当广泛：从适用的法院来看，各级人民法院在审理民事案件的过程中都可适用调解解决纠纷；从案件性质来看，一般民事纠纷都可适用调解解决；从适用程序来看，法院调解可适用于解决民事纠纷的审判程序的全过程，包括一审程序、二审程序以及审判监督程序。一审程序中无论是普通程序还是简易程序都可适用。

但是，法院调解的适用也有一定的限制。适用特别程序、督促程序、公示催告程序、破产还债程序的案件，婚姻关系、身份关系确认案件以及其他依案件性质不能进行调解的民事案件，人民法院不予调解。同时，执行程序也不适用法院调解。

(2) 法院调解的程序

首先，调解的开始。在民事审理过程中，当事人可以申请开始法院调解，也可以是法院在征得当事人同意的基础上开始调解。法院调解的时间具有灵活性，只要条件许可，审判程序开始后到判决作出前的任何阶段都可以开始调解。其次，调解的进行。调解的进行是法院审判人员主持调解、说服教育，当事人自愿协商、达成调解协议的过程。其中，通常调解主持者是本案承办法官，不过法官也可以根据情况，邀请有关单位代表或个人协助法院进行调解。原则上，双方当事人应当出庭，特殊情况下可以由经特别授权的代理人代为调解。最后，调解的结束。法院调解以调解达成协议或调解失败而终结。调解达成协议将终结整个审判程序，调解失败则继续进行审判程序。

(3) 正确处理调解与判决的关系

调解与判决是法院行使审判权解决民事纠纷的两种方式。从法院调解原则变迁的过程来看，是始终围绕着调解与判决关系展开的。总体而言，“调解为主”、“着重调解”和“调解优先”具有一致性，都是强调调解优先于判决。这与诉讼活动的本质是相背离的。1991 年《民事诉讼法》提出的“自愿合法调解”，是对调解和判决关系的正确定位。一方面，突出调解自愿，将选择权赋予当事人，这是法院调解正当性的基石；另一方面，肯定了判决在民事诉讼中的重要地位和作用。因而，在法院审判实践中，应当恪守“自愿合法调解”原则，注意以下几点：一是调解不是人民法院审理民事案件的必经程序，人民法院可不经调解，而在查明事实的前提下，直接作出判决；二是对于当事人愿意进行调解的民事案件，人民法院也不能久调不决，调解不成或调解书送达前当事人反悔的，人民法院应当及时作出判决。①

① 参见田平安主编：《民事诉讼法原理》，4 版，151 页，厦门，厦门大学出版社，2009。

（六）直接言词原则

1. 直接言词原则的含义

直接言词原则是直接原则和言词原则的合称。按照大陆法系学者的解释，直接原则有两方面的含义：一是“在场原则”，即法庭审理时，法官、当事人和其他诉讼参与人必须出席参加庭审活动，当事人在精神上和体力上具有参与审判活动的机会；二是“直接采证原则”，即从事法庭审判的法官必须亲自直接从事法庭调查和采纳证据，直接接触和审查证据，证据只有经过法官以直接采证方式获得才能作为定案的根据。①

言词原则（Orality），又称口头主义、口头原则，一百年前意大利学者乔文达·盖伊坞赛博（Chiovenda Giuseppe）首次加以阐述。自乔文达·盖伊坞赛博首次提出该原则之后，欧洲学者实际上都普遍一致推崇口头原则。言词原则是指在庭审程序中，当事人的主张以及诉讼资料的提出，需以口头方式进行才具备效力，否则不能作为裁判的基础。由此派生出两个诉讼规则：一是参加诉讼的法官、当事人以口头的方式从事审理、攻击、防御等各种诉讼行为，原则上没有在庭审过程中以言词方式进行的诉讼行为，均应视为不存在，不具程序上的效力；二是只有通过言词辩论显示的诉讼资料才属于判决的基础，未经在法庭上以口头方式提出的事实主张和调查的证据均不得作为法庭裁判的根据。

由于以上两个原则均要求诉讼各方亲自参加庭审，在双方当事人在场的情况下进行口头质证、辩论，法官的裁决建立在法庭调查和辩论的基础上，在直接审理中获得心证，作出裁决，因而我国学者通常将二者合称为直接言词原则。

直接言词原则作为庭审的基本规则，是诉讼制度发展到一定阶段和审判公开、诉讼民主要求的产物。② 直接言词原则的落实是诉讼公开、辩论原则、集中审理原则实现的基础，能够使得庭审“活性化”，使“法庭辩论成为法院和当事人进行富有实质内容的对话和讨论的最佳形式”③。但是，直接言词原则也离不开间接、书面原则作为其补充，在法定情况下允许间接、书面审理。并且，在现代大陆法系国家，随着对效率价值的追求，直接言词原则地位越来越受到间接、书面原则的挑战。④

2. 我国民事诉讼中直接言词原则的适用障碍与克服

我国民事诉讼中并没有将直接言词原则确立为基本原则。我国现行民事诉讼法虽然没有明文规定直接言词原则，但相关的条文规定仍然体现了这个原则的要求。如，《民事诉讼法》第 12 条规定，人民法院审判民事案件时，当事人有权进行辩论；第 66 条规定，证据应当在法庭上出示，并由当事人进行互相质证；第 70 条规定，凡是知道案件情况的单位和个人，都有义务出庭作证；第 125 条第 2 款规定，当事

---

① 参见陈瑞华：《刑事审判原理论》，183 页，北京，北京大学出版社，1997。

② 参见唐力：《民事诉讼构造研究》，299 页，北京，法律出版社，2006。

③ ［日］谷口安平：《程序的正义与诉讼》，王亚新、刘荣军译，55 页，北京，中国政法大学出版社，2002。

④ 参见杜闻：《口头优先还是书面优先？——国际诉讼法协会（IAPL）2008 年年会主题述评》，载《证据科学》，2008（2）。

人经法庭许可，可以向证人、鉴定人、勘验人发问。从我国民事诉讼法的实际执行情况看，直接言词原则是有明确体现的。例如，最高人民法院于 2001 年公布的《关于民事诉讼证据的若干规定》第 47 条规定："证据应当在法庭上出示，由当事人质证。未经质证的证据，不能作为认定案件事实的依据。当事人在证据交换过程中认可并记录在卷的证据，经审判人员在庭审中说明后，可以作为认定案件事实的依据。"第 55、57、58 条规定："证人应当出庭作证，接受当事人的质询。""出庭作证的证人应当客观陈述其亲身感知的事实。""审判人员和当事人可以对证人进行询问。"第 62 条规定："法庭应当将当事人的质证情况记入笔录，并由当事人核对后签名或者盖章。"以上规定在一定程度上体现了直接言词原则的精神。

不过，我们并不能因此就认为我国民事诉讼法中贯彻落实了直接言词原则的精神。这是因为，1991 年民事诉讼立法时，学界对直接言词原则尚没有给予起码的关注和理解，司法实践只是在粗略的制度下进行最为基础性操作，审判方式改革只是以当事人举证环节为突破口，并没有深入到以程序公正理念为重如直接言词原则等一些深层次问题。同时，从条文中也不能看出对审理法官与裁判者的同一性要求和证人必须出庭作证等强制性规定①，这些恰恰是直接言词原则的核心内容。

目前，我国民事诉讼中对直接言词原则的落实在立法层面和司法实践层面都存在较大的障碍。首先，立法并没有将直接言词原则作为指导理念。我国民事诉讼法对基本原则的立法采取的是立法明示体例，但现有立法并没有将直接言词原则作为基本原则对待。其次，审、判"断裂现象"严重阻碍直接言词原则的实现。在司法实践中，存在不少体制性问题，使得法庭审理程序对于法院裁判结论的产生并不具有实质性的意义。例如，院庭长审批制度、审判委员会制度、案件请示制度等。再次，书面证人证言代替证人出庭现象普遍，既阻碍了当事人言词辩论权的行使，也导致间接、书面审理行为的滥用。以上立法问题和司法实践中存在的制度性障碍，都对直接言词原则在我国民事诉讼程序中的适用产生实质性影响。

因而，对于在我国民事诉讼中贯彻直接言词原则，首先，需要在立法中确定直接言词原则，使其成为立法指导原则和统领整个民事诉讼程序的基本原则；其次，直接言词原则的落实，离不开司法体制性的变革，要对院庭长审批制度、审判委员会制度等予以取消或者改造；再次，在证据制度上完善证人作证制度。不过，对直接言词原则的贯彻也要考虑到例外情形，注重公平与效率的平衡，如在小额诉讼程序中根据当事人选择权，可以适用书面审理。

（七）诚实信用原则

1. 诚实信用原则的含义

民事诉讼中的诚实信用原则，"是指法院、当事人以及其他诉讼参与人在审理民事案件时，必须公正、诚实和善意"②。诚实信用原则原是民法中的一项基本原则，

---

① 参见江伟主编：《民事诉讼法学》，115 页，上海，复旦大学出版社，2003。

② 张卫平主编：《民事诉讼法学》，79 页，北京，法律出版社，1998。

其立法的主要目的是排除一切非道德的、不正当的行为，维护商品经济和市民社会生活的正常秩序和安全。民事诉讼法学者对诚实信用原则的适用关注也是最近十多年的事情。在国外，民事诉讼领域是否适用诚实信用原则存在“肯定说”和“否定说”①。1985年，奥地利民事诉讼法规定了真实义务，基本上确立诚实信用原则。后来匈牙利、德国、日本等国相继在其民事诉讼法中确立真实义务，诚实信用原则作为民事诉讼法的一个基本原则的存在价值已经越来越受到重视。在我国，认为民事诉讼中应当确立诚实信用原则的观点占据主导地位。②

2. 诚实信用原则的适用

我国民事诉讼法中没有确立诚实信用原则基本原则，也没有构建起以诚实信用为中心的规范体系，以下都是从学理上对诚实信用原则的探讨。

（1）诚实信用原则对法官的制约

诚实信用原则对于法院而言，就是要求法院审理和裁判民事案件时应当公正、合理。一是禁止法官滥用审判权。禁止法官滥用审判权，就是要求法官在对实体问题和程序问题自由裁量时，应当立足于案件事实，在法律许可的范围忠实地行使裁量权。如果法官滥用自由裁量权，当事人可以通过上诉或再审予以救济。二是禁止突袭裁判。禁止突袭裁判是程序保障基本要求。在审理过程中，要保障当事人享有充分的攻击和防御机会，法官也应当根据具体案情、当事人诉讼能力等及时、恰当地进行释明，在发现真实、促进诉讼和法律适用上都保障当事人诉讼主体地位，杜绝突袭行为。

（2）诚实信用原则对当事人的制约

一是禁止滥用诉讼权利。当事人不得滥用诉讼权利以获取对自己有利的状态。例如，滥用管辖异议权、回避请求权等，影响诉讼的顺利进行。二是禁止虚假陈述。禁止虚假陈述或提供虚假证据，即要求当事人在诉讼过程中不得违背真实义务，对案件事实作虚假陈述或提交伪证。三是禁反言，即当事人在诉讼中不得故意作相互矛盾的陈述。四是禁止当事人诉讼突袭。实施诉讼突袭被普遍认为是违反民事诉讼程序性、公正性，有悖于诚实信用原则的不当诉讼行为。

（3）诚实信用原则对其他诉讼参与人的制约

对其他诉讼参与人，诚实信用原则要求其实施诉讼行为时必须接受诚实信用道德准则的约束。具体的要求应当包括：一是诉讼代理人不得在诉讼中滥用和超越代理权，要在代理权限内进行诉讼代理行为，对委托人和法院要诚实；二是证人不得作虚假证词，尤其在我国目前当事人自带证人到庭的情况下，有必要建立证人宣誓制度，强调证人的真实义务和协助义务；三是鉴定人不得作与事实不符的鉴定结论；

---

① 关于民事诉讼领域是否应当确立诚实信用原则的有关争论，详见唐力：《论民事诉讼中诚实信用原则之确立》，载《首都师范大学学报（社会科学版）》，2006（6）；［日］谷口安平：《程序的正义与诉讼》，王亚新、刘荣军译，167～169页，北京，中国政法大学出版社，2002。

② 不过，有学者对此持不同的观点，详见黄娟：《对在我国民事诉讼法中确立诚实信用原则的冷思考》，载《法商研究》，2001（6）。

四是翻译人员不得故意作与诉讼主体陈述或书写原意不符的翻译。[①]

二、民事审判的基本制度

民事审判的基本制度，是指法院在审理民事案件过程中必须遵循的基本操作规则。民事审判的基本制度尽管主要是规范法院的审判行为，但与当事人权益具有密切的关系，是保障当事人合法权益的要求。我国审判的基本制度包括公开制度、合议制度、回避制度和两审终审制度。这些制度反映了诉讼活动的特点和基本规律，存在于我国的三大诉讼中，因而既是民事诉讼的基本制度，也是刑事诉讼和行政诉讼的基本制度。我们在此从民事诉讼角度说明这些制度。

(一) 公开审判制度

公开审判制度，是指除了法律明确规定例外情况，法院审理案件和宣告判决一律公开进行的制度。公开审判制度是现代民事诉讼的基本制度，体现的是司法民主、诉讼公正的价值追求。公开审判制度是一种在各类诉讼中通用的基本审判制度，其基本功能在于：第一，促进和保障司法公正，增强审判活动的透明度，便于社会对审判活动的监督，杜绝法官恣意；第二，促使当事人及其他诉讼参与人规范诉讼行为，依法、诚实、正确地行使诉讼权利；第三，公开审理有助于发挥审判的教育功能，尤其是通过新闻媒体宣传，使得更多人能够接受法制教育，从而提高民众的法律素养。不过，通过公开审判实现对审判权行使的制约是最重要的功能。

1. 公开审判制度的内容

根据《民事诉讼法》、1999 年最高人民法院《关于严格执行公开审判制度的若干规定》和 2009 年《关于司法公开的六项规定》的相关规定，公开审判制度主要包括以下内容：

(1) 立案公开。立案阶段的相关信息应当通过便捷、有效的方式向当事人公开。各类案件的立案条件、立案流程、法律文书样式、诉讼费用标准、缓减免交诉讼费程序、当事人重要权利/义务、诉讼和执行风险提示以及可选择的诉讼外纠纷解决方式等内容，应当通过适当的形式向社会和当事人公开。人民法院应当及时将案件受理情况通知当事人。对于不予受理的，应当将不予受理裁定书、不予受理再审申请通知书、驳回再审申请裁定书等相关法律文件依法及时送达当事人，并说明理由，告知当事人诉讼权利。这主要是保障当事人的知情权。

(2) 庭审公开。首先，应当建立健全有序开放、有效管理的旁听和报道庭审的规则，消除公众和媒体知情监督的障碍。依法公开审理的案件，旁听人员应当经过安全检查进入法庭旁听。因审判场所等客观因素所限，人民法院可以发放旁听证或者通过庭审视频、直播录播等方式满足公众和媒体了解庭审实况的需要。其次，所有证据应当在法庭上公开，能够当庭认证的，应当当庭认证。除法律、司法解释规

---

① 参见王福华：《民事诉讼诚实信用原则论》，载《法商研究》，1999 (4)。

定可以不出庭的情形外，人民法院应当通知证人、鉴定人出庭作证。再次，独任审判成员、合议庭成员、审判委员会委员的基本情况应当公开，当事人依法有权申请回避。案件延长审限的情况应当告知当事人。最后，人民法院对公开审理或者不公开审理的案件，一律在法庭内或者通过其他公开的方式公开宣告判决。

（3）文书公开。首先，裁判文书应当充分表述当事人的诉辩意见、证据的采信理由、事实的认定、适用法律的推理与解释过程，做到说理公开。其次，除涉及国家秘密、个人隐私以及其他不适宜公开的案件和调解结案的案件外，人民法院的裁判文书可以在互联网上公开发布。当事人对于在互联网上公开裁判文书提出异议并有正当理由的，人民法院可以决定不在互联网上发布。最后，为保护裁判文书所涉及的公民、法人和其他组织的正当权利，可以对拟公开发布的裁判文书中的相关信息进行必要的技术处理。

以上公开内容既包括将法院审判活动向社会的开放，也包括将整个诉讼过程和诉讼资料向当事人公开，因而，可以说我国目前的公开审判制度，已经兼具形式意义和实质意义双重含义的公开。[①] 不过，以上主要是规范层面的判断，公开审判的全面实现还需要司法实践中对有关规则的贯彻落实。

2. 未遵守公开审判制度的法律后果

根据最高人民法院《关于严格执行公开审判制度的若干规定》，凡应当依法公开审理的案件没有公开审理的，应当按下列规定处理：（1）当事人提起上诉的，第二审人民法院应当裁定撤销原判决，发回重审；（2）当事人申请再审的，人民法院可以决定再审；人民检察院按照审判监督程序提起抗诉的，人民法院应当决定再审。以上发回重审或者决定再审的案件应当依法公开审理。不过，这里的未公开主要是形式意义上的未公开，即庭审程序未向社会公开。

3. 公开审理制度的例外情形

公开审判是民事审判必须遵守的基本要求，但是，并非所有的民事案件都必须公开审理。根据《民事诉讼法》第120条和最高人民法院《关于严格执行公开审判制度的若干规定》的相关规定，不适用公开审理的情形可以分为绝对不公开审理和相对不公开审理两类：

（1）绝对不公开审理。绝对不公开审理包括两种情形：一是涉及国家秘密的案件，即法院审理的民事案件涉及国家安全和利益的秘密事项，包括军事、经济、科技等方面的秘密。在此情况下，保守国家秘密比对当事人公开审判的程序保障更为重要。二是涉及个人隐私的案件。保护个人隐私是现代各国都普遍重视的问题。对涉及个人隐私的案件不公开审理也是个人隐私保护在诉讼中的体现。

（2）相对不公开审理。相对不公开审理案件包括离婚案件和涉及商业秘密的案件。对此类案件，首先要当事人申请不公开审理，然后法院审查决定是否公开审理。是否公开审理赋予当事人程序选择权，主要是因为离婚案件往往会涉及个人感情和

---

① 有学者指出，形式意义上的公开主要是审理程序向社会的公开，实质意义上的公开是指诉讼程序和诉讼资料向当事人的公开。详见王福华：《民事审判公开制度的双重含义》，载《当代法学》，1999（2）。

私生活的情况，公开审理会对个人生活带来影响。同样，对于涉及商业秘密的案件，公开审理可能会泄露当事人的技术秘密、商业情报等，对其商品生产和经营造成影响。

对于不公开审理的案件，应当当庭宣布不公开审理的理由。但是，这里的不公开仅指审理过程的不公开，其判决结果必须公开宣告。

（二）合议制度

1. 合议制度的含义

合议制度，是指由 3 名以上审判人员共同组成合议庭，代表法院行使审判权，对案件进行审判的制度。

合议制和独任制，是我国法院具体审理民事案件的审判组织形式。独任制，是由 1 名法官对案件审理并作出裁判的制度。合议制是我国民主集中制在民事诉讼活动中的具体运用，该制度有利于发挥合议庭集体的智慧，弥补审判人员个人在知识和能力上的不足，有利于正确处理民事案件，保证司法公正。

2. 合议庭的组成

合议制度主要适用于审理和解决民事权利/义务争议案件的审判程序，包括第一审普通程序、第二审程序和再审程序。此外，适用特别程序审理的重大疑难案件和选民资格案件也应当适用合议制审理。法院适用合议制审理民事案件的，必须组成合议庭。但是，不同审级适用的程序不同，合议庭的具体组成也不尽相同。但是，所有合议庭的组成人数必须是单数。

（1）第一审合议庭的组成

根据《民事诉讼法》第 40 条的规定，第一审合议庭的组成有两种：一是由审判员、陪审员共同组成的合议庭，二是由审判员组成合议庭。在有陪审员参加的合议庭，陪审员除不能担任审判长外，在执行陪审职务时享有与审判员相同的权利、义务。具体如何组成合议庭，由法院根据具体案情决定。

对于第二审发回重审的案件，原审法院应当按照第一审程序另行组成合议庭，原合议庭的成员不得参加新的合议庭。

（2）第二审合议庭的组成

根据《民事诉讼法》第 41 条，第二审合议庭由审判员组成合议庭，陪审员不能参加。这主要是因为，第二审作为上诉审，除了对当事人之间的民事争议进行审理，还要对一审法院的审判活动进行监督，因而对审判人员知识的专业化要求更高。此外，二审作为终审程序，审理上也应当更为慎重。因此，民事诉讼法规定第二审的合议庭完全由法官组成。

（3）再审合议庭的组成

根据《民事诉讼法》第 41 条，原来是第一审的，按照第一审程序另行组成合议庭；原来是第二审或者是上级法院提审的，按照第二审程序另行组成合议庭。再审合议庭必须另行组成，原来独任制或合议庭法官或陪审员，不得作为再审合议庭成员。按照第一审程序再审的，法院可以根据具体案情，决定是否吸收陪审员参加合议庭。

(4) 选民资格案件和依特别程序审理的重大疑难案件的合议庭组成

根据《民事诉讼法》第 161 条，对于选民资格案件或者重大、疑难的案件，必须由审判员组成合议庭审理，陪审员不能参加此类案件的审理。

3. 合议庭与审判委员会的关系

根据《人民法院组织法》第 10 条，审判委员会是在人民法院内部设置的集体领导审判工作的组织，其主要职能是总结审判经验，讨论重大的或者疑难的案件和其他有关审判工作问题。

审判委员会与合议庭在审判业务上是指导与被指导、监督与被监督的关系。首先，审判委员会有权对重大疑难案件或者合议庭争议较大的案件进行讨论，并作出最后处理意见，该意见合议庭应当执行。合议庭对审判委员会的决议有异议的，可以提请院长决定审判委员会复议一次。其次，审判委员会对合议庭作出的生效判决、裁定发现存在法定再审事由的，有权依照审判监督程序决定再审。

(三) 回避制度

1. 回避制度的含义

回避制度，是指审判人员和其他有关人员，出现可能影响案件公正审理的情形，依法退出对某一具体案件的审理或诉讼活动的制度。回避制度设置的根本原因是对诉讼公正的追求。该制度的实施，可以将与本案有利害关系的审判人员和其他有关人员排除在审理程序之外，避免因个人情感等因素影响案件的公正审理，以此消除当事人不必要的疑虑，提高当事人对人民法院的公正信任度。

2. 回避的法定事由与适用对象

根据《民事诉讼法》第 45 条和 2011 年最高人民法院《关于审判人员在诉讼活动中执行回避制度若干问题的规定》(以下简称《回避规定》)，审判人员及其有关人员应当回避的法定情况如下：

(1) 是本案的当事人或者与当事人有近亲属关系；(2) 本人或者其近亲属与本案有利害关系；(3) 担任过本案的证人、翻译人员、鉴定人、勘验人、诉讼代理人、辩护人；(4) 与本案的诉讼代理人、辩护人有夫妻、父母、子女或者兄弟姐妹关系；(5) 与本案当事人之间存在其他利害关系，可能影响案件公正审理。

以上所称近亲属，包括与审判人员有夫妻、直系血亲、三代以内旁系血亲及近姻亲关系的亲属。其他利害关系指除了法律明确规定的回避事由之外的足以影响案件公正审理的关系，如师生关系、同学关系、朋友关系等。如出现以上情况，审判人员应当自行回避，当事人及其法定代理人有权以口头或者书面形式申请其回避。以上回避情形是由于审判人员及其他相关人员与本案当事人及其代理人等存在特定关系而引发的回避，是事前即存在的，可以称为因特定关系的回避。

但在诉讼过程中会出现因审判人员特定行为而引发的回避，可称为因特定行为的回避。《回避规定》第 2 条对此作出详细的规定：当事人及其法定代理人发现审判人员违反规定，具有下列情形之一的，有权申请其回避：(1) 私下会见本案一方当事人及其诉讼代理人、辩护人的；（2）为本案当事人推荐、介绍诉讼代理人、辩护人，或者为律师、其他人员介绍办理该案件的；（3）索取、接受本案当事人及其受托人的财物、其他利益，或者要求当事人及其受托人报销费用的；（4）接受本案当事人及其受托人的宴请，或者参加由其支付费用的各项活动的；（5）向本案当事人及其受托人借款，借用交通工具、通讯工具或者其他物品，或者索取、接受当事人及其受托人在购买商品、装修住房以及其他方面给予的好处的；（6）有其他不正当行为，可能影响案件公正审理的。

此外，《回避规定》第 3 条规定，凡在一个审判程序中参与过本案审判工作的审判人员，不得再参与该案其他程序的审判。但是，经过第二审程序发回重审的案件，在一审法院作出裁判后又进入第二审程序的，原第二审程序中合议庭组成人员不受该规定的限制。

3. 回避的方式与程序

民事诉讼中，回避的方式有两种：一是自行回避，是指审判人员及有关人员在遇到法律规定的回避情形时，应当主动要求回避。该类回避主要适用于《民事诉讼法》第 45 条和《回避规定》第 1 条规定的因特定关系回避情形。二是申请回避，即当事人发现审判人员及其他有关人员具有法律规定的回避情形存在时，依法申请他们回避。该类回避适用于《民事诉讼法》第 45 条、《回避规定》第 1 条规定的回避情形，也适用于《回避规定》第 2 条规定的因特定行为回避情形。

在这两种回避方式中，审判人员及有关人员自行回避，属于法院内部事情，相对简单。当事人申请回避是当事人的一项重要诉讼权利，直接关系到诉讼的公正性问题，因此，立法上设置了明确的回避程序、一是合议庭组成人员确定后，应当在 3 日内告知当事人；二是在案件开始审理时，审判长或独任审判人员宣布审判人员、书记员名单，告知当事人有关的诉讼权利、义务后，必须特别询问当事人是否申请回避。当事人可以在案件开始时提出回避申请。在案件开始审理后知道回避事由的，当事人可以在法庭辩论终结前提出。但是，当事人提出回避申请的同时，应当说明理由。

根据《民事诉讼法》第 47、48 条和《回避规定》第 4 条的规定，法院对回避的决定程序包括三个方面的内容：（1）法院对当事人提出的回避申请，应当在申请提出的 3 日内，以口头或者书面形式作出决定，并向当事人宣布。至于采取口头还是书面方式，由法院根据具体情况决定。（2）院长担任审判长时的回避，由审判委员会决定；审判人员的回避，由院长决定；其他人员的回避，由审判长决定。（3）审判人员应当回避，本人没有自行回避，当事人及其法定代理人也没有申请其回避的，院长或者审判委员会应当决定其回避。被申请回避的人员在人民法院作出是否回避的决定前，应当暂停参与本案的工作，但案件需要采取紧急措施的除外。

当事人对法院有关回避的决定不服的，可以在接到决定时申请复议一次。复议期间，被申请回避的人员，不停止参与本案的工作。人民法院对复议申请，应当在 3 日内作出复议决定，并通知复议申请人。第二审人民法院认为第一审人民法院的审理有应当回避而未回避的情形时，应当裁定撤销原判，发回原审人民法院重新审判。

（四）两审终审制度

1. 两审终审制度的确立

两审终审制是我国的基本审级制度，指的是一起民事案件经过两级人民法院的审判就宣告总结的制度。

审级制度的确定与多种因素有关，诉讼的传统、案件的多少、地域大小、法官的素质以及司法体制的制约等，都是确定审级制度时必须认真考虑的。西方国家对民事诉讼审级的设置，基本上实行三审终审制，上诉审包括第二审和第三审，其中第三审为法律审。我国也曾采取三审终审制度：新民主主义革命时期的陕甘宁边区实行过三审终审，县为第一审，地区为第二审，边区高等法院则为终审。1951 年施行的《中华人民共和国人民法院暂行组织条例》第 5 条规定："人民法院基本上实行三级二审制，以县级人民法院为基本的第一审法院，省级人民法院为基本的第二审法院；一般的以两审为终审，但在特殊情况下，得以三审或一审为终审。"1954 年施行的《中华人民共和国人民法院组织法》，确立了我国的四级两审终审制度，该制度一直延续至今。

2. 两审终审制度的内容

根据《民事诉讼法》以及相关司法解释的规定，我国两审终审制的内容包括：

（1）根据《人民法院组织法》规定，我国人民法院分为 4 级：基层人民法院、中级人民法院、高级人民法院和最高人民法院。4 级人民法院都有权审理一审民事案件，只是根据标的额、案件性质、案件的影响大小和复杂程度等进行管辖上的分工。最高人民法院审理的一审民事案件实行一审终审。

（2）通过一审程序包括普通程序、简易程序审理的民事争议案件，双方当事人都有权向上级人民法院提起上诉。但是，以下案件实行一审终审：1）适用特别程序审理的选民资格案件、宣告失踪和宣告死亡的案件、认定公民无民事行为能力和限制民事行为能力的案件、认定无主财产的案件；2）适用督促程序、公示催告程序审理的案件。

（3）两审终审只是民事案件有权获得最多两个级别法院的审理，并不意味着每起案件都必须经过两级法院审理。有的民事案件一审判决后即终结，有的经过第二审判决后才终结，这取决于当事人对程序的选择。但是，民事案件经过第二审法院审理后，法院作出的判决、裁定就是终审判决、裁定，一经法院宣告后，即发生终局性效力。

（4）对于生效的判决、裁定，如果发现存在法定的再审事由，可以通过审判监督程序启动再审程序。但是，再审程序不是一审、二审之外的独立程序，而是对两审终审的补救，因而，不能将再审程序理解为三审制。

从两审终审制确立之初来看，两审终审制的选择是正确的，可是，经过几十年的发展，两审终审制的弊端显现，主要是终审法院级别较低，造成裁判不统一、地方保护主义难以克服等。对此，可以考虑将绝对的两审终审制变为有限的三审终审制，根据案件进行类型化分流处理，如小额诉讼程序案件一审终审，减少三审案件数量；采取飞越上诉制度，避免多审级审判的弊端；采取上诉许可制度，并且第三审只进行法律审；等等。[1]

【案例评析】

案例 1

（一）案情简介

张某与王某系夫妻，因感情不和张某向人民法院提起离婚诉讼。一审法院经审理，认为夫妻感情未破裂，判决不准予离婚。张某不服，提起上诉。二审法院经审理认为，张某与王某感情已经破裂，因此判决双方离婚，并对财产分割与子女抚养一并作出判决。

（二）基本问题

二审法院的判决，违反了《民事诉讼法》的哪些基本原则或制度？

（三）知识内容

根据最高人民法院《关于适用〈中华人民共和国民事诉讼法〉若干问题的意见》第 185 条的规定可知，一审判决不准离婚的案件，上诉后，二审法院认为应当判决离婚的，可以根据当事人自愿原则，与子女抚养、财产问题一并调解，调解不成的，发回重审。我国法律之所以这么规定，主要是基于以下两个方面的原因：一方面，如果在二审判决中直接对子女抚养、财产分割问题作出实体处理，将剥夺当事人就两项问题申请上一级法院审理的权利，是对两审终审制度的违反。另一方面，当事人所提出的诉讼请求是判决离婚，并不涉及财产分割和子女抚养问题，当事人也没有对这两项问题发表自己的权利主张和意见，并且法院的质证认证、法庭辩论等程序均是围绕支持或反驳当事人诉讼请求的相关事实和证据展开，在这些程序中也就不可能对这两项问题有所涉及，在这种情况下，如果在二审判决中直接对子女抚养、财产分割问题作出实体处理，将直接影响到当事人对这两项问题的处分权和决定权的依法行使，法院就这两项问题的判决内容更不是直接来源于当事人之间的辩论，这是对处分原则和辩论原则的违反。因此，如果二审法院在判决离婚的同时直接对财产分割与子女抚养一并作出判决不仅违反了两审终审制度，也违反了处分原则和辩论原则。

---

① 参见傅郁林：《审级制度的建构原理——以民事程序视角的比较分析》，载《中国社会科学》，2002（4）。

案例 2

（一）案情简介

甲向乙借款 20 万元，后未能按期还本付息。乙起诉甲，要求返还本金。在诉讼中，双方达成调解协议，甲在 1 个月内返还 20 万元本金及利息，并由丙为该调解协议的履行提供担保。但在法院送达调解书时，丙拒不签收。

（二）基本问题

本案中甲、乙双方就利息部分的协议内容是否有效？担保人丙拒绝签收调解书的，对调解书的效力造成什么影响？

（三）知识内容

首先，甲、乙双方就利息部分的处理有效。最高人民法院《关于人民法院民事调解工作若干问题的规定》第 9 条规定，“调解协议内容超出诉讼请求的，人民法院可以准许”。诉讼过程中当事人达成调解协议的，只要没有侵害国家利益、侵害社会公共利益、侵害案外人利益、违背当事人真实意思、违反法律或行政法规的禁止性规定的，法院应当予以确认。当事人超出其诉讼请求部分达成协议的，法院应当予以尊重和许可，这也是当事人自愿和意思自治的结果。该案例中，乙仅仅起诉要求甲返还本金，但调解过程中双方就本金和利息达成调解协议，符合法律的规定，法院应当予以尊重。

其次，案外担保人丙的拒签行为，不影响调解书的生效。最高人民法院《关于人民法院民事调解工作若干问题的规定》第 11 条规定：调解协议约定一方提供担保或者案外人同意为当事人提供担保的，人民法院应当准许。案外人提供担保的，人民法院制作调解书应当列明担保人，并将调解书送交担保人。担保人不签收调解书的，不影响调解书生效。不过，丙对调解协议提供的担保，在符合担保法规定的条件时生效。

案例 3

（一）案情简介

甲、乙名誉权损害赔偿一案，在案件第二次开庭中，原告甲知道陪审员王某与乙有同学关系，遂申请回避。

（二）基本问题

对陪审员王某的回避该如何处理？

（三）知识内容

首先，陪审员王某是否回避，应当由院长决定。《关于审判人员在诉讼活动中执行回避制度若干问题的规定》第13、14条规定，审判人员包括各级人民法院院长、副院长、审判委员会委员、庭长、副庭长、审判员和助理审判员，人民陪审员、书记员和执行员适用审判人员回避的有关规定。其次，《关于审判人员在诉讼活动中执行回避制度若干问题的规定》第1条第1款第5项规定，与本案当事人之间存在其他利害关系，可能影响案件公正审理的，应当自行回避或当事人可以申请其回避。“其他利害关系”是指法律明确规定的回避事由之外的足以影响案件公正审理的关系，如师生关系、同学关系、朋友关系等。因此，本案中王某符合回避条件，应当回避。

【疑难问题】

（一）辩论原则与处分原则的适用及完善

辩论原则与处分原则是民事诉讼法中重要的两个原则，涉及诉讼构造问题。辩论原则和处分元的适用应当从当事人主体地位的角度出发，保障当事人进攻、防御上武器平等和诉讼进程方面的主导权，减少对其辩论权和处分权行使的干涉。以此，使得当事人能够通过辩论权和处分权的行使实现与法院的互动和对法院的制约，实现我国民事诉讼构造上的转变。

（二）法院调解原则的适用

法院调解原则是我国民事诉讼法确立的基本原则，在其指导下，我国在不同的时期产生了不同的民事调解政策。当前，“调解优先，调判结合”的司法政策对司法实践产生重大影响，对法院审判职能造成较大冲击。对此，法院调解政策应当回归其本位，“能调则调，当判则判”应当是对其合理表达。在法院调解适用上应当以充分尊重当事人合意为前提，而非一味追求调解率。

（三）公开审判制度的适用及限度

公开审判是现代民事诉讼的基本要求，体现的是对司法民主、诉讼公正的价值追求。最近几年，司法公开也是司法改革重点。2009年《关于司法公开的六项规定》对司法公开作出详细的规定，从立案到执行形成体系化的制度；各地法院也在司法公开方面出台不少举措，取得一定成效。总体而言，目前公开审判对当事人知情权、参与权的保障具有重要意义。不过，公开审判也应当有限度，在通过“公开实现对法院监督”的过程中，应当避免“媒体审判”等对法院独立审判造成不利影响。

（四）我国两审终审制度的完善

两审终审制是我国的基本审级制度，其确立之初符合当时中国的国情。不过，经过近半个世纪的发展，两审终审制难以满足人民群众对公正的追求。因而，审级制度改革中，可以考虑有限三审终审制，以此实现司法统一和司法公正。

【法律法规】

1.《中华人民共和国民事诉讼法》

2. 最高人民法院《关于民事诉讼证据的若干规定》

3. 最高人民法院《关于审判人员在诉讼活动中执行回避制度若干问题的规定》

4. 最高人民法院《关于对配偶子女从事律师职业的法院领导干部和审判执行岗位法官实行任职回避的规定（试行)》

5. 最高人民法院《关于司法公开的六项规定》

6. 最高人民法院《关于人民法院民事调解工作若干问题的规定》

7. 最高人民法院《关于严格执行公开审判制度的若干规定》

实务训练

（一）法院调解程序的运作

目前，在构建和谐社会的大的环境下，最高人民法院非常重视诉讼调解工作。“调解优先，调判结合”成为当前法院重要的司法政策，指导各级法院的工作。法院系统内部“审判质量效率评估指标体系”中，调解率、撤诉率是重要的考核指标，各地法院都在围绕提高调解率而加大法院调解力度。从外部而言，随着《关于人民法院民事调解工作若干问题的规定》、《关于建立健全诉讼与非诉讼相衔接的矛盾纠纷解决机制的若干意见》、《人民调解法》等对法院调解社会化的推进，法院在“大调解”、“诉调对接”机制的探索中起到重要甚至主导作用。法院附设型人民调解模式开始出现，“人民调解窗口”、“人民调解工作室”等如雨后春笋般在各地法院挂牌成立。目前，各地法院的诉前调解、委托调解、协助调解等正如火如荼地进行。尽管不少探索可能面临着理论解释上的难题，但对于探索诉与非诉的对接、多元化纠纷解决机制的构建具有重要的意义。

（二）回避制度的实践运作

回避制度分为自行回避和申请回避，两者在实践中的操作程序不尽相同。自行回避属于法院内部管理事宜，通常在确定案件审理人员之前就会完成相应程序。按照通常程序，案件立案后移送到审判部门，该庭庭长负责决定案件的具体承办法官和合议庭人员。此时，相关审判人员认为与案件具有《民事诉讼法》第 45 条、《回避规定》第 1 条规定的回避情形时，向庭长提出，自己不参与该案的审理。

申请回避具有法定程序。法院在开庭前会将合议庭组成人员告知当事人，并告知其有申请回避的权利。在开庭审理时，法官会特别询问当事人是否申请回避。当事人申请回避，并提出回避理由的，审判长宣布休庭。根据法律规定，法院应当在3日内作出决定。此时，法院会展开调查程序，主要是询问被申请人是否存在当事人申请回避的事由，以口头或者书面形式作出决定，并向当事人宣布。以上决定会记录在庭审笔录中。法院作出不予回避决定，审理程序继续进行；法院作出回避决定，如果是审判人员的回避，法院应当确定案件审理人员，并重新履行告知程序。

（三）合议庭制度的实践运作

实践中，不少法院在合议庭组成上采取固定合议组模式，合议庭由相对固定的成员组成，案件分配到该合议组审判人员，则由相应法官组成合议庭进行审理。在合议庭开庭审理后，由主审法官召集合议庭人员进行案件评议。在合议过程中，合议庭组成人员对案件的证据采信、事实认定、法律适用、裁判结果以及诉讼程序等问题充分发表意见。除提交审判委员会案件外，合议庭对评议意见一致或者形成多数意见的案件，依法作出判决或者裁定。对于合议庭在事实认定或法律适用上有重大分歧的案件或者疑难案件，由庭长决定组织相关审判人员共同讨论。对此仍存在较大分歧的，由庭长报请院长提交审判委员会讨论决定。

课后练习

1. A向法院起诉，要求判决乙返还借款本金2万元。在案件审理中，借款事实得以认定，同时，法院还查明乙逾期履行返还款义务近一年，法院遂根据银行同期定期存款利息，判决乙还甲借款本金2万元、利息520元。关于法院对该案判决的评论，下列哪一选项是正确的？（单选）

A. 该判决符合法律规定，实事求是，全面保护了权利人的合法权益

B. 该判决不符合法律规定，违反了民事诉讼的处分原则

C. 该判决不符合法律规定，违反了民事诉讼的辩论原则

D. 该判决不符合法律规定，违反了民事诉讼的平等原则

2. A县法院对甲诉乙侵权纠纷一案未经开庭审理即作出了判决，该审判行为直接违反了哪一项原则或者制度？（单选）

A. 辩论原则　　B. 平等原则　　C. 合议制度　　D. 回避制度

3. 关于民事诉讼的基本原则，下列哪一选项是正确的？（单选）

A. 当事人诉讼权利平等原则意味着当事人拥有相同的诉讼权利

B. 处分原则意味着法院无权干涉当事人诉讼权利的行使

C. 原告提起诉讼与被告进行答辩是辩论原则的表现

D. 调解原则适用于民事审判程序和民事执行程序

4. 根据我国《民事诉讼法》和相关司法解释的规定，判断下列关于审判组织的表述哪几项是正确的？（多选）

A. 再审程序中只能由审判员组成合议庭

B. 二审法院裁定发回重审的案件，原审法院应当组成合议庭进行审理

C. 法院适用特别程序审理案件，陪审员不参加案件的合议庭

D. 中级法院作为一审法院时，合议庭可以由审判员与陪审员共同组成；作为二审法院时，合议庭则一律由审判员组成。

5. 根据我国民事诉讼法和相关司法解释的规定，下列关于审判组织的哪一表述是错误的？（单选）

A. 第二审程序中只能由审判员组成合议庭

B. 二审法院裁定发回重审的案件，原审法院可以由审判员与陪审员共同组成合议庭

C. 法院适用特别程序，只能采用独任制

D. 独任制只适用于基层法院及其派出法庭

6. 关于合议庭评议案件，下列哪一表述是正确的？（单选）

A. 审判长意见与多数意见不同的，以其意见为准判决

B. 陪审员意见得到支持、形成多数的，可按该意见判决

C. 合议庭意见存在分歧的，也可提交院长审查决定

D. 审判人员的不同意见均须写入笔录

7. 关于回避，下列哪一说法是正确的？（单选）

A. 当事人申请担任审判长的审判人员回避的，应由审判委员会决定

B. 当事人申请陪审员回避的，应由审判长决定

C. 法院驳回当事人的回避申请，当事人不服而申请复议，复议期间被申请回避人不停止参加本案的审理工作。

D. 如当事人申请法院翻译人员回避，可由合议庭决定

8. 关于民事诉讼中的公开审理制度，下列哪一选项是错误的？（单选）

A. 公开审判制度是指法院审理民事案件，除法律规定的情况外，审判过程及结果应当向群众、社会公开

B. 公开审判是指法院审理案件和宣告判决一律公开进行的制度

C. 涉及国家秘密的案件，属于法定不公开审理的案件

D. 离婚案件，属于当事人申请不公开审理，法院决定可以不公开审理的案件

9. 关于辩论原则的表述，下列哪些选项是正确的？（多选）

A. 当事人辩论权的行使权局限于一审程序中开庭审理的法庭调查和法庭辩论阶段

B. 当事人向法院提出起诉状和答辩状是其行使辩论权的一种表现

C. 证人出庭陈述证言是证人行使辩论权的一种变现

D. 督促程序不适用辩论原则

10. 关于民事诉讼中的法院调解与诉讼和解的区别，下列哪些选项是正确的？（多选）

A. 法院调解是法院行使审判权的一种方式，诉讼和解是当事人对自己的实体

权利和诉讼权利进行处分的一种方式

B. 法院调解的主体包括双方当事人和审理该案的审判人员，诉讼和解的主体只有双方当事人

C. 法院调解以《民事诉讼法》为依据，具有程序上的要求，诉讼和解没有严格的程序要求

D. 经过法院调解达成的调解协议生效后如有给付内容则具有强制执行力，经过诉讼和解达成的和解协议即使有给付内容也不具有强制执行力

11. 张某与李某的借款纠纷经法院调解达成协议，同时经王某同意并在调解协议中约定由王某提供担保，保证李某履行调解协议。在送达调解书时，张某与李某签收后，王某拒绝签收调解书。关于本案，下列哪些选项是正确的？（多选）

A. 虽然王某拒绝签收调解书，但调解书仍发生法律效力

B. 因王某未签收调解书，调解书对王某没有约束力

C. 李某拒不履行义务时，张某可以申请执行李某的财产

D. 李某拒不履行义务时，调解书约定的条件成就时，张某可以申请执行王某的财产

延伸阅读

1. 田平安主编．民事诉讼法原理．4版．厦门：厦门大学出版社，2009

2. 张卫平．诉讼构架与程式．北京：清华大学出版社，2000

3. 章武生等．司法现代化与民事诉讼制度的建构．北京：法律出版社，2000

4. 肖建国．民事诉讼程序价值论．北京：中国人民大学出版社，2000

5. 姜世明．民事诉讼法基础论．北京：元照出版公司，2006

6. ［日］谷口安平．程序的正义与诉讼．王亚新，刘荣军译．北京：中国政法大学出版社，2002

7. 唐力．论民事诉讼中诚实信用原则之确立．首都师范大学学报（社会科学版），2006（6）

8. 廖中洪．民事诉讼法基本原则立法体例之比较研究．法学评论，2002（6）

9. 张卫平．我国民事诉讼辩论原则重述．法学研究，1996（6）

10. 傅郁林．审级制度的建构原理——以民事程序视角的比较分析．中国社会科学，2002（4）

第三专题　民事案件的管辖

【内容摘要】

毋庸讳言，罔顾当事人之管辖利益，只从法院落实审判权这一视角妄谈管辖在目前的法治环境下已不合时宜，管辖制度承载着的诉权保障功能正日益彰显。本专题在此背景下具体介绍民事诉讼中确定案件管辖的标准、级别管辖与地域管辖的确定、管辖权异议问题的处理。学习本专题的关键在于，熟悉当前我国管辖制度运行的现状，并把握管辖制度之于审判权与诉权两个维度的意义。此外，本专题试图引导读者以我国经济、社会条件为土壤，构想一套法院与当事人可于其中良性互动的民事诉讼管辖制度。

【知识要点】

有人说管辖权是诉讼的入口，抑或审判程序的前奏。① 诚然，任何民事纠纷形成诉讼系属之前，首先需要解决的问题便是管辖。因此，尽管在两大法系不同的法律语境中，管辖的含义不尽相同，但在各国民事诉讼制度中管辖问题都极为重要。②一般认为，民事诉讼中的管辖，是指在法院系统内部，确定各级法院之间以及同级法院之间受理第一审民事案件的分工和权限。从形式而言，大陆法系和英美法系对于管辖的分类差别甚大。不同于英美国家对人管辖和事物管辖的划分，在我国民事诉讼理论中，依据不同的标准将管辖划分为：（1）法定管辖和裁定管辖；（2）专属管辖和协议管辖；（3）共同管辖和合并管辖。本部分从确定案件管辖的标准出发，

① 参见常怡主编：《比较民事诉讼法》，251页，北京，中国政法大学出版社，2002。

② 参见汤维建主编：《外国民事诉讼法学研究》，247页，北京，中国人民大学出版社，2007。

介绍级别管辖之确定、地域管辖之确定，以及管辖中特殊问题的处理方式。

一、确定案件管辖的标准

在民事诉讼中对管辖作出科学、明确的规定具有十分重要的意义。从法院的角度而言，管辖的确定可以使审判权得以落实；从当事人的角度而言，明确管辖标准有利于当事人行使诉讼权利。由此，如何确定案件的管辖标准便显得尤为重要。

（一）确定管辖的原则

要想设置科学的、合理的且富于实践意义的管辖标准，必先明确设定该标准时须遵循的原则。所谓确定管辖的原则，即指在确定案件的管辖法院时应当遵循的准则。学界普遍认可且为我国民事诉讼法所确立的原则主要包括如下三个：

1. “两便原则”。此处“两便”，一为便于当事人进行诉讼，二为便于法院行使审判权。首先，民事诉讼法中任何制度的设计都应以便利当事人进行诉讼作为出发点，管辖制度亦不应例外①；其次，鉴于法院在民事诉讼中需要实施诸如送达文书、调查证据、财产保全等一系列诉讼行为，在设置管辖制度时，为使法院卓有成效地发挥审判功能，同样应顾及法院之便。

2. 确定性与灵活性相结合原则。管辖制度的确定性与灵活性具有同样重要的法律意义和现实意义。具体而言，管辖标准的确定可以使纠纷发生后迅速、准确地对管辖法院进行定位，减少诉讼过程中的各种外部障碍。但是，诉讼实践毕竟纷繁复杂，若管辖标准过于僵硬，可能无法适应诉讼中发生的各种特殊情况，因此管辖尚需具备一定的灵活性。

3. 管辖恒定原则。所谓管辖恒定，是指除非存在规避管辖等特殊情形，法院对某个案件是否享有管辖权，应以起诉时为准，只要起诉时法院对案件享有管辖权，则无论据以确定管辖的因素在诉讼过程中发生何种变化，均不影响该法院的管辖权。该原则旨在保持管辖权在复杂多变的诉讼中的相对稳定性，从而有利于节约司法资源，减少当事人的诉累，与诉讼经济理念相契合。

此外，学者还提出了诸如“兼顾法院职能分工和工作均衡负担”、“有利于案件公正审理”、“维护国家主权”等原则。② 应当说，这些都是在确定管辖时应加以考虑的因素，但一概称为管辖权的原则并不妥当。

（二）确定管辖的标准

标准是划分事物的因素、规则或尺度。所谓管辖的标准是指据以划分案件所属管辖法院的参照因素或因素集合。从我国的民事诉讼立法与司法实践可见，在我国，据以确定案件管辖法院的标准主要有以下几个：

1. 案件性质。此处的“性质”采广义解释，即不仅指案件所涉法律关系之属

① 参见江伟主编：《民事诉讼法》，90 页，北京，中国人民大学出版社，2004。

② 参见王盼主编：《民事诉讼法学》，79 页，郑州，郑州大学出版社，2004。

性，且包括是否具有涉外性以及是否具有相当专业性之含义。从一般意义而言，案件的性质与审理的难易程度具有某种程度的相应性。因此，在我国，重大涉外案件与一般涉外案件性质上的差别，专利、海事等案件与一般案件性质上的差别，使得这些案件由较高级别的法院管辖。

2. 案件的繁简度。案件情节有简单和复杂之分，情节不同决定了案件审理的难易度亦有所区别。由此，案件的复杂程度应作为确定管辖的标准之一，使得复杂程度较高的案件由级别较高的法院审理，以更好地保障法律的统一实施，维护当事人利益。

3. 案件的影响度。基于案件的处理结果会对社会产生一定的影响，在确定管辖标准时应考虑使审理法院与案件的影响范围相适应，这不仅是为了保障案件的审判质量，更有高效普法之功效。

4. 案件与管辖法院的联结度。此处“联结度”既包含案件当事人住所地与管辖法院的联结度，也包括案件的诉讼标的或法律事实与法院辖区的联结度。该标准主要适用于地域管辖的确定。其合理性在于与“两便原则”在立法理念上的高度契合。

（三）我国审判实践中对管辖标准的把握

标准作为衡量事物的尺度，应具备明确性、具体性和可操作性的特点。从各国立法例来看，尽管各国确定管辖的标准不尽相同，但大都以诉讼标的额作为主要标准。这种立法例的逻辑前提是，诉讼标的额愈高，案件便愈复杂，影响也愈大。而我国传统民事诉讼理论认为，案件的复杂程度及其影响大小受诸多因素影响，并不完全取决于诉讼标的额大小，因而诉讼标的额标准有失偏颇。基于此，我国民事诉讼法采用了上述几个标准，并且以上述标准的结合作为确定管辖的综合标准。应当承认，这种复合型标准能够顾及多方面的情况，具有一定的合理性。但无可否认，其缺陷亦十分明显，主要缺陷在于，标准过于笼统，缺乏可操作性，因此不利于当事人管辖利益的保护和纠纷的及时、恰当处理。从实践来看，目前很多高级人民法院都规定了以争议标的额作为确定管辖的重要标准，反映了司法实践的客观要求和发展趋势。从长远来看，我们应进一步把这些做法从立法的角度予以吸收和完善。

二、级别管辖的确定

（一）级别管辖的概念

级别管辖，是指划分上下级法院之间受理第一审民事案件的分工和权限的管辖。我国 4 级人民法院由于职能分工不同，受理第一审民事案件的权限范围也不同。目前划分级别管辖采用的是“三结合”的标准，即将案件的性质、繁简程度和影响范围三者结合起来确定级别管辖。

（二）各级人民法院管辖的第一审民事案件

1. 基层人民法院管辖的第一审民事案件

根据我国《民事诉讼法》第 18 条之规定，我国第一审民事案件原则上由基层人民法院管辖。如此规定的原因在于，在我国人民法院组织系统中，基层人民法院数量多、分布广，审判人员的数量较多且其没有审理上诉案件的任务，考虑到各级人民法院工作均衡之负担，宜将第一审民事案件原则上都交给基层人民法院。此外，实际情况来看，民事纠纷的发生地、当事人住所地或者争议财产所在地，大都与基层人民法院的辖区直接关联。由基层人民法院作为第一审法院，既便于当事人诉讼，又便于人民法院审理，最终可使案件得到及时、公正的处理。

2. 中级人民法院管辖的第一审民事案件

根据《民事诉讼法》第 19 条之规定，中级人民法院主要管辖下列第一审民事案件：

(1) 重大涉外案件。所谓涉外民事案件，是指民事法律关系的主体、内容、客体三者之一含有涉外因素的民事案件；而重大涉外案件，是指居住在国外的当事人人数众多或者当事人分属多国国籍，或者案情复杂，或者争议标的额较大的涉外民事案件。

(2) 在本辖区有重大影响的案件。有“重大影响”，是指案情复杂、涉及范围广、诉讼标的金额较大，案发后案件处理结果的影响超出了基层人民法院的辖区范围。对于这一类案件，基层人民法院已不便行使管辖权，由中级人民法院作为第一审管辖法院比较适宜。

(3) 最高人民法院确定由中级人民法院管辖的案件。除涉外案件外，基于某些案件的特殊性，最高人民法院可指定中级人民法院管辖某些案件，大致可分为 4 类：第一类是海事、海商案件。海事、海商案件包括海事侵权纠纷案件，海商合同纠纷案件，其他海事、海商案件，海事执行案件以及请求海事保全案件等；第二类是专利行政案件以外的其他专利纠纷案件；第三类是重大的涉港、澳、台案件；第四类是诉讼标的额大，诉讼单位属省、自治区、直辖市以上的经济纠纷案件。

3. 高级人民法院管辖的第一审民事案件

根据《民事诉讼法》第 20 条之规定，高级人民法院管辖在本辖区有重大影响的第一审民事案件。

4. 最高人民法院管辖的第一审民事案件

最高人民法院是我国最高审判机关，其主要任务是指导和监督地方各级人民法院和各专门人民法院的审判工作，审理不服高级人民法院裁判的上诉案件，并对审判过程中如何具体适用法律、法规进行司法解释。为了保证最高人民法院有效地行使上述各项职权，《民事诉讼法》第 21 条规定，它只受理以下第一审民事案件：一是在全国有重大影响的案件，二是它认为应当由本院审理的案件。

(三) 我国审判实践中对级别管辖的具体适用

随着经济的发展和社会的进步，目前我国“案多人少”的矛盾更加突出，各类疑难、复杂、新型案件日益增多，这就要求对级别管辖制度作出与时俱进的调整与改革，其中一个较为重要的方面即是，鉴于民事案件中“重大影响”的标准难以界定，应强化“诉讼标的额”标准的适用。同时，考虑到有些案件单纯以标的额确定级别管辖并不妥当，如专利案件由于技术性、专业性较强，基层人民法院审理难度较大，还需结合案件性质。①

三、地域管辖的确定

（一）地域管辖概述

如果说级别管辖是从纵向划分上、下级人民法院之间受理第一审民事案件的权限和分工，解决某一民事案件应由哪一级人民法院管辖的问题，那么地域管辖则是从横向划分同级人民法院之间受理第一审民事案件的权限和分工，解决某一民事案件应由哪一个人民法院管辖的问题。应该明确的是，二者在逻辑上是紧密相连的。地域管辖是在级别管辖的基础上划分的，只有在级别管辖明确的前提下，才能确定地域管辖。若要最终确定某一案件的管辖法院，必须在确定了级别管辖之后，再通过地域管辖来进一步具体落实受诉法院。

我国民事诉讼法确定地域管辖的标准和原则主要体现在两个方面，一是与法院辖区相适应，二是法院辖区与当事人或案件有密切联系。根据据以确定管辖的因素不同，可以将地域管辖分为一般地域管辖和特殊地域管辖。

（二）一般地域管辖

一般地域管辖是依据当事人的住所地与法院辖区的关系而确定的管辖。根据我国民事诉讼法，一般地域管辖的基本原则是“原告就被告”。须强调的是，在关注一般地域管辖所涉实务问题时，应注意学者提出的新观点，如有人主张应当取消“原告就被告”的地域管辖确定原则。②

1. 一般原则：原告就被告

所谓“原告就被告”，顾名思义即指案件由被告住所地法院管辖。具而言之，即对公民提起的民事诉讼通常由被告住所地人民法院管辖，被告住所地与经常居住地不一致的，由被告经常居住地人民法院管辖。若被告是法人或者其他组织，即由被告住所地人民法院管辖。此处要注意两点：其一，对于经常居住地的确定，《民事诉讼法》和《民法通则》的规定是一致的。所谓经常居住地，是指公民离开住所地至起诉时已经连续居住1年以上的地方，但住院就医的地方除外。其二，对于没有住所地和经常居住地的处理。若当事人的户籍迁出后尚未落户，此时住所地尚未确定，若有经常居住地，则由经常居住地法院管辖；若没有经常居住地，户籍迁出不足1年的，由其原户籍所在地人民法院管辖，超过1年的，由其居住地人民法院管辖。

此外，按照司法解释，下列诉讼依据“原告就被告”原则确定管辖法院：双方当事人都是现役军人的离婚诉讼，由被告住所地或者被告所在的团级以上单位驻地

---

① 参见张立平、陈元庆：《我国民事诉讼管辖制度的革新》，载《海南大学学报人文社会科学版》，2007（3）。

② 参见张立平、陈元庆：《我国民事诉讼管辖制度的革新》，载《海南大学学报人文社会科学版》，2007（3）。

的人民法院管辖；双方当事人都被监禁或劳动教养的，由被告原住所地人民法院管辖；被告被监禁或被劳动教养1年以上的，由被告被监禁地、被劳动教养地的人民法院管辖；夫妻双方离开住所地超过1年，一方起诉的离婚案件，由被告经常居住地人民法院管辖；不服指定监护或变更监护关系的案件，由被监护人住所地人民法院管辖。

2. 例外规定：原告所在地法院管辖

从司法实践来看，一般地域管辖的“原告就被告”原则在某些特殊情况下无法适用，或者适用后将对原告、对法院造成不便。因此，《民事诉讼法》以及最高人民法院《关于适用〈中华人民共和国民事诉讼法〉若干问题的意见》（以下简称《民事诉讼法意见》）规定了数种例外情形，在这些例外情况下由原告住所地人民法院管辖，原告的住所地与经常居住地不一致的，则由经常居住地人民法院管辖。在此着重强调以下两点：

（1）在《民事诉讼法》第23条规定的四种情形中，注意第一项和第二项要求必须是有关身份关系的诉讼，第三项和第四项则要求原告没有被监禁或被劳动教养。

（2）在《民事诉讼法意见》规定的几种特殊情况中，首先，要区分当事人被监禁或者被劳动教养的两种情况：一是只有一方当事人被监禁或被劳动教养，二是双方当事人都被监禁或被劳动教养。其次，追索赡养费的几个被告住所地不在同一辖区，可以由原告住所地法院管辖。注意，案件性质只限于“追索赡养费案件”。最后，在关于离婚诉讼案件地域管辖的确定中，要特别注意区分是双方离开住所地还是仅有一方离开住所地。

（三）特殊地域管辖

所谓特殊地域管辖，又称特别地域管辖，是指以诉讼标的所在地或者引起民事法律关系发生、变更、消灭的法律事实所在地为依据确定的管辖。

特殊地域管辖是相对于一般地域管辖来说的，它存在的合理性基础是诉讼标的之特殊性及特定管辖法院之必要性。民事诉讼法在一般地域管辖的同时必须另行设置特殊地域管辖，这是因为某些案件在诉讼标的等诸要素上具有特殊性，若遵循一般地域管辖的原则，可能会导致既不便于当事人进行诉讼活动，又不便于法院对这些案件进行审判。针对这些案件的特殊性，民事诉讼法设定了以此类案件的诉讼标的等诸要素作为确立管辖法院的联结基础，以追求“兼顾两造当事人之利益，并求诉讼进行之便利”的目标。

根据《民事诉讼法》第24条至第33条的规定，下列情况适用特殊地域管辖：

1. 一般合同纠纷诉讼

因合同发生的纠纷主要有三类，一是因合同是否成立发生的争议，二是因合同变更发生的争议，三是因合同的履行发生的争议。我国民事诉讼法对于合同纠纷的管辖作出了一般规定，即由合同履行地、被告住所地人民法院管辖。在此重点讨论以下三个方面的问题：

（1）履行地的确定规则。民事诉讼法规定了履行地人民法院有管辖权，但是在实务中，履行地的认定是一个比较复杂的问题。对此应当把握以下要点：

一是合同没有实际履行的情形。此时应当由被告住所地人民法院管辖，约定的合同履行地人民法院无管辖权。一定要注意此时的两个条件是并存的：一是合同没有实际履行，二是当事人双方住所地均不在合同约定的履行地。如果合同没有实际履行，但是合同约定的履行地在其中一方当事人的住所地（无论是原告住所地还是被告住所地），那么此时仍然按照一般情况处理，即合同履行地、被告住所地人民法院都有管辖权。

二是合同实际履行地与约定履行地不一致的情形。合同在实际履行中，可能发生实际履行地与约定履行地不一致的情况，那么此时确定管辖权应当以哪一个地点作为履行地呢？根据当前法律规定，应区分不同情况处理。在买卖合同中，实际履行地点与合同中约定的交货地不一致的，以实际履行地为合同履行地；而于加工承揽、财产租赁、融资租赁和供用电、水、气、热力合同等，合同履行地依据合同约定加以确定，合同无约定的，依法律规定确定。如根据《民事诉讼法意见》，除非合同另有约定，加工承揽合同以加工地为合同履行地，财产租赁合同、融资租赁合同以租赁物使用地为合同履行地，补偿贸易合同则以接受投资一方主要义务履行地为合同履行地。

总体而言，对于各类合同，当合同约定的履行地与实际履行地不一致的时候，都尽量遵循当事人的意思自治原则，这在加工承揽、财产租赁等合同中尤为明显。即使对于买卖合同亦是如此：买卖合同中的实际履行地以约定为准，若当事人以在后约定变更在先约定，自然以在后意思表示为准。

（2）代位权和撤销权诉讼的管辖。债权人依照《合同法》第 73 条的规定提起代位权诉讼的，由被告住所地人民法院管辖，此时的被告是次债务人。债务人在代位权诉讼中，对超过债权人代位请求数额的债权部分起诉次债务人的，人民法院应当告知其向有管辖权的人民法院另行起诉。而债权人依照《合同法》第 74 条的规定提起撤销权诉讼的，由被告住所地人民法院管辖。

（3）主合同和担保合同纠纷的管辖。因主合同和担保合同发生纠纷提起诉讼的，应当根据主合同确定管辖法院。担保人承担连带责任的担保合同发生纠纷，债权人向担保人主张权利的，应当由担保人住所地的法院管辖。主合同和担保合同选择管辖的法院不一致的，应当根据主合同确定法院管辖。

2. 侵权纠纷诉讼

根据我国民事诉讼法中关于侵权案件的一般管辖的规定，因侵权行为提起的诉讼，由侵权行为地或者被告住所地人民法院管辖。

侵权行为是指加害人不法侵害他人财产权利和人身权利的行为。而侵权行为地既包括侵害行为实施地又包括侵权结果发生地。因此，与合同案件的法定管辖只限于某一个或几个特定的法院不同，有些侵权案件的管辖法院可能存在不特定的多个，此源于侵权行为实施地或结果地的宽泛性。例如，根据《民事诉讼法意见》第 29 条之规定，因产品质量不合格造成他人财产、人身损害提起的诉讼，产品制造地、产品销售地、侵权行为地和被告住所地的人民法院都有管辖权。而在反不正当竞争案件中，由于不正当竞争者的一个违法广告可能在全国市场上给同行业者的市场销售带来影响，因此原告可以就因不正当竞争行为在任何一个地方市场上产生的损失请求损害赔偿，因此每个行为发生地法院都有管辖权。

3. 保险合同纠纷诉讼

因保险合同纠纷提起的诉讼，由被告住所地或者保险标的物所在地人民法院管辖。保险合同，是指投保人支付保险费给保险人，保险人对于投保人因自然灾害或意外事故所致的损害或责任，承担赔偿责任或支付一定金额的合同。因保险合同发生的纠纷，是指投保人或者保险受益人与保险人之间发生的争议。根据《保险企业管理暂行条例》的规定，有资格充当保险人的，只限于中国人民保险公司及其他专业保险公司在各地的分支机构。因保险合同纠纷提起的诉讼，被告住所地、保险标的物所在地人民法院都有管辖权。保险标的物，是投保人与保险人订立的保险合同所指向的对象，如财产、人身健康或生命等。如果保险标的物是运输工具或者运输中的货物，则可由运输工具登记注册地、运输目的地、保险事故发生地的人民法院管辖。

4. 票据纠纷诉讼

票据是指由出票人签发的，写明在一定的时间、地点由本人或者指定他人按照票面所载文义，向执票人无条件支付一定金额的有价证券。票据分为本票、汇票和支票三种。所谓票据纠纷，是指出票人或付款人与执票人之间因票据承兑等发生的争议。因票据纠纷提起的诉讼，由票据支付地或者被告住所地人民法院管辖。票据支付地，即票据上载明的付款地。如果票据未载明付款地，则票据付款人的住所地或主要营业所所在地为票据付款地，原告可以任选其中一个人民法院起诉。

5. 运输合同纠纷诉讼

因铁路、公路、水上、航空运输和联合运输合同纠纷提起的诉讼，由运输始发地、目的地或者被告住所地人民法院管辖。运输合同纠纷，是指承运人与托运人双方在履行运输合同中发生的权利、义务争议。例如，因托运的货物被损坏、丢失引起的纠纷、旅客因乘坐运输工具时人身受到伤害引起的纠纷等等。对这类纠纷，运输始发地（即客运或货运合同规定的出发地点）、目的地（合同约定的客运、货运最终到达地）、被告住所地的人民法院都有管辖，原告可以从中选择任何一个法院起诉。

另须注意，根据《民事诉讼法意见》第 30 条之规定，铁路运输合同纠纷及与铁路运输有关的侵权纠纷，由铁路运输法院管辖。

6. 交通事故损害赔偿纠纷诉讼

因铁路、公路、水上和航空事故请求损害赔偿提起的诉讼，由事故发生地或者车辆船舶最先到达地、航空器最先降落地或者被告住所地人民法院管辖。铁路、公路、水上、航空事故是车辆、船舶或者航空器的所有人或管理人的侵权行为造成的意外事件，例如，火车脱轨、汽车倾覆、轮船相撞、航空器坠毁等等。因这些事故引起的损害赔偿纠纷，根据目前的法律规定，事故发生地、车辆最先到达地（即事故发生后，车辆的第一个停靠站）、船舶最先到达地（即事故发生后，船舶的第一个停靠港口或者沉没地)、航空器最先降落地(即飞机、飞艇、卫星等最先降落地或者因事故而坠落地)、被告住所地人民法院都有权管辖。

7. 海事纠纷诉讼

(1)因船舶碰撞或者其他海事损害事故请求损害赔偿提起的诉讼,由碰撞发生地、碰撞船舶最先到达地、加害船舶被扣留地或者被告住所地人民法院管辖。碰撞发生地,即船舶碰撞侵权行为发生的具体地点;碰撞船舶最初到达地,即船舶碰撞事故发生后,受害船舶最先到达的港口所在地;加害船舶被扣留地,即加害船舶实施侵权行为后继续航行,后被有关机关扣留的具体地点;被告住所地,一般是指加害船舶的船籍港所在地,即该船舶进行登记,从而获得航行权的港口所在地。

(2)因海难救助费用提起的诉讼,由救助地或者被救助船舶最先到达地人民法院管辖。海难救助是指对海上遇难的船舶及所载的货物或者人员给予援救。根据目前的法律规定,因追索海难救助费用提起的诉讼,救助地(即实施救助行为或者救助结果发生地)、被救助船舶最先到达地(即被救助船舶被营救脱离险情后最初到达的地点)人民法院都有管辖权。

(3)因共同海损提起的诉讼,由船舶最先到达地、共同海损理算地或者航程终止地人民法院管辖。船舶最先到达地,是对遇难船舶采取挽救措施,使之继续航行后最初到达的港口所在地;航程终止地,是发生共同海损船舶的航程终点;共同海损理算地,是处理共同海损损失,理算共同海损费用的工作机构所在地。

四、裁定管辖

人民法院以裁定的方式确定案件的管辖,称为裁定管辖。裁定管辖是对法定管辖的补充和变通,它既可以弥补法定管辖的不足,又可以解决因管辖问题发生的种种复杂的争议,以适应司法实践中纷纭多变的情况。民事诉讼法规定的移送管辖、指定管辖、管辖权的转移,都是通过裁定的方式来确定管辖法院的,都属于裁定管辖的范畴。

(一)移送管辖

移送管辖,是指已经受理案件的人民法院,因发现本法院对该案件没有管辖权,而将案件移送给有管辖权的人民法院审理。从实质上讲,移送管辖是案件从无管辖权的法院向有管辖权法院的移送。

根据民事诉讼法的规定,适用移送管辖应当具备以下三个条件:其一,所移送的案件已经被法院受理;其二,受理案件的法院对本案无管辖权;其三,受移送的法院对本案有管辖权。

适用移送管辖应当遵守的两个要求是:受移送的法院对所移送的案件应当受理,不得再自行移送;受移送的法院如果认为受移送的案件依法不属本法院管辖的,应当报请上级法院指定管辖。在审判实践中,必须纠正那种因审理中遇到困难而移送、因行政区划变动而移送、因担心结案后执行有困难而移送等错误做法。

(二) 指定管辖

指定管辖，是指上级人民法院根据法律规定，以裁定的方式指定其辖区内的下级人民法院对某一民事案件行使管辖权。

根据我国《民事诉讼法》的规定，下列三种情况需要上级人民法院指定管辖：一是受移送的法院对移送来的案件认为自己没有管辖权时，报请其上级人民法院指定管辖；二是有管辖权的人民法院由于特殊原因，不能行使管辖权的，由上级人民法院指定管辖；三是法院之间因管辖权发生争议，由争议双方协商解决，协商解决不了的，报请它们的共同上级人民法院指定管辖。

(三) 管辖权的转移

管辖权的转移，是指经上级人民法院的决定或者同意，将某一案件的诉讼管辖权由下级人民法院转移给上级人民法院，或者由上级人民法院转移给下级人民法院。管辖权转移制度就其本质而言，是对级别管辖进行合理的变通和调整，其根本目的在于应对实践中可能出现的复杂情况，弥补级别管辖标准存在的疏漏。[①] 具体来说，管辖权转移包括以下两种情形：

1. 上调性转移，即下级人民法院将自己管辖的第一审民事案件转移至上级人民法院审理。它又分为两种情况：一是上级人民法院主动将下级人民法院管辖的第一审民事案件调上来自己审理，二是下级人民法院将自己管辖的第一审民事案件报请上级人民法院审理。

2. 下放性转移，即上级人民法院将本院管辖的第一审民事案件移交至下级人民法院审理。稍稍提及一下，我国管辖权下放性转移的立法规定在诉讼学理上缺乏合理性。实践中会出现法院利用此规定规避级别管辖，弱化案件应有的级别管辖的程序保障，损害诉讼当事人的权益，因此很多学者建议应予以修订。

管辖权的转移与移送管辖在形式上均表现为案件由一个法院转移至另一个法院，但二者实质上却不相同：第一，管辖权转移是有管辖权的法院将案件的管辖权转移给无管辖权的法院，案件的转移只是形式，管辖权的转移才是本质；移送管辖则是在受诉法院对案件无管辖权却错误地受理案件的情况下，为纠正错误而将案件移送给有管辖权的法院，其移送的仅仅是案件，而不涉及管辖权的变更。第二，管辖权的转移主要用于调节级别管辖，案件的转移一般在上下级法院之间进行；移送管辖则主要适用于地域管辖，案件的转移一般在同级法院间进行。第三，管辖权转移须上级法院的决定或同意，而移送管辖则无须上级法院及受移送法院的决定或同意。

五、协议管辖

协议管辖，又称合意管辖或者约定管辖，是指双方当事人在纠纷发生之前或发

① 参见李兰、张晋红：《论民事诉讼级别管辖的立法完善》，载《法学杂志》，2010 (6)。

生之后，以合意方式约定解决他们之间纠纷的管辖法院。协议管辖的实质在于尊重当事人的自由意志，是“意思自治”的实体法精神在诉讼法上的体现。[①]《民事诉讼法》第25条规定：“合同的双方当事人可以在书面合同中协议选择被告住所地、合同履行地、合同签订地、原告住所地、标的物所在地人民法院管辖，但不得违反本法对级别管辖和专属管辖的规定。”

从我国当前的立法来看，协议管辖必须符合以下几个条件：

1. 从案件的性质来看，并不是任何案件都可以由当事人约定管辖，当事人可以协议管辖的案件只限于合同案件，并且只限于第一审民事经济纠纷案件中的合同案件。

2. 从选择的管辖法院来看，当事人可以协议选择的管辖法院只限于被告住所地、合同履行地、合同签订地、原告住所地、标的物所在地人民法院。如果当事人选择了其他与合同没有实际联系地的人民法院，该协议是无效的。

3. 从协议的形式来看，必须以书面合同的形式选择管辖，包括书面合同中的协议管辖条款或者是诉讼前双方当事人达成的管辖协议，口头协议无效。这里指的书面形式应从广义的角度理解为包括合同书、信件和数据电文（电报、电传、传真、电子数据交换和电子邮件）等可以有形地表现所载内容的形式。[②]

4. 当事人必须进行确定的、单一的选择。当事人必须在《民事诉讼法》第25条所列的五个法院中选择其一，如果选择的法院在两个或两个以上，约定管辖的协议或有关条款无效。

5. 协议管辖不得违反民事诉讼法关于级别管辖和专属管辖的规定。

协议管辖有明示协议管辖和默示协议管辖之分。前者必须有当事人约定管辖的书面协议；后者则指通过原告向无管辖权的人民法院起诉，法院受理后被告不提出管辖权异议并应诉答辩，推断双方当事人均同意由该法院管辖。目前，我国民事诉讼法并没有普遍地承认默示协议管辖，只是在涉外民事诉讼程序中特别规定了默示协议管辖。不具有涉外因素的民事案件，当事人故意向无管辖权的人民法院起诉的，人民法院应当根据民事诉讼法的规定，将案件移送给有管辖权的人民法院管辖。

六、专属管辖、共同管辖、合并管辖

（一）专属管辖

专属管辖，是指法律强制规定某类案件专属于特定法院管辖，其他法院无管辖权，当事人也不得以协议变更的管辖。凡是专属管辖的案件，只能由法律明文规定的人民法院管辖，其他人民法院均无管辖权，从而排除了一般地域管辖和特殊地域管辖的适用。专属管辖具有法定的确定力和排除力的实质在于，以法律的强制性规定确保与案件有最密切联系的法院对案件行使管辖权。[③]

---

① 参见张卫平：《民事诉讼法案例教程》，49页，北京，中国法制出版社，2003。

② 参见胡尚新、王卫东：《对民事诉讼协议管辖制度的思考》，载《河北法学》，2001（3）。

③ 参见张卫平：《民事诉讼法案例教程》，47页，北京，中国法制出版社，2003。

对于专属管辖来讲，只能以特定法院是否能够公正审理案件作为确定管辖法院的核心考量因素，法院是确定管辖的中心。可以说，专属管辖属于以当事人为中心设置地域管辖制度的例外，因此各国在规定专属管辖的适用范围时都非常谨慎。[①]根据我国《民事诉讼法》第34条之规定，下列案件由人民法院专属管辖：

1. 因不动产纠纷提起的诉讼，由不动产所在地人民法院管辖。不动产，是指不能够移动或者移动后会引起性质、状态的改变，从而损失其经济价值的财产。因不动产纠纷提起的诉讼，主要是因不动产的所有权、使用权、相邻权发生纠纷而引起的诉讼，以及相邻不动产之间因地界不清发生争议而引起的诉讼等。法律规定此类诉讼由不动产所在地人民法院管辖，便于受诉人民法院勘验现场，调查、收集证据，也便于裁判生效后的执行工作。

2. 因港口作业中发生纠纷提起的诉讼，由港口所在地人民法院管辖。港口作业中发生的纠纷主要有两类：一是在港口进行货物装卸、驳运、保管等作业时发生的纠纷；二是船舶在港口作业中，由于违章操作造成他人人身或财产损害的侵权纠纷。根据最高人民法院《关于海事法院受理案件范围的若干规定》，港口作业纠纷属于海事海商案件，应由该港口所在地的海事法院管辖。

3. 因继承遗产纠纷提起的诉讼，由被继承人死亡时住所地或者主要遗产所在地人民法院管辖。遗产是指死者生前的个人财产，包括动产和不动产。继承人为继承被继承人的遗产发生纠纷诉诸法院的诉讼，称为继承遗产诉讼。被继承人死亡时住所地与主要遗产所在地是一致的，则该地人民法院具有管辖权；二者不一致的，则这两个地方的人民法院都有管辖权，当事人可以任选其中一个人民法院提起诉讼。如果被继承人的遗产分散在几个人民法院的辖区，应以遗产的数量和价值来确定主要遗产所在地，进而确定管辖法院。这样确定管辖，既有利于人民法院正确确定继承开始的时间、继承人与被继承人之间的关系以及遗产的范围和分配等问题，也有利于扩大人民法院对涉外继承诉讼的司法管辖权。

需要强调的一个问题是：如果主要遗产是不动产，应当作为不动产纠纷还是作为遗产纠纷来确定管辖法院？正确的做法是依据遗产纠纷来确定管辖法院，即此类案件由被继承人死亡时住所地或者主要遗产所在地人民法院确定管辖法院。

(二) 共同管辖

共同管辖，是指依照法律规定两个或两个以上的人民法院对同一诉讼案件都有管辖权。这种情况既可以因诉讼主体或诉讼客体的原因发生，也可以因法律的直接规定而发生。在几个人民法院对同一案件都有管辖权的情况下，就形成了管辖权的积极冲突。解决管辖权冲突的最主要的办法是赋予原告选择权，原告可以向其中任何一个法院起诉。如果原告向两个以上有管辖权的人民法院起诉，应当由最先立案的人民法院管辖。

---

① 参见郭翔：《民事地域管辖：理念的转换与制度的完善》，载《河北法学》，2006（2）。

（三）合并管辖

合并管辖是指某一人民法院受理了某一案件后，可以一并受理与此案有牵连的其他案件，所以合并管辖又称为牵连管辖。我国《民事诉讼法》第 126 条规定，原告增加诉讼请求、被告提出反诉、第三人提出与本案有关的诉讼请求，都可以合并审理。这是法律关于合并管辖的具体规定。在合并管辖中，存在着两个以上诉的合并，法院只是对某个诉有管辖权，对另外的诉则无管辖权，但基于另外的诉与该诉存在着某种牵连关系，法院有必要合并进行审理，由此获得了对另外的诉的管辖权。因此从本质上说，合并管辖是法院将另一原本无管辖权的诉并归自己管辖，其合理性基础是另一诉与自己享有管辖权的某个诉在诉讼标的或诉讼当事人等方面存在着某种牵连关系。如果另一诉与法院正在审理的案件不存在牵连关系，则不发生牵连管辖的问题。如果法院对另一诉原本就有管辖权，也不发生牵连管辖的问题。

七、管辖权异议

（一）管辖权异议概述

管辖权异议，是指法院受理民事案件以后，当事人向受诉法院提出的不服该法院对本案行使管辖权的意见或者主张。在世界各国民事诉讼中，管辖权异议作为当事人的一项诉讼权利，对于保障和落实法定管辖的规定，克服民事审判中的地方保护主义有积极的意义。

管辖权问题作为民事诉讼中的重要程序性问题，从根本上说，该制度的设置源于当事人权利平等原则。起诉人作为原告有选择管辖法院的权利，相应地，起诉人以外的其他当事人，就应该享有管辖权的异议权。而且，在实践中不能排除法院可能基于错误判断而受理不属于本院管辖的案件。为使当事人有合理机会向法院表达关于管辖权问题的意见，也为了使法院能在充分听取当事人意见后对管辖问题作出审慎的决定，应当设立完备的管辖权异议制度。

（二）提出管辖权异议的条件

当事人提出管辖权异议，应当具备下列条件：

1. 人民法院已经受理案件，但尚未进行实体审理。没有受理的案件或者已经进入实体审理的，不得提出管辖权异议。

2. 管辖权异议只能对第一审法院提出，对于第二审法院不得提出管辖权异议。

3. 管辖权异议应当在提交答辩状期间以书面的形式提出，即在被告收到起诉状副本 15 日内提出，逾期提出的，人民法院不予审议。当然，目前已经有人指出，如此原则性的规定缺乏灵活性，可能使有些共同原告或共同被告确因客观原因没有在提交答辩状期间行使异议权且再也无法行使自己的正当权利。[①]

---

① 参见陈培珊：《程序正义与衡平：管辖权异议制度之修正》，载《山西师大学报》，2010（5）。

4. 提出管辖权异议的主体必须是本案的当事人，通常是被告。因原告在起诉时总是向自己认为有管辖权的法院提起，因此在法院受理案件后再提出管辖权异议的情况很少。但这并不等于原告不享有提出管辖权异议的权利。应当认为，在下列三种情况下，原告可以提出管辖权异议：一是原告误向无管辖权的法院起诉，待法院受理后，始知受诉法院对该案件无管辖权；二是诉讼开始后被追加的共同原告认为受诉法院无管辖权；三是受诉法院受理案件后，发现自己无管辖权，依职权将案件移送到有管辖权的法院，原告对法院的移送裁定有异议。

(三) 提起管辖权异议的时间

我国民事诉讼法规定，管辖权异议只能在法院受理案件后，当事人提交答辩状期间提出。

在此须提及的是，在司法实践中，一些原告为了规避级别管辖的有关规定，在起诉时主张较小的标的额，等到开庭审理时再增加诉讼请求，以使得原本应当在上级法院审理的案件得以在下级法院进行审理。按照目前的法律规定，即使被告此时提出管辖权异议，法院也会以答辩期已过为由，对异议不予理睬，继续对案件进行审理。这种情形是否属于已经超过异议期限呢?

对于这种情况，外国民事诉讼法大多作了明确规定。例如，《德国民事诉讼法》第 506 条在“以后发生的事务管辖错误”中规定，在反诉或诉的扩张中提出属于州法院管辖的请求，或者依第 256 条第 2 款申请确定属于州法院管辖的法律关系时，如当事人一方在下次的本案言词辩论前就此点提出申请，初级法院应以裁定宣告管辖错误并将诉讼移送至管辖法院。

我国民事诉讼法和最高人民法院的司法解释对此均未作出规定，所以留下法律中的盲点和空隙，使得原告和受诉法院得以通过增加或变更诉讼请求来规避级别管辖的规定。我们应当参考国外的经验，在当事人变更诉讼请求的情况下应当相应地对管辖作出变更，并允许当事人对管辖的变更或不变更提起异议，亦即有条件地延长提出管辖权异议的期限。

(四) 对管辖权异议的处理

根据我国民事诉讼法的规定，受诉人民法院对当事人提出的管辖权异议应当进行审查，经过审查，法院可以作出如下处理：认为当事人对管辖权的异议成立的，裁定将案件移送有管辖权的法院；异议不成立的，裁定驳回当事人的异议。法院在裁定移送时，遇到两个以上法院都对案件享有管辖权的情况时，究竟向哪一个法院移送，应当征求原告的意见。对人民法院就管辖权异议所作的裁定，当事人如果不服，可以在裁定书送达后 10 日内向上一级人民法院提起上诉。上一级人民法院收到上诉状后，应当依法进行审理，并作出终审裁定。当事人在第二审人民法院确定案件的管辖权后，或对一审裁定逾期未上诉的，应自觉按照二审或一审生效裁定所确定的管辖法院参加诉讼。如果当事人不按要求参加诉讼，人民法院可以按照民事诉讼法的有关规定处理。

【案例评析】

案例 1

（一）案情简介

S省Z市的盛大公司与S省W市的宏业公司签订合同：宏业公司为盛大公司建造商品房数栋。后工程如期完工，经结算造价为1 700万元，但盛大公司认为宏业公司在施工过程中采用了与合同不符的材料，致使成本增大，只同意支付1 100万元。宏业公司以盛大公司为被告提起诉讼。根据S省高级人民法院的规定，标的额在500万元以上的案件由中级人民法院管辖，本案由S省A市中级人民法院受理。法院受理后认为本案案情简单，遂将案件转移到A市C区人民法院。宏业公司对此提出了异议，但A市中级人民法院认为，原告不能针对管辖权转移提起异议，遂驳回了原告的异议。

（二）基本问题

本案所涉管辖问题较多，主要有以下三个方面的问题值得我们思考：其一，S省高级人民法院以诉讼标的额作为级别管辖的标准是否正确？我国民事诉讼级别管辖的标准是否有进一步完善的必要？其二，A市中级人民法院将案件转移给C区人民法院审理，虽然符合我国民事诉讼法关于管辖权转移的规定，但是否会影响案件的公正审理、是否会妨碍当事人诉权的实现？其三，A市中级人民法院驳回原告宏业公司的管辖权异议是否妥当？

（三）知识内容

1. 级别管辖的标准

本案中S省高级人民法院在划分级别管辖时，将标的额在500万元以上的案件的管辖权赋予中级人民法院，从世界范围内来看，这种做法与国外立法例的主流是一致的。例如，德国受理一审民事案件的法院是初级法院和州法院，根据《德国法院组织法》的规定，初级法院管辖1 500马克以下的一审案件和某些较为简单的案件，如关于家畜缺陷、关于法定抚养费的一切争执等；凡法律未规定由初级法院管辖的案件，均由州法院管辖。

相比而言，我国民事诉讼法采用了完全不同的级别管辖确定标准，即本专题“知识要点”部分所述及的“三结合”标准。尽管我国传统民事诉讼法学理论认为，采用这种标准比单纯依靠争议标的数额更为合理。但是，在肯定该标准灵活性强、兼顾点广的优点的同时，我们也应当看到“三结合”标准存在着重大缺陷：首先，该标准不够清晰、明了。案件的繁简和社会的影响是相对的，从不同的角度看可以得出不同的结论。该标准的模糊性导致了当事人在根据这种标准来确定起诉法院的级别时往往感到无所适从。大多数国家以争议标的数额作为划分级别管辖的标准，其优点正在于简单、明了，具有很强的确定性，无论是当事人还是法院，都很容易据此标准判断某一诉讼应当由哪一级法院管辖。[①] 其次，以案件的繁简程度作为划分级别管辖的标准，违反了诉讼的基本逻辑顺序。从实际情况来看，案件的简繁程度在接触到每一具体案件之前往往是无从确定的。而如果要根据每一案件的实际情况来确定其简繁程度，那无异于要等到被告提交答辩状后才能够确定其简繁程度。但是，级别管辖是起诉和受理前需要解决的先决问题，不可能等到受理后再来解决。最后，对于“在本辖区有重大影响”的界定，我国民事诉讼理论一般解释为案件自身复杂，涉及面广、处理结果影响大，远远超出了下一级法院的辖区范围。在实务中对此作出界定是非常困难的。

综上所述，我们应当以案件的性质及争议标的数额作为划分级别管辖的标准，即一审案件原则上由基层人民法院进行审理，法律或司法解释规定的特殊性质的一审案件由中级人民法院进行审理，特殊性质以外的案件争议标的达到一定数额的，分别由中级人民法院和高级人民法院进行审理。从目前的司法实践来看，各地法院大多是以案件争议标的数额作为划分级别管辖的标准的。诸如本案中该省高级人民法院规定标的额在 500 万元以上的案件由中级人民法院管辖的做法目前在其他省份亦比较普遍，这充分说明该标准在实践中具有很强的生命力。须强调的是，尽管我们不以案件的繁简程度和社会影响范围作为划分级别管辖的标准，但不应将此两点彻底抛弃，可以将其作为案件管辖权转移的因素，以此来对相对简单的级别管辖划分标准进行调整。

2. 管辖权的“下放性转移”

管辖权转移是对级别管辖的补充和变通规定。如前所述，我国《民事诉讼法》第 39 条规定了两种情形的管辖权转移：“下放性转移”和“上调性转移”。本案 A 市中级人民法院将案件转由 C 区人民法院进行审理，就属于其中的“下放性转移”。

由于案件的具体情况需要在案件受理之后才能够真正为法官所了解，因而案件在受理之后可能需要在管辖级别方面进行必要的调整，此时管辖权转移制度便可以发挥作用。同时应当看到，管辖权转移制度，尤其是其中的“下放性转移”，是存在问题的，其可能构成对当事人诉权的侵蚀。诉权有两重基本含义：一为当事人有权请求法院对纠纷进行公正审判；二为当事人有权通过法院的公正判决解决纠纷，维护自己的实体权利。两者是有机结合在一起的，前者是后者的保障，后者是前者的目标。无可否认，在当事人心目中存在一种前提性的假设，即上级法院的水平应当高于下级法院。“下放性转移”将案件由上级法院转移到下级法院，究竟实质上是否剥夺了当事人获得较高水平审判的权利无从论证，但可以确定的是势必会降低当事人对判决的信服度。此外，“下放性转移”将本来应当由上级法院审理的案件转移到下级法院，使得本来应当作为一审法院的法院成为终审法院，案件的处理被局限在较小的行政区域内，这样便为地方保护主义打开了方便之门。本案属于中级人民法院将案件移送至基层人民法院的“下放性转移”，客观地说这种转移在一定程度上可

① 参见江平主编：《民事诉讼法学案例教程》，90 页，北京，知识产权出版社，2003。

能影响当事人的管辖利益。

从各国立法例来看，外国民事诉讼法一般对上级法院审理属下级法院管辖的诉讼持宽容的态度，但不允许下级法院超越其级别管辖权限审理属上级法院管辖的诉讼。这主要是基于这样的考虑：由上级法院审理属下级法院管辖的诉讼无论是对案件的正确处理还是对当事人的利益都有益无害，而下级法院越级审理上级法院管辖的诉讼则可能对这两方面都造成损害。鉴于此，我们认为应当最终取消管辖权的"下放性转移"。即使案件相当简单，由下级法院审理确实较为合适，也必须在征得双方当事人同意的前提下才能够将管辖权"下放性转移"。

3. 管辖权异议的主体和管辖权转移中的异议

通常情况下，管辖权异议发生在原告起诉后，被告认为受理案件的法院对案件不享有管辖权，而向受理法院行使异议权。而本案涉及的管辖权异议是两个特殊问题：其一，原告是否也是提出管辖权异议的主体；其二，是否应当保障当事人对管辖权转移的异议权？

对于第一个问题，应当认为，尽管在诉讼实务中，提出管辖权异议的主体通常是被告，但是允许原告在特殊情况下提出异议是合法的，也是必要的。因为管辖事关当事人的实体利益，一旦管辖情况发生变化，必然涉及当事人的实体利益，只有允许原告提出管辖权异议，才能使民事诉讼法关于管辖的规定得到正确执行。那种基于原、被告双方权利平等原则而认为提出管辖权异议的主体只能是被告的观点，实际上是对双方当事人诉讼权利平等原则的错误理解和运用。① 对于第二个问题，应当认为，为了保障司法的公正性和当事人的诉权，应当赋予当事人对管辖权转移的异议权。而且，鉴于管辖权转移对原告诉权的影响同样甚大，应同时赋予原告和被告对管辖权转移的异议权。

案例 2

（一）案情简介

2008 年 9 月，住所地位于 Z 市 Y 区的张某与住所地位于 L 市 K 区的李某签订房屋买卖合同，约定李某将地处 F 市 E 区的一栋房屋卖给张某，同时约定，如发生纠纷由张某住所地 Z 市任一法院或李某住所地 L 市 K 区人民法院审理。在双方各自履行义务后，张某发现房屋存在质量问题，要求李某退还房款，但交涉不成。张某遂向 Z 市 Y 区人民法院提起诉讼。法院认为本案属于不动产纠纷，应由 F 市 E 区人民法院管辖，遂将案件移送至 F 市 E 区人民法院。李某提出管辖权异议，认为根据约定该案应由 K 区人民法院审理。

（二）基本问题

在我国民事诉讼法中，存在地域管辖、级别管辖、专属管辖、协议管辖等数种

① 参见江伟主编：《民事诉讼法》，3 版，137 页，北京，中国人民大学出版社，2007。

确定方式。对于本案主要讨论两个问题：其一，张某与李某约定的协议管辖条款是否有效？其二，Z 市 Y 区人民法院将案件移送至 E 区人民法院的做法是否正确？

（三）知识内容

1. 协议管辖条款的效力

从理论上来讲，协议管辖可分为明示协议管辖和默示协议管辖。明示协议管辖是指纠纷当事人以明确的意思表示在合同条款中或在起诉前以书面协议形式确定管辖的法院。本案中，张某与李某约定如发生纠纷由张某住所地 Z 市任一法院或李某住所地 L 市 K 区人民法院审理，从形式上看即属于明示协议管辖。默示协议管辖是指双方当事人起诉前尽管没有明示的管辖意思表示，但相对方不主张起诉法院无管辖权，而应诉、答辩，从而使受理法院取得管辖权。我国目前没有国内民事诉讼的默示协议管辖规定，但存在涉外民事诉讼的默示协议管辖规定。

管辖协议的效果体现在两个方面：一方面对双方当事人寻求救济的途径产生了法律上的约束力，另一方面在一定程度上限制了法院的管辖。只要协议有效，一方当事人向约定法院起诉后，另一方就不得提起管辖权异议。同时如果一方当事人向其他法院起诉，即使这个法院有法定的管辖权依据也应裁定不予受理。

但是，我国法律中规定的协议管辖在突出了当事人意思自治的同时，也作出了某些限制，这是综合平衡各种诉讼因素的结果。这种限制体现在本专题前文提及的协议管辖的五个条件。此外，根据《民事诉讼法意见》第 24 条，我国只允许当事人约定一个法院。从效力方面而言，协议管辖优于地域管辖，但低于专属管辖。因此，鉴于本案属于不动产纠纷，根据民事诉讼法，因不动产纠纷提起的诉讼，由不动产所在地人民法院管辖。这主要是为了方便受诉人民法院勘验现场，调查、收集证据，同时也便于裁判生效后的执行工作。

值得注意的是，本案中当事人选择了两个管辖法院。如何评价这种选择方式，争议甚大。根据目前我国民事诉讼法对于协议管辖的相关规定，当事人只能协议选择唯一的管辖法院。本案的特殊情况在于，虽然双方当事人约定了两个管辖法院的做法不符合规定，但是其中一个法院的辖区与本案没有实际联系，且约定模糊，是否可以认定这个约定不清楚的法院管辖无效，而另一个法院只要符合其他的协议有效要件，就可以认定其管辖有效呢？应当认为，既然当事人约定了两个管辖法院，那么整个协议管辖都无效，并不能区别对待。因此，从这个意义上讲，本案中即使不存在专属管辖的问题，法院也应该按照没有协议管辖的情况确定管辖。

2. 移送管辖的条件

以移送主体划分，移送管辖包括同级人民法院之间的移送和上下级人民法院之间的移送；以移送的原因划分，移送管辖包括受诉法院发现自己无管辖权而将案件移送和基于当事人的管辖异议成立而将案件移送。无论是何种情况，首先必须保证当事人对管辖裁定的上诉权；其次，在第一种情况下，当事人对管辖异议的诉权并未行使，因此应当允许当事人向新的受诉法院提出管辖异议。移送管辖的目的在于切实地保证有管辖权的法院能够审理案件，以此来避免诉讼的烦琐，保护当事人的合法权益。如果没有管辖权的法院拒不移送，则构成程序违法。

本专题“知识要点”部分已经对移送管辖的条件进行了介绍，在此，结合本案对与移送管辖相关的法律规定和立法原理予以更加详细的阐释。(1) 移送的案件必须已经被受理。如果案件没有受理，在审查起诉阶段发现本院对该案没有管辖权，则应按照《民事诉讼法》第111条第4款的规定，告知当事人向有管辖权的法院起诉，不存在移送管辖的问题。本案中法院在移送之前已经受理了此案，符合该条件。(2) 受诉人民法院对已受理的案件依法没有管辖权。这是移送管辖最本质的条件。如果法院对某一案件有管辖权，受理后就不能随意移转，否则就违反了诉讼安定性的原则。即使出现特殊的情况，案件要由其他的法院来受理，也无法适用移送管辖。另外《民事诉讼法意见》第33条规定：“两个以上人民法院都有管辖权的诉讼，先立案的人民法院不得将案件移送给另一个有管辖权的人民法院。人民法院在立案前发现其他有管辖权的人民法院已先立案的，不得重复立案，立案后发现其他有管辖权的人民法院已先立案的，裁定将案件移送给先立案的人民法院。”本案中，Z市Y区人民法院在受理时根据案件的实际情况确认自己对案件无管辖权，因此移送并无不当。(3) 接受案件移送的人民法院被认为对案件依法具有管辖权。如果数个法院对案件都有管辖权，应将案件移送给哪个法院？对此，移送法院可基于“两便”原则并参考原告的意见将案件移送给适当的法院审理。在本案中，Z市Y区人民法院是基于案件涉及不动产纠纷而确认F市E区人民法院享有管辖权的，这种做法符合法律规定。

此外，需强调的一点是移送只能进行一次，而且移送管辖的效果是强制性的，即受移送的法院必须受理而不能以其他法院也有管辖权或其他法院更为方便为由，再次将案件进行移送。若其认为自己对该案也无管辖权，可将案件报送上级人民法院，由上级人民法院指定管辖。例如，在本案中，即使F市E区人民法院认为自己对案件并无管辖权，也不得再次自行移送。

【疑难问题】

(一) 涉外案件的范围

需要注意的是，并非所有的涉外案件都由中级人民法院管辖，一是要注意“重大”一词的限定，根据《民事诉讼法意见》，“重大”意指争议标的额大，或案情复杂，抑或居住在国外的当事人人数众多；二是要注意涉港澳台案件在此亦按照“涉外”对待。

(二) 在“原告就被告原则”例外情形中的“原告住所地法院管辖”

需重点把握的是，对不在我国领域内居住的人、下落不明或者宣告失踪的人提起的诉讼，仅限于“身份关系”的诉讼，才由原告住所地法院管辖。

(三) 购销合同中合同履行地的确定

第一步，若已约定履行地，则已该地为合同履行地；第二步，若未约定履行地，以约定交货地为履行地；第三步，若虽已约定履行地或交货地，但在实际履行中以书面方式或其他双方一致认可的方式变更该约定的，依变更后的约定确定履行地。

(四) 合同纠纷中的协议管辖问题

首先，应明确协议管辖仅适用于合同纠纷案件的一审。其次，注意协议管辖的形式比较严格，只能采用书面形式。再次，注意协议管辖两个方面的限制：其一，选择范围是法定的，只能在限定的与合同关系密切的五个联系地内进行选择；其二，不得违反级别管辖和专属管辖。最后，要注意涉外合同或涉外财产、权益纠纷中，当事人都可以用书面协议选择与争议有实际联系的地点的法院，相比国内纠纷仅限于“合同纠纷”可选择管辖而言，涉外纠纷的选择范围更广。

(五) 交通事故损害赔偿纠纷中的地域管辖问题

在交通事故损害赔偿纠纷中，由于原告可以采取不同的诉讼策略，将导致管辖上的不确定。因此，要注意原告提起的是侵权之诉还是违约之诉，这两种情况下的管辖法院是不完全一致的。若是合同之诉，则适用《民事诉讼法》第 28 条之规定；若是侵权之诉，则适用第 30 条之规定。另外须注意，若纠纷发生于铁路运输过程中，则无论是合同之诉还是侵权之诉，均由铁路法院进行专属管辖。

【法律法规】

1. 《中华人民共和国民事诉讼法》
2. 最高人民法院《关于适用〈中华人民共和国民事诉讼法〉的若干意见》
3. 《中华人民共和国海事诉讼特别程序法》
4. 最高人民法院《关于涉及驰名商标认定的民事纠纷案件管辖问题的通知》
5. 最高人民法院《关于审理民事级别管辖异议案件若干问题的规定》

实务训练

(一) 司法实务中的管辖问题与对策

管辖问题是民事诉讼中当事人关注的首要问题，也应当是法院在面对当事人的起诉时首先要重视的问题。从当事人的角度来看，管辖权的“斗争”实际上是双方的第一次较量。只要存在着通过起诉选择法院的机会，精通管辖规则的原告或原告的律师就会考虑何地法院受理对自己更为有利，从而对管辖法院进行精心的选择。[①]在民事诉讼实践中，管辖问题集中表现为两个方面：一是当事人对管辖权的争夺，二是管辖权异议的滥用。这两个问题既有联系，又有区别。在此分别加以介绍。

1. 实践中当事人争夺管辖权的常见做法及法院的应对措施

原告争夺管辖权的方式一般有三种：一是多列被告。如在道路交通事故人身损害赔偿纠纷案件中，原告将造成其损害的对方登记车主、实际车主、实际驾驶人、保险公司等列为共同被告。二是选择有利的案由。比如，根据我国法律规定，对产品质量纠纷和产品质量侵权纠纷的案件、承揽合同纠纷和买卖合同纠纷的案件管辖法院不同，有的原告在起诉时就将案件的性质或案由划为对自己有利的一类，以方便自身的诉讼。三是扩大地域范围。在因侵权行为提起的诉讼中，任意扩大侵权行为实施地、侵权结果发生地的范围。

被告争夺管辖权的方式一般有两种：一是在明知其提出的管辖权异议不成立的情况下，坚持提出异议申请；二是重复提出管辖权异议，即在法院对被告的管辖权异议进行审查后，认为其异议成立，将案件移送至有管辖权的法院后，其又向新受诉法院以另一理由或法律规定提出管辖权异议。

鉴于实践中争夺管辖权的情况日益加剧，法院应当对此予以重视，并采取切实有效的措施，这些措施包括如下几个方面：其一，法院在面对原告的起诉和被告提起的管辖权异议时，应当严格按照相关实体法和程序法进行初步审查。如果认为本院没有管辖权，应尽快按照移送管辖的规定移送案件；如果认为当事人的异议理由明显不成立，应当果断地予以驳回，坚决不允许其阻滞审理程序的正常进行。其二，设立程序性违法行为的处罚制度，提高恶意争抢管辖权的成本。对于当事人恶意争夺管辖权的行为，法院应根据情节轻重予以罚款。其三，建立恶意争夺管辖权的侵权责任赔偿制度。究其实质而言，滥用管辖权属于民法上的侵权行为，应适用一般侵权责任原理来防止管辖异议权被滥用，这种侵权损害赔偿责任主要表现为经济赔偿责任。

2. 实践中滥用管辖权异议的特点及法院的应对措施

法院的专项调研表明，实践中管辖权异议的滥用主要表现出以下特点：一是主观意图多样。如举证期限较紧、案情复杂，因申请延长举证期不易得到批准而提出异议申请；或者将提出异议申请作为调解或诉讼交易手段之一，迫使对方以金钱换时间；另外还有当事人为拖延时间而恶意提出异议申请，申请被裁定驳回后立即上诉。二是滥用方式各异。如提出异议一般不给出理由，仅仅主张法院对该案不具有管辖权；或者异议申请给出理由，但明显与事实不符；此外，在存在多个管辖依据情形下，法院依据其中之一取得管辖权后，当事人又以其他依据提出异议。三是易使矛盾尖锐化。滥用管辖权异议，不仅增加了法院的工作量，严重浪费司法资源，还会因拖延诉讼而损害另一方的利益，使得双方当事人已有的矛盾进一步激化，给

---

① 参见张卫平：《管辖权异议：回归原点与制度修正》，载《法学研究》，2006（4）。

审判工作带来较大的麻烦。

针对滥用管辖权异议呈现的以上特点，结合审判实践，在司法实践中法院可以采取如下策略：

其一，认真审查案情，积极沟通、协调。因举证期较紧、证据较多且取证难度大、案情复杂等而在举证期内提交证据材料确有困难的，做好沟通、协调工作，尽量准许适当延长举证期。

其二，简化异议申请处理程序。异议申请上诉的，为避免移送卷宗，可通过与二审法院建立视频、电话等快速沟通平台，将涉及上诉材料远程提交进行审查，并采用远程电子签章模式出具二审裁定书。

其三，强化对恶意提出管辖权异议的制裁，实行“担保费交纳制度”。管辖权异议的滥用与异议申请的成本低廉有直接关系。目前当事人提出异议申请，异议不成立的受理费较低，而对异议裁定不服提出上诉无须缴纳相关费用。即使该异议申请被驳回，申请人亦无须承担支付异议申请受理费和异议被驳回法律后果以外的其他法律责任。为遏制管辖权异议的滥用态势，对于明显恶意滥用管辖权异议并造成严重后果或恶劣社会影响的，可认定其行为妨害民事诉讼，对其采取强制措施。另外，可以考虑由申请人依据案件标的提供一定比例担保费用，以平衡诉讼成本。如果法院最终驳回申请人的异议申请，则担保费予以没收，或者支付给对方当事人，作为对其诉讼时间成本的补偿；若其异议主张成立，则法院应退还其担保费。

（二）实务演练与解析

1. 依照我国民事诉讼法的规定，由原告住所地法院管辖的案件有（　　）。

A. 夫妻双方离开住所地超过 1 年，一方起诉离婚的案件

B. 对不在中华人民共和国领域内居住的人提起的有关身份关系的诉讼

C. 对下落不明或宣告失踪的人提起的有关身份关系的诉讼

D. 对被劳动教养的人提起的诉讼

解析：根据《民事诉讼法》第 23 条，有四种情形属于“原告就被告”原则的例外，即在所列四种情况下案件由原告住所地法院管辖，除了答案 B、C、D 外，“对被监禁的人提起的诉讼”亦在此列。另据《民事诉讼法意见》第 12 条，只有夫妻一方离开住所地超过 1 年，另一方起诉，才由原告住所地的法院管辖。从立法精神来看，该规定旨在契合方便当事人诉讼的理念。

2. A 县甲商场向 B 县乙鞋厂购买 1 000 双皮鞋，合同约定地为 D 县。后乙鞋厂违约，未交付 1 000 双皮鞋。请问：甲商场可向哪个法院提起诉讼？

解析：本案涉及合同纠纷的地域管辖问题。在确定合同纠纷的管辖法院时，首先应看当事人之间是否存在有效的管辖协议，若存在，则约定优先；其次，若无协议管辖，根据《民事诉讼法》第 24 条之规定，合同纠纷原则上由被告住所地或者合同履行地人民法院管辖。因此，在本案中被告住所地 B 县人民法院肯定有管辖权。那么，双方约定的履行地 D 县人民法院是否亦有管辖权呢？根据《民事诉讼法意见》第 18 条之规定，本案中合同实际上并未履行，因此应由被告住所地人民法院管

辖；另外，根据《民事诉讼法》第 23 条，本案中也不存在由原告住所地法院管辖的情形，因此，甲商场只能向 B 县人民法院提起诉讼。

3. 甲县居民王某和乙县某房地产公司在丙县签订了房屋买卖合同，购买此房产公司在丁县所建住房 1 套。双方约定合同发生纠纷后，可以向甲县人民法院或者丙县人民法院起诉。后因房屋面积发生纠纷，王某欲向法院起诉。请问：何法院有管辖权？

解析：此案涉及协议管辖和专属管辖问题。如果双方存在有效的管辖协议，应当以约定优先。根据《民事诉讼法意见》第 24 条之规定，本案中双方的协议中确定了两个管辖法院，导致该协议无效；另外，该案合同所涉标的物为房屋，根据专属管辖的规定，只有丁县人民法院有管辖权。

4. 甲县的电热毯厂生产了一批电热毯，与乙县的昌盛贸易公司在丙县签订了一份买卖该批电热毯的合同。丁县居民张三在出差到乙县时从昌盛贸易公司购买了一条该批次的电热毯，后在使用过程中电热毯由于质量问题引起火灾，烧毁了张三的房屋。张三欲以侵权损害为由诉请赔偿。下列哪些法院对该纠纷有管辖权？（　　）

A. 甲县人民法院　　B. 乙县人民法院

C. 丙县人民法院　　D. 丁县人民法院

解析：此案涉及侵权纠纷的地域管辖问题。根据《民事诉讼法》第 29 条之规定，因侵权行为提起的诉讼，由侵权行为地或者被告住所地人民法院管辖。本案所涉侵权纠纷中的被告为甲县电热毯厂和乙县昌盛贸易公司，因此 A、B 项都正确。此外，本案中的一个关键问题是要确定侵权行为地。侵权行为地包括侵权行为实施地和侵权结果发生地，在本案中，张三是在丁县使用时遭受了损失，故丁县为侵权行为地，D 项亦正确。需要注意的是，本案属于因产品质量不合格引起的侵权诉讼，根据《民事诉讼法意见》第 29 条，甲县是产品制造地，乙县是销售地，丁县是侵权行为地，因此答案为 A、B、D 项。

5. 关于管辖权异议的表述，下列哪一选项是错误的？（　　）

A. 当事人对一审案件的地域管辖和级别管辖均可提出异议

B. 通常情况下，当事人只能在提交答辩状期间提出管辖异议

C. 管辖权异议成立的，法院应当裁定将案件移送有管辖权的法院，异议不成立的，裁定驳回

D. 对于生效的管辖权异议裁定，当事人可以申请复议一次，但不影响法院对案件的审理

解析：所谓管辖权异议是指在人民法院受理案件后，当事人依法提出该法院对本案是否有管辖权的主张或意见。根据《民事诉讼法》第 147 条之规定，民事诉讼中的管辖权异议只针对一审案件，二审案件是由一审法院的上一级法院审理，不涉及管辖的问题。而一审案件的管辖既涉及地域管辖又涉及级别管辖，故当事人对一审案件的地域管辖和级别管辖均可提出异议，选项 A 正确。根据《民事诉讼法》第 38 条可知，选项 B、C 均正确。根据《民事诉讼法》第 140 条，对于未生效的管辖权异议裁定，当事人可以在上诉期内提起上诉。《民事诉讼法》并未规定，对于生效

的管辖权异议裁定，当事人可以申请复议，因此选项D错误。

课后练习

1. 关于民事案件的级别管辖，下列哪一选项是正确的？（单选）

A. 第一审民事案件原则上由基层人民法院管辖

B. 涉外案件的管辖权全部属于中级人民法院

C. 高级人民法院管辖的一审民事案件包括在本辖区内有重大影响的民事案件和它认为应当由自己审理的案件

D. 最高人民法院仅管辖在全国有重大影响的民事案件

2. 2008年7月，家住A省的陈大因赡养费纠纷，将家住B省甲县的儿子陈小诉至甲县法院，该法院受理了此案。2008年8月，经政府正式批准，陈小居住的甲县所属区域划归乙县管辖。甲县法院以管辖区域变化、对该案不再具有管辖权为由，将该案移送至乙县法院。乙县法院则根据管辖恒定原则，将该案送还至甲县法院。下列哪些说法是正确的？（多选）

A. 乙县法院对该案没有管辖权

B. 甲县法院的移送管辖是错误的

C. 乙县法院不得将该案送还甲县法院

D. 甲县法院对该案没有管辖权

3. 某省甲市A区法院受理一起保管合同纠纷案件，根据被告管辖权异议，A区法院将该案件移送该省乙市B区法院审理。乙市B区法院经审查认为，A区法院移送错误，本案应归A区法院管辖，遂发生争议。关于乙市B区法院的做法，下列哪一选项是正确的？（单选）

A. 将案件退回甲市A区法院

B. 将案件移送同级第三方法院管辖

C. 报请乙市中级人民法院指定管辖

D. 与甲市A区法院协商不成，报请该省高级人民法院指定管辖

4. 红光公司起诉蓝光公司合同纠纷一案，A市B区法院受理后，蓝光公司提出管辖权异议，认为本案应当由A市中级法院管辖。B区法院裁定驳回蓝光公司异议，蓝光公司提起上诉。此时，红光公司向B区法院申请撤诉，获准。关于本案，下列哪一选项是正确的？（单选）

A. B区法院裁定准予撤诉是错误的，因为蓝光公司已经提起上诉

B. 红光公司应当向A市中级法院申请撤诉，并由其裁定是否准予撤诉

C. B区法院应待A市中级法院就蓝光公司的上诉作出裁定后，再裁定是否准予撤诉

D. B区法院裁定准予撤诉后，二审法院不再对管辖权异议的上诉进行审查

5. 甲公司与乙公司签订了一份钢材购销合同，约定因该合同发生纠纷双方可向A仲裁委员会申请仲裁，也可向合同履行地B法院起诉。关于本案，下列哪些选项

是正确的？（多选）

A. 双方达成的仲裁协议无效

B. 双方达成的管辖协议有效

C. 如果甲公司向A仲裁委员会申请仲裁，乙公司在仲裁庭首次开庭前未提出异议，A仲裁委员会可对该案进行仲裁

D. 如甲公司向B法院起诉，乙公司在法院首次开庭时对法院管辖提出异议，法院应当驳回甲公司的起诉

延伸阅读

1. 黄川．民事诉讼管辖制度研究：制度、案例与问题．北京：中国法制出版社，2001

2. 常怡主编．民事诉讼法学．北京：中国政法大学出版社，2002

3. 孙邦清．民事诉讼管辖制度研究．北京：中国政法大学出版社，2008

4. 廖永安．我国民事诉讼地域管辖制度之反思．法商研究，2006（2）

5. 张卫平．管辖权异议：回归原点与制度修正．法学研究，2006（4）

6. 肖建国．民事诉讼级别管辖制度的重构．法律适用，2007（6）

7. 江苏省常州市中级人民法院课题组．有关民事诉讼管辖制度的调研报告．人民司法，2007（15）

8. 章武生，金殿军．我国民事执行地域管辖制度之重构．政治与法律，2010（2）

9. 李兰，张晋红．论民事诉讼级别管辖的立法完善．法学杂志，2010（6）

10. 孙邦清．诉权保障与民事诉讼管辖制度关系论．http：//www. civillaw. com. cn/Article/default. asp? id=42838，2011-08-01

第四专题　民事诉讼中的诉讼参加人

【内容摘要】

民事诉讼中的诉讼参加人包括当事人和诉讼代理人。当事人，是指因民事权利、义务发生争议，以自己的名义进行诉讼，要求法院行使民事裁判权的人。当事人包括原告、被告、共同诉讼人、诉讼代表人和第三人。诉讼代理人，是指根据法律规定或当事人的委托，代理当事人进行民事诉讼活动的人。诉讼代理人分为法定诉讼代理人和委托诉讼代理人两种。

【知识要点】

一、原告与被告的确定

（一）当事人的概念

民事诉讼中的当事人，是指因民事权利、义务发生争议，以自己的名义进行诉讼，要求法院行使民事裁判权的人。

民事诉讼中的当事人，有狭义和广义之分。狭义上的当事人，仅指原告和被告。广义上的当事人，除原告和被告以外，还包括共同诉讼人、第三人。

民事诉讼中的当事人，包括形式上的当事人和实质上的当事人。形式上的当事人是纯粹诉讼上的概念，与实体法律关系没有联系。而实质上的当事人，也称为正当当事人，则是从实体法的角度观察的结果。通常情况下，作为诉讼标的的民事法律关系的主体就是正当当事人。引起诉讼程序开始的当事人，只能是形式上的当事人。没有形式上当事人的概念便无法确定管辖法院，因为管辖根据与当事人的确定有直接关系。地域管辖中的一般原则——“原告就被告”中的“原告”和“被告”就是指这种意义上的当事人。

当事人的称谓，因诉讼程序和阶段的不同而有所不同。在第一审普通程序和简易程序中，起诉和被诉的主体被称为原告和被告。在第二审程序中，原一审中的当事人被称为上诉人和被上诉人。在审判监督程序中，如果适用第一审程序再审，原审的原告和被告仍被称为原告和被告；如果适用第二审程序再审，原审的上诉人和被上诉人仍被称为上诉人和被上诉人。在特别程序中，通常被称为申请人，但在选民资格案件程序中，则被称为起诉人。在督促程序和企业法人破产还债程序中，被称为申请人和被申请人。在公示催告程序中，被称为申请人和利害关系人。在执行程序中，则被称为申请执行人和被执行人。当事人的不同称谓，一方面表明了其所处的诉讼程序和阶段不同，另一方面也表明了其因所处诉讼程序和阶段不同而具有不同的诉讼地位及诉讼权利、义务。

（二）诉讼权利能力和诉讼行为能力

1. 诉讼权利能力

诉讼权利能力，又称为当事人能力，是指成为民事诉讼当事人，享有民事诉讼权利和承担民事诉讼义务所必需的诉讼法上的资格。诉讼权利能力与民事权利能力有着密切的联系。在通常情况下，有民事权利能力的人才具有诉讼权利能力，如公民、法人。按照通行的观点，在某些情况下，没有民事权利能力的人，也可以有诉讼权利能力，成为民事诉讼中的当事人。例如不具有民事权利能力的其他组织，在某些情况下，也可以有诉讼权利能力。

公民的诉讼权利能力与法人和其他组织的诉讼权利能力，在存续时间上是不同的。公民的诉讼权利能力始于出生，终于死亡。法人和其他组织的诉讼权利能力，始于成立，终于终止。

2. 诉讼行为能力

诉讼行为能力，又称为诉讼能力，是指当事人可以亲自实施诉讼行为，并通过自己的行为，行使诉讼权利和承担诉讼义务的诉讼法上的资格。有诉讼权利能力但没有诉讼行为能力的人，虽然也可以成为民事诉讼中的当事人，但却不能亲自实施诉讼行为，而只能通过其法定代理人或者由其法定代理人委托的诉讼代理人代为实施诉讼行为。

有诉讼权利能力但没有诉讼行为能力的人，实际上只有公民，因为公民的诉讼权利能力和诉讼行为能力在存续时间上可能会不一致，而法人及其他组织的诉讼权利能力和诉讼行为能力同时产生，同时消灭。

公民的诉讼行为能力与其民事行为能力有着密切的联系，但在分类上，两者又不完全一致。公民的诉讼行为能力采用两分法：有诉讼行为能力和无诉讼行为能力。而公民的民事行为能力采用三分法：完全民事行为能力、限制民事行为能力和无民事行为能力。在民事诉讼中，只有具有完全民事行为能力的公民才有诉讼行为能力，无民事行为能力和限制民事行为能力的公民都没有诉讼行为能力。

(三) 当事人适格

1. 当事人适格的含义

当事人适格，又称为正当当事人，是指对于具体的诉讼，有作为本案当事人起诉或应诉的资格。当事人适格与诉讼权利能力不同。诉讼权利能力是作为抽象的诉讼当事人的资格，其与具体的诉讼无关，通常取决于有无民事权利能力。当事人适格是作为具体的诉讼当事人的资格，是针对具体的诉讼而言的，当事人适格与否，只能将当事人与具体的诉讼联系起来，看当事人与特定的诉讼标的有无直接联系。

2. 判断当事人适格与否的标准

为了使诉讼在适格的当事人之间进行，从而使法院的裁判具有实际意义，需要有一定的标准来判断起诉或者应诉的当事人是否是本案的适格当事人。一般情况下，应当以当事人是否是所争议的民事法律关系的主体，作为判断当事人适格与否的标准。根据这一标准，只要是民事法律关系的主体，以该民事法律关系为诉讼标的进行诉讼，一般就是适格的当事人。

但在某些例外的情况下，非民事法律关系的主体，也可以作为适格的当事人。这些例外的情况，主要可以分为以下两种：

第一，根据当事人的意思或法律的规定，依法对他人的民事法律关系或民事权利享有管理权，如破产程序中的清算组、遗产管理人、遗嘱执行人等。当受其管理的民事法律关系或民事权利发生争议以后，这些人可以自己的名义起诉或应诉。

第二，在确认之诉中，对诉讼标的有确认利益的人。在确认之诉中，对适格当事人的判断，不是看该当事人是不是该被争议法律关系的主体，而是看该当事人对该被争议的法律关系的确认是否具有法律上的利害关系。

(四) 原告与被告的概念

原告，是指为维护自己或自己所管理的他人的民事权益，而以自己的名义向法院起诉，从而引起民事诉讼程序发生的人。被告，是指被原告诉称侵犯原告民事权益或与原告发生民事争议，而由法院通知应诉的人。

原告和被告是民事诉讼中最基本的当事人。双方当事人对立，是民事诉讼得以存在和继续的前提。因此，民事诉讼不能允许自己诉自己，或没有对立的当事人。如果在诉讼中，因为继承或法人合并而使原告和被告同属一人，或者因为一方当事人死亡而无继承人，只有原告或被告一方，诉讼便会因此终结。

(五) 原告和被告的类别与确定

在我国，公民、法人和其他组织都可以作为当事人，成为民事诉讼中的原告或被告。但在实践中，公民、法人和其他组织作为原告或被告的情况比较复杂，为了正确认定民事诉讼中的原告和被告，最高人民法院在《民事诉讼法意见》中专门作出了解释。

1. 公民

公民作为民事主体，在与他人发生民事争议时，可以自己的名义起诉或应诉，成为原告或被告。根据《民事诉讼法意见》，公民作为诉讼当事人的情形，还包括：

（1）以业主身份作为当事人。公民成为个体工商户的，应以营业执照上登记的业主为当事人。有字号的，还应在法律文书中注明登记的字号。

（2）以雇主身份作为当事人。个体工商户、农村承包经营户、合伙组织雇用的人员在进行雇佣合同规定的生产经营活动时造成他人损害的，其雇主是当事人。

（3）以直接责任人的身份作为当事人。法人或者其他组织应登记而未登记即以法人或者其他组织的名义进行民事活动，或者他人冒用法人、其他组织的名义进行民事活动，或者法人或者其他组织依法终止后仍以其名义进行民事活动的，以直接责任人为当事人。

2. 法人

法人也是民事主体，在与他人发生争议后，也可以自己的名义起诉或应诉，成为当事人。根据民事诉讼法的规定和最高人民法院的司法解释，法人作为当事人，应由其法定代表人进行诉讼。法人的正职负责人是法人的法定代表人；没有正职负责人的，由主持工作的副职负责人担任法定代表人。设有董事会的法人，以董事长为法定代表人；没有设置董事长的法人，经董事会授权的负责人可作为法人的法定代表人。在诉讼中，法人的法定代表人更换的，由新的法定代表人继续进行诉讼，并应向人民法院提交新的法定代表人身份证明书；原法定代表人进行的诉讼行为对法人仍然有效。

根据《民事诉讼法意见》，法人作为诉讼当事人的情形，还包括：

（1）法人工作人员因职务行为或者授权行为发生诉讼时，该法人为当事人。

（2）企业法人合并的，因合并前的民事活动发生的纠纷，以合并后的企业法人为当事人。

3. 其他组织

其他组织也可以作为民事诉讼中的当事人。其他组织，是指合法成立，有一定的组织机构和财产，但又不具备法人资格的组织。其他组织作为民事诉讼当事人时，应由其主要负责人进行诉讼。其他组织虽然可以以自己的名义从事民事活动，但它们本身不是民事主体，并不能独立承担民事责任，而只能由其成员承担民事责任。民事诉讼法之所以认为它们是民事诉讼主体、有当事人地位，主要是基于方便诉讼的考虑。

根据《民事诉讼法意见》，其他组织包括：（1）依法登记领取营业执照的私营独资企业、合伙组织；（2）依法登记领取营业执照的合伙型联营企业；（3）依法登记领取我国营业执照的中外合作经营企业、外资企业；（4）经民政部门核准登记领取社会团体登记证的社会团体；（5）企业法人依法设立并领取营业执照的分支机构；（6）中国人民银行、各专业银行设在各地的分支机构；（7）中国人民保险公司设在各地的分支机构；（8）经核准登记领取营业执照的乡镇、街道、村办企业。

二、共同诉讼人的确定

（一）共同诉讼概述

1. 共同诉讼的概念

共同诉讼是指当事人一方或双方为两人或两人以上的诉讼。共同诉讼属于诉的合并，其意义在于简化诉讼程序，避免法院在同一事件处理上作出矛盾的判决。

在民事诉讼理论中，原告为两人以上的共同诉讼，称为积极的共同诉讼；被告为两人以上的共同诉讼，称为消极的共同诉讼；原告和被告均为两人以上的共同诉讼，称为混合的共同诉讼。在我国民事诉讼法中，共同诉讼有必要共同诉讼和普通共同诉讼两种类型。

2. 共同诉讼的特征

相对于原告和被告为一对一的诉讼而言，共同诉讼具有以下特征：

（1）当事人一方或双方为两人以上。这是共同诉讼的本质特征，也是区分共同诉讼与单独诉讼的标准。

（2）一方或双方为两人以上的当事人在同一诉讼程序中进行诉讼。只有当一方或双方为两人以上的当事人在同一诉讼程序中进行诉讼时，才能称为共同诉讼。

（二）必要共同诉讼

1. 必要共同诉讼的概念和特征

必要共同诉讼，是指当事人一方或者双方为两人以上，诉讼标的是同一的，法院必须合一审理并在裁判中对诉讼标的合一确定的共同诉讼。必要共同诉讼的目的在于防止矛盾判决。

必要共同诉讼具有以下特征：

（1）当事人一方或双方为两人以上。这是共同诉讼的基本要求。

（2）诉讼标的具有同一性。必要共同诉讼之所以必要，就是因为共同诉讼人之间的诉讼标的具有同一性；而诉讼标的的同一性又是由实体法律关系决定的。如果共同诉讼人在实体法律关系中存在着共同的利害关系，即享有共同的权利或承担共同的义务，在诉讼中诉讼标的就是共同的。

（3）法院必须合并审理、合一判决。所谓法院必须合并审理、合一判决，是指对于共同诉讼，法院必须适用同一诉讼程序进行审理，并对共同诉讼人的权利、义务作出内容相同的裁判。这是由必要共同诉讼中诉讼标的同一性决定的。

2. 必要共同诉讼的类型

在我国民事诉讼中，可将必要共同诉讼分为两种基本类型：

（1）权利、义务共同型必要共同诉讼。在这类必要共同诉讼中，各共同诉讼人之间对于诉讼标的，原先就存在共同的权利、义务。而各共同诉讼人之所以对诉讼标的原先就有共同的权利、义务，是因为共同诉讼人之间本身就存在着权利、义务的共同关系或连带关系，但这种共同诉讼人之间的共同关系或连带关系并不是因为同一事实或同一法律上的原因引起的。在诉讼实务中，常见的情况主要有这样两类：第一，各共同诉讼人之间存在着权利义务共同关系，如合伙人对合伙财产的共同所有。第二，各共同诉讼人之间存在着连带债权或连带债务，如承担连带保证责任的保证人与被保证的主债务人之间存在着连带清偿关系。

（2）原因共同型必要共同诉讼。这类必要共同诉讼，是指共同诉讼人之间原本没有共同的权利或义务，是因为后来发生了同一事实或法律上的原因，才使共同诉讼人之间具有共同的权利或义务。最典型的例子是，数人共同致他人损害，他人向数个加害人要求损害赔偿的诉讼。

3. 必要共同诉讼的情形

根据最高人民法院相关司法解释的规定，能够引起必要共同诉讼的具体情形有：

（1）个体工商户、个人合伙或私营企业挂靠集体企业并以集体企业的名义从事生产经营活动的，在诉讼中，该个体工商户、个人合伙或私营企业与其挂靠的集体企业为共同诉讼人。

（2）营业执照上登记的业主与实际经营者不一致的，以业主和实际经营者为共同诉讼人。

（3）个人合伙的全体合伙人在诉讼中为共同诉讼人。个人合伙有依法核准登记的字号的，应在法律文书中注明登记的字号。全体合伙人可以推选代表人；被推选的代表人，应由全体合伙人出具推选书。

（4）企业法人分立的，因分立前的民事活动发生的纠纷，以分立后的企业法人为共同诉讼人。

（5）借用业务介绍信、合同专用章、盖章的空白合同书或者银行账户的，出借单位和借用人为共同诉讼人。

（6）在继承遗产的诉讼中，部分继承人起诉的，人民法院应通知其他继承人作为共同原告参加诉讼；被通知的继承人不愿意参加诉讼，又未明确表示放弃实体权利的，人民法院仍应将其列为共同原告。

（7）被代理人和代理人承担连带责任的，为共同诉讼人。

（8）共有财产权受到他人侵害，部分共有权人起诉的，其他共有权人应当列为共同诉讼人。

（9）在因连带保证合同纠纷提起的诉讼中，债权人向保证人和被保证人一并主张权利的，人民法院应当将保证人和被保证人列为共同被告；债权人仅起诉保证人的，除保证合同明确约定保证人承担连带责任的外，人民法院应当通知被保证人作为共同被告参加诉讼；债权人仅起诉被保证人的，可只列被保证人为被告。

（10）企业法人的分支机构为他人提供保证的，人民法院在审理保证纠纷案件过程中可以将该企业法人作为共同被告参加诉讼，但是商业银行、保险公司的分支机构提供保证的除外。

（11）一般保证的债权人向债务人和保证人一并提起诉讼的，人民法院可以将债务人和保证人列为共同被告参加诉讼。

（12）债权人向人民法院请求行使担保物权时，债务人和担保人应当作为共同被告参加诉讼。

（13）同一债权既有保证又有物的担保，当事人发生纠纷提起诉讼的，债务人与保证人、抵押人或者出质人可以作为共同被告参加诉讼。

（14）原用人单位以新的用人单位和劳动者共同侵权为由向人民法院起诉的，应将新的用人单位和劳动者列为共同被告。

4. 必要共同诉讼人的追加

由于在必要共同诉讼中，诉讼标的具有同一性，法院只能合一审理和判决，当事人只能一同起诉或应诉，否则当事人将不适格，所以在起诉或应诉时，如果有部分当事人没有参加诉讼，就需要追加当事人。

当事人的追加，可以由法院依职权进行，也可以由法院根据当事人的申请追加。根据《民事诉讼法意见》，如果在起诉时法院发现必须共同进行诉讼的当事人没有参加诉讼的，应当通知其参加；当事人也可以向法院申请追加。但应当追加的原告，已明确表示放弃实体权利的，可不予追加；既不愿意参加诉讼，又不放弃实体权利的，仍追加为共同原告，其不参加诉讼，不影响人民法院对案件的审理和依法作出判决。被追加的被告，如果不愿参加诉讼的，法院一般可以对其缺席判决，但对符合拘传条件的被告，则可以通过拘传强制其到庭参加诉讼。

5. 必要共同诉讼人的内部关系

由于各个共同诉讼人都是独立的诉讼主体，都有权独立地实施诉讼行为，因此，我国民事诉讼法以承认原则来处理必要共同诉讼人的内部关系，即共同诉讼的一方当事人对诉讼标的有共同权利、义务的，其中一人的诉讼行为经其他共同诉讼人承认，对其他共同诉讼人发生效力。

（三）普通共同诉讼

1. 普通共同诉讼的概念和特征

普通共同诉讼，是指当事人一方或者双方为两人以上，诉讼标的是同一种类，法院认为可以合并审理并且当事人也同意合并审理的共同诉讼。普通共同诉讼与必要共同诉讼相比，具有以下特征：

（1）普通共同诉讼的诉讼标的是同一种类的。这是普通共同诉讼与必要共同诉讼的基本区别。所谓诉讼标的是同一种类的，是指各个共同诉讼人与对方当事人争议的法律关系的性质或请求权的性质是相同的，即他们各自享有的权利或承担的义务属于同一类型。

构成诉讼标的同种类的情形主要有以下三种：

第一，基于同类事实或法律上的同类原因形成的同种类诉讼标的。例如，数个业主欠交物业管理费，物业管理人向欠交物业管理费的数个业主提起的交纳物业管理费的诉讼。

第二，基于同一事实或法律上的原因形成的同种类诉讼标的。例如，公共汽车发生交通事故导致该公共汽车上乘客数人受伤，受伤的乘客要求赔偿的诉讼。

第三，基于数人对同一权利、义务的确认形成的同种类诉讼标的。例如，甲对乙、丙、丁分别提起的关于特定不动产所有权确认的诉讼。该争议的不动产并不是乙、丙、丁所共有的不动产，甲的确认请求并不是针对共有人，而是分别针对乙、丙、丁的，因为乙、丙、丁均主张该不动产为自己所有。如果甲的请求是针对共有人的，则为必要共同诉讼。

（2）普通共同诉讼是一种可分之诉。因此普通共同诉讼，既可以单独起诉，也可以共同起诉。共同起诉的，法院认为可以合并审理，而当事人又同意合并审理的，就形成了普通共同诉讼。

2. 普通共同诉讼的构成要件

（1）有两个以上属于同一种类的诉讼标的。普通共同诉讼属于诉讼客体的合并，并因为诉讼客体的合并，导致诉讼主体的合并。因此要成为普通共同诉讼，必须有两个以上的当事人，就两个以上同一种类的诉讼标的向同一法院起诉或应诉。

（2）由同一法院管辖，适用同一诉讼程序。

（3）符合合并审理的目的。普通共同诉讼的目的在于实现诉讼经济，节约司法资源。

（4）法院认为可以合并审理，当事人也同意合并审理。在符合以上条件的情况下，是否合并审理，由法院决定，但应征求当事人的同意。如果当事人不同意的，法院不能强制合并为共同诉讼。

3. 普通共同诉讼人的内部关系

普通共同诉讼是可分之诉，因此普通共同诉讼人各自拥有独立的诉讼实施权，其中任何一个共同诉讼人的诉讼行为，对其他共同诉讼人均不发生效力。但是，各个普通共同诉讼人的行为之间，仍然有一定的联系，其中一人在诉讼中的作为或不作为，在法院认定其他共同诉讼人的请求或答辩时，具有证明作用。

三、第三人的确定

（一）第三人的概念和特征

1. 第三人的概念

第三人，是指对原告和被告所争议的诉讼标的有独立的请求权，或者虽然没有独立的请求权，但是与案件的处理结果有法律上的利害关系，而参加到正在进行的诉讼中去的人。

根据第三人参加诉讼的根据不同，可以将第三人分为有独立请求权的第三人和无独立请求权的第三人。前者对原告和被告所争议的诉讼标的有独立的请求权，后者仅与他人案件的处理结果有法律上的利害关系。

2. 第三人的特征

第三人有以下特征：

（1）参加到他人正在进行的诉讼中。第三人相对于原、被告而言，是加入到别人的诉讼中。第三人的加入，以原、被告的诉讼已经开始，且尚未终结为条件。

（2）第三人在诉讼中具有独立的诉讼地位。第三人既不同于共同诉讼人，又不同于当事人以外的其他诉讼参与人，而属于广义当事人，有独立的诉讼地位。

（3）第三人是与案件有利害关系的人。这种利害关系主要包括两种情形：一是原告和被告争议的诉讼标的，使该第三人的利益受到侵害；二是法院对本诉的处理结果可能会对第三人产生有利或不利的影响。

（二）有独立请求权的第三人

1. 有独立请求权第三人的概念

有独立请求权的第三人，是指对原告和被告争议的诉讼标的有独立的请求权，而参加诉讼的人。有独立请求权的第三人在第三人参加之诉中的地位就是原告，是诉讼的当事人。在诉讼中，有独立请求权的第三人既对抗本诉的原告，又对抗本诉的被告。

2. 有独立请求权第三人参加诉讼的条件

有独立请求权的第三人参加诉讼，应符合以下条件：

（1）对本诉中的原告和被告争议的诉讼标的，主张独立的请求权。独立的请求权，是指第三人所主张的请求权不同于本诉原告向被告主张的请求权，而是同时直接针对本诉原告和被告的。从主张来看，第三人的主张既不同于原告，也反对被告。这种独立的请求权包括全部的独立请求权和部分的独立请求权。全部的独立请求权是指请求的内容全部否定原告和被告的实体权利；部分的独立请求权则是指部分否定原告和被告的实体权利。这种独立请求权的实体权利依据一般是物上请求权，即物权请求权，通常表现为第三人对他人之间争执的标的物主张所有权。

（2）所参加的诉讼正在进行中。原则上第三人参加诉讼应在第一审程序中参加，因为如果不允许第三人参加诉讼，则该第三人无法行使上诉权。但作为例外，法院也允许其在第二审程序中参加诉讼，之所以允许，是期望有独立请求权的第三人能够与本诉的原告和被告达成调解协议，从而解决纠纷，这样便不涉及第三人的上诉权问题。如果不能达成调解协议的，二审法院应撤销一审判决，发回重审。

（3）以起诉的方式参加。既然是以起诉的方式参加诉讼，就应当符合民事诉讼法关于起诉的条件，也应当预交案件受理费。

（三）无独立请求权的第三人

1. 无独立请求权第三人的概念

无独立请求权的第三人，是指虽然对原告和被告之间争议的诉讼标的没有独立的请求权，但是与案件的处理结果有法律上的利害关系而参加诉讼的人。无独立请求权第三人不是完全独立的诉讼当事人，不具有与当事人相同的诉讼地位。这是因为在诉讼中，无独立请求权第三人并没有向原告和被告提出独立的诉讼请求，而是辅助本诉的一方当事人对抗另一方当事人。无独立请求权第三人参加诉讼，是为了维护自己的合法权益，避免法院对他人作出的判决对自己不利。因此无独立请求权第三人在诉讼中无权承认、放弃、变更诉讼请求，无权请求和解和申请执行。

但是，无独立请求权第三人是广义上的当事人，仍然有自己独立的诉讼地位，主要表现在以下几个方面：(1）无独立请求权第三人可以自己名义参加诉讼，有权选择辅助的一方；(2）在一审判决中，无独立请求权第三人承担实体义务的，享有上诉权；(3）本诉的原告和被告之间的调解涉及无独立请求权第三人承担实体义务时，应有该无独立请求权第三人参加。

2. 无独立请求权第三人参加诉讼的条件

(1）与案件处理结果有法律上的利害关系。这种利害关系是由无独立请求权第三人与原告和被告在实体法上的牵连决定的。法律上的利害关系，是指无独立请求权第三人的权利、义务将受原告和被告之间诉讼结果的影响，从而使权利、义务有所增加或减少。无独立请求权第三人与案件处理结果具有的法律上利害关系，包括义务性关系、权利性关系、权利义务性关系三种，其中以义务性关系最为常见。

(2）所参加的诉讼正在进行。时间是从被告应诉起，到诉讼审理终结止。一般也是第一审程序中参加。这一点与有独立请求权第三人参加诉讼相同。

(3）自己申请参加诉讼或由法院通知其参加诉讼。无独立请求权第三人参加诉讼的方式有两种，即自己申请参加诉讼和由人民法院通知其参加诉讼。

3. 应作为无独立请求权第三人参加诉讼的几种情形

根据最高人民法院的相关司法解释，以下情形，应作为第三人参加诉讼：

(1）用人单位招用尚未解除劳动合同的劳动者，原用人单位与劳动者发生的劳动争议，可以列新的用人单位为第三人。

(2）原用人单位以新的用人单位侵权为由向人民法院起诉的，可以列劳动者为第三人。

(3）债权人以次债务人为被告向人民法院提起代位权诉讼，未将债务人列为第三人的，人民法院可以追加债务人为第三人。

(4）债权人依照合同法有关撤销权的规定提起撤销权诉讼时只以债务人为被告，未将受益人或者受让人列为第三人的，人民法院可以追加该受益人或者受让人为第三人。

(5）债权人转让合同权利后，债务人与受让人之间因履行合同发生纠纷诉至人民法院，债务人对受让人的权利提出抗辩的，可以将债权人列为第三人。

(6）经债权人同意，债务人转移合同义务后，受让人与债权人之间因履行合同发生纠纷诉至人民法院，受让人就债务人对债权人的权利提出抗辩的，可以将债务人列为第三人。

(7）合同当事人一方经对方同意将其在合同中的权利、义务一并转让给受让人，对方与受让人因履行合同发生纠纷诉至人民法院，对方就合同权利、义务提出抗辩的，可以将出让方列为第三人。

4. 不得作为第三人通知其参加诉讼的几种情形

根据最高人民法院的相关司法解释，以下情形，不得作为无独立请求权第三人参加诉讼：

(1）与原、被告双方争议的诉讼标的无直接牵连和不负有返还或者赔偿等义务的人。

（2）与原告或被告约定仲裁或有约定管辖的案外人，或者专属管辖案件的一方当事人。

（3）产品质量纠纷案件中，原、被告之间法律关系以外的下列人员：第一，证据证明其已经提供了合同约定或者符合法律规定的产品的人；第二，案件中的当事人未在规定的质量异议期内向其提出异议的人；第三，案件中的收货方已经认可其提供产品质量的人。

（4）已经履行了义务，或者依法取得了一方当事人的财产，并支付了相应对价的原、被告之间法律关系以外的人。

（5）在工商行政管理部门进行鉴证、商检局对商品质量进行检验的合同中，如果当事人以合同纠纷提起诉讼，并以工商行政管理部门、商检局有过错，应承担民事责任为由，要求将其列为第三人的，法院不宜将工商行政管理部门、商检局列为第三人。

四、诉讼代表人的确定

（一）诉讼代表人制度概述

诉讼代表人，是指为了便于诉讼，由人数众多的一方当事人推选出来，代表其利益实施诉讼行为的人。诉讼代表人制度，以共同诉讼制度为基础，并吸收了诉讼代理制度的机能。以共同诉讼制度为基础，是指诉讼代表人所进行的诉讼应当符合共同诉讼基本条件，如果所代表的当事人不能作为共同诉讼人，也就不能在诉讼中推选代表人代为实施诉讼行为。诉讼代表人制度吸收了诉讼代理制度的机能，使众多诉讼主体的诉讼行为通过诉讼代表人集中实施，扩大了诉讼的容量，避免了因众多当事人直接参与诉讼所带来的诸多问题。

（二）诉讼代表人

1. 诉讼代表人的条件与人数

诉讼代表人的基本条件是：（1）是本案的当事人；（2）具有诉讼行为能力；（3）具有与进行该诉讼相应的能力；（4）能够善意地履行诉讼代表人职责。根据《民事诉讼法意见》第62条的规定，诉讼代表人的人数为2～5人，每位代表人可以委托1～2人作为诉讼代理人。

2. 诉讼代表人的权限

在多数人诉讼中，诉讼代表人相当于未被授权处分实体权利的诉讼代理人。具体来讲，诉讼代表人的诉讼行为，对其所代表的当事人发生法律效力。但在处分涉及被代表人的实体权利时，如变更、放弃诉讼请求或者承认对方当事人的诉讼请求、进行和解等，必须经被代表的当事人同意。

（三）代表人诉讼的种类

我国民事诉讼中的代表人诉讼制度，可以分为以下两类：

1. 人数确定的代表人诉讼

人数确定的代表人诉讼，是指由起诉时人数已经确定的共同诉讼人推选出诉讼代表人，代替全体共同诉讼人参加诉讼的代表人诉讼。其应符合以下几个条件：

（1）当事人一方人数众多。这里的人数众多，是指 10 人以上。

（2）起诉时当事人人数已经确定。

（3）多数当事人之间具有同一的诉讼标的或具有同一种类的诉讼标的。因此，人数确定的代表人诉讼，既可以是必要共同诉讼，也可以是普通共同诉讼。

（4）当事人推选出代表人。在人数确定的代表人诉讼中，既可以由全体当事人推选共同的代表人，也可以由部分当事人推选自己的代表人；推选不出代表人的当事人，在必要共同诉讼中可由自己参加诉讼，在普通共同诉讼中可以另行起诉。

2. 人数不确定的代表人诉讼

人数不确定的代表人诉讼，是指在起诉时人数不能确定，由向法院登记的权利人推选出代表人，代替全体共同诉讼人参加诉讼的代表人诉讼。其应符合以下几个条件：

（1）当事人一方人数众多，并于起诉时仍未确定。这是与人数确定的代表人诉讼的根本区别。

（2）多数当事人之间的诉讼标的系同一种类。亦即，只有普通共同诉讼，才能适用人数不确定的代表人诉讼。

（3）当事人推选出代表人。诉讼代表人只能由向法院登记了权利的那部分当事人推选出。其产生方式依次为：第一，推选，即由向法院登记了权利的那部分当事人推选出诉讼代表人；第二，协商，在推选不出诉讼代表人时，可以由法院提出人选与当事人协商；第三，指定，协商不成的，也可以由法院在起诉的当事人中指定代表人。

（四）人数不确定的代表人诉讼的特殊程序

与人数确定的代表人诉讼相比，人数不确定的代表人诉讼具有以下特殊程序：

1. 公告

法院在受理多数人诉讼时，发现起诉时一方当事人人数尚未确定的，可以发出公告，通知权利人在一定期间内向法院登记。这里的权利人，是指主观上认为自己享有权利的人。公告的期限，由法院根据具体案件的情况确定，但最少不得少于 30 日。

2. 登记

登记的目的在于确定当事人的人数，以便为诉讼做准备。在公告期内，权利人应当向发布公告的案件管辖法院登记，并证明其与对方当事人的法律关系和所受到的损害；证明不了的，不予登记，但当事人可以另行起诉。

3. 裁判效力

在人数不确定的代表人诉讼中，其裁判效力的特殊性表现为对未参加登记的权利人有预决效力。亦即，未参加登记的权利人在诉讼时效期间内提起诉讼，法院认为其诉讼请求成立的，裁定适用法院已作出的判决、裁定，而无须另行裁判。

五、诉讼代理人

（一）诉讼代理人概述

诉讼代理人，是指根据法律规定或当事人的委托，代理当事人进行民事诉讼活动的人。诉讼代理人具有以下特点：（1）以被代理人的名义进行诉讼活动。（2）诉讼代理人是有诉讼行为能力的人。（3）在代理权限内实施诉讼行为。（4）诉讼代理的法律后果由被代理人承担。（5）在同一诉讼中，不能代理双方当事人。

（二）法定诉讼代理人

1. 法定诉讼代理人的概念

法定诉讼代理人，是指根据法律规定，代理无诉讼行为能力的当事人进行民事活动的人。法定代理人最基本的特征在于其代理权的取得是根据法律的直接规定。

法定诉讼代理人的被代理人，只限于无民事行为能力人或限制民事行为能力人。因此，法定诉讼代理人的范围，一般与无民事行为能力人或限制民事行为能力人的监护人一致。

2. 法定诉讼代理人的诉讼地位

法定诉讼代理是一种全权代理，这决定了法定诉讼代理人在代理权限和诉讼地位上，与委托诉讼代理人有很大不同。法定诉讼代理人可以按照自己的意志代理被代理人实施所有诉讼行为，如起诉、应诉、放弃或变更诉讼请求等。同时，法定诉讼代理人也应履行当事人所应承担的一切诉讼义务。法定代理人无须被代理人的授权即可自由处分诉讼权利和实体权利。但是，法定诉讼代理人毕竟不是被代理人本人，在某些情况下也会出现法定诉讼代理人损害被代理人利益的情况。为防止被代理人的权益受到损害，法院应对法定诉讼代理人的行为进行必要的监督。

尽管法定诉讼代理是全权代理，法定诉讼代理人具有类似当事人的诉讼权利，但是其与当事人仍然存在一些区别：（1）法定诉讼代理人只能以当事人的名义起诉或应诉；（2）裁判所针对的是当事人，而不是法定诉讼代理人；（3）在诉讼中，如果法定诉讼代理人死亡，法院可以另行指定监护人作为法定诉讼代理人继续诉讼，而不必终结诉讼。

3. 法定诉讼代理权的取得和消灭

法定诉讼代理权产生的基础是实体法上的监护权，没有实体法上的监护权，也就没有诉讼中的法定诉讼代理权。实体法上的监护权，是先于被代理人的纠纷存在的，因此，法定诉讼代理权也是先于被代理人的纠纷存在的。

法定诉讼代理权的有无，对诉讼行为是否有效有决定性影响，因此在诉讼中，法院应对法定诉讼代理人的身份进行调查、核实，必要时还应要求法定诉讼代理人进行证明。

法定诉讼代理权消灭的原因在于监护权的消灭，具体情况主要有以下几种：

(1) 无诉讼行为能力的被代理人取得或恢复了诉讼行为能力;(2) 法定诉讼代理人本人丧失了诉讼行为能力;(3) 因收养或婚姻关系被解除,而导致法定诉讼代理权消灭;(4) 法定诉讼代理人或被代理人死亡;(5) 诉讼结束。在诉讼过程中,如果法定诉讼代理人的监护权消灭,应当及时将法定诉讼代理权消灭的事实告知法院,并退出诉讼。

(三) 委托诉讼代理人

1. 委托诉讼代理人概述

委托诉讼代理人,是指根据当事人或法定代理人的委托,代为进行诉讼活动的人。委托诉讼代理人具有以下特点:(1) 诉讼代理权的发生是基于当事人或法定代理人的委托;(2) 诉讼代理的权限范围和代理事项由被代理人决定;(3) 委托诉讼代理人必须是具有诉讼行为能力的人。

2. 委托诉讼代理人的范围和人数

为维护被代理人的合法权益和保证诉讼顺利进行,民事诉讼法对委托诉讼代理人的范围予以了限制。委托诉讼代理人包括律师、当事人的近亲属、社会团体和当事人所在单位推荐的人,以及经法院许可的其他公民。根据《民诉意见》第68条的规定,无民事行为能力人、限制民事行为能力人或者可能损害被代理人利益的人以及法院认为不宜作诉讼代理人的人,不能作为委托诉讼代理人。

此外,当事人、法定代理人可以委托1～2人作为委托诉讼代理人。如果当事人委托两人作为诉讼代理人,应在授权委托书中载明各自的代理事项和代理权限。

3. 委托诉讼代理人的权限

委托诉讼代理人的代理权限,来源于当事人或法定代理人的委托,因此委托诉讼代理人只能在被代理人授权的范围内实施诉讼行为。只有在被代理人授权范围内实施诉讼代理行为,其行为的法律后果才能由被代理人承担。

当事人在诉讼中的权利,可以分为两类:一类是实体权利或与实体权利密切相关的诉讼权利,如代为承认、放弃、变更诉讼请求;另一类是纯粹的诉讼权利或与实体权利关系不密切的诉讼权利,如申请回避。对于前一类权利,由于与当事人的利益关系密切,因此民事诉讼法规定,对这类权利,需要被代理人特别授权。所谓特别授权,是指被代理人对涉及自己的实体权利的处分事项,专门、明确地授予委托诉讼代理人特定权限。在委托诉讼代理实务中,有的委托书只笼统地写上"代理诉讼"、"特别代理"、"全权代理",这都是不正确的。对此,《民事诉讼法意见》第69条专门规定,授权委托书仅写"全权代理"而无具体授权的,委托诉讼代理人无权代为承认、放弃、变更诉讼请求,进行和解,提起反诉或者上诉。正确的授权方法是明确地写明授予何种涉及实体权利的处分权限。对于后一类权利,由于不涉及被代理人实体权利的处分权限,因此无须被代理人的特别授权。

委托诉讼代理人在接受当事人委托后,能否再委托他人代为进行诉讼?民事诉讼法没有规定。但鉴于委托诉讼代理关系是建立在委托诉讼代理人与被代理人相互信任的基础上的，具有严格的人身性质，因此，在未经被代理人同意的情况下，不能再委托诉讼代理人，即不能转委托。

当事人委托诉讼代理人代为进行诉讼后，并没有剥夺当事人的诉讼行为能力，当事人仍然可以直接实施诉讼行为，并且当事人的诉讼行为与委托诉讼代理人的诉讼行为不一致时，一般应以当事人的诉讼行为为准。

一般情况下，民事案件的当事人委托诉讼代理人代为出庭诉讼的，本人可以不出庭，但离婚案件除外。因为离婚案件的核心问题是确认双方是否已经具备解除婚姻关系的条件，因此双方当事人都必须出庭，以便法院正确判断，也便于法院进行调解。离婚案件有诉讼代理人的，本人除不能表达意志的以外，仍应出庭；确因特殊情况无法出庭的，必须向人民法院提交书面意见。

4. 委托诉讼代理权的取得、变更和消灭

由于委托诉讼代理人的诉讼代理权来源于被代理人的委托授权，因此委托诉讼代理人要取得代理权、代为进行诉讼，必须向人民法院提交由委托人签名或者盖章的授权委托书。因为授权委托书是委托诉讼代理人取得诉讼代理权的唯一书面凭证，所以应保证授权委托书的真实性。侨居在国外的中华人民共和国公民从国外寄交或者托交的授权委托书，应当经所在国公证机关证明，并经中华人民共和国驻该国的使领馆认证；没有使领馆的，由与中华人民共和国有外交关系的第三国驻该国的使领馆证明，再转由中华人民共和国驻该第三国使领馆证明，或者由当地的爱国华侨团体证明。

在诉讼过程中，被代理人可以变更代理权限，包括更换委托诉讼代理人，扩大和缩小授权范围。由于诉讼代理权的变更，关系着诉讼行为的效力和对方当事人的利益，因此被代理人变更诉讼代理权限的，应及时书面告知法院，并由法院通知对方当事人或法定代理人。

委托诉讼代理权，可因下列原因消灭：(1) 诉讼终结；(2) 诉讼代理人辞去委托或被代理人解除委托；(3) 诉讼代理人死亡或作为被代理人的法人解散。委托诉讼代理权解除时，当事人应当书面告知法院，并由法院通知对方当事人。

【案例评析】

案例 1

(一) 案情简介

1992 年 10 月 27 日晚 10 时左右，四川希旅公司驾驶员胡某驾驶本单位小货车，从成都返回眉山，行至新津县邓双乡境内时，因超速行驶、违反规定绕行，将正在该处横穿公路的叶某撞伤，后叶某经医治无效死亡。经新津县交警队认定，车方希旅公司应负主要事故责任，死者叶某负次要责任。车方并先支付了丧葬费 800 元和住院费 320 元。叶之妻黄甲从小患小儿麻痹症、痴呆症等残疾，长期丧失劳动能力，且在叶死亡时，黄甲已怀孕 8 个月，并于当年 12 月生一女婴，取名黄乙。在新津县交警队主持的调解中，车方同意支付死者抢救期间医疗费、误工费、护理费、交通费和丧葬费、死亡补偿费以及黄甲的生活费，但对黄乙却以其是死者死亡后出生，不是叶某的生前扶养人为由，拒绝支付黄乙生活费。双方发生争议，调解未成。黄甲、黄乙于 1993 年 3 月 17 日向四川省新津县人民法院提起诉讼，要求被告希旅公司赔偿原告经济损失共计 29 443.60 元（其中，医疗费、误工费、护理费、死亡补偿费等 8 323.60 元；黄甲生活费每月 40 元，20 年共计 9 600 元；黄乙生活费每月 60 元，16 年共计 11 520 元）中 95%的份额。被告希旅公司仍坚持原来的意见。

四川省新津县人民法院经审理认为：被告希旅公司驾驶员在执行职务中违反规定行驶，将横穿公路的叶某撞伤致死，希旅公司对造成的损失应负赔偿责任。黄甲长期丧失劳动能力，是叶某生前扶养的人，有权利请求致害人希旅公司赔偿其必要的生活费用；黄乙是叶某的亲生女儿，应视为叶某生前抚养的人，也有权利要求被告承担其抚养费用。因此，黄甲、黄乙的诉讼请求正当、合法，应予支持。但鉴于叶某对事故发生有一定过错，可以适当减轻希旅公司的赔偿责任。法院判决：希旅公司一次性赔偿黄甲、黄乙经济损失 23 600 元（扣除已付丧葬费 800 元和住院费 320 元，还应付 22 480 元）。

判决后，希旅公司不服，以原判决责任不明、赔偿黄乙应得生活费超过了法律规定的赔偿范围为理由，上诉于四川省成都市中级人民法院。二审法院驳回上诉，维持原判。

（二）基本问题

本案客观事实简单、清楚，当事人双方对事故的责任分担也无异议。只是因为事故发生时，黄乙尚是胎儿，其是否有权利从肇事方取得生活费是本案争议的焦点。

（三）知识内容

1. 叶某死亡时，黄乙尚是胎儿，是否可成为诉讼主体

我国《民法通则》第 9 条规定："公民从出生时起到死亡时止，具有民事权利能力，按照法律规定享有民事权利，承担民事义务。"可见，胎儿一旦脱离母体并成活，即具有民事权利能力，是合法的民事主体。而要判断一个人是否具有民事诉讼权利能力，应当以诉讼时当事人的状况为准，不能以引起诉讼发生的事件发生的时间为准。本案黄乙在起诉时已出生 3 个月，因此，有权利能力为维护自己的权益提起诉讼，可以成为诉讼的主体。

2. 黄乙是否具有请求希旅公司赔偿的实体权利

《民法通则》第 119 条规定："侵害公民身体造成伤害的，应当赔偿医疗费、因误工减少的收入、残废者生活补助费等费用；造成死亡的，并应当支付丧葬费、死

者生前扶养的人必要的生活费等费用。”叶某因事故死亡时，黄乙尚在母腹，是否应被视为叶某生前扶养的人呢？我们认为，作为黄乙生身父亲的叶某，如其不死，扶养黄乙将既是其本人的愿望，也是我国婚姻法规定的将必然承担的义务，他们之间的扶养与被扶养的关系并不因黄乙出生得早或晚而发生实质性变化，因此，黄乙应被视为叶某生前扶养的人。本案中，黄乙因被告希旅公司的不法行为丧失了在正常情况下父亲叶某将必然提供的生活费用，故有权利请求希旅公司赔偿，是本案适格的原告。

案例 2①

（一）案情简介

王某与铜梁县某建材厂于 2000 年 6 月 1 日签订承包经营合同，双方约定：（1）王某承包铜梁县某建材厂 2 年。（2）王某每年向铜梁县某建材厂交纳承包金 5 万元。（3）承包经营期间某建材厂发生的债权、债务由王某承担。此外，承包经营开始前某建材厂拖欠的电费及罚款由王某向电力公司缴纳，该笔款项从王某支付的承包金中扣除。

王某在承包经营期间共欠电力公司电费 25 703.98 元。2003 年 1 月 29 日王某与铜梁县某建材厂另外达成协议：王某承包经营铜梁县某建材厂应履行的义务已按合同规定分批全部兑现。并且在支付以前所欠电费时，王某超交20 921.74元。同时王某在经营中增加机器设备和大修厂房，垫支 4 782.18 元（视为超交），合计超交25 703.92元，应由某建材厂业主颜某付给王某。具体付款办法是：王某在生产过程中所欠电费 25 703.98 元（含滞纳金），由颜某付给电力公司。从 2003 年起，王某不再对承包经营期间拖欠的电费承担任何经济责任。但是，该笔电费经电力公司多次催收未果。重庆某电力公司分别于 2003 年 5 月 3 日、6 月 19 日向铜梁县人民法院起诉，请求法院判决铜梁县某建材厂、王某支付所欠电费25 703.98元及因此而产生的滞纳金，并承担连带责任。

铜梁县人民法院经审理认为：铜梁县某建材厂欠电力公司的电费 25 703.98 元未付属实。铜梁县某建材厂作为用电主体负有给付电费的义务，应承担民事责任。王某系铜梁县某建材厂的承包人，该电费系其在承包期间内发生的，铜梁县某建材厂现实际上已停产倒闭，无财产清偿其债务。并且承包经营合同亦约定，承包期间的债权、债务由王某自行承担，故王某对电费亦负有偿付义务。铜梁县人民法院判决：铜梁县某建材厂、王某于判决生效后 10 日内共同偿付某电力公司电费25 703.98元。

王某不服判决，向检察机关提出申诉。重庆市铜梁县人民检察院审查后提请重庆市人民检察院第一分院向重庆市第一中级人民法院抗诉。重庆市人民检察院第一分院经审查认为，重庆市铜梁县人民法院作出民事判决将王某列为适格被告并判决

① 参见夏阳主编：《民事抗诉案例精选》，185 页，北京，法律出版社，2009。

承担电费偿付义务确有错误。遂以上述理由向重庆市第一中级人民法院提出抗诉。重庆市第一中级人民法院受理抗诉后，裁定指令铜梁县人民法院另行组成合议庭进行再审。

2004年5月28日，铜梁县人民法院作出再审民事调解书认为：再审时，铜梁县某建材厂已倒闭，且无财产清偿债务，已不具备被告主体资格，故将再审被告变更为其业主颜某。王某承包经营铜梁县某建材厂期间所欠电费，实际上已给付铜梁县某建材厂，是某建材厂未交付电力公司。王某、颜某、某电力公司自愿达成如下协议：颜某于2004年9月底前给付某电力公司电费25 703.98元，王某对此不承担责任。

（二）基本问题

本案争议的焦点在于诉讼中应该以何者为当事人以进行案件的审理，即适格当事人的确定问题。

（三）知识内容

本案的基本事实是，铜梁县某建材厂在王某承包期间共欠电力公司电费25 703.98元。虽然电力公司以铜梁县某建材厂和王某为被告提起诉讼，但是铜梁县某建材厂和王某只能构成形式上的当事人，而究竟能否成为本案的适格当事人只能由法院依职权审查后加以确定。本案中，王某并没有根据法律的规定或当事人的意思而取得进行诉讼的管理权和处分权，因此，本案的适格当事人只能是作为本案诉讼标的的债权债务关系的主体——电力公司和铜梁县某建材厂，王某不具有成为本案适格当事人的资格，因此，不能被列为被告。

那么，如何确定王某的诉讼地位呢？最高人民法院《全国经济审判工作座谈会纪要》第6条第1款第3项规定："发生诉讼时，原承包合同已经期满或被依法解除，原承包人没有按承包合同约定交付承包金或者按照承包合同的约定，承包人对其承包期间的债务应当承担责任的，可以企业为被告，企业要求按照承包合同的约定由承包人承担责任的，可将原承包人列为第三人参加诉讼。由企业向对方当事人承担责任，由承包人按照承包合同向企业承担责任。"由此可见，本案应将铜梁县某建材厂原承包人王某作为无独立请求权第三人参加诉讼。值得一提的是，虽然王某在承包铜梁县某建材厂时所达成的协议中约定其对承包期间的债权、债务负责，但是该协议仅仅构成内部约定，并不能成为法院确定适格当事人的依据。

至于颜某的诉讼地位，由于其是铜梁县某建材厂的业主，在该厂这样具有确定代表人或管理人的非法人团体作为当事人的诉讼中，颜某应该代表该厂进行诉讼，即以铜梁县某建材厂的名义但基于自己的意思来实施行为，其与铜梁县某建材厂之间的关系类似于法定代理。而在铜梁县某建材厂倒闭的情况下，再审法庭将颜某列为被告是正确的。

案例3[①]

（一）案情简介

中国银行甘肃省分行与甘肃新科工贸有限责任公司（以下简称新科公司）签订了一份借款合同，兰州岷山制药厂（以下简称制药厂）为新科公司提供了保证。1996年2月，因新科公司到期未能偿还借款，中国银行甘肃省分行即从保证人制药厂账户中划走借款本息共计33万余元。1996年4月15日，制药厂与新科公司就该笔扣款达成借款合同和还款计划。新科公司履行了部分还款义务，仍欠制药厂27万余元。1999年3月10日，制药厂向兰州市中级人民法院提起诉讼，要求新科公司偿还借款，并赔偿经济损失。兰州市中级人民法院于1999年4月7日立案受理了本案，新科公司作为被告参加了诉讼，其公章也在使用。1999年6月11日一审开庭时，新科公司出庭应诉，举证其于1999年6月8日收到吊销营业执照的处罚决定书，并表示其不申请复议。之后，制药厂请求追加新科公司的股东为被告，请求法院对新科公司组织清算。1999年6月29日，兰州市中级人民法院以新科公司被吊销营业执照、本案无明确被告为由，裁定驳回制药厂的起诉。制药厂不服，上诉至甘肃省高级人民法院。

（二）基本问题

本案涉及的焦点问题是新科公司在诉讼中被吊销营业执照，是否具有当事人能力。

（三）知识内容

本案涉及的是法人被吊销营业执照后是否仍具有当事人能力的问题。法人的营业执照是工商行政管理部门签发的公司注册登记的法定证书，法人自成立时起取得法人资格，而法人的成立以取得营业执照为其标志。法人的营业执照是法人合法存在的身份证明，是诉讼活动中证明其主体资格和当事人身份的主要证据。法人是否具有法人资格的直接表现形式就是是否拥有合法的营业执照。

但是，吊销企业法人营业执照的法律后果如何，其取消的究竟是企业的营业资格，还是连同其法人资格一并取消？最高人民法院一直认为工商行政管理机关发放、收缴“企业法人营业执照”的行为，不具有绝对的确立或消灭企业法人资格的效力。最高人民法院曾连续下发法经［2000］23号函和法经［2000］24号函，强调企业法人被吊销营业执照后至被注销登记前，该企业法人仍应被视为存续，可以自己的名义进行诉讼活动。其中23号函针对的就是最高人民法院对于甘肃省高级人民法院对本案请示的答复：“吊销企业法人营业执照，是工商行政管理局对实施违法行为的企业法人给予的一种行政处罚。根据《中华人民共和国民法通则》第四十条、第四十

① 参见江伟、李浩主编：《民事诉讼法配套教学案例分析》，61页，北京，高等教育出版社，2009。

六条和《中华人民共和国企业法人登记管理条例》第三十三条的规定，企业法人营业执照被吊销后，应当由其开办单位（包括股东）或者企业组织清算组依法进行清算，停止清算范围外的活动。清算期间，企业民事诉讼主体资格依然存在。本案中人民法院不应以甘肃新科工贸有限责任公司（以下简称新科公司）被吊销企业法人营业执照，丧失民事诉讼主体资格为由，裁定驳回起诉。本案债务人新科公司在诉讼中被吊销企业法人营业执照后，至今未组织清算组依法进行清算，因此，债权人兰州岷山制药厂以新科公司为被告，后又要求追加该公司全体股东为被告，应当准许，追加该公司的股东为共同被告参加诉讼，承担清算责任。”

吊销营业执照的目的在于停止公司的营业，不允许其继续新的经营活动。吊销营业执照导致公司被强制解散，公司解散后残留的债权、债务和公司剩余财产必须进行清算，而要进行清算，公司的法人资格就是必要的主体条件，因此，吊销营业执照的后果应只是取消公司的营业资格，而不应同时将其法人资格一并取消，法人资格的取消必须以公司清算完结并办理注销登记为条件。而且，法院作为裁判机关，也有权在案件审理中对当事人的主体资格作出自己的认定，即便是行政机关已经作出认定或决定的，也要接受法院的司法审查。因此，最高人民法院的意见值得赞同，即公司被吊销法人营业执照后，至清算程序结束并办理工商注销登记前，公司的法人资格保留，仍旧具有当事人能力。

案例 4[①]

（一）案情简介

1997 年 9 月 22 日，成某因要陪护住院的父亲，在临行前将自己所有的天虹—90B 型摩托车交给崔某保管。第二天，崔某和女友在使用该车时发现后胎没气，就送至雷某的修理摊前要求补后胎。崔某在停车时关掉了电门，但没有拔掉车钥匙，之后他与女友到附近闲逛了几分钟后回到修理摊前时，雷某告知二人车胎没有漏气，二人又离开、闲逛，等待雷某将车胎装好。当雷某将车胎装好后，一个穿红色上衣的青年人拿着气筒上前给车胎打气，雷某即询问其身份，回答说是崔某的朋友，是崔让来推车的，修理费过一会儿由崔某来付。之后，该青年将车骑走。崔某和女友回来后发现车已被红衣青年骗走，遂打“110”报警，但未能追回车子。9 月 24 日，崔某和雷某就此事达成了赔偿协议，约定由雷某于 9 月 29 日前将 6 000 元赔偿费交给崔某。因雷某没有按照协议履行义务，崔某遂诉至法院，要求雷某赔偿同型号摩托车一辆或折价赔偿。诉讼开始后，成某作为第三人参加诉讼。

（二）基本问题

本案中，成某作为摩托车的主人，他参加诉讼的方式是什么？他在诉讼中的地位如何？

---

① 参见汤维建主编：《民事诉讼法案例分析》，121 页，北京，中国人民大学出版社，2002。

（三）知识内容

本案涉及有独立请求权的第三人参加诉讼的问题。有独立请求权的第三人，是指对原、被告之间的诉讼标的主张独立的请求权，而参加到原、被告正在进行的诉讼中的人。有独立请求权的第三人是相对于无独立请求权的第三人而言，两者的关键区别在于对本诉原、被告争议的诉讼标的是否具有独立的请求权。所谓独立的请求权是指第三人对本诉的诉讼标的提出实体权利主张，请求法院将原、被告争执的民事权益，判决归自己所有。第三人主张独立的请求权有两种情形：一种是主张全部的实体权利，另一种是仅主张部分实体权利。提出独立的请求是程序性质的要件，与提出者是否真正享有所主张的实体权利无关，因此，只要案外人对本诉的诉讼标的提出了独立的诉讼请求，就满足了作为有独立请求权第三人的条件，法院既无须审查请求权能否成立，也不得以第三人不享有所主张的权利为由拒绝其参加诉讼。

从参加的方式来看，有独立请求权的第三人不是由本诉当事人申请而参加诉讼的，也不是由法院依职权通知进行诉讼的，而是由其自己以起诉方式参加诉讼的。正因此，有独立请求权的第三人在其提起的参加之诉中，其地位相当于原告，具有原告的诉讼权利和义务，而本诉的原告和被告均构成其参加之诉的被告。

本案中，成某作为摩托车的主人对崔某和雷某之间的争议标的具有独立的请求权，因为无论是原告崔某胜诉还是被告雷某胜诉，都侵犯了他的权利。所以，为了维护自己的合法权利，成某可以以起诉的方式参加到崔某和雷某已经进行的诉讼中，并分别将崔某和雷某列为其提起的参加之诉的被告，便于法院将本诉和参加之诉一并审理、一并裁决。

案例5①

（一）案情简介

2007年7月12日上午，司机小陈驾驶货车为某货运公司送货。车辆在某公路由北向西右转弯时，前轮与骑车的沈某的左脚趾相碰撞，致使沈某左脚第5趾中节骨折。交警支队认定司机小陈负事故全责。为此，沈某诉至上海市松江区人民法院，要求司机和他所在公司赔偿护理费、误工费、营养费等近万元。

在审理中，被告某货运公司申请法院依法追加某保险公司作为第三人参加诉讼。庭审中，两被告辩称，对事故认定书以及司法鉴定书没有异议，对原告诉请的金额不予认可。作为第三人的某保险公司辩称，因被告小陈未根据法律规定每年进行身体检查，属于未取得驾驶资格，故仅愿意在交强险限额内负责垫付。

经过审理，法院对于原告可获赔的项目和金额，依法予以确认为1 787元。关于赔偿主体和赔偿方式，因被告小陈在履行职务过程中发生本起事故，故相应的民事赔偿责任由被告某货运公司承担。而机动车发生交通事故造成人身伤亡、财产损

① 参见江伟、李浩主编：《民事诉讼法配套教学案例分析》，81页，北京，高等教育出版社，2009。

失的，由保险公司在机动车交强险责任限额范围内予以赔偿。审理中，第三人某保险公司认为被告小陈属于未依法取得驾驶资格，故仅同意垫付，但事故认定书对其驾驶资质并未提出异议，且被告在庭审中也提供了身体条件证明，故第三人某保险公司理应偿付。因此，上海市松江区人民法院判决第三人某保险公司支付沈某医疗费、营养费等相关费用共 1 787 元。

（二）基本问题

本案的责任事故是由司机小陈在履行其职务过程中造成的，所以应由其所在公司承担民事责任。那么，本案中保险公司在诉讼中的地位是什么？

（三）知识内容

本案涉及无独立请求权第三人参加诉讼的问题。无独立请求权第三人，是指对当事人双方的诉讼标的虽然没有独立请求权，但是案件的处理结果与其有法律上的利害关系，因而参加到正在进行的诉讼中的人。无独立请求权第三人制度的设立，一是为了节约司法资源，实现诉讼经济；二是为了减少矛盾裁判，维护司法权威。

无独立请求权第三人参加诉讼的方式有两种：一种是由第三人申请参加，这是第三人维护自身权益而主动提出的；另一种是法院通知第三人参加。在第二种情形下的诉讼参加之所以由法院通知而不是当事人主动申请，主要原因在于：在有些情况下，第三人参加诉讼的结果往往使自己对本诉的一方当事人（被告）承担责任或者直接向原告承担责任，所以第三人通常不愿意主动申请参加这类诉讼。而为了纠纷的一并解决，防止矛盾裁决，由法院通知第三人参加诉讼便成为必要。

尽管我国立法对无独立请求权的第三人制度有较为明确的规定，但在理论和实践中，人们对无独立请求权第三人制度提出了诸多的质疑。无独立请求权第三人在诉讼中可能出现权利真空状态，即没有当事人的权利，但却可能承担当事人的义务。如我国《民事诉讼法》第 56 条第 2 款规定，“人民法院判决承担民事责任的第三人有当事人的诉讼权利义务”。根据该条款的规定，第三人从诉讼开始到第一审结束都不享有当事人的权利和义务，只有在被判决承担民事责任时才享有当事人的诉讼权利和义务。这在逻辑上显然是不通的。对此问题，最高人民法院的司法解释进行了一定程度的修正，规定“在诉讼中，无独立请求权的第三人有当事人的诉讼权利义务，判决承担民事责任的无独立请求权的第三人有权提起上诉。但该第三人在一审中无权对案件的管辖权提出异议，无权放弃、变更诉讼请求或者申请撤诉”。从该司法解释来看，修正的幅度是有限的，第三人的诉讼权利仍未得到充分确认和展示。

针对这一状况，学界很多人提出对无独立请求权的第三人进行分类规范，如将其分为辅助型第三人和被告型第三人。所谓辅助型第三人，是指与案件处理结果有法律上的利害关系而参加诉讼的人。在辅助型第三人中，第三人参加一方进行诉讼，其地位不是主当事人，而是从参加人，是辅助被参加的主当事人进行诉讼的人。所谓被告型第三人，是指因自己与本案被告存在权利义务关系而可能需要间接地向原告承担责任，最终可能会对本诉原告承担责任而参加诉讼的人。这类第三人的存在，是由于我国民事诉讼法允许法院直接判决第三人承担民事责任。可以认为，这是无独立请求权第三人的一种新类型。将来我国民事诉讼法的修订应当在这一点上有所突破。

就本案而言，法院通知保险公司作为第三人参加诉讼是完全正确的，它在诉讼中的地位是无独立请求权的第三人，因为本案原告和被告之间的诉讼结果与其有法律上的利害关系，一旦法院判决被告败诉、承担赔偿责任，作为被告机动车保险人的保险公司自然要在机动车交强险责任限额范围内予以赔偿，如果保险公司不参加诉讼，则它就无法提出有利于减轻其赔付责任的事实和依据，因此可能产生对其不利的后果。同时为了避免纠纷的扩大，通知保险公司作为第三人参加诉讼并直接判令其承担责任是完全合法和正当的。

案例 6

（一）案情简介

1999 年 8 月 21 日，何某与重庆市某煤矿（以下简称某煤矿）签订承包合同，合同约定：甲方某煤矿将矿井三水平北面采工实行采煤生产系统租赁承包方式交乙方何某自主经营，自负盈亏。甲方将 240 名职工交归乙方管理、使用。合同签订后，彭某即到何某处上班，何某按月支付其工资。彭某 1999 年 12 月 1 日提出停薪留职书面申请，经何某同意，彭某办理了停薪留职手续。之后，彭某未再回到该矿上班。2001 年 5 月 6 日，何某因故未给在职职工发工资，经职工多次找何某要求解决拖欠工资问题未果，部分职工遂于 2001 年 7 月 2 日委托李某、张某全权代理向重庆市沙坪坝区人民法院提起诉讼，要求何某、某煤矿支付 2001 年 5 月至 6 月的工资。而彭某并非在职职工，何某亦并不欠彭某劳动报酬，也被李某、张某列为原告向法院提起诉讼。2011 年 11 月 30 日，法院作出判决，判令被告向原告支付拖欠的工资款。

何某不服一审判决，向检察机关提出申诉。重庆市人民检察院第一分院审查后，于 2003 年 11 月 10 日向重庆市第一中级人民法院提出抗诉。重庆市第一中级人民法院指令重庆市沙坪坝区人民法院再审。该院再审后认为：在原审案件审理中，虽然有人以彭某的名义向本院提起诉讼并递交了授权委托书，但由于该民事起诉状及授权委托书上彭某的签名系他人假冒彭某名义所签，不是彭某本人的真实意思表示，不符合法律规定的起诉条件，应予驳回。原审判决因当事人不适格、事实认定错误而应予以撤销。故裁定如下：（1）撤销原民事判决；（2）驳回他人假冒彭某的名义提起的诉讼。

（二）基本问题

人数众多的共同诉讼中当事人的查证问题和民事诉讼中公民代理的问题。

（三）知识内容

1. 人数众多的共同诉讼中当事人的查证问题

本案本来是涉及一百多名职工的共同诉讼，彭某的“诉讼”只是其中之一，其是一种诉讼标的是同一种类的诉讼。但本案每一个诉讼的诉讼标的是不一样的。因此，查明每个参加诉讼的当事人的意愿和诉讼标的尤其重要。但本案的诉讼代理人没有一一核对本案的每一个当事人，而是将委托书交给其中一些矿工自己找人签名，结果出现了本案这样的情况，即彭某没有要求起诉，而代理人却用其他人代彭某签字的委托书以彭某的名义起诉。在原审法院审理中，由于诉讼一方当事人众多，法院也没有仔细核对参加诉讼的当事人及诉讼事实，就只针对集团诉争的总额进行审理，而忽略了对参加诉讼的每个诉讼当事人的审查。案件的被告在审理时也未注意，没有提出异议。最终导致判决错误。法院应当并且可以在庭审前在诉讼代理人或代表人的协助下对每一个诉讼当事人逐一核对其身份和诉讼请求，以避免错误判决的发生。

2. 民事诉讼中公民代理的问题

本案中，彭某的诉讼代理人是一位公民，其法律知识和水平不高，程序意识淡薄，出现本案中的错误不足为怪。本案反映出我国司法实践中对公民代理参加诉讼的管理存在缺陷，就是疏于对公民代理参加诉讼的要求和管理。

案例 7①

（一）案情简介

1992 年 4 月 6 日，浙江省绍兴县人民政府批复绍兴县物资局，同意该局设立物资总公司的要求，性质为全民所有制企业单位。1992 年 5 月 7 日，物资总公司向绍兴县工商局申请注册登记，并领取企业法人营业执照。6 月 8 日，金桥公司经浙江省工商局核准登记注册。由于金桥公司在筹建期间未设立账户，由物资总公司代收股东出资款。物资总公司在收取股东的出资款后，未以货币资金形式划入金桥公司。1999 年 11 月，金桥公司的内部审计报告载明：在各投资方以货币资金打入物资总公司账户的情况下，1993 年 9 月从物资总公司转入的却是余额共计 4 000.44 万元的应收款。转入的 4 000.44 万元应收款中，用往来款、违规投资（包含不良投资）共占用其他股东的资金 2 276.10 万元。2002 年 10 月 26 日，物资总公司被绍兴县工商局吊销营业执照。2003 年 10 月 29 日，沈某等 169 个金桥公司的股东作为原告，共同推选原告中的沈某、杨某、姒某、鲁某 4 人为诉讼代表人，向浙江省绍兴市中级人民法院起诉被告物资总公司资产清算小组、绍兴县人民政府及第三人金桥公司股东不履行对公司义务，要求物资总公司资产清算小组立即将其占用原告等股东的股本金 2 276.10 万元支付给金桥公司；绍兴县人民政府对物资总公司资产清算小组的上述还款义务在物资总公司资产清算小组注册资金不实的范围内承担连带赔偿责任。

（二）基本问题

1. 原告推选代表人进行诉讼在程序上是否合法？

① 参见汤维建主编：《民事诉讼法案例分析》，2 版，126 页，北京，中国人民大学出版社，2006。

2. 作为诉讼代表人的沈某等有哪些诉讼权利?

(三) 知识内容

本案中，共有沈某等169个金桥公司的股东作为原告。在诉讼当事人一方或双方基于法律或事实上的牵连关系而且人数众多的情况下，由于这种诉讼群体并不构成一个固定的组织，无法将其作为法人或非法人团体来对待；又由于诉讼空间无法容纳这样众多的诉讼主体，为了一并解决众多当事人与另一方当事人之间的民事争议，达到诉讼经济的目的，很多国家都建立了群体性纠纷解决制度。

我国总结本国法院处理群体性纠纷案件的经验，并借鉴吸收美国集团诉讼和日本选定代表人制度的立法经验，确定了我国群体性诉讼制度，即代表人诉讼制度。我国《民事诉讼法》第54条规定，“当事人一方人数众多的共同诉讼，可以由当事人推选代表人进行诉讼。”根据立法和司法解释，代表人诉讼的要件有：当事人人数众多（10人或10人以上）；众多当事人一方诉讼标的相同或属于同一种类；诉讼请求或抗辩方法相同；诉讼代表人必须是其所代表的一方当事人中的一员，且具有相应的诉讼行为能力，能够维护被代表的全体成员的合格权益。本案中原告人数达到10人以上，诉讼标的相同，推选的诉讼代表人沈某、杨某、姒某、鲁某4人是原告方的成员，具有相应的诉讼行为能力。所以，原告推选代表人进行诉讼在程序上合法。

我国《民事诉讼法》规定诉讼代表人的诉讼行为对其所代表的当事人发生效力，同时《民事诉讼法》第55条第3款规定，诉讼代表人变更、放弃诉讼请求或承认对方当事人的诉讼请求，进行和解，必须经被代表的当事人的同意。一般来说，为了保证诉讼程序的顺利进行，应强调赋予诉讼代表人实体的处分权；而为了保障被代表的当事人的民事权益，则又需要限制诉讼代表人的处分权。在我国的民事诉讼中，诉讼代表人既是当事人一方的成员，又是代表人诉讼中多数人一方诉讼行为的具体实施者，其诉讼行为对自己所代表的当事人具有决定性的影响。为了保障群体的利益，我国民事诉讼法规定诉讼代表人的诉讼行为对其所代表的当事人发生效力，同时规定，诉讼代表人变更、放弃诉讼请求或承认对方当事人的诉讼请求，或进行和解，必须经被代表的当事人同意。

【疑难问题】

(一) 实质当事人与形式当事人

在实践中理解当事人的概念的时候，我们应当清楚目前的当事人概念都是将当事人作为正当当事人来定义的，不能完全适应司法实践的要求。因为采用正当当事人的概念，就意味着在起诉之初就必须确定什么人是正当当事人，否则，诉讼无从进行。但是起诉的人或被诉的人是不是正当当事人，必须在诉讼的进行过程中，通过大量的调查研究才能弄清楚，或者必须经过庭审调查才能得知。如果将确定起诉的人或被诉的人是不是正当当事人这一本来由庭审阶段完成的工作挪到起诉阶段来做，那么势必造成民事诉讼的“庭审中心主义”转向“起诉中心主义”。起诉阶段就应当做好起诉阶段的工作，不要越俎代庖。所以有人主张程序当事人的概念，即以自己的名义，就特定的民事争议要求法院行使民事裁判权以保护其民事权利的人及其相对人。我们认为应当这样来看待当事人的问题：在起诉阶段，我们应当采用程序当事人的尺度，对当事人的审查只停留在形式上的、程序上的审查；在起诉之后的阶段，采用传统的正当当事人的尺度，应当进行实质上的、实体上的审查。

（二）特殊情形中当事人的确定

随着我国体制改革的不断深化和社会主义市场经济体制的逐步建立，出现了很多很难确定当事人的情形。在司法实践中，对于以下情形我们应当特别注意：

1. 在存单纠纷案件中，出资人起诉金融机构的，人民法院应通知用资人作为第三人参加诉讼；出资人起诉用资人的，人民法院应通知金融机构作为第三人参加诉讼。公款私存的，人民法院在查明款项的真实所有人基础上，应通知款项的真实所有人为权利人参加诉讼，与存单记载的个人为共同诉讼人；该个人申请退出诉讼的，人民法院可予准许。

2. 双方不服政府对山林纠纷的处理决定而向人民法院起诉，应当以原双方当事人为原、被告，不应当将作出裁决的政府作为被告。

3. 经鉴证的合同发生纠纷，由于当事人违反合同规定而造成的经济损失，应按照合同的规定由有过错的当事人承担。作为鉴证机关的工商行政管理部门不是合同当事人，不宜追加为诉讼第三人。

4. 劳动争议当事人不服劳动争议仲裁委员会的仲裁决定，向人民法院起诉，争议的双方仍然是企业和职工。双方当事人在适用法律上和诉讼地位上是平等的。此类案件不是行政案件，人民法院在审理时，应以争议的双方为诉讼当事人，不应把劳动争议仲裁委员会列为被告或第三人。

5. 经商检局检验出口的商品被退回，当事人以经济合同商品质量纠纷起诉的，人民法院不应将商检局列为被告或者第三人。

6. 任何将自己的姓名、名称、商标或者可资识别的其他标识体现在产品上，表示其为产品制造者的企业或个人，均属于《民法通则》第 122 条规定的“产品制造者”和《产品质量法》规定的“生产者”。产品侵权案件的受害人可以以产品的商标所有人为被告提起民事诉讼。

7. 产业工会社团法人资格的取得是由工会法直接规定的，依法不需要办理法人登记。基层工会只要符合《民法通则》、《工会法》和《中国工会章程》规定的条件，报上一级工会批准成立，即具有社团法人资格。人民法院在审理案件中，应当严格按照法律规定的社团法人条件，审查基层工会社团法人的法律地位。产业工会、具有社团法人资格的基层工会与建立工会的企业法人是各自独立的法人主体。企业或企业工会对外发生的经济纠纷，各自承担民事责任。上级工会对基层工会是否具备法律规定的社团法人的条件审查不严或不实的，应当承担与其过错相应的民事责任。

8. 因新闻报道或其他作品发生的名誉权纠纷，应根据原告的起诉确定被告。只诉新闻出版单位的，列新闻出版单位为被告；对作者和新闻出版单位都提起诉讼的，将作者和新闻出版单位均列为被告，但作者与新闻出版单位为隶属关系，作品系作者履行职务所形成的，只列单位为被告。

（三）自然人诉讼权利能力的扩张

1. 胎儿的诉讼权利能力的扩张

我国《继承法》第 28 条明确规定："遗产分割时，应当保留胎儿的继承份额。胎儿出生时是死体的，保留的份额按照法定继承办理。"也就是说，我国在实体法上明确规定胎儿的继承权，但在程序法上却没有赋予胎儿诉讼权利能力。但是我们不能因此而剥夺胎儿的诉讼权利能力。在司法实践中，如果胎儿的合法利益受到侵害并作为当事人起诉，胎儿的母亲应当作为法定代理人参与诉讼。因为胎儿尚未出生，无姓名、性别等，所以在诉状中应当记载为"×××的胎儿"。胎儿所有的诉讼权利和诉讼义务都由其母亲代为行使和承担。

2. 死者的诉讼权利能力的扩张

我国《著作权法》第 20 条规定："作者的署名权、修改权、保护作品完整权的保护期不受限制。"《著作权法实施条例》第 15 条第 1 款进一步规定："作者死亡后，其著作权中的署名权、修改权和保护作品完整权由作者的继承人或者受遗赠人保护。"这可以理解为死者的诉讼权利能力向继承人或者受遗赠人扩张。

关于死者的名誉权，在司法实践中仍然是给予保护的。比如最高人民法院在"荷花女案"和"海灯法师案"中明确批复死者的名誉权应当受到保护，死者的近亲属可以提起诉讼。最高人民法院在《关于审理名誉权案件若干问题的解答》中指出：死者名誉受到损害的，其近亲属有权向人民法院起诉。近亲属包括：配偶、父母、子女、兄弟姐妹、祖父母、外祖父母、孙子女、外孙子女。在《关于确定民事侵权精神损害赔偿责任若干问题的解释》中又指出，自然人因侵权行为致死，或者自然人死亡后其人格或者遗体遭受侵害，死者的配偶、父母和子女向人民法院起诉请求赔偿精神损害的，列其配偶、父母和子女为原告；没有配偶、父母和子女的，可以由其他近亲属提起诉讼，列其他近亲属为原告。

（四）共同危险行为所引起的必要共同诉讼

共同危险行为是指二人及二人以上共同实施有侵害他人权利的危险的行为，对所造成的损害后果不能判明谁是加害人的情况，亦称准共同侵权行为。例如，数人均有加害行为而致损害：如果这一损害的发生是由于全体行为人的行为所致，则这是共同侵权行为；如果这一损害的发生是由其中一人或一部分人的行为所致，而且已经判明谁是加害人，则这是一般的侵权行为或者共同侵权行为，已经判明与损害没有因果关系的行为人不负侵权责任；如果损害事实已经发生，并可以判明损害确系数人的危险行为所致，但不能判明确为何人所致，则这就是共同危险行为。

在司法实践中，一般将共同危险行为视作共同侵权行为的一种特殊形态，其构成要件有以下几个：

1. 数人行为。共同危险行为的行为主体必须是 2 人或 2 人以上，这是共同危险行为成立的基本条件之一。

2. 行为具有危险性质。这是指共同危险行为所威胁或将要损害或正在损害或已经损害的客体是受民法所保护的他人的民事权益。

3. 加害人的不可确定性。共同危险行为实质上只是行为人中的一个或一部分是加害者，不是每个人的行为都对损害结果的发生具有因果关系。为了保护受害人的合法利益，考虑到加害人的疏于注意义务的过失，法律便将全部共同危险行为人的行为视为一个整体，不要求受害人对确切加害人进行判别。

4. 共同过失。共同危险行为人都没有致人损害的故意，但各行为人都有过失，即疏于注意义务的过失。不仅要求各行为人都有过失，而且要求各行为人的过失内容相一致，以构成共同过失。

5. 结果的统一性与责任的连带性。共同危险行为的损害后果具有统一性，它是一个不可分割的整体，这一后果是共同危险行为作为一个整体原因而产生的结果。因此，只有一个侵权主体，一个侵权责任，即全部共同危险行为人对受害人承担连带责任。

【法律法规】

1. 《中华人民共和国民事诉讼法》

2. 最高人民法院《关于适用〈中华人民共和国民事诉讼法〉若干问题的意见》

3. 最高人民法院《关于在经济审判工作中严格执行〈中华人民共和国民事诉讼法〉的若干规定》

4. 最高人民法院《关于审理名誉权案件若干问题的解答》

5. 最高人民法院《关于确定民事侵权精神损害赔偿责任若干问题的解释》

6. 最高人民法院《关于产业工会、基层工会是否具备社团法人资格和工会经费集中户可否冻结划拨问题的批复》

7. 最高人民法院《关于如何确定委托贷款协议纠纷诉讼主体资格的批复》

8. 最高人民法院《关于审理科技纠纷案件的若干问题的规定》

实务训练

案情[①]：居住在甲市 A 区的乔小伟从事汽车修理业，其所开的汽车修理铺位于

① 参见 2002 年国家司法考试卷四第 8 题。

甲市C区。该汽车修理铺的个体工商户营业执照所登记的业主是其兄乔大伟（居住在甲市B区），乔大伟实际上并不经营汽车修理。乔小伟为了承揽更多的业务，与乡办集体企业正华汽车修理厂（位于甲市L县）签订了一份协议，约定乔小伟的汽车修理铺可以以正华汽车修理厂的名义从事汽车修理业务，乔小伟每年向正华汽车修理厂交管理费2万元。2002年1月，乔小伟雇佣的修理工钱财旺（常年居住在甲市D区），为客户李有良（居住在甲市E区）修理一辆捷达车。修好后，钱财旺按照工作程序要求在汽车修理铺前试车时，不慎将车撞到了一棵大树上，造成汽车报废，钱财旺自己没有受伤。相关各方就如何赔偿该汽车损失发生纠纷，未能达成协议。现李有良拟向法院起诉。

问题：1. 李有良应以谁为被告？

2. 哪些法院对本案有管辖权？

3. 就此同一纠纷，若李有良向有管辖权的法院都提起诉讼，应如何确定案件的管辖法院？

4. 若有管辖权的法院之间就本案管辖权问题发生了争议，应如何确定管辖法院？

5. 若在管辖权争议未解决之前，其中一享有管辖权的法院对案件作出了判决，对此判决及判决所涉及的案件应如何处理？

解析：1.《民事诉讼法意见》第42条规定，法人或者其他组织的工作人员因职务行为或者授权行为发生的诉讼，该法人或其他组织为当事人。本题中乔小伟与钱财旺之间是雇佣关系，因此不能成为本案的被告。

《民事诉讼法意见》第43条规定，个体工商户、个人合伙或私营企业挂靠集体企业并以集体企业的名义从事生产经营活动的，在诉讼中，该个体工商户、个人合伙或私营企业与其挂靠的集体企业为共同诉讼人。本题中乔小伟从事汽车修理业，但该汽车修理铺的个体工商户营业执照所登记的业主是其兄乔大伟，乔小伟与乡办集体企业正华汽车修理厂所签协议约定乔小伟的汽车修理铺可以以正华汽车修理厂的名义从事汽车修理业务，乔小伟每年向正华汽车修理厂交管理费，故李有良应当以乔小伟、乔大伟和正华修理厂为共同被告。

2.《民事诉讼法》第24条规定，因合同纠纷提起的诉讼，由被告住所地或者合同履行地人民法院管辖。本题中乔小伟为客户李有良修理捷达车，二者之间形成了一种合同关系。被告乔小伟居住在甲市A区，其所开的汽车修理铺即合同履行地位于甲市C区，被告乔大伟居住在甲市B区，被告正华汽车修理厂位于甲市L县，故甲市A区、甲市B区、甲市C区和甲市L县法院都有管辖权。

3.《民事诉讼法》第35条规定，两个以上人民法院都有管辖权的诉讼，原告可以向其中任何一个人民法院起诉；原告向两个以上有管辖权的人民法院起诉的，由最先立案的人民法院管辖。本题中甲市A区、甲市B区、甲市C区和甲市L县法院均有管辖权，故李有良可以向任何一个有管辖权的法院起诉，法院应当受理。如果他向两个以上的法院起诉，由先立案的法院管辖。

4.《民事诉讼法》第37条第2款规定，人民法院之间因管辖权发生争议，由争议双方协商解决；协商解决不了的，报请它们的共同上级人民法院指定管辖。

5. 最高人民法院《关于在经济审判工作中严格执行〈中华人民共和国民事诉讼法〉的若干规定》第 4 条规定：两个以上人民法院如对管辖权有争议，在争议未解决前，任何一方人民法院均不得对案件作出判决。对抢先作出判决的，上级人民法院应当以违反程序为由撤销其判决，并将案件移送或者指定其他人民法院审理，或者由自己提审。

课后练习

1. 王甲两岁，在幼儿园入托。一天，为幼儿园送货的刘某因王甲将其衣服弄湿，便打了王甲一记耳光，造成王甲左耳失聪。王甲的父亲拟代儿子向法院起诉。关于本案被告的确定，下列哪一选项是正确的？（单选）

A. 刘某是本案唯一的被告

B. 幼儿园是本案唯一的被告

C. 刘某和幼儿园是本案共同被告

D. 刘某是本案被告，幼儿园是本案无独立请求权第三人

2. 张某将邻居李某和李某的父亲打伤，李某以张某为被告向法院提起诉讼。在法院受理该案时，李某的父亲也向法院起诉，对张某提出索赔请求。法院受理了李某父亲的起诉，在征得当事人同意的情况下决定将上述两案并案审理。在本案中，李某的父亲居于什么诉讼地位？（单选）

A. 必要共同诉讼的共同原告

B. 有独立请求权的第三人

C. 普通共同诉讼的共同原告

D. 无独立请求权的第三人

3. 关于当事人适格的表述，下列哪一选项是错误的？（单选）

A. 当事人诉讼权利能力是作为抽象的诉讼当事人的资格，它与具体的诉讼没有直接的联系；当事人适格是作为具体的诉讼当事人资格，是针对具体的诉讼而言的

B. 一般来讲，应当以当事人是否是所争议的民事法律关系的主体，作为判断当事人适格标准，但在某些例外情况下，非民事法律关系或民事权利主体，也可以作为适格当事人

C. 清算组织、遗产管理人、遗嘱执行人是适格的当事人，原因在于根据权利主体意思或法律规定对他人的民事法律关系享有管理权

D. 检察院就生效民事判决提起抗诉，抗诉的检察院是适格的当事人

4. A 厂生产的一批酱油由于香精投放过多，对人体有损害。报纸披露此消息后，购买过该批酱油的消费者纷纷起诉 A 厂，要求赔偿损失。甲和乙被推选为诉讼代表人参加诉讼。下列哪一选项是正确的？（单选）

A. 甲和乙因故不能参加诉讼，法院可以指定另一名当事人为诉讼代表人代表

当事人进行诉讼

B. 甲因病不能参加诉讼，可以委托一至两人作为诉讼代理人，而无须征得被代表的当事人的同意

C. 甲和乙可以自行决定变更诉讼请求，但事后应当及时告知其他当事人

D. 甲和乙经超过半数原告方当事人同意，可以和A厂签订和解协议

5. 李某和张某到华美购物中心采购结婚物品。张某因购物中心打蜡地板太滑而摔倒，致使左臂骨折，住院治疗花费了大量医疗费，婚期也因而推迟。当时，购物中心负责地板打蜡的郑某目睹事情的发生经过。受害人认为购物中心存在过错，于是，起诉要求其赔偿经济损失以及精神损害赔偿。关于本案诉讼参与人，下列哪些选项是正确的?（多选）

A. 李某、张某应为本案的共同原告

B. 李某、郑某可以作为本案的证人

C. 华美购物中心为本案的被告

D. 华美购物中心与郑某为本案共同被告

6. 关于民事诉讼中的法定代理人，下列哪些选项是正确的?（多选）

A. 法定代理人的被代理人都是无诉讼行为能力或限制行为能力的人

B. 法定代理人与诉讼当事人在诉讼上具有相同的诉讼地位

C. 法定代理人在诉讼中所实施的行为和发生的诉讼事件的法律后果与当事人所实施的行为和发生的诉讼事件的法律后果相同

D. 法定代理人与当事人都属于诉讼参加人的范畴

7. 关于必要共同诉讼与普通共同诉讼的区别，下列哪些选项是正确的?（多选）

A. 必要共同诉讼的诉讼标的是共同的，普通共同诉讼的诉讼标的是同种类的

B. 必要共同诉讼的诉讼标的只有一个，普通共同诉讼的诉讼标的有若干个

C. 必要共同诉讼的诉讼请求只有一个，普通共同诉讼的诉讼请求有若干个

D. 必要共同诉讼中共同诉讼人的诉讼行为必须一致，普通共同诉讼中共同诉讼人的诉讼行为不需要一致

8. 某大学4名师生联名起诉甲公司污染某条大河，请求判决甲公司出资治理该河流的污染。起诉者除列了4名师生外，还列了该河流中的某著名岛屿作为原告，法院没有受理。对此下列哪些说法符合法律规定?（多选）

A. 只有自然人和法人能够成为民事诉讼当事人

B. 本案当事人不适格

C. 本案属于侵权诉讼，被污染河段流经地区的法院均有管辖权

D. 本案起诉属于公益诉讼，现行民事诉讼法没有规定

9. 案例分析

张老汉住在某市某区，有二子一女，分别是张山、张水、张燕。张山与其父亲同住一个城市，张水与张燕在外地工作。张老汉立一遗嘱交给其女张燕。遗嘱中说，其遗产房屋全部由张燕继承。张老汉去世后，丧葬费用均由张山承担。张山为其父办完丧事后，便将其父遗留的房屋卖给了李海，得价款6万元。张水回来后，向法

院提起诉讼，要求继承遗产。在诉讼过程中，张水因病死亡，张水之子张明和女儿张红要求参加诉讼。某市某区法院受理此案后，张燕也从外地赶来，在该法院尚未开始审理时向该法院递交诉状，并附有其父遗嘱，请求该法院将房屋判给自己。

问：(1) 张山、张水、张燕、李海、张明、张红在诉讼中各处于什么样的诉讼地位?

(2) 如果张老汉没有上述遗嘱，张燕要求同其兄长一起继承遗产，张燕的诉讼地位是什么?

(3) 如果张老汉没有上述遗嘱，而张燕不知其父已死，法院应当如何处理?

延伸阅读

1. 肖建华．民事诉讼当事人研究．北京：中国政法大学出版社，2002
2. 蒲一苇．民事诉讼第三人制度研究．厦门：厦门大学出版社，2009
3. 李龙．民事诉讼标的理论研究．北京：法律出版社，2003
4. 卢正敏，齐树洁．连带债务共同诉讼关系之探讨．现代法学，2008 (1)
5. 肖建华．论我国无独立请求权第三人制度的重构．政法论坛，2000 (1)
6. 章武生，段厚省．共同诉讼的理论误区与制度构建．法律科学，2007 (1)

第五专题　民事诉讼中案件事实的证明

【内容摘要】

争议案件提交法院之后，首先必须运用证据确定当事人主张事实的存否，然后才能将法律适用于事实并作出裁判。证据既是当事人向法官证明其所主张的事实的手段，也是法官认定案件事实真伪的依据。被法官采信作为裁判根据的证据，必须具有证据资格和相应的证明力。诉讼中需要证明的事实包含要件事实、间接事实和辅助事实。当待证事实处于真伪不明的状态时，法官依据证明责任作出裁判。承担证明责任的当事人为了说服法官支持其诉讼请求，必须证明自己主张的事实的真实性，否则就会承担不利的诉讼后果。在我国，法律要件分类说是分配证明责任的理论依据。在民事诉讼中，证据主要由当事人收集和提供，但在特定情况下，法院可以依当事人申请或依职权收集证据。法官依据理性和良心对证据进行审查和判断，并对案件事实作出认定。

【知识要点】

一、证据的一般问题

人民法院应当以证据证明的案件事实为依据，依法作出裁判。当事人在诉讼中必须向法院提出证据证明其所主张的事实，才能说服法官支持其诉讼请求。因而，有“打官司就是打证据”的说法。当事人所提出的材料能否被法官采信而成为法官裁判案件的根据，取决于证据的证据能力和证明力。

(一) 证据的概念

关于证据的概念，理论界有不同的观点。传统的教科书认为，诉讼法上的证据，是指能够证明案件真实情况的事实，此谓之“事实说”。“事实说”的核心在于，其认为民事诉讼中的证据必须具备客观性、关联性和合法性。[①] 以“事实说”为标准观察，当事人向法院提供的或法院依职权收集的用以证明案件事实的事实材料，在没有用证据的“三性”筛选之前，只是证据材料，而不是证据。[②] 但我国《民事诉讼法》第63条第2款规定：“以上证据必须查证属实，才能作为认定事实的根据。”亦即，我国立法和司法实践对证据一词的使用非常宽泛，没有严格地区分证据与证据材料。针对这一实际情况，理论界对“事实说”进行了修正，指出：具备客观性、关联性和合法性等属性，是对裁判证据或定案根据的要求，而不是证据的本质属性；为避免使用上的麻烦和混淆，应当对证据一词采取更为简约的定义方式，即证据就是指证明案件事实真伪的根据，此谓之“根据说”。“根据说”认为证据包含了证据材料和裁判证据两种形态。裁判证据来源于证据材料，是证据材料经过法定的证据调查程序，法院确定其具有证据能力的证据。[③] 此外，还有所谓“材料说”、“信息说”、“统一说”[④]，虽说法不一，但其所涉及的本质问题仍然是证据的属性，亦即划定证据范畴的标准。随着证据法学研究的深入，近年来学术界提出，证据这一概念具有多面性，需从不同的角度理解和把握。[⑤] 我们认为，“根据说”反映了立法和司法实践中对证据一词的使用习惯，便于法律工作者和普通民众理解和适用，其对证据的定义具有妥当性。在对证据这一概念的理解上还应当注意到，证据是一个复合型的概念，在不同的诉讼阶段，证据具有不同的形态和作用。从诉讼证明的实际过程情况出发，诉讼法上证据的概念通常包含以下三种情形：(1) 指法官通过五官调查的人证（证人、鉴定人及当事人本人）和物证（书证、勘验标的物）等有形物，与“证据方法”同义；(2) 指法院调查证据方法所获得的内容，与“证据资料”同义；(3) 作为法官心证形成原因的证据调查的结果（供述、书证的内容、鉴定、检证的结果）以及辩论的全部旨趣，与“证据原因”同义。

1. 证据方法

所谓证据方法指能够被法官基于五官作用而感知，并能够进行证据调查的有形物。证据方法依载体的不同，又区分为实物证据和言词证据两大类。我国《民事诉讼法》第63条第1款规定了证据的基本形式有以下七种：(1) 书证；(2) 物证；(3) 视听资料；(4) 证人证言；(5) 当事人的陈述；(6) 鉴定结论；(7) 勘验笔录。

---

① 参见常怡主编：《民事诉讼法学》，3版，177～179页，北京，中国政法大学出版社，1999。

② 参见江伟主编：《证据法学》，207页，北京，法律出版社，1999。

③ 参见江伟主编：《民事证据法学》，29页，北京，中国人民大学出版社，2011；何家弘、张卫平主编：《简明证据法学》，2版，18～23页，北京，中国人民大学出版社，2011。

④ 张建伟：《证据法要义》，116页，北京，北京大学出版社，2009。

⑤ 参见李浩主编：《证据法学》，3页，北京，高等教育出版社，2009；占善刚、刘显鹏：《证据法论》，23页，武汉，武汉大学出版社，2009。

其中，书证、物证、视听资料和勘验笔录又称为实物证据；证人证言、当事人陈述和鉴定结论又称为言词证据。

2. 证据资料

证据资料，是指法官依证据调查程序对证据方法进行调查所获得的结果。证人、鉴定人、当事人、文书及勘验标的物仅是承载案件信息的载体，只有与其相对应的证人证言、鉴定结论、当事人陈述、书证的内容及物的性质或外观等资料，才是法官调查证据所获得的证据资料，也才能作为法官认定案件事实的依据。证据资料必须是有助于法官形成心证，并据以认定案件事实的证据调查结果。

3. 证据原因

证据原因，是法官对于当事人所主张的事实是否属实形成心证的原因，包括证据资料和辩论的全部旨趣。所谓辩论的全部旨趣，是指除证据资料以外的在口头辩论过程中出现的一切资料和信息。辩论的全部趣旨涉及的范围较广：当事人言辞辩论的内容、语气和神态；根据诉讼形势的发展而提出某一新的主张；应该提出某一证据而没有提出或者虽然提出了但错过了最佳时机；对诉讼初始没有争议的事项其后产生争执，以及回避法院或对方当事人的提问而不予解释，几乎囊括了口头辩论中出现的一切积极或消极的事项。[①]

有观点认为，作为证据原因的证据调查的结果与辩论的全部旨趣并无优劣之别，但一般认为，辩论的全部旨趣必须和证据资料结合才能用于认定案件事实。[②]

（二）证据能力和证明力

1. 证据能力

证据能力，又称证据资格，是指作为法院认定事实根据的证据所应具备的属性、要件或资格。证据能力是大陆法系证据理论的基本概念，相当于英美法系证据理论的“可采性”。证据能力是对“裁判证据”的要求，传统民事诉讼教材通常称之为“证据的属性”。证据方法和证据资料都必须具有证据能力才能用于事实的认定。

证据要具备证据能力，需要同时具有关联性、客观性和合法性。所谓关联性，是指证据与待证事实之间具有客观的联系。所谓客观性，是指证据必须是客观存在的事物。证据的客观性包括两个方面的内容：一是证据的内容必须是对客观事物的反映，而不是主观臆测。二是证据的形式是人们可以用某种方式感知的有形物。证据的合法性是指证据符合法律的要求，不为法律所禁止。证据的合法性主要包含四个方面的内容：一是形成证据的主体符合法律的要求。例如，作出鉴定结论的主体必须具有相关的鉴定资格。二是证据的形式合法。例如，单位向法院提交的证明文书必须有单位的签章。三是证据取得的方法合法。例如，以侵害他人合法权益的方法取得的证据不能作为认定案件事实的依据。四是证据程序合法。所谓证据程序合法，是指证据应当在法庭上出示，由当事人质证；未经质证的证据，不能作为认定

---

① 参见［日］高桥宏志：《重点讲义民事诉讼法》，张卫平、许可译，45页，北京，法律出版社，2007。

② 参见占善刚、刘显鹏：《证据法论》，26页，武汉，武汉大学出版社，2009。

案件事实的依据。但当事人在证据交换程序中认可并记录在卷的证据，经审判人员在庭审中说明后，可以不经过质证，直接作为认定案件事实的依据。

一般情况下，同时具备关联性、客观性和合法性的证据就具有证据能力。但在法律有特别规定的情形下，即使具备“三性”的证据也不具有证据能力。例如，最高人民法院《关于民事诉讼法证据的若干规定》（以下简称《证据规定》）第67条规定：当事人为达成调解协议或和解的目的作出妥协所涉及的对案件事实的认可，不得在其后的诉讼中作为对其不利的证据。

2. 证据的证明力

证据的证明力，也称证据力或证据价值，是指证据资料对于待证事实所起的证明作用的大小。证明力的大小取决于关联性之强弱和真实性之高低。

对证据证明力的确定有两种方式：一是根据法律的规定确定证据证明力大小，此乃“法定证据原则”；一是依赖法官按照良心、逻辑和经验对证据的证明力加以判断，此乃“自由心证原则”。现代法治国家皆奉行自由心证原则，但也在某些场合保留了由法律规定证据证明力的做法。我国没有明确规定采用自由心证原则，但从《民事诉讼法》第64条第3款的规定和《证据规定》第64条的规定来看，我国法官也被赋予依据理性和良心判断证据的证明力的职责。而司法实践中，法律直接规定证据证明力的大小的情况并不多，多数情况下，需要法官通过自由心证加以判断。

（三）证据在理论上的分类

为了正确收集、运用、审查和判断证据，根据不同证据具有的不同特点，可以根据一定标准对民事诉讼中的证据进行分类。

1. 直接证据和间接证据

以证据与待证事实的关系为标准，可以把证据分为直接证据和间接证据。能够直接证明案件主要事实的证据为“直接证据”；不能直接证明案件主要事实，但可以证明间接事实和辅助事实，并依此项间接事实或辅助事实与案件主要事实之间的逻辑关系，或借助具有高度盖然性的经验规则，可以推认案件主要事实的存在的证据称为“间接证据”。

划分直接证据和间接证据的意义在于，便于审判人员和当事人根据两种证据各自的特点，灵活运用。在诉讼实践中，并非所有的案件都能够有直接证据加以证明，在没有直接证据时，只能依赖间接证据证明间接事实并进而进行事实推定，对案件的主要事实加以认定。即使是在有直接证据的情况下，也有充分运用间接证据的必要性，因为间接证据不仅能为研究整个案情提供线索和方向，同时，还可用以考察和识别直接证据的真伪。在明确了间接证据的特点以后，我们就能正确对待间接证据，认真分析各个间接证据之间的关系，从而对案件事实的真相作出正确的判断。在一定程度上，间接事实还便于审判人员了解案件争议焦点的幕后原因，便于审判人员根据案情的具体状况选用适当的结案方式，或判或调。

2. 原始证据和传来证据

按照证据的来源，可以把证据分为原始证据和传来证据。原始证据，是直接来源于案件事实的证据，即人们通常说的“第一手资料”。例如，证人就其亲身感受的案件事实向法院所作的陈述、合同原件、发票原件等。传来证据也称派生证据，即不是来自原始出处的证据，而是从原始证据派生出来的证据。例如，证人转述他人对案件事实的体验，文件的抄本、影印件，物证的照片、复制品等。

这种证据分类的意义在于，法院在收集、运用、判断传来证据的时候，应当特别慎重。因为传来证据的可靠性及证明力，往往跟传来证据与证明对象的距离大小成反比例，它们之间的距离越大，其可靠性就越低。例如，经反复传抄第三手抄本的精确程度往往就不如第一手抄本；反复传闻的第三人的证人证言，就不如传闻第二人的证人证言可靠。因此，民事诉讼中应当力求收集原始证据，但在收集不到原始证据的情况下，真实、可靠的传来证据也会成为解决案件的关键。

3. 本证与反证

按照证据与证明责任的关系，可以把证据分为本证与反证。本证是指能够证明负有证明责任的一方当事人所主张的事实的证据。反证是动摇、妨碍法官就本证形成心证的证据。例如，原告诉被告返还借款而提交的借条就是本证；被告否认借款事实，并提出相应证据证明该借款不成立的证据即为反证。但如果被告承认借款事实但又主张已还款，并提出证明还款事实的证据，则为本证。因为依据证明责任分配原理，主张还款事实的证明责任，应由被告承担。

本证与反证的证明标准是不同的。本证若要举证成功，须达到证明对象不存在真伪不明的状态，而反证只需使事实处于真伪不明的状态即为举证成功。区分本证与反证的实际意义在于，就当事人而言，可以组织有效的攻击、防御；而对于法官而言，有助于适当地行使诉讼指挥权，明确当事人举证的顺序，有利于法官衡量双方当事人的举证效果，从而依据证明责任作出裁判。

（四）证据的种类

我国《民事诉讼法》第 63 条第 1 款将证据的基本形式分为七种：书证、物证、视听资料、证人证言、当事人的陈述、鉴定结论和勘验笔录。

1. 书证

凡是用文字、符号、图标等表达一定的思想和行为，其内容能证明案件事实的物品称作书证。书证具有以下特点：第一，书证不是一般物品，必须是记载和表达人的思想或行为内容的物品；第二，书证所记载的思想内容可以为他人认识和了解，并可以证明案件有关情况。

书证可以按不同的标准分为不同的类别，将书证加以分类是有一定意义的：它能使法院明确每一书证的特点，便于对其进行正确的审查、判断。书证具体分为以下几类：

（1）按照书证制作主体的不同，可分为公文书和私文书。公文书，是指国家机关及其公务人员在其职权范围内制作的或者由具有公信权限的机构制作的文书，如判决书、公证书、会计师事务所出具的验资报告等；私文书，是指公民个人、企事业单位和不具有公权力的社会团体制作的文书。

（2）按书证的内容，可分为处分性书证与报道性书证两种。处分性书证，是指具有一定的意思表示而能设定、变更或消灭某一特定法律关系的书证，如命令、决议、各种合同等。报道性书证，是指只是报道具有法律意义的事实，不能引起民事法律关系发生、变更或消灭的书证，如普通的信件等。

（3）按照书证的形式，可分为普通形式的书证与特定形式的书证两种。普通形式的书证，是指具有一定思想内容，但不要求具备特定形式的书证，如公民间常使用的字据、租约，等等。特定形式的书证，是指法律规定必须具备一定形式的书证，如经过公证机关证明的处理财产的委托书，遗嘱、继承、赠与和收养关系的证明书，以及必须到一定的管理机关进行登记的其他书证，等等。

（4）根据书证制作方式和来源的不同，可分为原本、正本、副本、复制件和节录本。原本（或称原件）是指文件制作人最初制成的文本。正本是指按原本抄录或印制，与原本具有相同效力的文本。副本是指照原本全文抄录、印制而具有正本效力的文本。复制件是指用复印机复制的文本。节录本（或称节本），是指摘抄了原本文件部分内容的文本。我国民事诉讼法规定：书证应当提交原件。提交原件确有困难的，可以提交复制件、照片、副本、节录本。最高人民法院《证据规定》第20条规定："调查人员调查收集的书证，可以是原件，也可以是经核对无误的副本或者复制件。是副本或者复制件的，应当在调查笔录中说明来源和取证情况。"

2. 物证

物证，是以其存在、外形、质量、数量、特征等来证明案件事实的证据。物证与书证都表现为一定的物，但物证与书证存在明显的区别：

（1）从实质来看，物证是以物件的外形、质量、规格、特殊标志等来证明案件事实；而书证则是以在物件上的文字符号所表达的思想内容来证明案件事实。

（2）从形式来看，特定形式的书证必须具备法定形式和完成法定手续才具有证明力，而物证则没有这样的要求。

（3）书证可以用副本或与原件核对无误的抄本或复制件来代替，而物证则不能。法院在勘验中对物证拍摄的照片和所画的图形，应视为勘验笔录，是对证据进行提取的一种形式。

同一文书有时可以作为书证，有时又可以作为物证。例如借贷合同，当以它的内容来证明借贷事实时是书证，当以该合同上的签章的真伪来证明借贷关系是否存在时，它就是物证。

3. 视听资料

视听资料，是指采用先进科学技术，利用图像、音响及电脑中储存、反映的数据和资料来证明案件事实的一种证据。它包括各种录像、录音，传真资料，电影胶卷，雷达扫描资料和电脑储存数据与资料等。

视听资料的特点在于，它是采用现代科学技术手段而形成的，一般情况下，比较可靠地反映了客观实际；但随着科技发展和有关音像设备的普及，视听资料又极易被伪造、变造。

4. 证人证言

证人，是指了解案件有关情况，被人民法院传唤到庭作证的人。证人具有以下特点：第一，证人是知道案件情况的人。第二，证人是与本案的诉讼结果在法律上无利害关系的人。就本案而言，证人与本案当事人之间没有权利义务关系之争，否则，他就只能作为本案的当事人参加诉讼，而不能是证人。第三，证人是有辨别能力，能够正确表达意志的人。

证人就其了解的案件事实向法庭所作的陈述，称为证人证言。证人提供证言，应以口头形式向法院陈述，特殊情况下才可采取书面证言的方式。《民事诉讼法》第70条规定："证人确有困难不能出庭的，经人民法院许可，可以提交书面证言"。最高人民法院《证据规定》第56条又以列举的方式将"确有困难不能出庭"的情形予以具体化。

5. 当事人陈述

当事人陈述，是指当事人在民事诉讼中向法院表明与案件相关的事实或法律效果存否的诉讼行为。当事人陈述可以分为如下两种：

（1）对自己有利事项的陈述（一般称为主张）。视其内容又分为事实主张与权利主张。事实主张又包括原告提出的请求原因事实与被告提出的抗辩事实。所谓请求原因事实，就是权利发生要件对应的具体事实；所谓被告提出的抗辩事实，是指被告为了排斥原告的请求而主张的主要事实，该事实由被告负担证明责任。

（2）自认。对对方当事人主张的不利于己的事实予以承认，即为自认。自认可以分为审判上的承认和审判外的承认两种。审判上的承认，是在审判案件时，当事人向法院所作的承认。这种承认，是一方当事人对另一方当事人所作的关于事实的陈述表示同意，该事实不证自明。审判外的自认，是当事人在诉讼程序之外对某些事实所作的承认，但该事实存在与否仍需证明，不具有免证的法律效果。但是，如果承认的一方当事人到法院后又确认了这种承认，同时又为法院所接受，那么，这种承认则转化为审判上的承认，也就发生了审判上承认的法律后果。

6. 鉴定结论

鉴定结论，是指鉴定人运用自己的专门知识，对民事案件某些专门性问题进行分析研究而得出的结论性意见。在司法实践中，经常采用的鉴定有医学鉴定、痕迹鉴定、化学鉴定、事故鉴定、会计鉴定、行为能力鉴定、产品质量鉴定等。

我国《民事诉讼法》第72条第1款规定："人民法院对专门性问题认为需要鉴定的，应当交由法定鉴定部门鉴定；没有法定鉴定部门的，由人民法院指定的鉴定部门鉴定。"《证据规定》第26条对此作出了补充性的规定："当事人申请鉴定经人民法院同意后，由双方当事人协商确定有鉴定资格的鉴定机构、鉴定人员，协商不成的，由人民法院指定。"

鉴定人与证人不同，其区别主要在于：

（1）证人是案件的知情人，他向法院陈述的证言是他耳闻目睹的案件事实，或者从别人那里传知的有关事实，他不能对这些事实发表自己的见解和意见；而鉴定人向法院陈述的是他对委托鉴定的专门性问题，经过科学的研究分析后所得出的论断和结论，这种判断和结论，是在科学研究分析的基础上，经过鉴定人的主观判断而形成的。

（2）证人是在诉讼发生以前了解案件事实而形成的；鉴定人则是在诉讼发生后，由于诉讼中的需要而产生的，同时他是在法院或当事人委托其作为鉴定人以后才了解案件情况的。因此，某人如果在诉讼以前就知道案件情况，就不能作为鉴定人，而只能作为证人。

（3）证人既不能代替，也不能选择；而鉴定人既可以代替，也可以选择。

由于鉴定人与证人的诉讼地位不同，所以他们的诉讼权利和诉讼义务也不尽相同。

7. 勘验笔录

勘验，是法院在诉讼过程中，为查明一定的事实，对与案件争议有关的现场、物品或物体亲自进行或指定有关人员进行查验、拍照、测量的行为。对查验的情况与结果制作的笔录，叫勘验笔录。在民事诉讼中，有关物体因体积庞大或固定于某处而无法提交法庭，有关现场也无法移至法庭，为获取这方面的证据，有必要进行勘验以便在法庭上再现现场真相。勘验可由当事人申请，也可由法院依职权进行。

勘验笔录应把物证或者现场上一切与案件有关的客观情况，详细、如实地予以记录。它不仅是解决案件的重要依据，也是辨别当事人陈述和其他证据的重要证据之一。对勘验笔录要求做到：第一，要能使没有参加勘验的人，根据勘验笔录的内容，对物证或者现场情况获得一个符合实际的概念；第二，要能根据勘验笔录的内容，恢复现场的原状或者复制物证的原状。总之，勘验笔录必须客观、真实，不能把个人的分析、判断记入笔录，否则，就会同鉴定结论相混淆。

在勘验物证或者现场时，勘验人员必须出示人民法院的证件，邀请当地基层组织或者当事人所在单位派人参加，当事人或者他们的成年家属应当到场；拒不到场的，不影响勘验的进行。有关单位和个人根据人民法院的通知，有义务保护现场，协助勘验工作的进行。勘验笔录应由勘验人员、当事人和被邀参加人签名或盖章。

二、证明对象的确定

（一）证明的含义

民事诉讼中的证明，是指为使法官对某事实的真实性获得确信的状态，当事人通过证据对某事实加以印证的行为。证明一词有行为意义上和结果意义上两个层面的内涵，通常我们所指的证明是指当事人的一种行为，即行为意义上的证明；结果意义上的证明，是指法官对某事实的真实性产生内心确信的状态。

大陆法系的民事诉讼法将证明的概念分为广义上的证明和狭义上的证明，上述证明的概念被称为狭义上的证明。广义上的证明，除了包含狭义上的证明，还包括疏明。[①] 疏明并不要求法官的心证达到确信的程度，只需要达到大致确定的程度。

---

① “疏明”乃是日本法上的术语，我国台湾地区“民事诉讼法”与之相对应的概念为“释明”。德国法上亦有此概念，国内的学者在翻译时，有的译作“疏明”，有的译作“释明”。本书采用“疏明”的译法，以避免与法官释明权中的释明相混淆。

疏明的情形仅限于在法律和规则有明文规定的情况下适用。需疏明的事实，一般为程序法上的事实，并且该事实在诉讼上有迅速确定的必要，例如，关于法官回避的原因事实、证据保全的原因事实等。实体法上的事实则需要进行狭义上的证明。若未加特别说明，本章所称证明皆指狭义上的证明。

（二）证明对象的范围

证明对象也称为证明客体、证明标的。民事诉讼中的证明对象，主要是诉讼中发生争议的事实，在必要的情形下，法规、经验法则也会成为当事人证明的对象。

1. 事实

理论上可以将事实分为要件事实、间接事实和辅助事实。所谓要件事实，是指与作为裁判规范的实体法要件相对应的具体事实，一般与主要事实同义。要件事实分为以下四类：权利发生事实、权利变更事实、暂时阻止权利行使的权利阻止事实、权利消灭事实。间接事实，是指证明要件事实的事实。而辅助事实，是用于证明证据能力和证据力的事实。区分要件事实、间接事实和辅助事实的意义在于：根据现代民事诉讼的要求，当事人没有主张的要件事实，法院没有义务对该事实进行调查，法院也不得将没有出现在当事人辩论中的要件事实作为裁判依据；但间接事实和辅助事实不受此限制，即使当事人没有对此加以陈述，法院也可以对其进行调查并作为裁判依据，因为间接事实和辅助事实是判断主要事实的手段，处于与证据同等的地位，其存在与否由法官判断。

理论界存有争议的是，程序事实和证据事实是否是证明对象。我们认为，程序性事实是疏明的对象，属于广义上的证明的对象范畴；而证据事实，相当于间接事实和辅助事实，也应当属于证明对象的范畴。无论如何，只要是当事人在诉讼中所争执的事实，都应当予以澄清，需要证明或疏明。

2. 法规

一般情况下，法官应当知晓案件所适用的法律，此所谓“法官知法”。因此，案件所适用的法律一般是不需要当事人加以证明的。但如果涉及外国法、地方性法规、习惯法，则法官未必了解，此时就需要当事人加以证明。

3. 经验法则

经验法则是指人们从日常生活经验、各种科学实验中归纳获得的关于事物因果关系或属性状态的规律性认识。经验法则可分为两种：一是一般经验法则，二是特别经验法则。一般经验法则是指从人们日常生活中获取的规律性认识。特别经验法则是指不为一般人所知晓的特定专业领域内的规律性认识。一般经验法为一般人所知晓，自无须加以证明；特别经验法则不为一般人所知晓，则应当加以证明。

（三）免证事实

证明对象的确定，是为了明确证明的目标、范围。在诉讼中，经常遇到某些事实不需证明就能断定其真实性，这些不需再加以证明的事实，称为免证事实。在司法实践中确定证明对象时，需将免证事实排除。根据《民事诉讼法》和《民事证据规定》的规定，免证事实主要有以下几类：

1. 众所周知的事实。众所周知的事实是指在一定范围内被大多数人知晓的事实。比如某地于某年发生了地震，为该地域范围内众所周知的事实。

2. 自然规律及定理。自然规律是指客观事物在特定条件下所发生的本质属性和必然趋势的反映。定理是指已为科学反复证明并得到大家承认的命题或公式。自然规律和定理已为人们所认识并反复验证，因此无须加以证明。

3. 推定的事实。推定的事实是指根据法律规定或已知事实能推定出的另一事实。推定的事实可以分为法律上的推定和事实上的推定。法律上的推定是指法律规定以某一事实的存在为基础，直接根据该事实认定待证事实的存在。而事实上的推定是指法官以已知事实为前提，运用经验法则推论待证事实的存在。对于事实上的推定，当事人提出足够的证据证明推定的事实不能成立的，推定无效。对于法律上的推定，除非当事人能证明作为推论前提的事实不成立，不能推翻推定的事实。

4. 已为法院发生法律效力的裁判和仲裁机构的生效裁判确认的事实。如果本案所涉及的事实，已经在其他案件的审理中被法院或仲裁机构的生效裁判确认，就无须再加以证明。但如果本案当事人有相反的证据足以推翻已为生效裁判所认定的事实的，主张该事实的当事人仍然要负证明责任。

5. 已为有效公证文书所证明的事实。公证文书是公证机关依照法定程序对有关的法律行为、法律事实以及文书加以证明的法律文书。《民事诉讼法》第 67 条规定："经过法定程序公证证明的法律行为、法律事实和文书，人民法院应当作为认定事实的根据。但有相反证据足以推翻公证证明的除外。"

6. 自认的事实。所谓自认，就是一方当事人提出的事实，对方当事人表示承认。当事人所承认的事实，即自认的事实，无须证明。一般情况下，民事诉讼皆采辩论主义原则，根据该原则，当事人之间没有争议的事实必须作为法官判决的基础。只有当事人之间发生争议的事实才是证明的对象。《证据规定》第 8 条有明确的规定，即在诉讼过程中，一方当事人对另一方当事人陈述的案件事实明确表示承认的，另一方当事人无须举证，但涉及身份关系的案件除外。另外，对一方当事人陈述的事实，另一方当事人既未表示承认也未否认，经审判人员充分说明并询问后，其仍不明确表示肯定或者否定的，视为对该项事实的承认，即我们通常所说的"拟制自认"。如果当事人委托代理人参加诉讼的，代理人的承认视为当事人的承认，但未经特别授权的代理人对事实的承认直接导致承认对方诉讼请求的除外；当事人在场但对其代理人的承认不作否认表示的，视为当事人的承认。

当事人在法庭辩论终结前撤回承认并经对方当事人同意，或者有充分证据证明其承认行为是在受胁迫或者重大误解情况下作出且与事实不符的，对方当事人必须提供证据对该项事实加以证明。

三、证明责任

（一）证明责任的概念和机能

证明责任，又称举证责任，是指作为裁判基础的要件事实处于真伪不明的状态时，因法院无法确认以该事实为要件的法律效果，而导致一方当事人所遭受的不利后果。《证据规定》第 2 条第 2 款规定："没有证据或者证据不足以证明当事人的事实主张的，由负有举证责任的当事人承担不利后果。"

证明责任的机能主要表现在以下三个方面。

1. 在要件事实真伪不明的情况下，为法院作出判决提供依据。这是证明责任最重的机能。有争议的案件事实经过当事人的举证、质证、辩论等活动后，法官对当事人所主张的要件事实的真实性的认识会呈现出三种状态：真、伪、真伪不明。在前两种情况下，有争议的案件事实已经查明，法官可以根据查明的事实对案件作出判决。在第三种情况下，案件事实仍然处于不明确状态，法官无法以事实为根据作出判决，但法官也不能拒绝裁判。为了使法官能够摆脱事实真伪不明带来的困境，使法官在这一困难的处境中仍然能够完成以裁判解决纠纷的使命，各国的诉讼制度设置了证明责任这一装置。①

2. 指导当事人进行攻击和防御。证明责任只在诉讼审理的终了阶段事实仍然真伪不明的情形下才适用。但是，该责任于诉讼前就影响了当事人的行为。了解证明责任规范的当事人会在交易时就考虑到涉讼情形下的举证问题，而且还会及早准备以绝后患。当事人之间缔结的证明责任契约即为例证。诉讼中，证明责任及其分配还是区别本证与反证、请求原因及抗辩（再抗辩、再再抗辩）的标准。

3. 证明责任不仅指导当事人如何进行攻击、防御，还决定了法官对于诉讼的管理和指挥。法官行使释明权的对象，首先是证明责任的当事人。证明责任乃划分请求原因与抗辩的标准，厘定包括否认、自白抑或抗辩之间的界限。从这个意义上说，证明责任可以说是整个"诉讼过程的指挥棒"。

在理解证明责任的概念时，要注意将其与提出证据的责任区别开来。提出证据的责任，是指当事人在具体的诉讼中，为避免败诉的危险而向法院提供证据的行为责任。证明责任只能由一方当事人承担，是法官在案件主要事实处于真伪不明时裁判案件的依据。提出证据的责任是双方当事人都会承担的负担，在诉讼中会随着法官心证的形成而在对立的当事人之间转换。也就是说，在某个具体的诉讼中，法官暂时对某事实形成了心证，就会敦促因该事实被证明而遭受不利益的当事人提出反证。因为若该当事人不尽力反证以使法官心证处于事实存否不明的状态，就会因为法官的心证程度达到证明标准而败诉。但如果承担证明责任的当事人的本证本身就不充分，法官没有形成心证，则对方当事人无须再承担提出证据的责任。

（二）证明责任的分配

在诉讼中，由哪一方当事人对争议的案件事实承担证明责任，是证明责任的分配所要解决的问题。我国《民事诉讼法》对分配证明责任作了一般性的规定，除此之外，也有实体法对某些特殊案件的证明责任分配作了规定，最高人民法院的《证据规定》对某些案件的证明责任分配进行了规定。

---

① 参见李浩：《证据法学》，207 页，北京，高等教育出版社，2009。

1. 证明责任分配的学说

关于证明责任的分配，19 世纪以来有代表性的是以下两种学说：

(1) 待证事实分类说。

该类学说以待证事实本身的性质为标准来分配证明责任，即依当事人主张的事实是否有可能用证据证明及举证的难易程度来分配证明责任。例如消极事实说和外界事实说：消极事实说认为，主张消极事实的当事人不承担证明责任，主张积极事实的当事人才承担证明责任。[①] 外界事实说则认为，主张外界事实者应当承担证明责任，主张内界事实者不承担证明责任，因为外界事实易于证明，而内界事实无法从外部直接感知，极难证明。

(2) 法律要件分类说。

法律要件分类说认为，证明责任乃有利于己的法律效果不被法院认可所承受的不利益，而引发法律效果的法律要件均由实体法预先规定，因此，各当事人应就对己有利之法律效果的法律要件事实承担证明责任。法律要件分类说有不同的分支，其中最有影响力的是罗森贝克的规范说，简而言之，罗森贝克根据实体法规范之间的逻辑关系，将所有实体法规范分为彼此对立的两大类：一类是能够产生某种权利的规范，另一类是妨碍权利产生或使已经产生的权利消灭的规范。后者又可以进一步分为妨碍权利发生的"权利妨碍规范"、排除权利的"权利受制规范"和使权利归于消灭的"权利消灭规范"。主张权利存在的当事人，因为要求适用有关权利产生的规范，应就权利发生的法律要件事实承担证明责任。同理，否认权利存在者应对妨碍权利的法律要件事实承担证明责任，主张权利受制者应对权利受制的法律要件事实负证明责任，主张权利消灭者应对权利消灭的法律要件事实负证明责任。

2. 我国民事诉讼证明责任的分配

我国民事诉讼法学界的主流观点是按照罗森贝克的理论来分配证明责任，规范说分配证明责任的依据是案件拟适用的实体法的要件事实。因而，证明责任的分配实质上是由实体法决定的。只不过由实体法直接规定证明责任由哪一方当事人承担的情形比较少，在大多数情形下，实体法对证明责任的分配是"隐形"的，需要研究实体法的立法宗旨和实体法条文之间的关系，运用法律要件事实的理论来寻找分配证明责任的答案。最高人民法院的《民事证据规定》，也正是依据规范说对某些案件的证明责任分配作出了明确的规定。在具体的案件中，分配证明责任的法则有以下几种：

(1) 如果实体法及其司法解释明确规定了证明责任的分配，就按实体法及其司法解释的规定分配证明责任。例如，《民法通则》第 126 条规定：建筑物或其他设施以及建筑物上的搁置物、悬挂物发生倒塌、脱落、坠落造成他人损害的，它的所有人或管理人能够证明自己没有过错的，不承担民事责任。又如，最高人民法院颁布的《关于适用〈中华人民共和国婚姻法〉若干问题的解释（一）》第 18 条规定："婚姻法第十九条所称'第三人知道约定的'，夫妻一方对此负有举证责任。"

---

① 消极事实是指未发生的事实。既然事实未曾发生，则无从举证。

（2）在实体法没有明确规定的情形下，则按程序法及其司法解释的规定分配证明责任。我国《民事诉讼法》没有明确规定证明责任分配的一般原则，《民事证据规定》对某些案件的证明责任分配作了明确规定，这些规定以规范说为一般原则，同时也考虑了一些具体案件的特殊性，《证据规定》第 5 条、第 6 条对合同纠纷案件、劳动争议案件的举证责任承担作了规定。在合同纠纷案件中，主张合同关系成立并生效的一方当事人对合同订立和生效的事实承担举证责任；主张合同关系变更、解除、终止、撤销的一方当事人对引起合同关系变动的事实承担举证责任。对合同是否履行发生争议的，由负有履行义务的当事人承担举证责任。对代理权发生争议的，由主张有代理权的一方当事人承担举证责任。在劳动争议纠纷案件中，因用人单位作出开除、除名、辞退、解除劳动合同、减少劳动报酬、计算劳动者工作年限等决定而发生劳动争议的，由用人单位负举证责任。

此外，《证据规定》第 4 条对几类特殊侵权案件的举证责任作出了规定：1）因新产品制造方法发明专利引起的专利侵权诉讼，由制造同样产品的单位或者个人对其产品制造方法不同于专利方法承担举证责任；2）高度危险作业致人损害的侵权诉讼，由加害人就受害人故意造成损害的事实承担举证责任；3）因环境污染引起的损害赔偿诉讼，由加害人就法律规定的免责事由及其行为与损害结果之间不存在因果关系承担举证责任；4）建筑物或者其他设施以及建筑物上的搁置物、悬挂物发生倒塌、脱落、坠落致人损害的侵权诉讼，由所有人或者管理人对其无过错承担举证责任；5）饲养动物致人损害的侵权诉讼，由动物饲养人或者管理人就受害人有过错或者第三人有过错承担举证责任；6）因缺陷产品致人损害的侵权诉讼，由产品的生产者就法律规定的免责事由承担举证责任；7）因共同危险行为致人损害的侵权诉讼，由实施危险行为的人就其行为与损害结果之间不存在因果关系承担举证责任；8）因医疗行为引起的侵权诉讼，由医疗机构就医疗行为与损害结果之间不存在因果关系及不存在医疗过错承担举证责任。

（3）在法律没有明确规定的情形下，由法官裁量分配证明责任。除了法律明确规定的举证责任承担的情形外，《证据规定》第 7 条还规定，“在法律没有具体规定，依本规定及其他司法解释无法确定举证责任承担时，人民法院可以根据公平原则和诚实信用原则，综合当事人举证能力等因素确定举证责任的承担”。

3. 证明责任的倒置

所谓证明责任的倒置，是指将依据法律要件事实分类说应当由一方当事人承担的特定要件事实的证明责任，改为由对方当事人就相反的事实承担证明责任。

制定实体法时，立法者会考虑到当事人证明的难易、如何做更有利于对当事人权益的保护等因素来分配证明责任。但法律不可能将所有的具体情形全部加以考虑，因此有必要在具体的规定之外提出一个一般的原则。法律要件分类说就是大陆法系国家在分配证明责任时所遵循的一般原则。作为一般原则，难免在针对某些特殊案件时存在不合理的情形，此时需要对证明责任的分配作出调整，由原本不承担证明责任的当事人承担证明责任。《证据规定》第 4 条对几种特殊的侵权纠纷的证明责任的分配中，有五种属于证明责任的倒置。

(1) 因新产品制造方法发明专利引起的专利侵权诉讼，由制造同样产品的单位或者个人对其产品制造方法不同于专利方法承担举证责任。

(2) 因环境污染引起的损害赔偿诉讼，由加害人就法律规定的免责事由及其行为与损害结果之间不存在因果关系承担举证责任。

(3) 建筑物或者其他设施以及建筑物上的搁置物、悬挂物发生倒塌、脱落、坠落致人损害的侵权诉讼，由所有人或者管理人对其无过错承担举证责任。

(4) 因共同危险行为致人损害的侵权诉讼，由实施危险行为的人就其行为与损害结果之间不存在因果关系承担举证责任。

(5) 因医疗行为引起的侵权诉讼，由医疗机构就医疗行为与损害结果之间不存在因果关系及不存在医疗过错承担举证责任。

四、证据的收集与提出

(一) 证据的收集

民事诉讼中证据的收集，是指当事人或法院依法获取证据材料的诉讼活动。根据辩论主义的要求，证明案件事实的证据原则上应由当事人自己提供，法院只在特殊情况下依职权调查、收集。

1. 当事人收集证据

(1) 当事人收集证据的权利

在现代民事诉讼中，当事人享有为了证明自己所主张的事实，收集、提出证据和进行质证的权利，此所谓当事人的证明权。其中，收集证据是提供证据和质证的前提，如果证据不能通过证据收集为当事人掌握，当事人就无法向法院提供证据，亦无法对该证据展开质证。因此，证据收集权是证明权各项子权利中的基础性权利。当事人为了进行民事诉讼，在诉讼前或诉讼中依法调查、收集证据的权利就是证据收集权。我国《民事诉讼法》虽然明确规定了当事人享有证据收集权，但有关实现此权利的方法、手段以及如何排除行使此权利时遇到的障碍，法律规定得并不充分。这使当事人的证据收集权在实际上被架空，被指“是一项缺乏程序保障的抽象性权利，是一种权利的招牌”[①]。为弥补立法的不足，《证据规定》规定了证据交换制度和当事人申请法院调查、收集证据的条件与程序，为当事人的证据收集权提供了一定保障。但关于当事人自行收集证据的方法和手段，现在仍然缺乏立法规定。

(2) 对证明妨碍的规制

在当事人行使证据收集权的过程中，存在一个不容忽视的问题：即使立法赋予了当事人若干收集证据的方法和渠道，但如果该证据被证据持有人毁损或灭失，当事人的证据收集权又如何能得以实现呢？如果当事人的证据收集权不能得到实现，

---

① 汤维建：《论美国民事诉讼中的证据调查与证据交换——兼与我国做简单比较》，载王利明、江伟、黄松有、汤维建主编：《中国民事证据的立法研究与应用》，1108 页，北京，人民法院出版社，2000。

被侵害的权利应当如何得到救济呢？此问题在民事诉讼中被概括为证明妨碍的规制。[①] 所谓证明妨碍，是指当事人一方妨碍对方当事人收集证据的行为，即不负证明责任的当事人通过作为或不作为等故意或过失行为，拒绝提出或毁损、隐匿证据方法，使负有证明责任的当事人不可能提出证据，进而形成案件事实真伪不明的状态。对证明妨碍的规制，是当事人的证据收集权在被妨碍的情形下获得救济的制度设计。

我国《民事诉讼法》第 102、103 条从公法的角度，对扰乱诉讼秩序的证明妨碍行为予以了规制，规定了对证明妨碍行为的处罚措施。为了更好地解决实践中出现的证明妨碍问题，最高人民法院 1998 年颁布的《关于民事经济审判方式改革问题的若干规定》第 30 条规定“有证据证明持有证据的一方当事人无正当理由拒不提供，如果对方当事人主张该证据的内容不利于证据持有人，可以推定该主张成立”。这是我国法律首次从私法的角度对证明妨碍进行的规制。《证据规定》第 75 条重申了这一规定。

2. 人民法院依职权收集证据

《民事诉讼法》第 64 条规定，人民法院认为审理案件需要的证据，人民法院应当调查收集。通常情况下，证据应当由当事人收集并向人民法院提出。只有在特殊情况下，人民法院才可以在当事人提出的证据范围之外，依职权主动调查、收集证据。《民事诉讼法》所规定的人民法院依职权收集证据的范围过宽，在民事审判方式改革的过程中，人民法院依职权收集证据的范围逐渐被缩小。《证据规定》第 15 条将人民法院可以主动依职权调查收集的证据明确限制在以下范围内：（1）涉及可能有损国家利益、社会公共利益或者他人合法权益的事实；（2）涉及依职权追加当事人、中止诉讼、终结诉讼、回避等与实体争议无关的程序事项。

人民法院无论是依当事人申请收集证据还是依职权收集证据，都应当遵守法定程序。其一，收集和调查证据应由审判员主持，两人以上共同进行。其二，调查材料应由调查人、被调查人、记录人签名并盖章。其三，从有关单位摘抄的证明材料，应说明摘抄材料的名称、出处并由有关单位盖章。其四，收集的书证、物证和视听资料应当是原件、原物和原始载体；收集原件、原物、原始载体有困难的，可以收集复制品、照片、副本、节录本等，并在调查笔录中说明其来源和取证情况。

3. 证据保全

（1）证据保全的概念

证据保全是指在证据可能灭失或以后难以取得的情况下，法院根据申请人的申请或依职权，对证据加以固定的制度。

证据保全是在特殊情况下法院调查取证的方法。根据证据保全的时间，可以将证据保全分为两种：一是诉前证据保全，一是诉讼中证据保全。我国《民事诉讼法》没有规定诉前证据保全制度，但《海事诉讼特别程序法》第 63 条和《专利法》第 67 条规定了利害关系人可以在起诉前申请证据保全。

---

① 也有学者将证明妨碍称为举证妨碍。

（2）诉讼证据保全的条件

法院采取证据保全措施，应当具备以下要件：第一，证据可能灭失或以后难以取得。例如，证人因衰老、疾病有死亡的可能，或证人将要出国等。第二，符合法定的期限。在诉讼中申请证据保全不得迟于举证期限届满前 7 日。

（3）证据保全的程序

当事人或利害关系人申请证据保全的，应向有管辖权的人民法院提出书面申请。关于是否准许证据保全，由人民法院审查决定。经审查符合证据保全条件的，人民法院应作出准许保全的裁定，否则裁定驳回。如果保全可能造成被申请人财产损失的，人民法院可以要求申请人提供相应的担保。

（4）证据保全的方法

根据《证据规定》第 24 条，人民法院进行证据保全可以根据具体情况采取查封、扣押、拍照、录音、录像、复制、鉴定、勘验、制作笔录等方法。因此，保全证据的方法，可根据证据的不同形式，采取不同的措施。例如，对书证，可以复制拍照；对物证，可以录像、拍照、制作勘验笔录；对证人证言，可以预先询问、制作笔录、录音、录像等。人民法院在进行证据保全时，可以要求当事人或者诉讼代理人到场。

保全证据的材料，由法院存卷保管，以备将来使用。按照保全程序而确定的证据，以后法院在审判案件时是否采用，要以被保全的证据对解决具体案件有无意义来决定。只有对案件有意义的被保全的证据才可采用。也就是说法院在使用被保全的证据时，同样按照该项证据与案件事实有无联系、有无证明力等判断证据的原则加以取舍。

（二）证据的提出

当事人收集的证据须向法院提出才能进入诉讼。提出证据亦是当事人的一项程序权利。当事人提出证据的目的是希望法院对证据进行审查，将该证据作为认定事实的依据，进而作出对自己有利的判决。因此，作为与证据提出权相对应的义务，法院应当接受当事人所提出的证据，并就证据能力和证明力进行评判。证据提出权内在地包含了法院的接受、审查、判断当事人所提出的证据的义务。当然，为兼顾诉讼的效率，当事人提出证据的权利应受举证时限的限制。

1. 提出证据的方式

当事人向法院提出证据的方式主要有以下两种：

（1）实际提交证据。当证据为当事人占有或控制，而又能将其提交法院时，应当采用实际提交的方式。法院在收到当事人提交的证据后，应当出具收据，注明证据的名称、收到的时间、份数和页数，并由审判员或书记员在收据上签名或盖章。

（2）提供证据来源或线索。有的证据虽然由举证一方当事人占有，但由于体积庞大或固定于某一地点而无法实际提交，当事人只能向法院说明情况后申请勘验。有的证据，如证人证言，其本身的性质决定了无法实际提交，只能向法院表明证人的姓名、住址以及证人能证明的事实等。有的证据被对方当事人或第三人占有或控制，举证一方当事人无法获得，只能向法院提供证据线索后申请法院调取。

2. 提出证据的期限

当事人向法院提出证据的期限被称为举证时限。我国《民事诉讼法》并没有规定举证时限，为了防止当事人实施证据突袭和拖延诉讼，《证据规定》对举证时限作出了规定。

（1）举证时限的确定

举证期限可以由当事人协商一致，并经人民法院认可。由人民法院指定举证期限的，指定的期限不得少于30日。人民法院组织当事人交换证据的，交换证据之日举证期限届满。当事人申请延期举证经人民法院准许的，证据交换日相应顺延。

（2）逾期举证的法律后果

当事人应当在举证期限内向人民法院提交证据材料，当事人在举证期限内不提交的，视为放弃举证权利。对于当事人逾期提交的证据材料，人民法院审理时不组织质证，但对方当事人同意质证的除外。如果逾期提出的证据属于“新的证据”，虽然允许提出，但假如案件在二审或者再审期间，因提出新的证据被人民法院发回重审或者改判的，逾期举证的当事人应负担另一方当事人由此增加的差旅、误工、证人出庭作证、诉讼等合理费用以及由此扩大的直接损失。

（3）举证时限的延长和重新指定

当事人在举证期限内提交证据材料确有困难的，应当在举证期限内向人民法院申请延期举证，经人民法院准许，可以适当延长举证期限。当事人在延长的举证期限内提交证据材料仍有困难的，可以再次提出延期申请，是否准许由人民法院决定。

诉讼过程中，当事人主张的法律关系的性质或者民事行为的效力与人民法院根据案件事实作出的认定不一致的，不受举证时限的限制，人民法院应当告知当事人可以变更诉讼请求。当事人变更诉讼请求的，人民法院应当重新指定举证期限。

（4）新的证据

《证据规定》中“新的证据”有其特定的含义，它是指并非由于当事人本人的过错而未能在举证时限内提出的证据。当事人于举证期限届满后提出的证据，凡不属于新的证据的，要受到证据失权效果的约束。

根据《证据规定》，一审程序中的新的证据包括：当事人在一审举证期限届满后新发现的证据；当事人确因客观原因无法在举证期限内提供，经人民法院准许，在延长的期限内仍无法提供的证据。二审程序中的新的证据包括：一审庭审结束后新发现的证据；当事人在一审举证期限届满前申请人民法院调查取证未获准许，二审法院经审查认为应当准许并依当事人申请调取的证据。再审程序中新的证据是指原庭审结束后新发现的证据。

当事人在一审程序中提供新的证据的，应当在一审开庭前或者开庭审理时提出。当事人在二审程序中提供新的证据的，应当在二审开庭前或者开庭审理时提出；二审不需要开庭审理的，应当在人民法院指定的期限内提出。再审中提供新的证据，应当在申请再审时提出

除上述证据属于新的证据之外，《证据规定》第43条第2款还规定，当事人经

人民法院准许延期举证，但因客观原因未能在准许的期限内提供，且不审理该证据可能导致裁判明显不公的，其提供的证据可视为新的证据。

为了保障程序的公正，一方当事人提出新的证据的，人民法院应当通知对方当事人在合理期限内提出意见或者举证。对方当事人为反驳新证据而举出的证据，也属于新的证据的范畴。

五、证据的审查与判断

（一）审查、判断证据的概念

审查证据，是指人民法院在诉讼参与人的参加下，通过法庭审理的方式，对案件的全部证据进行审查和核实的诉讼行为。判断证据，是指人民法院在审查证据的基础上，对案件的全部证据进行分析，确认其证明力的一种推理活动。对证据的审查、判断，往往以庭审质证的程序为中心展开。

（二）审查、判断证据的基本要求

根据《证据规定》第 64 条之规定，审判人员审查、判断证据应当遵循以下基本要求：

1. 依照法定程序审核证据

法律对审核证据的程序有明确规定的，必须严格依照法定程序进行。例如，我国《民事诉讼法》和《证据规定》都明确规定：证据应当在法庭上出示，由当事人质证。未经质证的证据，不能作为认定案件事实的依据。

2. 全面、客观地审核证据

所谓全面审核证据是指法官应对与待证事实有关的所有证据都进行审查、核实，不仅要审核当事人双方提出的证据，也要审核法院自行收集的证据。所谓客观地审核证据，是指法官应当保持中立的立场，避免在审查证据时先入为主，主观、片面。

3. 遵循法官的职业道德

这是对法官的品行操守和行为准则的要求。法官在行使审判权的时候，必须维护司法公正，摒弃个人的好恶和偏见，廉洁无私，忠实于事实和法律，依据良知作出判断。

4. 运用逻辑推理和日常生活经验对证据有无证明力和证明力大小独立进行判断

由法官运用自己的理性对具体案件中的证据的证明力进行判断，而不是由法律事先规定各类型证据的证明力，是自由心证原则与法定证据原则的区别。但法官的自由心证并非毫无根据、主观臆断，而是要运用逻辑推理和日常生活经验对证据进行分析和评价，如此才能具有说服力，得到普通人的认同。

5. 依据法律规定审核、判断证据

《证据规定》虽然赋予法官运用逻辑推理和日常生活经验独立判断证据证明力的权力，但同时也对某些证据的证据资格和证明力作出了明确规定，在法律有明确规定的情形下，法官必须按照法定的证据规则对证据的证据资格和证明力作出判断。

6. 公开判断的理由和结果

证据的审查、判断在大多数情况下依赖法官的自由心证。法官是如何形成心证的，其心证的形成是否符合逻辑和经验法则，对当事人来说至关重要。为了保障法官心证的合理性，法律虽无法直接约束法官的内心判断过程，却可以要求法官公开判断的理由和结果。公开判断的理由和结果，不仅有利于说服当事人接受诉讼结果，也有利于加强对法官的监督，保障司法的民主与公正。

(三) 审查、判断证据的方法

人民法院通常依据下述方法审查、判断证据：

1. 对证据的来源、内容和形式等进行审查。从来源上说，主要审查证据来源是否合法、是否可靠，与事实的距离远近等。从内容上说，主要审查证据反映的事实是否与本案有关系，所反映的思想是否真实。从形式上说，主要审查某些证据是否符合法定要求，以及是否按照一定的程序收集和提出。

审判人员对单一证据可以从下列方面进行审核、认定：(1) 证据是否原件、原物、复印件，复制品与原件、原物是否相符；(2) 证据与本案事实是否相关；(3) 证据的形式、来源是否符合法律规定；(4) 证据的内容是否真实；(5) 证人或者提供证据的人与当事人有无利害关系。同时，下列证据不能单独作为认定案件事实的依据：(1) 未成年人所作的与其年龄和智力状况不相当的证言；(2) 与一方当事人或者其代理人有利害关系的证人出具的证言；(3) 存有疑点的视听资料；(4) 无法与原件、原物核对的复印件、复制品；(5) 无正当理由未出庭作证的证人证言。

2. 审查各种证据的特点和相互间的联系，从而确定证明案件事实基础的证据的证明力。

根据《证据规定》，一方当事人提出的下列证据，对方当事人提出异议但没有足以反驳的相反证据的，人民法院应当确认其证明力：(1) 书证原件或者与书证原件核对无误的复印件、照片、副本、节录本；(2) 物证原物或者与物证原物核对无误的复制件、照片、录像资料等；(3) 有其他证据佐证并以合法手段取得的、无疑点的视听资料或者与视听资料核对无误的复制件；(4) 一方当事人申请人民法院依照法定程序制作的对物证或者现场的勘验笔录。另外，对于人民法院委托鉴定部门作出的鉴定结论当事人没有足以反驳的相反证据和理由的，可以认定其证明力。

一方当事人提出的证据，另一方当事人认可或者提出的相反证据不足以反驳的，人民法院可以确认其证明力。而一方当事人提出的证据，另一方当事人有异议并提出反驳证据，对方当事人对反驳证据认可的，可以确认反驳证据的证明力。双方当事人对同一事实分别举出相反的证据，但都没有足够的依据否定对方的证据的，人民法院应当结合案件情况，判断一方提供的证据的证明力是否明显大于另一方提供的证据的证明力，并对证明力较大的证据予以确认。

人民法院就数个证据对同一事实的证明力可以依照下列原则认定：(1) 国家机

关、社会团体依职权制作的公文书证的证明力一般大于其他书证；(2) 物证、档案、鉴定结论、勘验笔录或者经过公证、登记的书证的证明力一般大于其他书证、视听资料和证人证言；(3) 原始证据的证明力一般大于传来证据；(4) 直接证据的证明力一般大于间接证据；(5) 证人提供的对与其有亲属或者其他密切关系的当事人有利的证言的证明力一般小于其他证人证言。

3. 全面地综合判断证据。人民法院通过对当事人证明活动及提出的证据进行审查，并通过自己收集证据，形成了判断案件事实的证据链，在综合运用各种证据方法和技术的基础上，对不同的证据进行选别，确定最接近案件事实的证据，确定最有力证据的使用，以保证事实认定的合法性和正统性。因此，《证据规定》第 66 条规定："审判人员对案件的全部证据，应当从各证据与案件事实的关联程度、各证据之间的联系等方面进行综合审查判断。"

人民法院在审查、判断证据过程中还应注意的问题有：(1) 在诉讼中，当事人为达成调解协议或者和解的目的作出妥协所涉及的对案件事实的认可不得在其后的诉讼中作为对其不利的证据；(2) 以侵害他人合法权益或者违反法律禁止性规定的方法取得的证据，不能作为认定案件事实的依据。

六、事实认定

我国《民事诉讼法》第 7 条规定："人民法院审理民事案件，必须以事实为依据，以法律为准绳"。作为总则编的一项规定，它确定了民事诉讼的一项重要理念和基本原则，即法院对案件的审理，必须以案件事实的正确认定为基础，在正确认定案件事实的前提下，恰当地适用法律，才有可能作出公正的裁判。那么，怎样才算是正确地认定了案件事实呢？首先，对案件事实的认定必须是以经过审查、核实的证据为基础。其次，用于证明案件事实的证据必须在质和量上达到一定标准，能使法官达到一定程度的心证。所谓心证，是指法官在庭审调查及当事人双方相互质证、辩论的基础上，对案件所涉及的证据的资格、证明力，以及证据对于案件事实的证明程度的判断。法官的心证要达到何种程度才能对案件事实作出认定，是证明标准所要解决的问题。

我国现行《民事诉讼法》并没有明确规定证明标准。学术界主流观点认为，民事诉讼中应采用略低于刑事诉讼的证明标准，即"高度盖然性的证明标准"。盖然性是一种可能性，在诉讼证明中是指待证事实存在与否的可能性。这种事实存在与否的可能性具有一定的幅度，有高度的盖然性、较高的盖然性和低的盖然性。高度盖然性是指当事人的证明虽然没有达到使法官对待证事实确信只能如此的程度，但已经使其相信极有可能如此的程度。较高的盖然性是指证明已经达到了使法官相信所主张的事实有较大可能性如此的程度。低的盖然性是无法使法官认定事实的可能性。高度盖然性证明标准可适用于民事诉讼的一般情形，在个别情况下，对于举证特别困难的案件，为维护当事人的合法权益，仅要求较高的盖然性即可。

《证据规定》第 73 条规定："双方当事人对同一事实分别举出相反的证据，但都没有足够的依据否定对方证据的，人民法院应当结合案件情况，判断一方提供证据的证明力是否明显大于另一方提供证据的证明力，并对证明力较大的证据予以确认。”该条规定弥补了我国民事诉讼立法在证明标准方面的空白，确立了高度盖然性的证明标准。

【案例评析】

案例 1

（一）案情简介

原告曾某主张 2002 年 9 月 13 日借给朋友王某（被告）3 万元，约定还款日期为 2002 年 12 月 13 日。但是王某到期没有履行还款义务。曾某将王某诉至法院，要求其履行还款义务。原告向法院提交的证据有：（1）双方签订的一份借款协议，协议约定：被告向原告借款 3 万元，借款期限 3 个月，每月结付一次利息；（2）两张买房的收据和房子的钥匙，是被告王某交给原告曾某作抵押的保证；（3）被告发到原告手机上的一份短信，内容是要求原告宽限还款期限 3 个月。法庭经过讨论决定同意将短信作为证据，但原告必须拿出证据证明那条短信确系被告所发。但原告要想证明发送那条短信的手机确实是被告的手机，而且是否以其名字登记，只有通过移动公司才能查实。而移动公司规定，只有本人持身份证才能查阅有关资料，因此原告方无法取得被告的短信资料，于是申请法院依取证。在这样的情况下仍旧遭到移动公司的拒绝。

（二）基本问题

1. 手机短信能否作为证据使用？如果可以，属于哪一类证据？
2. 移动公司拒绝原告和法院取证的行为合法吗？

（三）知识内容

1. 手机短信是随着科学技术的发展而出现的一种新事物。由于手机的普遍使用，短信成为人们沟通和交流的一种重要方式，甚至在一定程度上取代了传统的书信。当短信内容中包含着一些与案件事实有关的信息时，不应把手机短信排除在证据的范畴之外。我国《刑事诉讼法》第 48 条规定：“可以用于证明案件事实的材料，都是证据”。这一规定也为《民事诉讼法》和《行政诉讼法》所默认。

手机短信属于哪种证据形式关系到现行法律的适用，也涉及对其证明力的判断标准问题。《民事诉讼法》第 63 条规定了证据的七种基本形式，手机短信属于其中的哪一种，目前还存有争议。由于手机短信以电子数据的方式储存和传输，应归为电子证据的范畴。关于电子证据的归类，主要的观点有以下两种：（1）认为电子证据是视听资料。其理由是：电子证据和视听资料储存都需要借助一定的设备来反映；都是运用一定的科技手段制作、传播、识别和感知；易删改；易复制。（2）主张电子证据属于书证，根据是：电子证据和书证一样，都是通过内容表达中心思想；我国证据理论和立法上都已经将书证扩大到数据电文形式；国外理论和立法也大多承认电子证据相当于书证。也有观点认为应将电子证据作为一类独立的证据形式。无论将其归为哪一种证据形式，在判断其证明力的时候，都应当围绕其关联性和真实性进行考察。

2. 移动公司拒绝原告取证合法，因为客户的通信记录和手机号码属于个人隐私，只有公权力机构才有依法调查的权力。法院作为国家的司法机关，为履行审判职责，有权力对涉案手机的登记信息和通信记录进行调查。《民事诉讼法》第 65 条规定："人民法院有权向有关单位和个人调查取证，有关单位和个人不得拒绝。"。所以，移动公司拒绝法院调查取证是不合法的。法院可以依据《民事诉讼法》第 103 条的规定——"有义务协助调查、执行的单位有下列行为之一的，人民法院除责令其履行协助义务外，并可以予以罚款：（一）有关单位拒绝或者妨碍人民法院调查取证的……人民法院对有前款规定的行为之一的单位，可以对其主要负责人或者直接责任人员予以罚款；对仍不履行协助义务的，可以予以拘留；并可以向监察机关或者有关机关提出予以纪律处分的司法建议。"——对移动公司相关人员进行处罚。

案例 2

（一）案情简介

X 公司（原告）主张与赞助单位 Y 公司（被告）之间电视、电影制作、放映合同成立，并以 Y 公司不履行合同债务为由请求该公司赔偿办理制作手续费、原作稿费、筹划费及赞助费共计 1 000 万元的损失。X 公司在一审中败诉。X 公司董事长 A 认为 Y 公司广告部主任 C 所作的不利证言乃致其败诉的主要原因，于是通过好友 Y 公司人事科科长 B 将 C 请到一家餐馆，并用磁带秘密录下彼此在酒桌上的对话。其后，将录音带作为证据提交给二审法院。Y 公司认为上述录音带系 X 公司一审败诉后，在隐匿上诉意向的情形下，通过朋友介绍，将酒桌上对 C 所作的诱导性询问录制而成之物。法庭认可了录音磁带的证据能力，但否认了证言的证据价值，驳回上诉。

（二）基本问题

1. 本案中的录音磁带是否具有证据资格？

2. 如何评价该录音证据的证明力？

（三）知识内容

1. 证据要具备证据资格，需要同时具有关联性、客观性和合法性。确定本案中的录音磁带是否具有证据资格，关键在于其取得的方法是否合法。在司法实践中，未经对方同意私自录音、录像而取得的视听资料是否具有证据资格是一个经常出现的问题。1995 年，最高人民法院曾出台一个司法解释《未经对方当事人同意私自录音的资料能否作为证据使用问题的批复》，该批复指出："证据的取得首先要合法，只有经过合法途径取得的证据才能作为定案的根据。未经对方当事人同意私自录制其谈话，系不合法行为，以这种手段取得的录音资料，不能作为证据使用。"依此类推，所有未经被录者同意的视听资料都不能作为证据使用，以侵害他人合法权益的方法取得的证据不能作为认定案件事实的依据。但未经对方当事人同意私自录音是否就是不合法的行为呢？学术界对此存有疑问，主流的观点认为，只要录制者没有使用国家明确禁止的手段，如非法监听或非法进入他人住宅，且录制的目的是维护自己的合法权益，而不是窃取国家机密或商业秘密或侵害他人隐私，应当确认私自录取证据的合法性。因此，在判断录音带是否具有证据资格时，应当以录音手段、方法是否明显失当为准。《证据规定》第 68 条规定："以侵害他人合法权益或者违反法律禁止性规定的方法取得的证据，不能作为认定案件事实的依据。"本案中，上述对酒席上交谈所作的录音仅仅是在 C 不知情的情况下为之，没有采取法律禁止的或侵害人身权益的方法；而且，A 获得录音之后仅是向法院提供，并没有向当事人以外的第三人公开，其目的在于维护自己的权益，而不是侵害 C 的隐私权，因此，应承认上述录音带之证据资格。

2. 除了法律有明确规定，一般情况下，证据的证明力大小由法官运用逻辑推理和日常生活经验加以判断，证据的证明力的大小取决于关联性之强弱和真实性之高低。本案中，如前所述，A 请客的意图是使 C 站在自己的立场陈述，并在酒桌上对 C 进行诱导性的询问，因此，按常理推断，C 赴宴后难免为迎合 A 的诱导性询问而作出回答，其陈述的客观性难免不受影响。因而，如果缺乏其他证据的印证，该录音不能单独作为认定事实的依据。

案例 3

（一）案情简介

某代理商甲（被告）长期独家代理乙公司（原告）的电子产品在 X 地区的销售，代理方式是甲负责寻找客户，甲代理乙与客户签订产品销售合同之后，指示乙向客户发货。之后由甲代为收取货款，再将货款通过汇款的方式转交给乙。2005 年 1 月，乙要求与甲结算 2004 年的代理销售货款。结算完毕后，乙认为通过甲卖给 X 地区某客户丙的 3 批货物的货款尚未收到，而甲认为自己已将代理销售的全部货款转交给乙。乙向法院提起诉讼，要求甲支付上述 3 笔货款，分别是 8 万元、10 万元、12 万元，共计 30 万元。乙提出的证据有：（1）甲、乙双方签订的在 X 地区的独家代理合同；（2）客户丙分别出具的收到乙 3 批货物的 3 张收货清单。甲提供的证据有：2004 年甲向乙汇款的凭证 10 张，金额共计 100 万元。针对甲提供的证据，乙认为甲提供的汇款凭证是 2004 年及 2003 年延期支付的代理销售的其他货物的汇款凭证。乙又向法院提交了 2004 年及 2003 年下半年向 X 地区其他客户发货的 9 份收货清单，金额共计 102 万元，其中 2004 年发货金额共计 65 万元。经庭审调查，原、被告双方对上述证据的真实性皆无异议。法庭认为甲极有可能已向乙转交上述3批货物的货款。

（二）基本问题

1. 本案中，甲和乙分别应当就哪些事实承担证明责任？

2. 法官对案件事实所形成的心证是否达到证明标准的要求？

（三）知识内容

1. 根据法律要件分类说，主张权利存在的当事人，应就权利发生的法律要件事实承担证明责任；主张权利消灭者应对权利消灭的法律要件事实负证明责任。原告的诉讼请求是要求实现合同约定的权利，原告应就权利发生的要件事实承担证明责任。因此，原告应当对以下事实承担证明责任：第一，甲、乙双方之间的代理合同成立并有效；第二，原告乙已按甲的指示向丙交付3批货物。根据这两个要件事实，可以确定被告甲负有代原告向丙收取货款并向原告转交货款的义务。

诉讼中，被告没有争议代理合同的有效性，而是对合同义务是否履行发生了争议。根据《证据规定》第5条的规定，被告应对自己已经履行义务的事实承担举证责任。从法律要件分类说的理论来分析，被告主张的法律效果是原告的权利已消灭，则其应就权利消灭的法律要件事实负证明责任，该法律要件事实是被告的合同义务已经履行完毕。

2. 法官对争议事实形成的心证是否达到证明标准，是衡量判决认定事实是否错误的重要标准。本案在诉讼中争议的事实是被告是否向原告转交了讼争货款。对此，原、被告双方都提出了证据来说服法官。被告提出的证据并没有直接证明其已向原告转交了丙支付的3笔货款，只是能证明其在2004年度一共向原告转交了100万元货款。原告为反驳被告提出了反证，提供了2004年及2003年下半年向X地区其他客户发货的9份收货清单，金额共计102万元，其目的是证明被告所提供的汇款凭证并没有包含讼争货款的汇款。但由于其中2004年发货清单总金额只有65万元，而原告又无法证明被告2004年的汇款中包含2003年的货款，因此，原告的证据也不能证明被告提供的汇款凭证中不包括讼争货款。相反，法官会认为原告在2003—2004年度通过被告卖出的货物极有可能不会超过102万元。那么，在被告提出了2004年的100万元的汇款凭证的情况下，被告已向原告转交讼争货款的可能性较大。应该说，法官的心证达到了较高程度的盖然性标准。根据《证据规定》第73条的规定，法官对争议案件事实的认定符合我国司法解释所确立的证明标准的要求。

案例4

（一）案情简介

1997年9月10日，被告王某到原告张某处借款9 500元。由于二人系近亲关系及其他原因，被告王某一直没打借条。从同年年底开始，原告不断向被告催讨借款，后被告及其丈夫（本案另一被告）张某两次偿还原告 2 200 元，剩余款项经多次讨要，二被告一直未还。原告向法院提起诉讼，要求二被告偿还剩余欠款 7 300 元并支付相应利息。原告提供了多次向二被告主张债权，并请中间人调解的证人证言。诉讼中，被告辩称从未借过原告的钱，同时也表明双方无其他经济纠纷，请求驳回原告的诉讼请求。由于原告缺乏证明借贷关系的直接证据，要求与被告接受心理测试来证明自己所言属实。在被告同意接受心理测试的情况下，原告按时如数预交了测试费用，被告却未交任何费用，也未主动向法院说明理由。几经催促，最终直至本案判决时，被告还是分文未交。法院根据最高人民法院《民事证据规定》中相关条款的规定，结合原告提交的间接证据的效力和双方当事人在诉讼中的表现，确认原告起诉的事实属实，判令二被告共同偿还所欠原告现金 7 300 元，并支付相应利息。后双方在上诉期间内达成和解协议，被告按协议内容履行了给付义务，原告表示放弃按判决内容申请执行的权利。

(二) 基本问题

本案法官形成心证的证据原因有哪些?

(二) 知识内容

本案中法官形成心证的证据原因包括原告提出的间接证据和辩论的全部旨趣。所谓辩论的全部旨趣是指除证据资料以外的在口头辩论过程中出现的一切资料和信息。由于原告缺乏借款凭据这一最为直接的证据，法官只能借助间接证据进行事实推定。事实推定需要法官运用日常生活经验和逻辑推理。本案中仅凭原告提出的催款证明和请中间人调解的证明，尚不足以证明借贷关系的存在。但是当事人在诉讼过程中的表现和诉讼中查明的其他信息使法官对借贷关系的认定产生了积极的影响，促使了上述判决的形成：(1) 原告张某和被告王某是近亲关系，原告借钱给被告而没有要求被告出具收条，在中国的伦理关系背景下是有可能的；(2) 证人证明本案纠纷在起诉之前经过中间人数次调解，调解过程中被告方曾透露这笔钱不是借款而是原告向某小煤矿投资的股份，说明原、被告双方之间确有经济纠纷；(3) 被告方虽然当庭否定向原告借款，但同时明确表示双方没有任何其他经济纠纷；(4) 被告之一曾在审判人员面前抱怨原告操之过急，言语中已暗示双方有经济来往和纠纷；(5) 双方在诉讼过程中，情绪及态度反差较大，原告情绪激动、诉讼积极，被告则消极应付，异常平静；(6) 原告按时预付测试费用，被告却等待观望，迟迟不交。

全面把握法官形成心证的原因的意义在于，应当认识到法官认定事实自应以审查、核实的证据为依据，但是，证据以外的东西我们也不容忽视。应当全面、综合地审查案件，防止因重证据而仅仅局限于证据本身的做法，正确理解和适用民事诉讼证据的立法规定，慎重运用审判人员的“自由心证”，这样才能保证司法的公平与正义。

【疑难问题】

如果前述案例 4 中当事人双方接受了心理测试，测试结果能否作为认定事实的证据？

提示：心理测试，一般又称测谎，学名 CPS 多道心理测试，是对被测对象回答测试人所设置问题的过程中某些生理参量进行测试，从而判断被测对象是否说谎的鉴别活动。测谎原理的核心是心理刺激与生理反应的伴生关系。生理反应是不以人的主观意志为转移的，运用测谎仪器设备记录测谎对象在回答其所设置的问题的过程中某些生理参量的变化，并通过分析测谎仪器设备所记录的图谱，对被测谎对象在回答有关问题时是否说谎作出判断，这就是测谎的科学原理。从现行法律规定看，法律对测谎结论能否作为证据没有禁止性规定。有人将测谎结论视为鉴定结论。鉴定结论是指具有专门知识和技能的人员接受当事人或法院委托，就诉讼中的专门问题运用专门知识或借助各种科学仪器和设备，进行分析、比较而作出的科学结论。测谎正是具有心理学和生理学知识的人运用科学仪器对人的生理参量进行测试，推导被测人是否说谎的过程。如果将测谎结论作为一种鉴定结论，可以作为证据使用。当然，由于测试人员的素质、技能、经验以及被测人心理承受力等原因，可能导致测谎结论的错误。鉴于此，应当综合考虑案件的其他证据和情况对测谎结论进行审查和判断，确定其是否有证明力。正因如此，有人主张测谎结论只能作为间接证据。用以加强法官的内心确信。

【法律法规】

1.《中华人民共和国民事诉讼法》

2. 最高人民法院《关于适用〈中华人民共和国民事诉讼法〉若干问题的意见》

3. 最高人民法院《关于民事诉讼证据的若干规定》

实务训练

1. 案情：肖某是甲公司的一名职员，在 2006 年 12 月 17 日出差时不慎摔伤，住院治疗两个多月，花费医疗费若干。甲公司认为，肖某伤后留下残疾已不适合从事原岗位的工作，于 2007 年 4 月 9 日解除了与肖某的劳动合同。因与公司协商无果，肖某最终于 2007 年 11 月 27 日向甲公司所在地的某省 A 市 B 区人民法院起诉，要求甲公司继续履行劳动合同并安排其工作，支付其住院期间的医疗费、营养费、护理费以及住院期间公司减发的工资、公司 2006 年三季度优秀员工奖奖金等共计 3.6 万元。

问：诉讼中，肖某与甲公司分别应当对本案哪些事实承担举证责任？

答案：肖某应对以下事实承担举证责任：（1）其与甲公司存在劳动合同关系的事实；（2）其受伤属于工伤的事实；（3）各项损失的事实；（4）甲公司未支付完全额工资和奖金的事实。

甲公司应对以下事实承担举证责任：（1）公司有权解除劳动合同的事实；（2）公司有权减少肖某住院期间工资报酬的事实。

分析：《证据规定》第2条规定了举证责任分配的一般原则："当事人对自己提出的诉讼请求所依据的事实或者反驳对方诉讼请求所依据的事实有责任提供证据加以证明。"此外，对于某些案件的举证责任的分配，《证据规定》还进行了明确的规定，其中，第5条规定："在合同纠纷案件中，主张合同关系成立并生效的一方当事人对合同订立和生效的事实承担举证责任；主张合同关系变更、解除、终止、撤销的一方当事人对引起合同关系变动的事实承担举证责任。"第6条规定："在劳动争议纠纷案件中，因用人单位作出开除、除名、辞退、解除劳动合同、减少劳动报酬、计算劳动者工作年限等决定而发生劳动争议的，由用人单位负举证责任。"

肖某主张甲公司继续履行劳动合同并安排其工作，为实现这一诉讼请求，肖某需要证明其与甲公司之间存在劳动合同关系，同时还需证明其受伤残疾、不适合原工作岗位是由工伤所致，因此，肖某需要对其与甲公司存在劳动合同关系以及其受伤属于工伤的事实承担举证责任；此外，肖某的诉讼请求还包括甲公司支付各项损失和未支付完的工资和奖金，因此，肖某还需对工伤造成损失的事实和公司未支付完工资和奖金的事实承担举证责任。

甲公司虽然没有在诉讼中主张某一事实，但由于其与劳动者在实际劳动关系中所处的地位悬殊，考虑到实质公平原则，立法者在此将举证责任分配给了用人单位，即《证据规定》第6条所规定的，因用人单位作出开除、除名、辞退、解除劳动合同、减少劳动报酬、计算劳动者工作年限等决定而发生劳动争议的，由用人单位负举证责任。需要注意的是，用人单位需要证明的实质上是其解除劳动合同和减少劳动报酬的合法性，而不仅是其解除劳动合同和减少劳动报酬的事实。

2. 案情：老方创作的纪实小说以某县吴村的村支书为原型，其中描写了他与村霸林申（以林甲为原型）斗智斗勇的场面。小说发表后，林甲认为小说将自己作为"村霸"进行刻画，侵犯其名誉权。林甲起诉老方，请求赔偿经济损失2万元并赔礼道歉。一审过程中，被告提出了当地镇党委处理林甲相关问题的决定（档案材料）作为证据，证明小说的描写有事实根据。一审判决认为，镇党委虽然给老方提供了处理决定，但并未明确同意可以据此创作小说，该材料不能作为证据。

问：一审判决否定被告提出的档案材料具有证据资格是否正确？

答案：不正确。

分析：证据要具备证据能力必须同时具有关联性、客观性和合法性，只有具备这三个属性的证据材料才可以作为认定事实的依据。所谓关联性，是指证据与待证事实之间具有客观的联系。被告提出的档案材料能够证明小说对林甲的描写是否有事实根据，而小说对林甲的描写是属实还是凭空捏造，是判断原告的名誉权是否被侵害的要件事实，所以，该档案材料与待证事实间有关联性。所谓客观性，是指证据必须是客观存在的事物。证据的客观性包括两个方面的内容：一是证据的内容必须是对客观事物的反映，而不是主观臆测。二是证据的形式是人们可以用某种方式感知的有形物。原告提出的档案材料是镇党委出具的处理决定的档案资料，不是原告自行编造，亦能够为人们感知，因此符合客观性的要求。证据的合法性是指证据符合法律的要求，不为法律所禁止。证据的合法性主要包含四个方面的内容：一是形成证据的主体符合法律的要求。二是证据的形式合法，例如，单位向法院提交的证明文书必须有单位的签章。三是证据取得的方法合法。四是证据程序合法，亦即证据应当在法庭上出示，由当事人质证。结合本案情况，并未指出原告提出的档案资料不符合法律要求。因此，原告提出的档案材料具备证据资格，一审判决否定原告提出的档案材料具有证据资格是不正确的。

课后练习

1. 郭某诉张某财产损害一案，法院进行了庭前调解，张某承认对郭某财产造成损害，但在赔偿数额上双方达成协议。关于本案，下列哪一选项是正确的？（单选）

A. 张某承认对郭某财产造成损害，已构成自认

B. 张某承认对郭某财产造成损害，可作为对张某不利的证据使用

C. 郭某仍需对张某造成财产损害的事实举证证明

D. 法院无需开庭审理，本案事实清楚可直接作出判决

2. 关于举证时限和证据交换的表述，下列哪一选项是正确的？（单选）

A. 证据交换可以依当事人的申请而进行，也可以由法院依职权决定而试试

B. 民事诉讼案件开庭审理前，法院必须组织进行证据交换

C. 当事人在举证期限内提交证据确有困难的，可以在举证期限届满之后申请延长，但只能申请延长一次

D. 当事人在举证期限内未向法院提交证据材料的，在法庭审理过程中无权再提交证据

3. 关于自认的说法，下列哪一选项是错误的？（单选）

A. 自认的事实允许用相反的证据加以推翻

B. 身份关系诉讼中不涉及身份关系的案件事实可以适用自认

C. 调解中的让步不构成诉讼上的自认

D. 当事人一般授权的委托代理人一律不得进行自认

4. 关于证人的表述，下列哪一选项是正确的？（单选）

A. 王某是未成年人，因此，王某没有证人资格，不能作为证人

B. 原告如果要在诉讼中申请证人出庭作证，应当在举证期限届满前提出，并经法院许可

C. 甲公司的诉讼代理人乙律师是目击案件情况发生的人，对方当事人丙可以向法院申请已作为证人出庭作证，如法院准许，则乙不得作为甲公司的诉讼

代理人

D. 李某在法庭上宣读未到庭的证人的书面证言，该书面证言能够代替证人出庭作证

5. 王某承包了20亩鱼塘。某日，王某发现鱼塘里的鱼大量死亡，王某认为鱼的死亡是因为附近的腾达化工厂排污引起，遂起诉腾达化工厂请求赔偿。腾达化工厂辩称，根本没有向王某的鱼塘进行排污。关于化工厂是否向鱼塘排污的事实举证责任，下列哪一选项是正确的？（单选）

A. 根据“谁主张，谁举证”的原则，应当由主张存在污染事实的王某负举证责任

B. 根据“谁主张，谁举证”的原则，应当由主张自己没有排污行为的腾达化工厂负举证责任

C. 根据“举证责任倒置”的规则，应当由腾达化工厂负举证责任

D. 根据本证与反证的分类，应当由腾达化工厂负举证责任

6. 甲养的宠物狗将乙咬伤，乙起诉甲申请损害赔偿。诉讼过程中，甲认为乙被咬伤是因为乙故意逗狗造成的。关于本案中举证责任的分配，下列哪一项选项是正确的？（单选）

A. 甲应当就乙受损害与自己的宠物狗没有因果关系进行举证

B. 甲应当对乙故意逗狗而遭遇咬伤的事实负举证责任

C. 乙应当就自己没有逗狗的故意负举证责任

D. 乙应当就自己受到甲的宠物狗伤害以及自己没有逗狗的故意负举证责任

7. 周某与某书店因十几本工具书损毁发生纠纷，书店向法院起诉，并向法院提交了被损毁图书以证明遭受的损失。关于本案被损毁图书，属于下列哪些类型的证据？（多选）

A. 直接证据　　B. 间接证据　　C. 书证　　D. 物证

8. 三个小孩在公路边玩耍，此时，一辆轿车急速驶过，三个小孩捡起石子向轿车扔去，坐在后排座位上的刘某被一石子击中。刘某将三个小孩起诉至法院。关于本案举证责任分配，下列哪些选项是正确的？（多选）

A. 刘某应对被告向轿车投掷石子的事实承担举证责任

B. 刘某应对其所受到损失承担举证责任

C. 三被告应对投掷石子与刘某所受到损害之间不存在因果关系承担举证责任

D. 三被告应对其主观没有过错承担举证责任

9. 关于民事诉讼中的证据收集，下列哪些选项是正确的？（多选）

A. 在王某诉齐某合同纠纷一案中，该合同可能存在损害第三人利益的事实，在此情况下法院可以主动收集证据

B. 在胡某诉黄某侵权一案中，因客观原因胡某未能提供一项关键证据，在此情况下胡某可以申请法院收集证据

C. 在周某诉贺某借款纠纷一案中，周某因自己没有时间收集证据，于是申请法院调查收集证据，在此情况下法院应当进行调查收集

D. 在武某诉赵某一案中武某申请法院调查收集证据，但未获法院准许，武某可以向受案法院申请复议一次

10. 原告诉请被告返还借款 5 万元，为证明这一事实，原告向法院提交了被告书写的"借据"；被告则主张"借款已经清偿"，并向法院出示了原告交给他的"收据"。关于原、被告双方的证据，下列哪些选项是正确的?（多选）

A. "借据"是本证，"收据"也是反证

B. "借据"是本证，"收据"也是本证

C. "借据"是直接证据，"收据"是间接证据

D. "借据"是直接证据，"收据"也是直接证据

延伸阅读

1. 陈桂明，纪革非．证据制度改革中的几个基本问题．法学科学，2007（6）

2. 唐力．日本民事诉讼证据收集制度及其法理．环球法律评论，2007（2）

3. 张卫平．证明妨碍及其对策探讨．见：何家弘主编．证据学论坛．第7卷．北京：中国检察出版社，2004

4. 龙云辉，段文波．略论证明责任与主张责任的关系．法学评论，2008（3）

5. [德] 瓦尔特·哈布沙伊德．证明权．见：[德] 米夏埃尔·施蒂尔纳．德国民事诉讼法学文萃．赵秀举译．北京：中国政法大学出版社，2005

6. 陈刚．证明责任法研究．北京：中国人民大学出版社，2000

7. 吴杰．民事诉讼证明标准理论研究．北京：法律出版社，2007

第六专题　第一审程序

【内容摘要】

法院审理民事案件的第一审程序包括两种：一种是普通程序，另一种是简易程序。普通程序是指法院审判第一审民事案件通常所适用的最基本的程序。普通程序是我国民事诉讼法规定的审判程序中最为重要的一个程序，其具有基础性、完整性和适用的广泛性等特点；同时，民事诉讼法的诸多原则、制度在该程序中都有集中和充分的体现。简易程序是我国民事诉讼第一审程序中一个独立的审判程序。简易程序是对普通程序的简化，简易程序中未作规定的，适用普通程序的规定。

【知识要点】

一、当事人提起诉讼

（一）起诉的实质与形式要件

起诉是指公民、法人或其他组织在其民事权益受到侵害或与他人发生争议时，向人民法院提起诉讼，请求人民法院通过审判予以司法保护的行为。起诉是当事人获得司法保护的手段，也是人民法院对民事案件行使审判权的前提。

当事人的起诉要得到人民法院的受理，必须具备法律规定的起诉条件。依照《民事诉讼法》第108条的规定，起诉的条件如下：

第一，原告必须是与本案有直接利害关系的公民、法人或其他组织，即原告必须是有诉讼权利能力的公民、法人或其他组织；同时原告必须是由于自己的民事权益受到侵害或与他人发生争议向人民法院提起诉讼，即原告与其案件存在着法律上的利害关系，否则，不能成为案件的原告。

第二，有明确的被告。原告起诉必须明确指出侵犯其民事权益或与其发生民事权益争议的被告是谁，如果没有明确、具体的被告，诉讼程序就无从进行，法院也无法对案件进行审理。

第三，有具体的诉讼请求、事实和理由。原告起诉必须明确指出要求人民法院保护其民事权益的内容，对被告实体权利请求的内容，以及提出诉讼请求的事实依据和理由。这是起诉的核心内容。

第四，属于人民法院受理民事诉讼的范围和受诉人民法院管辖，即原告提起的诉讼应当属于人民法院行使审判权的范围和受诉法院的管辖范围，否则法院无权对案件进行审理。

起诉的形式要件以书面起诉为原则，以口头起诉为例外。《民事诉讼法》第109条规定：起诉应当向人民法院递交起诉状，并按照被告人数提交起诉状副本。书写起诉状确有困难的，可以口头起诉，由人民法院记入笔录，并告知对方当事人。

起诉状的内容，依照《民事诉讼法》第110条的规定，应当写明：(1) 当事人的有关情况。当事人是个人的，写明其姓名、年龄、民族、职业、工作单位和住所；当事人是法人或其他组织的，写明其名称、单位所在地址、法定代表人或主要负责人的姓名、职务等。(2) 原告的诉讼请求，以及诉讼请求所依据的事实和理由。(3) 证据和证据来源、证人的姓名、住所等。(4) 受诉法院的名称、起诉的时间、起诉人签名或盖章。起诉状应当按照法律规定的内容书写，内容有欠缺的，受诉人民法院应告知原告限期补正。

(二) 诉讼标的的确定

诉讼标的是指当事人之间发生争执并要求法院作出裁判的民事权利，义务关系。诉讼标的是诉的客体，是法院裁判的对象。当事人是因民事权利、义务发生争议才到法院进行诉讼的，所以，当事人争执的特定的民事权利、义务便成为法院裁判的对象。

诉具有不同的类型，在不同类型的诉中，诉讼标的也有所不同。给付之诉的诉讼标的是原告基于与被告存在的某种实体法律关系而提出的要求被告履行给付义务的请求，确认之诉的诉讼标的是原告请求法院确认他与被告之间存在或者不存在某一实体法律关系，变更之诉的诉讼标的则是原告请求法院变更或消灭与被告之间存在的某种法律关系。

诉讼标的不同于诉讼标的物，前者是当事人之间发生争议的民事权利义务关系，后者则是民事权利义务关系所指向的对象。例如，在原告依据租赁合同提起的交付出租的房屋的诉讼中，租赁关系是诉讼标的，房屋则是诉讼标的物。任何一个案件都具有一个特定的诉讼标的，但并不是所有的案件都存在诉讼标的物，只有财产案件才具有诉讼标的物。

诉讼标的与诉讼请求具有密切联系，但两者并不等同。诉讼标的是当事人争议的民事权利义务关系，诉讼请求则是基于法律关系要求法院作出的特定的判决。例如基于某种法律关系要求法院判决被告给付某物，要求法院判决解除与被告之间存在的婚姻关系。

在原告起诉之时，诉讼标的就已经特定化，在诉讼过程中，诉讼标的不允许任意变更，因为变更诉讼标的实际上是要求法院对一个新的民事法律关系进行裁判，会给被告的防御和法院的审理带来困难。但在不变更诉讼标的的前提下变更诉讼请求则是允许的。例如，原告提起依据借款合同要求被告返还本金的诉讼后，可增加支付利息的诉讼请求。

二、法院对起诉的审查与受理

(一) 起诉的审查及处理

受理是指人民法院通过对当事人的起诉进行审查，对符合法律规定条件的，决定立案审理的行为。当事人的起诉行为只有与法院的受理行为相结合，才能引起民事诉讼程序的启动。通常情况下，就某一民事纠纷当事人向法院起诉，法院一旦立案受理，就意味着民事诉讼程序的启动，由此会产生一系列的法律后果：

其一，人民法院产生对该具体案件的审判权和审理职责。人民法院既有权力，也必须依法对案件进行审理，对当事人之间的民事争议作出裁决；并且非经法定程序，不得随意中止或终结诉讼，也不得在立案后随意撤销案件。

其二，人民法院形成对该案件的排他管辖权。其他法院对该案不得行使管辖权，当事人不得就同一诉讼标的、对同一对方当事人以同一诉讼理由另行提起民事诉讼。

其三，确定了双方当事人的诉讼地位。当事人的起诉一经人民法院受理，提起诉讼的一方当事人即成为案件的原告，享有原告的诉讼权利，承担原告的诉讼义务；被提起诉讼的一方当事人成为被告，享有被告的诉讼权利，承担被告的诉讼义务。

其四，诉讼时效因此中断。人民法院受理当事人的起诉后，诉讼时效即告中断，第一审程序的审理期限开始计算。

人民法院审查起诉主要从三个方面进行：(1) 要审查原告的起诉是否属于法院受理民事诉讼的范围，是否属于受诉法院的管辖；(2) 要审查起诉是否符合法定的四个条件；(3) 要审查起诉手续是否完备，起诉书内容是否明确、具体。

人民法院对起诉审查以后，针对不同情况作出不同的处理：(1) 人民法院认为起诉符合法定条件的，应当在7日内立案并通知当事人。(2) 人民法院认为起诉不符合法定条件的，应当在7日内裁定不予受理；原告对不予受理裁定不服的，可以提起上诉。如果人民法院在立案后，发现起诉不符合法定条件的，裁定驳回起诉，当事人对驳回起诉的裁定不服，可以提起上诉。

(二) 对特殊情况的处理

人民法院在审查当事人的起诉中，发现有下列情况的，应分别予以处理：

1. 依照行政诉讼法的规定，属于行政诉讼受案范围的，告知原告提起行政诉讼。

2. 依照法律规定，双方当事人对合同纠纷自愿达成书面仲裁协议向仲裁机构申请仲裁，不得向人民法院起诉的，告知原告向仲裁机构申请仲裁，但仲裁条款、仲裁协议无效、失效或者内容不明确、无法执行的除外。当事人在仲裁条款或仲裁协议中选择的仲裁机构不存在，或者选择裁决的事项超越机构权限的，人民法院有权依法受理当事人一方的起诉。因仲裁条款或协议无效、失效或者内容不明确、无法执行而受理的民事诉讼，如果被告一方对人民法院的管辖权提出异议的，受诉人民法院应就管辖权作出裁定。当事人一方向人民法院起诉时未声明有仲裁协议，人民法院受理后，对方当事人又应诉、答辩的，视为该人民法院有管辖权。

3. 依照法律规定，应当由其他机关处理的争议，告知原告向有关机关申请解决。

4. 对不属于本院管辖的案件，告知原告向有管辖权的人民法院起诉。

5. 对判决、裁定已经发生法律效力的案件，当事人又起诉的，告知原告按照申诉处理，但人民法院准许撤诉的裁定除外。判决、裁定一旦发生法律效力，就具有权威性、稳定性和执行性，法律不允许当事人以同一诉讼标的、同一理由再行起诉，这是民事诉讼中“一事不再理”原则的重要体现。当事人不服的，可以通过申请再审或者申诉来主张自己的权利，但是，准许撤诉的案件除外。因为当事人撤诉后，法律视其没有起诉，因此当事人撤诉或人民法院按撤诉处理后，当事人以同一诉讼请求再次起诉的，人民法院应予受理。

6. 依照法律规定，在一定期限内不得起诉的案件，在不得起诉的期限内起诉的，不予受理。一般来讲，当事人行使诉权提起诉讼是不应该受到时间上的限制的，但在某些情况下，为维护对方当事人的合法权益，体现对个别群体的特殊保护，便需要从法律上对其提起诉讼的时间予以限制，这种限制便是造成其在一定期限内不得起诉。如《婚姻法》规定：女方在怀孕期间和分娩后 1 年内，男方不得提出离婚。不过，这一规定的适用并非是绝对的。《婚姻法》同时规定：人民法院认为确有必要受理男方离婚请求的，不在此限。此外，这一限制是专为男方设定的，若女方在此期限内起诉离婚的，人民法院仍应予受理。

7. 判决不准离婚和调解和好的离婚案件，判决、调解维持收养关系的案件，没有新情况、新理由，原告在 6 个月内又起诉的，不予受理。原告撤诉或者按照撤诉处理的离婚案件，没有新情况、新理由，在 6 个月内又起诉的，不予受理。但是，判决不准离婚、调解和好的离婚案件以及判决、调解维持收养关系的案件的被告向人民法院起诉的，应予受理。

8. 夫妻一方下落不明，另一方诉至人民法院，只要求离婚，不申请宣告下落不明人失踪或死亡的案件，人民法院应当受理，对下落不明的人用公告送达诉讼文书。

9. 赡养费、扶养费、抚育费案件，裁判发生法律效力后，因新情况、新理由，一方当事人再行起诉要求增加或减少费用的，人民法院应当作为新案处理。

10. 当事人超过诉讼时效期间起诉的，人民法院应予受理。受理后查明无诉讼时效中止、中断、延长事由的，判决驳回其诉讼请求。

三、期间与送达制度

（一）期间制度

1. 期间的概念

期间，是指人民法院、诉讼参与人进行或完成某种诉讼行为应遵守的时间。狭义的期间指的是期限，广义的期间包括期限和期日。

期限，是指人民法院或诉讼参与人单独完成或进行某种诉讼行为的一段时间。比如，法律规定人民法院受理案件的期限是 7 天，当事人不服一审判决的上诉期间为 15 天。期日，是指人民法院与当事人、其他诉讼参与人汇合在一起进行一定诉讼活动的日期，如案件的开庭期日、案件的宣判期日等。

2. 期间的种类

期间包括法定期间和人民法院指定的期间。这里的期间是指期限，不包括期日。

（1）法定期间

法定期间，是指由法律明文规定的期间。行为主体在法定期间内依法实施的诉讼行为具有法律效力，若不遵守法定期间，行为主体则丧失了进行某种应当在法定期间内进行的行为的权利；即使进行了该行为，也不产生相应的法律效力。比如，当事人不服一审判决的上诉期间为 15 天，超过了该法定期限，当事人即丧失了行使上诉权的机会，即使坚持将上诉状提交给法院，也不产生上诉的法律后果。

法定期间包括绝对不可变期间和相对不可变期间。绝对不可变期间，是指该期间经法律确定，任何机构和人员都不得改变，如上诉期间、申请再审期间、申请执行期间等。相对不可变期间，是指该期间经法律确定后，在通常情况下不可改变，但遇有有关法定事由时，法院可对其依法予以变更，如一审的案件审理期间，涉外案件中境外当事人的答辩期间、上诉期间等。

（2）指定期间

指定期间，是指人民法院根据案件审理时遇到的具体情况和案件审理的需要，依职权决定当事人及其他诉讼参与人进行或完成某种诉讼行为的期间，如法院指定当事人补正诉状的期间、限定当事人提供证据的期间等。指定期间在通常情况下不应任意变更，但如遇有特殊情况，法院可依职权变更原确定的指定期间。

3. 期间的计算

期间按下列方法进行计算：

（1）期间以时、日、月、年作为计算单位。

（2）期限从有关的诉讼法律关系的主体接收了有关法律文书或诉讼文书的次日起开始计算。例如，当事人于 2011 年 5 月 21 日接到一审判决书，上诉期为 15 日，其具体上诉期为 2011 年 5 月 22 日至 2011 年 6 月 5 日，即 2011 年 5 月 21 日接受送达的这一天不计算在上诉期限内，而从次日 2011 年 5 月 22 日开始计算。

（3）法定期间或指定期间的最后一日是节假日的，以节假日期满后的第一个工作日为期间届满的日期。节假日是指国家法定的公众节假日，如元旦、春节、五一劳动节、国庆节及周末等，不包括非公众的节假日，如妇女节、教师节和学校的寒暑假等。应当注意，法定期间或指定期间的开始日以及期间中的一些日期是节假日的，应当计算在期间内而不应从期间中扣除。

（4）期间不包括诉讼文书的在途期间。诉讼文书在期满前交邮的，无论人民法院收到诉讼文书是在原定的期间内还是超过了原定的期间届满日，均不算过期。该诉讼文书的交付日期，以该文书交邮时邮局在该文书邮件上所盖的邮戳日期为准。

4. 期间的耽误和顺延

期间的耽误，是指当事人在法定期间或指定期间内，没有进行或完成应进行或完成的行为。在通常情况下，当事人耽误了期间，意味着其丧失了进行有关行为的资格。即使其进行了有关的行为，也不产生相应的法律后果。但是，期间的耽误，有的是出于不可抗力等原因，在此情况下，法律允许当事人申请顺延有关期间。

《民事诉讼法》第 76 条规定：当事人因不可抗拒的事由或者其他正当理由耽误期限的，在障碍消除后的 10 日内，可以申请顺延期限，是否准许，由人民法院决定。这一规定表明当事人耽误期间是因不可抗力，如地震、洪水等自然灾害，而使当事人无法在规定的期间内进行或完成诉讼行为。在这些情况下，当事人可以申请顺延期间。当事人申请顺延期间的，应当在有关障碍消除后的 10 日内提出。

（二）送达制度

1. 送达的概念和特征

民事诉讼中的送达，是指人民法院依法定的程序和方式将诉讼文书和法律文书送交当事人及其他诉讼参与人的行为。

送达具有以下特征：送达是人民法院的职权行为，因此，当事人向人民法院送交诉讼文书的行为不是送达；送达应当依法定的程序和方式进行，未按法定的程序和方式进行送达不产生送达的法律后果；送达的对象是当事人以及诉讼参与人，送交的是诉讼文书和法律文书。

2. 送达方式

（1）直接送达

直接送达，是指由人民法院的送达人员将需送达的诉讼文书、法律文书直接交给受送达人或其同住成年家属、代收人、诉讼代理人的送达方式。根据民事诉讼法的有关规定和最高人民法院的有关司法解释，送达时，受送达人本人不在的，可交给其同住的成年家属签收。离婚诉讼中，向一方当事人送达时，在受送达人不在的情况下，不可以交给在身份上既是该方当事人的成年家属又作为另一方当事人的人代收。受送达人指定了代收人的，可交给代收人签收。向法人或者其他组织送达诉讼文书，应当由法人的法定代表人、其他组织的主要负责人或者办公室、收发室、值班室等负责收件的人签收或盖章。受送达人有诉讼代理人的，人民法院既可以向受送达人送达，也可以向诉讼代理人送达。向上述受送达人以外的人送达，视为直接送达。

（2）留置送达

留置送达，是指在向受送达人或有资格接受送达的人送交需送达的诉讼文书、法律文书时，受送达人或有资格接受送达的人拒绝签收，送达人依法将诉讼文书、法律文书留放在受送达人住所的送达方式。留置送达适用的条件是受送达人或有资格接受送达的人拒绝签收需送达的诉讼文书或法律文书。在进行留置送达时，送达人应当邀请有关基层组织或受送达人所在单位的代表到场作为见证人，人民法院的送达人员应当向见证人说明情况，在送达回证上记明受送达人拒收的事由和送达的日期，由送达人、见证人在送达回证上签名或盖章。见证人不愿在送达回证上签名或盖章的，由送达人在送达回证上记明情况，把诉讼文书、法律文书留在受送达人的住所，即产生送达的法律后果。

（3）委托送达

委托送达，是指受诉法院直接送达确有困难，而委托其他法院将需送达的诉讼文书、法律文书送交受送达人的送达方式。委托送达，应当是在进行送达的人民法院自己进行直接送达有困难时采行；进行委托的法院只能委托其他法院，而不可以委托其他机构或组织。在程序上，委托法院应当出具委托函，并附需要送达的诉讼文书、法律文书和送达回证。接受委托的法院将有关的诉讼文书、法律文书送交受送达人的，视为委托法院进行了送达，受送达人在送达回证上签收的日期为送达日期。

（4）邮寄送达

邮寄送达，是指受诉人民法院在直接送达有困难的情况下，通过邮局以挂号信的方式将需送达的诉讼文书或法律文书邮寄给受送达人的送达方式。根据最高人民法院的有关司法解释，邮寄送达，应当附有送达回证。挂号信回执上注明的收件日期与送达回证上注明的收件日期不相符的，或者送达回证没有寄回的，以挂号信回执上注明的收件日期为送达日期。

（5）转交送达

转交送达，是指受诉人民法院基于受送达人的有关情况而将需送达的诉讼文书、法律文书交有关机关、单位转交受送达人的送达方式。根据民事诉讼法有关规定，适用转交送达的情况有三种：第一，受送达人是军人的，通过其所在部队团以上单位的政治机关转交；第二，受送达人被监禁的，通过其所在监所或劳动改造单位转交；第三，受送达人被劳动教养的，通过其劳动教养单位转交。负责转交的机关、单位在收到诉讼文书、法律文书后，必须立即交受送达人签收，受送达人在送达回证上注明的签收日期为送达日期。

（6）公告送达

公告送达，是指受诉法院在受送达人下落不明或采取上述方法均无法送达时，将需送达的诉讼文书、法律文书的主要内容予以公告，公告经过一定期限即产生送达后果的送达方式。公告送达实际上是一种推定送达，即公告后受送达人有可能知道公告内容，也可能不知道公告的内容，但法律规定均视为送达。按照《民事诉讼法》第 84 条的规定，自发出公告之日起，经过 60 日，即视为送达。人民法院采取公告的方式送达，应当在案卷中记明公告送达的原因和公告送达的经过。

四、财产保全与先予执行制度

（一）财产保全制度

1. 财产保全的概念与意义

财产保全，是指遇有有关的财产可能被转移、隐匿、毁灭等情形，从而可能造成对利害关系人权益的损害或可能使人民法院将来的判决难以执行或不能执行时，根据利害关系人或当事人的申请或人民法院的决定，而对有关财产采取保护措施的制度。

财产保全的意义主要在于维护利害关系人和当事人的合法权益，以及保证法院裁判在社会实践中能得到真正的实现。

2. 财产保全的种类

我国民事诉讼法规定的财产保全包括诉前财产保全和诉中财产保全。

（1）诉前财产保全

诉前财产保全是指在诉讼发生前，人民法院根据利害关系人的申请，对有关的财产采取保护措施的制度。诉前财产保全的适用，应当符合一定的条件。其实质条件是：利害关系人与他人之间存在争议的法律关系所涉及的财产处于情况紧急的状态下，不立即采取财产保全措施将有可能使利害关系人的合法权益遭受到不可弥补的现实危险。其程序条件是：必须由利害关系人向财产所在地的人民法院提出申请，并提供担保。

（2）诉中财产保全

诉中财产保全，是指在诉讼过程中，为了保证人民法院的判决能顺利实施，人民法院根据当事人的申请，或在必要时依职权决定对有关财产采取保护措施的制度。

诉中财产保全的适用，也应当符合一定的条件。其实质的条件是：存在因各种主、客观原因可能使人民法院将作出的判决难以或不能实现的情况。其程序条件是：在诉讼中由当事人向受诉人民法院提出申请，或由人民法院依职权决定；人民法院接受申请时，可以责令申请人提供担保。

3. 财产保全的范围和措施

（1）财产保全的范围

根据民事诉讼法的有关规定，财产保全限于请求的范围或与本案有关的财物。结合司法实践来看，所谓请求的范围，是指保全的财产其价值与诉讼请求相当或与利害关系人的请求相当；与本案有关的财物，是指本案的标的物，可供将来执行法院判决的财物或利害关系人请求予以保全的财物。

（2）财产保全的措施

根据我国民事诉讼法的有关规定，财产保全的措施有：查封、扣押、冻结或法律规定的其他方法。

人民法院查封、扣押被申请人的财产，应当妥善保管，如果是交当事人或有关单位保管的，当事人、有关单位应妥善保管。被查封、扣押的财产，原则上任何人都不得使用、处分，但被查封、扣押物是不动产或特定动产，若由当事人负责保管的，其仍然可以使用，但不得处分；被查封、扣押物是季节性商品，鲜活、易腐易烂以及其他不易长期保存的物品的，人民法院可以责令当事人及时处理，由人民法院保存价款，必要时，可以由人民法院予以变卖，保存价款。

人民法院对不动产或不易提取、封存的动产采取查封、扣押措施时，可以采取扣押有关财产权证照的措施，并通知有关产权登记机关在财产保全期间不予办理该项财产转移手续。财产已被查封、冻结的，其他任何单位不得重复查封、冻结。

人民法院对抵押物、留置物可以采取财产保全措施，但抵押权人、留置权人有优先受偿权。

所谓法律规定的其他方法，根据最高人民法院的有关司法解释，主要是限制被申请人的到期收益或到期债权的行使，即人民法院对债务人到期应得的收益，可以采取保全措施，限制其支取，有关单位有义务协助人民法院执行；债务人的财产不能满足保全请求，但对第三人有到期债权的，人民法院可以依债权人的申请裁定该第三人不得对本案债务人清偿，该第三人要求偿付的，由人民法院提存财物或价款。

4. 财产保全的程序

(1) 财产保全的申请及担保

诉前财产保全由利害关系人提出，申请人必须提供担保；诉中财产保全由当事人提出或法院依职权决定，法院可以责令申请人提供担保。要求申请人提供担保而申请人拒绝提供的，法院依法驳回申请。申请人提供担保时可以是以自己的财产作为担保，也可以由第三方作为保证人提供担保。

(2) 财产保全的裁定及措施的采取

人民法院接受申请人的申请后，对诉前财产保全，须在48小时内作出裁定；对诉中财产保全，情况紧急的，也须在48小时内作出裁定。人民法院裁定采取保全措施的，应当立即开始执行，有关单位有义务协助人民法院执行。当事人不服人民法院财产保全裁定的，可以申请复议一次，复议期间不停止裁定的执行。

(3) 财产保全措施的解除

根据民事诉讼法及最高人民法院的有关司法解释及司法实践，财产保全措施因下列原因解除：第一，诉前财产保全措施采取后，利害关系人在15日内未起诉；第二，被申请人向人民法院提供担保；第三，申请人在财产保全期间撤回申请，人民法院同意其撤回申请；第四，人民法院确认被申请人申请复议意见有理，而作出新裁定，撤销原财产保全裁定；第五，被申请人依法履行了人民法院判决确定的义务，财产保全已没有存在意义。

此外，在司法实践中，对被申请人的银行存款予以冻结，一次冻结其有效期为6个月，如果超过了6个月，而当事人没有继续要求财产保全并由人民法院裁定继续采取保全措施的，原冻结措施自动解除。在财产保全期限内除人民法院有权解除财产保全措施之外，任何单位都不得解除财产保全措施。

人民法院根据申请人的申请而采取保全措施的，如果由于申请人的错误而导致被申请人因财产保全而受损失的，申请人应承担赔偿责任。

（二）先予执行制度

1. 先予执行的概念和适用范围

（1）先予执行的概念

先予执行，是指人民法院在终局判决之前，为解决权利人生活或生产经营的急需，依法裁定义务人预先履行义务的制度。

（2）先予执行的适用范围

民事诉讼法规定的先予执行适用的案件范围是：第一，追索赡养费、扶养费、抚育费、抚恤金、医疗费用的案件；第二，追索劳动报酬的案件；第三，因情况紧急需要先予执行的案件。根据最高人民法院的有关司法解释，所谓的情况紧急，主要是指下列情况：需要立即停止侵害，排除妨碍的；需要立即制止某项行为的；需要立即返还用于购置生产原料、生产工具款项的；追索恢复生产、经营急需的保险理赔费的。

（3）先予执行的条件

需要先予执行的案件，还应当满足下列条件：

第一，当事人之间权利义务关系明确，即当事人之间谁享有权利、谁负担义务是明确的。先予执行是预先实现权利人的权利，如果当事人之间谁享有权利、谁承担义务不明确，也就无所谓预先实现权利的问题。在司法实践中要求案件的基本事实是清楚的，人民法院根据案情能够判断出谁是权利人以及权利人享有什么性质的权利。就被申请人承担的义务的性质而言，通常是属于给付、返还或赔偿义务的性质。

第二，申请人有实现权利的迫切需要，即如果申请人不预先实现有关的权利，则其生活或生产就会遇到极大的困难。

第三，当事人向人民法院提出了申请。当事人是否因生活或生产的急需而要立即实现有关的权利，当事人自己最清楚，因此，先予执行的要求应当由当事人主动向人民法院提出，人民法院不能主动依职权裁定采取先予执行的措施。

第四，被申请人有履行的能力。因为只有被申请人具有履行的能力，申请人的申请才有可能实现，人民法院作出的先予执行的裁定才有实际意义。

2. 先予执行的程序

（1）先予执行的申请

先予执行的申请由权利人向受诉人民法院以书面的形式提出，人民法院不能在没有权利人提出申请的情况下依职权主动采取措施。当事人申请先予执行，人民法院认为有必要让申请人提供担保的，可以责令申请人提供担保，当事人不提供担保的，驳回申请。

（2）先予执行的裁定及执行

人民法院对当事人提出的先予执行的申请应当进行审查，审查的内容主要是两个方面：一是申请先予执行的案件是否属于先予执行的范围，二是申请是否符合先予执行的条件。人民法院对符合先予执行条件的申请，应当及时作出先予执行的裁定。裁定送达后即发生法律效力，义务人不服，可以申请复议一次，但复议期间，不停止先予执行裁定的效力。义务人应当依裁定履行义务，拒不履行义务的，人民法院可以根据权利人的申请或依职权决定采取执行措施强制执行。义务人申请复议有理的，人民法院应当裁定撤销原裁定。若原裁定已执行的，人民法院应当采取执行回转措施。

（3）先予执行裁定的最终处理

人民法院在案件审理终结时，应当在裁判中对先予执行的裁定及该裁定的执行情况予以说明并提出处理意见。权利人胜诉，先予执行正确的，人民法院应在判决中说明权利人应享有的权利在先予执行中已得到全部或部分的实现；权利人败诉，先予执行错误的，人民法院应在判决中指出先予执行是错误的，责令申请人返还因先予执行所取得的利益或裁定采取执行回转措施强制执行，被申请人因先予执行遭受损失的，申请人应当赔偿。

五、审前准备程序

审前准备，是指人民法院接受原告起诉并决定立案受理后，在开庭审理之前，由承办案件的审判员依法所做的各项准备工作。审前准备程序是在普通程序中，为保证开庭审理的顺利进行以及案件及时、正确的审理而设立的必经程序，也是民事诉讼过程中的一个必经阶段。依照我国现行民事诉讼法和有关司法解释的规定，审理前的准备工作主要有：

（一）送达起诉状副本和提出答辩状

人民法院应当在立案之日起 5 日内将起诉状副本送达被告，原告口头起诉的案件，也应当在立案后 5 日内以书面形式将口头起诉的内容告知被告。被告应当在收到起诉状副本之日起 15 日内提出答辩状。人民法院在收到答辩状之日起 5 日内将答辩状副本送达原告。

起诉是全面、系统地反映原告的诉讼请求与原告对民事权利、义务争议事实所持观点和看法的诉讼文书，被告有权了解原告起诉的具体内容并行使自己的答辩权，人民法院为了正确行使审判权，有义务将原告的起诉状副本按照法定的方式和期限送达被告，以保障被告的答辩权的行使。但是如果被告不提交答辩状，并不影响法院对案件的审理。

（二）告知当事人诉讼权利、义务及合议庭组成人员

对于已决定受理的案件，为保障当事人充分行使诉讼权利、正确履行诉讼义务，人民法院应当在受理案件通知书和应诉通知书中告知原告和被告所享有的诉讼权利、所承担的诉讼义务，或者以口头形式告知当事人诉讼权利、义务。

普通程序的审判组织必须采用合议制，为保障当事人申请回避权的充分行使，审理案件的合议庭组成后，法院应当在 3 日内把合议庭的组成人员告知当事人。

（三）审阅诉讼材料，调查、收集必要的证据

审判人员在开庭审理前应审核诉讼资料，以便于审判员了解案情，审查证据，掌握双方当事人争议的焦点和需要庭审调查、辩论的主要问题，了解应当适用的有关法律及有关专业知识，及时处理可能影响审判程序正常进行的法律问题。此项工作的目的在于为庭审活动的顺利进行奠定坚实的基础。进行此项工作时要防止审判人员“先入为主”，对案件事实及其认定根据形成结论性意见。如果审判人员先入为主，那么以后的开庭审理将会流于形式、形同虚设。此处的对诉讼材料的审核是程序性的而非实体上的审查。还需要明确的问题是，如何界定诉讼材料。一般来说，诉讼材料是指原告和被告向人民法院提交的起诉状和答辩状，以及他们各自提交的有关证据资料。

人民法院收集、调查证据是对当事人提供证据的补充。在我国民事诉讼中，举证责任由当事人承担，但人民法院并不是完全消极、被动的，对于对案件必要而当事人又无法提供的证据，人民法院应当进行收集、调查工作。这是案件能否及时开庭审理以及开庭审理能否查明案件事实、分清是非，从而作出正确裁判的前提条件，也是我国民事诉讼特点的一个具体体现。

人民法院如果派出人员进行调查，应向被调查人员出示证件，调查笔录经被调查人查阅，由调查人、被调查人签名或盖章。在必要时，人民法院也可委托外地人民法院代为调查。委托调查时，委托法院必须提出委托调查书和明确的委托项目与要求；受托法院收到委托法院的委托调查书后，应当在 30 日内完成，因故不能完成的，应在 30 日内函告委托法院。

（四）当事人的追加

民事诉讼是在当事人之间进行的，为能够彻底地解决当事人之间的纠纷，人民法院在审查诉讼材料的基础上，应当通知必须参加诉讼而未参加的当事人参加诉讼。此处的追加当事人应作广义的解释，其不仅包括追加原告、被告，而且包括追加第三人。依据民事诉讼法和司法解释的规定，追加当事人的方式主要有两种：一是人民法院依职权追加当事人，如必要共同诉讼人。二是当事人申请追加，如有独立请求权的第三人。当事人申请追加的，人民法院应当依法进行审查：申请没有理由的，裁定驳回申请；申请确有理由的，人民法院应当及时以书面方式通知被追加的当事人参加诉讼。

六、开庭审理程序

开庭审理是指在人民法院审判人员的主持下，在当事人和其他诉讼参与人的参加下，在法院固定的法庭上或法律允许设置的法庭上，依照法定的程序和顺序，对案件进行实体审理，从而查明案件事实、分清是非，并在此基础上对案件作出裁判的全部过程。开庭审理是普通程序中最重要和最中心的环节，是当事人行使诉权进行诉讼活动和人民法院行使审判权进行审判活动最集中、最生动的体现。

开庭审理的程序由以下几个阶段组成：

（一）开庭审理前的准备

为了保证开庭审理的顺利进行，人民法院在开庭前应当进行必要的准备工作，具体如下：（1）人民法院确定开庭日期后，应当在开庭3日前通知当事人和其他诉讼参与人。通知当事人用传票，通知其他诉讼参与人应当用通知书。如果受诉法院没有在开庭3日前告知当事人和其他诉讼参与人，当事人以及其他诉讼参与人有权不出庭，法院对此不能采用拘传、视为撤诉、缺席判决等方法处理。（2）对于公开审理的案件，人民法院应当在开庭审理前3日发布公告，公告当事人的姓名、案由以及开庭的时间、地点，以便群众旁听，记者采访、报道。

（二）开庭审理

依照普通程序开庭审理案件必须严格按照法定的阶段和顺序进行：

1. 准备开庭

（1）在开庭前，书记员应当查明当事人或其他诉讼参与人是否到庭。当事人或其他诉讼参与人没有到庭的，应将情况及时报告审判长，并由合议庭确定是否需要延期开庭审理或者中止诉讼。（2）书记员宣布法庭纪律。法庭是一个严肃的场合，任何人都不得任意喧哗、吵闹。为此，有必要在正式的审理之前，使当事人和其他相关人员对法庭纪律有一个比较明确的了解。（3）书记员宣布全体起立，请审判长、审判员、陪审员入庭。（4）书记员向审判长报告当事人及其他诉讼参与人的出庭情况。（5）审判长核对当事人及其诉讼代理人的身份，并询问各方当事人对于对方出庭人员有无异议。审判长要查明原告、被告及其诉讼代理人的姓名、年龄、职业、性别等有关身份的情况，查明代理人的代理权限及代理委托书。当事人的身份核对无误，且双方当事人对对方出庭人员没有异议的，审判长宣布各方当事人及其诉讼代理人符合法律规定，可以参加本案诉讼。（6）审判长宣布案由，不公开审理的，应当说明不公开审理的理由。（7）审判长宣布合议庭组成人员、书记员名单，并告知当事人有关的诉讼权利、义务。审判长应当询问当事人是否申请回避，当事人提出申请的，合议庭宣布休庭。当事人申请回避的事由不能成立的，由审判长在重新开庭时宣布予以驳回，记入笔录；当事人申请回避的理由成立，决定回避的，由审判长宣布延期审理。

2. 法庭调查

法庭调查，即在法庭上通过展示与案件有关的所有证据，对案件事实进行全面的调查，从而为进入开庭审理的下一个阶段做好准备的活动。法庭调查是开庭审理的重要阶段，其任务是审查、核实各种诉讼证据，对案件进行直接的、全面的调查。法庭调查按下列顺序进行：

（1）当事人陈述。由当事人对自己的主张及其所根据的事实和理由加以陈述。具体按原告、被告、第三人及其诉讼代理人的先后顺序进行陈述。在各当事人陈述之后，审判长或者独任审判人员归纳本案争议焦点或者法庭调查重点，并征求当事人意见。

（2）证人出庭作证。凡是了解案情的人都有义务作证。应人民法院传唤出庭的证人，在法庭上应当如实提供证言，作伪证应负法律责任。证人如果确有困难不能出庭，经法院许可可以提交书面证言，由法庭宣读。经审判长许可，当事人及其诉讼代理人有权向证人发问，证人应当回答。受诉法院委托外地法院代为询问证人的笔录应当在法庭上宣读，未在法庭上宣读的证人证言，不能作为认定案件事实的根据。

（3）出示书证、物证和视听资料。不论是当事人提供的还是人民法院主动收集的书证、物证和视听资料，除法律不准公开外，均须当庭出示：书证当庭宣读，物证当庭展示，视听资料当庭播放。

（4）宣读鉴定结论。鉴定结论要当庭宣读。鉴定人应向法庭说明鉴定的方法和经过，以及鉴定结论的科学依据。当事人及其诉讼代理人经法庭许可，可以向鉴定人发问。

（5）宣读勘验笔录。勘验笔录是由审判人员或法院指定的其他人员依法对现场或物证进行勘验所制作的笔录，作为证据之一，应由法庭审判人员或勘验人当庭宣读。拍摄的照片或绘制的图表，应向当事人出示。

在法庭调查阶段，当事人可以在法庭上提出新的证据，也可要求法院重新调查证据。当事人经法庭许可，可以向证人、鉴定人、勘验人发问；当事人有权要求重新进行调查、鉴定或者勘验，是否准许，由法庭决定。法庭调查结束前，审判长或者独任审判人员应当就法庭调查认定的事实和当事人争议的问题进行归纳、总结，并应当分别询问当事人、第三人及其诉讼代理人是否还有意见作最后陈述。经过庭审质证的证据，能够当即认定的，应当当即认定；当即不能认定的，可以休庭合议后再予以认定；合议之后认为需要继续举证或者进行鉴定、勘验工作的，可以在下次开庭质证后认定。未经庭审质证的证据，不能作为定案的根据。经过法庭调查，如果认为此次法庭调查未能查清案件有关情况，法庭可以决定休庭而准备第二次开庭。法庭决定再次开庭的，审判长或者独任审判人员对本次开庭情况应当进行小结，指出庭审已经确认的证据，并指明下次开庭调查的重点。第二次开庭时，只就未经调查的事项进行调查和审理，对已经调查、质证并已认定的证据不再重复审理。审判人员如果认为案件事实已经查清、必要的证据已经齐备，即可宣布终结法庭调查，进入法庭辩论阶段。

3. 法庭辩论

法庭辩论是双方当事人在法院的主持之下，根据法庭调查已查明的事实和证据，就有争议的事实问题和法律问题，阐述自己观点、反驳对方观点的诉讼活动。法庭辩论的主要任务是，通过双方当事人之间辩驳和论证，对有争议的问题，进一步核实、审查，分清是非责任，为法院正确适用法律奠定基础。法庭辩论集中体现了民事诉讼中的辩论原则，同时，法庭辩论也是当事人行使辩论权的主要形式。法庭辩论应注意以下几个方面：

第一，法庭辩论应在审判人员的主持下进行，辩论的主体是双方当事人及其诉讼代理人。

第二，法庭辩论主要是采取言辞辩论的形式。

第三，法庭辩论的内容主要是围绕着法庭调查阶段提出的问题进行，主要是围绕着有争议的事实进行。

第四，审判人员在当事人的辩论过程中，不能发表任何有倾向性的意见。在当事人及其诉讼代理人的发言与本案无关或者重复未被法庭认定的事实，审判人员应当予以制止。

第五，法庭辩论应严格依照法律规定的顺序进行：原告及其诉讼代理人发言；被告及其诉讼代理人答辩；第三人及其诉讼代理人发言或答辩；互相辩论。一轮辩论结束后，当事人要求继续辩论的，可以进行下一轮辩论，但不得重复上一轮辩论内容。

第六，一轮辩论结束后，经审判长询问当事人没有补充意见的，审判长应当宣布法庭辩论终结。法庭辩论终结，审判长应当按照原告、被告、第三人的顺序征询各方的最后意见。

在法庭辩论终结后，人民法院可以分别采用判决和调解的方式结案。一般情况下，在经过法庭调查和法庭辩论两个阶段之后，案件事实已经明了，是非责任已经分清，此时应作出判决。但是，如果法院认为案件在判决前能够调解的，或者当事人双方自愿进行调解的，还可以依法进行调解。需要注意的是，此处的调解并非法庭审理的必经程序。

4. 评议和宣判

此即由合议庭的人员在法庭调查和法庭辩论的基础上，认定案件事实，确定适用的法律，最后宣告案件的审理结果。这是开庭审理的最后阶段。

法庭辩论终结后，由审判长宣布休庭，合议庭组成人员进入评议室对案件进行评议，合议庭评议实行少数服从多数的原则，评议的情况应如实记入笔录。评议笔录不准当事人及其诉讼代理人查阅、复制。评议完毕，由审判长宣布继续开庭，宣告判决结果。不论案件是否公开审理，宣告判决结果一律公开进行。

宣告判决有两种方式：一种是当庭宣判，另一种是定期宣判。当庭宣判的，应在 10 日内向当事人发送判决书；定期宣判的，应在宣判后立即发给判决书。不管采用哪种形式宣判，都要告知当事人上诉权利、上诉期限以及上诉法院。宣告离婚判决时，必须告知当事人在判决发生法律效力前不得另行结婚。

5. 法庭笔录

法庭笔录是在法庭审理过程中，由书记员制作的反映法庭全部审判活动的真实情况的记录。法庭笔录包括以下内容：案由；开庭审理的时间、地点；是否公开审理；审判员、书记员姓名；当事人、第三人、诉讼代理人和其他诉讼参与人的姓名、性别、年龄、民族、职业、住所；审判员告知当事人的诉讼权利和义务；法庭调查、法庭辩论、法庭调解的过程和内容；合议庭评议笔录；当庭宣判的应记明判决主文，当事人对判决的声明。定期宣判的，应另作宣判笔录。法庭笔录应当有全体审判员、书记员的签名，以表明法庭笔录的真实性和严肃性。

法庭笔录的内容，应当向当事人和其他诉讼参与人公开。公开方式有由书记员当庭宣读，或由当事人及其他诉讼参与人当庭阅读，或告知当事人在闭庭后 5 日内阅读。当事人和其他诉讼参与人认为法庭笔录有遗漏或差错的，有权申请补正；如果审判人员和书记员认为申请无理、不予补正的，不能更改原始记录，但应当将当事人的申请记录在案。法庭笔录应当有当事人和其他诉讼参与人的签名或盖章，拒绝签名或盖章的，记明情况附卷。

6. 审理期限

审理期限是指某一案件从人民法院立案受理到作出裁判的法定期间。依照民事诉讼法的有关规定，适用普通程序审理的案件，人民法院应当在立案之日起 6 个月内审结。有特殊情况需要延长的，报请院长批准，批准延长的期限，最长不超过 6 个月；在上述期限内还未审结，需要延长的，则由受诉法院报请上级法院批准，延长的期限，由上级法院决定。依据最高人民法院的有关司法解释，公告期间、鉴定期间、审理当事人提出管辖权异议以及处理人民法院之间的管辖争议期间不计算在审理期限之内。

七、案件审理中特殊问题的处理

（一）撤诉

民事诉讼中的撤诉，又称为诉之撤回，是指原告在起诉后，依法定的程序撤回诉之请求，不再要求人民法院对其与被告之间的纠纷进行审理的诉讼行为。对当事人来讲，撤诉是当事人的一项重要的诉讼权利，民事诉讼的当事人依据处分原则，可以在法律规定的范围内自由地处分自己的实体权利和诉讼权利。撤诉是当事人行使处分权的具体表现，人民法院对于当事人的权利行使应当予以充分的尊重，对于当事人符合法定条件的撤诉，人民法院应当予以准许。同时，当事人处分权利的行为应当符合法律的规定，否则人民法院将不予准许撤诉。撤诉包括申请撤诉和按撤诉处理两种情况。

1. 申请撤诉

申请撤诉要符合以下条件：

（1）撤诉的主体必须是自愿的，是基于自己真实的意思表示。撤诉将会涉及自身诉讼权利的处分，因此只有在出于当事人自愿情况下的处分行为，才具有合法性和有效性。任何人和任何组织都不能强迫和威胁当事人撤诉，尤其是人民法院不得说服或者动员当事人撤诉。

（2）当事人提出撤诉的，必须向人民法院提出明确的申请。撤诉是当事人行使诉讼权利的具体表现，其内容必须是明确的，如果撤诉申请的内容不明确，人民法院无从对该申请进行审查，也不能通过审查了解当事人的意思表示。同时，当事人的申请，既是当事人向人民法院提出撤诉的意思表示，也是人民法院对撤诉进行审查的依据。

（3）当事人撤诉的目的必须是正当、合法的。当事人行使权利，如果要产生预期的法律效果，就必须是合法的、正当的，否则，人民法院不会保障当事人对权利的行使。当事人不能以规避法律为目的申请撤诉。

（4）当事人的撤诉申请在法院宣告判决之前提出。这是对当事人提出撤诉申请在时间上的规定。撤诉的目的在于不让人民法院对已审理的案件继续进行审理，而宣告判决则意味着法院已经对当事人之间的案件审理完毕，此时提出撤诉申请已毫无意义。无论定期宣判的案件，还是当庭审判的案件，都应当在宣判前提出撤诉申请。调解的案件，在调解书送达前，当事人可以提出撤诉申请。

2. 按撤诉处理

按撤诉处理指人民法院依据法律的规定，针对当事人的某些行为（主要是不作为），比照申请撤诉的情况加以处理。申请撤诉和按撤诉处理具有同等的法律效力。按撤诉处理的情况，主要包括以下几种：

（1）原告经传票传唤，无正当理由拒不到庭的，或者未经法庭许可中途退庭的，可以按撤诉处理。原告的行为已表明放弃了对自己实体权利的主张，人民法院已无须对案件继续进行审理。所谓的传票传唤，是人民法院以依法送达传票的方式，通知当事人开庭的时间、地点。传票传唤并非口头传唤、电话传唤等方式，而是一种正式的书面传唤方式。

（2）原告应当预交而未预交案件受理费，人民法院应当通知其预交，通知后仍不预交，或者申请减、缓、免，未获人民法院批准而仍不预交的，人民法院裁定按撤诉处理。

（3）无民事行为能力的当事人的法定代理人，经传票传唤，无理由拒不到庭，如果是原告方，则应按撤诉处理。

（4）有独立请求权第三人经受诉人民法院传票传唤，无理由拒不到庭的，或者未经许可中途退庭的，按撤诉处理。

（二）缺席判决

缺席判决是相对于对席判决而言的，是指人民法院在开庭审理案件时，在只有一方当事人到庭的情况下，仅就到庭的一方当事人进行调查、审核证据、听取意见，并对未到庭一方当事人的诉讼文书及证据进行审核后，依法作出的判决。人民法院审理民事案件以对席判决为原则，以缺席判决为例外。一般情况下，民事诉讼是在双方当事人之间进行的，对席判决不仅体现了当事人的平等，也有利于查明案件事实。缺席判决并非对一方当事人的惩罚，而是为了更全面地维护当事人的合法权益，使案件审理不因一方当事人的随意缺席而终止。

缺席判决主要适用于下列情况：

1. 原告不出庭或中途退庭按撤诉处理，被告提出反诉的；

2. 被告经传票传唤，无正当理由拒不到庭的，或未经法庭许可中途退庭的；

3. 法院裁定不准撤诉，原告经传票传唤，无正当理由拒不到庭的；

4. 无民事行为能力的被告的法定代理人，经传票传唤，无正当理由拒不到庭的；

5. 在借贷案件中，债权人起诉时，债务人下落不明，人民法院受理案件后公告传唤债务人应诉。公告期限届满，债务人仍不应诉，借贷关系明确的，经审理后可缺席判决。在审理中债务人出走，下落不明，借贷关系明确的，可以缺席判决。

(三) 延期审理

延期审理是人民法院在决定开庭审理的期日后，或者在开庭审理的过程中，由于出现特殊情况，而将审理的日期向后推延的制度。延期审理的情形主要包括：

1. 必须到庭的当事人和其他诉讼参与人有正当理由没有到庭的，人民法院可以延期审理。何为必须到庭的当事人？我国法律未作明确的规定，综合民事诉讼法的规定和司法实践，必须到庭的被告主要指：其一，能够正确表达意愿的离婚案件的当事人。其二，负有赡养、抚育、扶养义务和不到庭无法查清案件事实的被告。必须到庭的其他诉讼参与人主要指无民事行为能力的当事人的法定代理人和知道案件情况的重要证人。如果上述人员无法在法院指定的开庭期日内到庭，人民法院对案件的审理无法正常、有效地进行。同时，如果必须到庭的当事人和其他诉讼参与人无正当理由拒不到庭的，人民法院不宜延期审理，而应根据具体情况决定缺席判决、按撤诉处理或者拘传当事人到庭。必须到庭的当事人和其他诉讼参与人确有理由不能到庭的，人民法院也应延期审理，以保障当事人充分行使诉讼权利。

2. 当事人临时提出回避申请。当事人应当在开庭审理前提出回避申请，在司法实践中，存在当事人在开庭前未来得及提出回避申请，或者在开庭审理后才知道回避事由的情形，为保护当事人的合法权益，当事人在开庭审理后、法庭辩论结束前均可提出回避申请。在开庭审理时，当事人临时提出回避申请，使案件无人主审，因此，案件只能延期审理。

3. 需要通知新的证人到庭，调取新的证据，重新鉴定、勘验或者需要补充调查的。重新调查、勘验、鉴定需要一定的时间，因此人民法院需要延期审理。

4. 其他需要延期审理的事由。这是法律的弹性规定，审判实践中的情况常常无法在法律中一一列举，因此法律规定这一弹性条款，便于人民法院在实践中根据庭审的具体情况，灵活掌握。

(四) 诉讼中止

诉讼中止是指在诉讼进行过程中，因发生某种法定中止诉讼的原因，诉讼无法继续进行或不宜进行，因而法院裁定暂时停止诉讼程序的制度。

有下列情况之一的，应当中止诉讼：

1. 一方当事人死亡，需要等待继承人表明是否参加诉讼的。
2. 一方当事人丧失诉讼行为能力，尚未确定法定代理人的。
3. 作为一方当事人的法人或者其他组织终止，尚未确定权利、义务承受人的。
4. 一方当事人因不可抗拒的事由，不能参加诉讼的。
5. 本案必须以另一案的审理结果为依据，而另一案尚未审结的。
6. 在借贷案件中，债权人起诉时，债务人下落不明的，法院应要求债权人提供证明借贷关系存在的证据，受理后公告传唤债务人应诉；公告期限届满，债务人仍不应诉，借贷关系无法查明的，裁定中止诉讼。在审理中债务人出走，下落不明，事实难以查清的，裁定中止诉讼。

7. 其他应当中止诉讼的情形。

符合上述情况的，法院应作出裁定中止诉讼。诉讼中止的裁定作出后，由当事人申请或者法院依职权恢复诉讼程序。诉讼程序恢复后，不必撤销原裁定，从法院通知或准许当事人双方继续进行诉讼时起，中止诉讼的裁定即失去效力；诉讼中止前进行的一切诉讼行为，在诉讼程序恢复后继续有效。

（五）诉讼终结

诉讼终结是指在诉讼进行过程中，因发生某种法定的诉讼终结的原因，使诉讼程序继续进行已没有必要或不可能继续进行，从而由人民法院裁定终结诉讼程序的制度。

有下列情况之一的，应当诉讼终结：

1. 原告死亡，没有继承人，或者继承人放弃诉讼权利；
2. 被告死亡，没有遗产，也没有应当承担义务的人；
3. 离婚案件中的一方当事人死亡；
4. 追索赡养费、扶养费、抚育费以及解除收养关系案件的一方当事人死亡。

诉讼终结并没有解决当事人之间的实体权益问题，因此，人民法院以裁定的形式决定诉讼终结。诉讼终结的裁定既可以是书面的，也可以是口头的。诉讼终结的裁定一经作出即发生法律效力，当事人不得上诉，也不得申请复议，自裁定送达当事人之日起或宣布之日起发生法律效力。诉讼终结的案件，当事人不得以同一事实和理由，就同一诉讼标的再行起诉，法院也不得再行受理此案。

八、简易诉讼程序

（一）简易程序的适用范围

简易程序是指基层人民法院及其派出法庭审理简单民事案件所适用的程序。简易程序的适用范围，即哪些法院审理的哪些案件应当适用简易程序。换言之，简易程序的适用范围应当从适用该程序的法院有哪些和适用该程序的案件有哪些两个方面来界定。

1. 适用简易程序的法院

按照《民事诉讼法》第142条的规定，只有基层人民法院及其派出法庭可以适用简易程序审理第一审案件。所谓派出法庭是指人民法院依法巡回审理、就地办案、临时组织的审判组织以及固定的人民法庭。人民法庭是基层人民法院在本辖区内设置的固定派出机构，是基层人民法院的组成部分，其所作的判决、裁定与基层人民法院的判决、裁定具有同等法律效力。除此以外，中级人民法院、高级人民法院、最高人民法院审理第一审民事案件均不得适用简易程序。

2. 适用简易程序的案件

按照《民事诉讼法》第142条的规定，只有事实清楚、权利义务关系明确、争议不大的简单的第一审民事案件才能适用简易程序。所谓事实清楚，是指当事人双方对争议的事实陈述基本一致，并能提供可靠的证据，无须人民法院调查、收集证据即可判明事实、分清是非；所谓权利义务关系明确，是指谁是责任的承担者、谁是权利的享有者，关系明确；所谓争议不大，是指当事人对案件的是非、责任以及诉讼标的争执无原则分歧。以上三者必须同时具备，缺一不可。

为了正确适用简易程序，保障当事人依法行使诉讼权利，最高人民法院《关于适用简易程序审理民事案件的若干规定》列举了五类不适用简易程序的案件：起诉时被告下落不明的；发回重审的；共同诉讼中一方或者双方当事人人数众多的；法律规定应当适用特别程序、审判监督程序、督促程序、公示催告程序和企业法人破产还债程序的；人民法院认为不宜适用简易程序进行审理的。

基层人民法院适用普通程序审理的民事案件，当事人各方自愿选择适用简易程序，经人民法院审查同意的，可以适用简易程序。但人民法院不得违反当事人自愿原则，将普通程序转为简易程序。

（二）简易程序的具体适用

1. 起诉与答辩

（1）起诉的方式

《民事诉讼法》第143条第1款规定："对简单的民事案件，原告可以口头起诉。"最高人民法院《关于适用简易程序审理民事案件的若干规定》第4条第1款规定："原告本人不能书写起诉状，委托他人代写起诉状确有困难的，可以口头起诉。"依照法律规定，适用简易程序的民事案件，原告起诉有两种方式：一是书面起诉方式，二是口头起诉方式。

（2）起诉的内容与起诉状的送达

原告起诉的内容应包括当事人的基本情况、联系方式、诉讼请求、事实理由及相关证据和证据来源。当事人口头起诉的，人民法院应将上述内容予以准确记录，将相关证据予以登记。人民法院应当将上述记录和登记的内容向原告当面宣读。原告认为无误后应当签名或者按手印。

为保证人民法院及时审理案件，维护当事人的合法权益，当事人在起诉或答辩时应向人民法院提供自己准确的送达地址。人民法院按照原告提供的被告的地址或者其他联系方式无法通知被告应诉的，按以下情况分别处理：其一，原告提供了被告准确的送达地址，但人民法院无法向被告直接送达或留置送达应诉通知书的，应当将案件转入普通程序审理；其二，原告不能提供被告准确的送达地址的，人民法院经查证后仍不能确定被告送达地址的，可以被告不明确为由裁定驳回原告起诉。

被告到庭后拒绝提供自己的送达地址和联系方式的，人民法院应当告知其拒不提供送达地址的后果。经人民法院告知后被告仍不提供的，按下列方式处理：其一，被告是自然人的，以其户籍登记中的住所地或者经常居住地为送达地址；其二，被告是法人或者其他组织的，应当以其工商登记或者其他依法登记、备案中的住所地为送达地址。

因当事人自己提供的送达地址不准确、送达地址变更未及时告知人民法院，或者当事人拒不提供自己的送达地址而导致诉讼文书未能被当事人实际接收的，按下列方式处理：其一，邮寄送达的，以邮件回执上注明的退回之日视为送达之日；其二，直接送达的，送达人当场在送达回证上记明情况之日视为送达之日。

依据《民事诉讼法》第 79 条的规定，采取留置送达方式送达诉讼文书的，受送达的自然人以及其同住成年家属拒绝签收诉讼文书的，或者法人、其他组织负责收件的人拒绝签收诉讼文书的，送达人应当邀请有关基层组织或者受送达人所在单位的代表到场见证，被邀请的人不愿到场见证的，送达人应当在送达回证上记明拒收事由、时间和地点以及被邀请人不愿到场见证的情形，将诉讼文书留在受送达人的住所地或者从业场所，即视为送达。但送达人的同住成年家属或者法人、其他组织负责收件的人是同一案件中另一方当事人的，不适用此规定。

（3）被告的答辩

在民事简易程序中，被告有权选择答辩的方式。双方当事人到庭后，被告同意口头答辩的，人民法院可以当即开庭审理；被告要求书面答辩的，人民法院应当将提交答辩状的期限和开庭的具体日期通知各方当事人，并向当事人说明逾期举证以及拒不到庭的法律后果。

2. 审理前准备

（1）举证期限的特点

适用简易程序审理的民事案件，当事人及其诉讼代理人申请人民法院调查、收集证据和申请证人出庭作证，应当在举证期限届满前提出，但其提出申请的期限不受《证据规定》第 19 条第 1 款“不得迟于举证期限届满前七日”以及第 54 条第 1 款“当事人申请证人出庭作证，应当在举证期限届满十日前提出，并经人民法院许可”的限制。

（2）对适用简易程序异议的处理

民事诉讼简易程序中允许当事人对适用简易程序提出异议。当事人一方或者双方就适用简易程序提出异议后，人民法院应当进行审查：异议成立的，应当将案件转入普通程序审理，并将合议庭的组成人员及相关事项以书面形式通知双方当事人；异议不成立的，口头告知双方当事人，并将上述内容记入笔录。简易程序转入普通程序审理的民事案件的审理期限仍然从人民法院最初立案的次日起开始计算。

3. 开庭审理

（1）简易程序中的调解

适用简易程序审理的案件，大多是一些诉讼标的金额较小、案情简单、权利义务明确的案件，因此，有可能调解的案件应该遵循当事人自愿的原则，尽可能促进当事人达成调解。但对于婚姻家庭纠纷和继承纠纷、劳务合同纠纷、交通事故和工伤事故引起的权利义务关系较为明确的损害赔偿纠纷、宅基地和相邻关系纠纷、合伙协议纠纷、诉讼标的额较小的纠纷等民事案件，除根据案件的性质和当事人的实际情况不能调解或者显然没有调解必要的，人民法院在开庭审理时应当先行调解。

调解达成协议并经审判人员审核后，双方当事人同意该调解协议并经双方签名或者按手印生效的，该调解协议自双方签名或者按手印之日起发生法律效力。

调解协议生效后，人民法院仍应当另行制作民事调解书。调解协议生效后一方拒不履行的，另一方可以持民事调解书申请强制执行。当事人以民事调解书与调解协议的原意不一致为由提出异议，人民法院审查后认为异议成立的，应当根据调解协议裁定补正民事调解书的相关内容。

人民法院可以当庭告知当事人到人民法院领取民事调解书的具体日期，也可以在当事人达成调解协议的次日起 10 日内将民事调解书送达给当事人。

（2）对当事人诉讼权利、义务的告知

为便于当事人在诉讼中充分行使诉讼权利，自觉履行诉讼、义务，在普通诉讼程序中，人民法院不仅在受理案件通知书和应诉通知书中应当向当事人告知有关的诉讼权利、义务，或者口头告知，而且在开庭审理时，还应当由审判长告知当事人有关的诉讼权利、义务。但在简易程序中，开庭前已经书面或者口头告知当事人诉讼权利、义务，或者当事人各方均委托律师代理诉讼的，审判人员除告知当事人申请回避的权利外，可以不再告知当事人其他的诉讼权利、义务。对没有委托律师代理诉讼的当事人，审判人员应当对回避、自认、举证责任等相关内容向其作必要的解释或者说明，并在庭审过程中适当提示当事人正确行使诉讼权利、履行诉讼义务，指导当事人进行正常的诉讼活动。

（3）法庭调查和辩论

依照简易程序审理案件，审理程序比较简便。开庭审理时，不受 3 日前通知当事人和其他诉讼参加人的限制。当事人双方同时到基层人民法院请求解决简单的民事纠纷，但未协商举证期限，或者被告一方经简便方式传唤到庭的，当事人在开庭审理时要求当庭举证的，应予准许；当事人当庭举证有困难的，举证的期限由当事人协商决定，但最长不得超过 15 日；协商不成的，由人民法院决定。在开庭审理时，本着简便易行的原则和有利于尽早解决纠纷的目的，法院在进行法庭调查、法庭辩论时，可以不按法定顺序进行。审判人员可以根据当事人的诉讼请求和答辩意见归纳出争议焦点，经当事人确认后，由当事人围绕争议焦点举证、质证和辩论。当事人对案件事实无争议的，审判人员可以在听取当事人就适用法律方面的辩论意见后径行判决、裁定。

适用简易程序审理的民事案件，应当一次开庭审结，但人民法院认为确有必要再次开庭的除外。

（4）庭审笔录

为了保证简单民事案件的审理质量，防止案件审理过于简单化，适用简易程序审理民事案件，也应当将审理案件的全部活动记入笔录。对于审判人员关于当事人诉讼权利、义务的告知，争议焦点的概括、证据的认定和裁判的宣告等重大事项，当事人申请回避、自认、撤诉、和解等重大事项，当事人当庭陈述的与其诉讼权利直接相关的其他事项，应当详细记载。

4. 宣判

适用简易程序审理的民事案件，判决结案的，应当公开宣判。宣判的方式有当庭宣判和定期宣判两种。除人民法院认为不宜当庭宣判的以外，应当当庭宣判。

当庭宣判的案件，人民法院应当告知当事人或者诉讼代理人领取裁判文书的期间和地点，当事人在指定期间内领取裁判文书之日即为送达之日；当事人在指定期间内未领取的，指定领取裁判文书期间届满之日即为送达之日，当事人的上诉期从人民法院指定领取裁判文书期间届满之日的次日起开始计算。

当事人因交通不便或者其他原因当庭要求邮寄送达裁判文书的，人民法院可以按照当事人自己提供的送达地址邮寄送达。人民法院根据当事人自己提供的送达地址邮寄送达的，邮件回执上注明收到或者退回之日即为送达之日，当事人的上诉期从邮件回执上注明收到或者退回之日的次日起开始计算。按撤诉处理或者缺席判决的，人民法院可以按照当事人自己提供的送达地址将裁判文书送达给未到庭的当事人。

定期宣判的案件，定期宣判之日即为送达之日，当事人的上诉期自定期宣判的次日起开始计算。当事人在定期宣判的日期无正当理由未到庭的，不影响该裁判上诉期间的计算。当事人确有正当理由不能到庭，并在定期宣判前已经告知人民法院的，人民法院可以按照当事人自己提供的送达地址将裁判文书送达给未到庭的当事人。

5. 判决书的简化

适用简易程序审理的民事案件，也应制作完整的裁判文书。但有下列情形之一的，人民法院在制作裁判文书时对认定事实或者判决理由部分可以适当简化：（1）当事人达成调解协议并需要制作民事调解书的；（2）一方当事人在诉讼过程中明确表示承认对方全部诉讼请求或者部分诉讼请求的；（3）当事人对案件事实没有争议或者争议不大的；（4）涉及个人隐私或者商业秘密的案件，当事人一方要求简化裁判文书中的相关内容，人民法院认为理由正当的；（5）当事人双方一致同意简化裁判文书的。

【案例评析】

案例 1①

（一）案情简介

2004 年 6 月 12 日，某法院对王某与靳某欠款纠纷一案开庭审理，因双方对调解意见分歧较大，合议庭合议后宣布本案定于 6 月 18 日宣判并向双方送达判决书。

① 参见江伟、李浩主编：《民事诉讼法配套教学案例分析》，185～187 页，北京，高等教育出版社，2009。

休庭后，审判人员即向双方填发传票，王某于宣判当日无故不到庭。由于王某住所远在离县城两百余公里的山区，且部分路段为暴雨所毁，为此，法院于同月 20 日用挂号信向王某邮寄判决书。7 月 8 日，靳某向法院申请执行，负责此案的审判人员经查阅邮局档案，6 月 21 日的投递邮件清单（即回执）显示向王某邮寄判决书的信件为“退挂”，但在收件人签名（盖章）栏内有王某的签名和指印（截至 7 月 8 日该信尚未转到法院）。据此，法院决定受理靳某的申请，并对王某进行执行。

（二）基本问题

本案涉及的是邮寄送达的问题。邮寄送达是人民法院将需要送达的诉讼文书通过邮寄的方式寄给受送达人的送达方式。人民法院在直接送达有困难的情况下，可以邮寄送达，邮寄送达是司法实践中使用较多的一种送达方式。本案的关键就是要判断该邮寄送达是否产生了送达的法律效果。

（三）知识内容

邮寄送达是指在直接送达有困难的情况下，人民法院通过邮局将诉讼文书挂号邮寄给受送达人的送达方式。邮寄送达的条件是法院进行直接送达有困难。直接送达有困难意味着法院指派专人将诉讼文书直接送交受送达人有困难，例如受送达人住所地距离法院较远，或者受送达人在外地等等。由于受直接送达方式等的限制，加上法院的人力、财力的不足，进行邮寄送达成为法院使用比较多的一种送达方式。为保障和便于当事人依法行使诉讼权利，保证民事诉讼活动的正常进行，2004 年最高人民法院颁布了《关于以法院专递方式邮寄送达民事诉讼文书的若干规定》。从此，法院专递开始大量地应用到了我国的审判实践中。

法院采取邮寄送达，何时视为送达并发生送达的效力呢?《民事诉讼法意见》第 85 条规定：邮寄送达应当附有送达回证。挂号信回执上注明的收件日期与送达回证上注明的收件日期不一致的，或者送达回证没有寄回的，以挂号信回执上注明的收件日期为送达日期。在本案中，审判人员向王某发了传票，但王某于宣判当日无故不到庭。由于王某住所远在离县城两百余公里的山区，且部分路段为暴雨所毁，为此，法院于同月 20 日用挂号信向王某邮寄判决书，这是完全合法的。可是王某知道法院寄来对他不利的判决书，他只是在收件人签名（盖章）栏内签了名和捺了指印，但拒绝收信件，从而导致含有判决书的挂号信退回法院。在法院决定受理靳某的执行申请时，有人持反对意见，认为王某虽在挂号信回执上签名，但他毕竟未将信件（含判决书）留下，依法不产生判决书送达的法律后果，权利方不能申请执行。

如果受送达人拒绝接收含有诉讼文书的邮寄信件怎么办呢?《民事诉讼法意见》没有作出规定。这一问题在《关于以法院专递方式邮寄送达民事诉讼文书的若干规定》中得到了解决，该规定第 11 条规定，因受送人自己提供或者确认的送达地址不准确、拒不提供送达地址、送达地址变更未及时告知人民法院、受送达人本人或者受送达人指定的代收人拒绝签收，导致诉讼文书未能被受送达人实际接收的，文书退回之日视为送达之日。

本案发生时，最高人民法院还没有颁布《关于以法院专递方式邮寄送达民事诉讼文书的若干规定》，当地法院没有明确的适用依据。我们认为，王某知道法院寄来的是判决书，不过该判决对他不利，于是他拒绝收信件，在挂号信回执上签了字以后将信退回法院。他虽然没有在送达回执上签字，但完全可以推定他收到了法院判决。参照《民事诉讼法意见》第 85 条的规定，送达日期为挂号信回执上注明的日期，即 2004 年 6 月 21 日，该日产生了送达的法律效果。王某没有在法定的上诉期间即 7 月 6 日之前提起上诉，该判决生效，靳某申请执行符合法律规定。

案例 2①

(一) 案情简介

1997 年，甲县 A 公司和乙县 B 公司在丙县订立了一份水泥供销合同，合同约定："运输方式：由 A 公司代办托运；履行地点：A 公司在丁县的仓库。"A 公司依约履行了合同，B 公司尚欠 A 公司 30 万元货款。4 个月后，B 公司在当地报纸上刊登了"大幅度降价处理水泥"的广告；同时，着手准备分立为两个公司。为此，A 公司以 B 公司的行为影响货款的偿还和 B 公司即将分立为由，向乙县法院申请诉前财产保全，要求冻结 B 公司银行存款 30 万元，同时提供了同等数额的资金担保。法院审查以后依法作出了冻结存款的裁定。后由于 B 公司向该法院提供了同等数额的财产担保，法院依法作出解除冻结的裁定。后 A 公司在法院采取保全措施以后的 15 日内向法院提起诉讼。一审中，被告 B 公司反诉要求原告 A 公司承担由于其申请诉前财产保全给自己造成的损失。

(二) 基本问题

本案被告 B 公司反诉要求原告 A 公司承担由于其申请诉前财产保全给自己造成的损失，关键要看诉前财产保全是否符合法律规定的条件和程序。

(三) 知识内容

由于诉前财产保全是在起诉前作出的，采取财产保全措施后申请人是否会起诉尚不确定。即使申请人提起诉讼，该诉讼是否符合起诉条件事先也无法确定。因此，诉前财产保全更容易损害对方当事人的利益，从而，诉前财产保全应当有更严格的条件和程序要求。《民事诉讼法》第 93 条第 1 款规定：利害关系人因情况紧急，不立即申请财产保全将会使其合法权益受到难以弥补的损害的，可以在起诉前向人民法院申请采取财产保全措施。申请人应当提供担保，不提供担保的，驳回申请。这是民事诉讼法对诉前财产保全的规定。

本案中，作为债务人的 B 公司在当地报纸上刊登了"大幅度降价处理水泥"的

① 参见江伟、李浩主编：《民事诉讼法配套教学案例分析》，187～190 页，北京，高等教育出版社，2009。

广告，并着手准备分立为两个公司。B公司的大幅度的降价行为有可能影响到它的偿还能力，B公司着手准备分立为两个公司有可能使得A公司即使今后提起诉讼，获得胜诉判决，该判决也有可能难以执行。A公司以B公司的行为影响货款的偿还和B公司即将分立为由，向乙县法院申请诉前财产保全，要求冻结B公司银行存款30万元，同时，提供了同等数额的资金担保。可见，A公司申请诉前财产保全是具备法定条件的，人民法院审查以后依法作出冻结存款的裁定，是合法的。

《民事诉讼法》第94条第1款规定，财产保全限于请求的范围，或者与本案有关的财物。这是我国民事诉讼法关于财产保全范围的规定。我国民事诉讼法之所以规定财产保全的范围或对财产保全进行限制，主要是为了在满足一方当事人的利益需求的同时，也注意维护另一方当事人以及案外人的合法权益，避免因保全的范围过宽而给相关当事人造成不必要的财产损失。本案中，A公司对B公司享有的债权是30万元，因此，A公司只能申请保全30万元，法院也只能保全30万元的财产。A公司向乙县法院申请诉前财产保全，要求冻结B公司银行存款30万元，符合法律对财产保全的范围限制的要求。

在法院采取保全措施以后的15日内，A公司向法院提起了诉讼，可见，A公司的诉前财产保全完全合法。因此，一审中，被告B公司反诉要求原告A公司承担由于其申请诉前财产保全给自己造成的损失，是没有法律依据的。

案例3①

（一）案情简介

李大爷被一骑自行车的小青年撞倒在地，在众人围观的情况下，骑车人给李某留下了姓名和电话，并将李大爷送到医院检查，在医院时却以挂号为名溜掉了。李大爷经检查为股骨骨折，住院治疗花去医药费、住院费等2万元。李大爷子女拨打骑车人所留的电话时发现是空号。李大爷的子女欲向法院提起诉讼，要求骑车人予以赔偿医疗费等损失2万元。

（二）基本问题

本案中，李大爷的子女能否为了保护李大爷的合法权益而向法院提起诉讼？在不知骑车人是谁的情况下，法院是否会受理？

（三）知识内容

本案中，原告应该是与本案有直接利害关系的人，即其权利受到侵害的人，与本案有直接利害关系的人是李大爷。李大爷的子女不能以自己的名义直接提起诉讼，他们可以以代理人的身份，为李大爷提起民事诉讼。起诉还必须有明确的被告，在

① 参见江伟、李浩主编：《民事诉讼法配套教学案例分析》，205～207页，北京，高等教育出版社，2009。

本案中，被告应该是骑车人，但骑车人在医院以为李大爷挂号为由溜了，其所留的姓名和电话也都是假的。这导致了本案的被告不明确，或者说没有明确的被告。被告不明确，就不具备起诉条件。因此，即使李大爷起诉，法院也不会受理。李大爷的起诉要获得法院受理，必须查清骑车人是谁。

案例 4①

（一）案情简介

某商业银行于 1998 年 12 月借款 100 万元给甲公司，借款期限为 2 年，乙公司作为保证人与银行签订了保证合同，约定为连带保证责任，保证期间为 2 年。借款到期后，甲公司未偿还，银行于 2002 年 6 月诉至法院，要求甲公司归还 100 万元本息，并要求乙公司承担连带保证责任。法院依法向当事人双方送达了应诉通知书、举证通知书等，并要求被告在 15 日内答辩。在举证期限内，原告就自己的诉讼请求向法院提交了证据；两被告未予答辩，也未向法庭提交证据。法院决定对本案直接开庭审理，不进行证据交换。庭审中，被告甲公司对借款事实以及应承担还款责任无异议，但被告乙公司抗辩称该 100 万元借款是以新贷还旧贷，对此事实，未告知乙公司，根据最高人民法院司法解释的规定，乙公司对该借款不应承担担保责任。原告对此反驳称：该 100 万元贷款前后的保证人均为乙公司，根据最高人民法院司法解释，乙公司对借款仍应承担担保责任。乙公司只承认自己系 1998 年 12 月借款的保证人，于之前的借款不是保证人。由于原告不能当庭提供新旧借款保证人均为乙公司的相关证据，虽然庭后提交了该证据，但举证已经超过举证期限，乙公司又拒绝质证，最后法院判决某商业银行败诉。

（二）基本问题

我国《民事诉讼法》规定，被告不提交答辩状的，不影响人民法院对案件的审理。随之而来的问题是：被告不答辩，对诉讼的进行会产生哪些不利影响？既然，原告与被告双方当事人平等，为什么被告可以不提交答辩状呢？

（三）知识内容

被告不答辩会对诉讼的进行会产生一系列不利影响。第一，违背诉讼平等原则。在民事诉讼中，原、被告双方当事人的诉讼地位是平等的。在民事诉讼中，原告起诉时，将其诉讼请求和事实理由比较充分地在诉状上进行了表达，被告收到原告的起诉状副本以后可以充分地准备其案件。而如果被告没有提出答辩状，将使得原告无法知道被告的观点和证据材料，从而无法在庭前针对被告的主张充分地为庭审做好准备。这就违背了平等原则，有碍程序公正价值的实现。第二，不利于法官在审

---

① 参见江伟、李浩主编：《民事诉讼法配套教学案例分析》，207～209 页，北京，高等教育出版社，2009。

前整理和固定争议焦点。审前准备的一项重要功能就是整理和固定争议焦点，从而为庭审打下基础。被告不答辩，法官无法在庭审之前把握双方当事人的争议焦点，只好等到开庭时，在庭上通过当事人双方的陈述甚至举证，逐步归纳和把握双方争议的焦点。法官一边进行审理，一边整理争点，明确争议的焦点以后，再围绕争议焦点进行举证和质证，从而造成诉讼的拖沓。

本案中，法院依法向当事人双方送达了应诉通知书、举证通知书等，并要求被告在 15 日内答辩，但两被告未予答辩。银行就不知道被告乙公司会提出该 100 万元借款是以新贷还旧贷的抗辩，也不知道乙公司只承认自己系 1998 年 12 月借款的保证人，于之前的借款不是保证人的抗辩。所以，导致原告不能当庭提供新、旧借款保证人均为乙公司的相关证据。由于被告不进行答辩，造成原告无法在庭前有效地准备证据材料，不能与被告平等对抗，并造成诉讼拖延，原告被迫在庭后再提出证明被告乙公司是前面贷款的保证人的证据，法院得重新开庭审理。由于原告的举证已经超过举证期限，乙公司又拒绝质证，最后法院判决某银行败诉。我们认为，原告的举证超过举证期限，不是由于其自身的原因造成的，相反，是由于被告的原因造成的。由于在庭审中被告才提出抗辩，在庭审中才明确了争议焦点，对于该争议焦点，原告有权提出证据证明自己的主张，法院应当为原告重新指定举证期限，在新的举证期限内原告提出证据，不应当视为超过举证期限。因此，法院不应当判决原告败诉。

案例 5①

(一) 案情简介

秦某与高某均系重庆某钢厂职工，相互认识。高某因急事先后多次在秦某处借款。1995 年 9 月 15 日，高某向秦某出具借条载明：今借到秦某现金人民币 45 000 元，用于修理某客运公司某号车，利息酌情另计，此借款未还清之前，本车转包无效，本车承包合同 1998 年 9 月到期（月利息 3%）。同年 10 月 25 日，高某又向秦某借款 5 000 元，并另出具借条 1 份，该借条载明的借款事由与前述借款原因相同，借款月利率也为 3%（审理期间，秦某同意借款利息均按月利率 2%计付）。高某两次合计向秦某借款 50 000 元。高某分别于 1996 年 3 月 6 日、3 月 16 日先后两次向秦某归还了借款 4 000 元和 1 000 元，共计 5 000 元。后秦某多次向高某催收借款余款未果，于 1996 年 7 月 19 日向某区人民法院起诉，要求高某立即偿还借款 50 000 元（秦某认为高某所还 5 000 元仅为借款的部分利息，本金 50 000 元并未偿还），并按 2%的月利率支付利息。

一审审理中，高某下落不明，经公告传唤未到庭应诉。1996 年 10 月 16 日，某区人民法院在被告高某缺席的情况下作出民事判决，认为被告高某向原告秦某借款的事实清楚，应当偿还，原告秦某要求被告高某立即偿还借款并计付利息的请求合

① 参见夏阳主编：《民事抗诉案例精选》，180 页，北京，法律出版社，2009。

法，应予支持，遂判决由被告高某偿还原告秦某借款 50 000 元，并从 1996 年 7 月 19 日起按月利率 2%计付利息至付款之日止。

高某不服某区人民法院的民事判决，于 2007 年 9 月 20 日向某区人民检察院提出申诉，并向检察机关提供了由秦某出具的还款收条，收条载明，高某已分别于 1996 年 3 月 6 日、3 月 16 日先后两次向秦某归还了借款 4 000 元和 1 000 元，共计5 000元。某区人民检察院审查后认为某区人民法院的民事判决认定事实与客观不符，依法向某区人民法院提出再审检察建议。2008 年 4 月 28 日某区人民法院作出民事裁定，对本案进行再审。2008 年 8 月 4 日某区人民法院作出判决：(1) 撤销某区人民法院原审民事判决；(2) 由高某偿还秦某借款 45 000 元，此款限于本判决生效后立即给付；利息从 1996 年 7 月 19 日起，以 45 000 元为本金，按月利率 2%计算，利随本清。

(二) 基本问题

在本案原审中，存在于被告处的还款收据因其缺席而未能提出，那么，如何对待缺席审判中未提出的还款收据即成为本案的焦点。

(三) 知识内容

从世界范围内看，有两种主要的缺席审判基本模式：一种是缺席判决主义，另一种是一方辩论判决主义。缺席判决主义是指原告缺席时，拟制为原告放弃诉讼请求，法院判决驳回起诉；被告缺席时，拟制为被告自认原告主张的事实，根据原告的申请，法院作出缺席判决；缺席判决主义还包括异议制度，即缺席方在一定的期间提出异议申请，使缺席判决失去效力，诉讼恢复到缺席前的状态。而一方辩论判决主义则是指当事人一方在言词辩论期日不到庭时，由到庭的一方当事人进行辩论，法院将当事人已辩论的事实、已调查的证据和缺席方所提供的诉讼资料作为判决的基础，依到庭一方当事人的申请作出判决。一方辩论判决主义为现代西方大多数国家所采用。

两种缺席审判模式虽各有千秋，互有短长，但它们却基于一个共同的基础——当事人主义，而与我国有着本质上的区别，因为我国的缺席审判模式无论在法律规定上还是在实际运作中都还保留着大量的职权主义因素。我国《民事诉讼法》第 129 条规定："原告经传票传唤，无正当理由拒不到庭的，或者未经法庭许可中途退庭的，可以按撤诉处理；被告反诉的，可以缺席判决。"第 130 条规定："被告经传票传唤，无正当理由拒不到庭的，或者未经法庭许可中途退庭的，可以缺席判决。"第 131 条第 2 款规定："人民法院裁定不准许撤诉的，原告经传票传唤，无正当理由拒不到庭的，可以缺席判决。"这三个法条构成了我国缺席审判制度的基本内容，能够看到字里行间渗透出的职权主义倾向。

在本案关键证据——还款收据的处理上，无论是按照缺席判决主义还是按照一方辩论判决主义，都会禁止以该证据为由提起再审程序。因为在当事人主义模式下，证据的提出委诸当事人，如果当事人未在规定的时间内提出对自己有利的证据，那么就要承担证据失权的后果，即证据在以后的诉讼程序中不得再提出。具体到本案，当事人未参加原审裁判提出关键证据，责任在其自身，所以其自然要承担未提出证据的不利后果，即不能在以后的诉讼程序中提出该证据。中国的缺席审判模式则贯穿职权主义因素，法院负有查明案件事实的主要责任，因当事人未能参加诉讼而导致事实未能查明的责任在法院，所以本案中高某未在原审裁判中提出的关键证据可以在原审判决生效后提出，作为提起再审的重要依据，并进而在再审中获得了对自己有利的判决。

案例6①

（一）案情简介

张某（男）和王某（女）是夫妻，二人共有房屋3间，生有一小孩张乙，张某还有一老母李某尚在世。因感情不和，张某诉至法院，请求判决与王某离婚。法院判决两人离婚，判给张某房屋两间，并将小孩判归张某扶养，判归王某房屋一间。一审判决送达两人后，在上诉期间，张某因车祸身亡。王某和张母李某在继承张某财产问题上发生争执。李某认为，两人既然已经离婚，王某就不应该继承张某的财产，王某则认为，一审离婚判决还在上诉期内，该离婚判决尚未生效，故张某死亡之时两人的婚姻关系依然存续，自己依然是合法的继承人。于是，王某将李某告上法庭，要求参加张某的遗产继承。

（二）基本问题

王某能否要求参加张某的遗产继承，关键看一审的判决是否已经生效。通常情况下，如果当事人双方在判决送达后15日内都未上诉的，则判决发生法律效力。本案中，在上诉期间，一方当事人突然死亡了，此时法院能否裁定诉讼终结？

（三）知识内容

本案中，在一审判决送达两人之后，于上诉期间，张某因车祸身亡，此时，离婚诉讼没有必要继续进行下去，法院应当裁定诉讼终结。一审判决没有生效，王某与张某的夫妻关系没有被法院的判决解除。因此，王某有权继承张某的遗产。

【疑难问题】

（一）原告的起诉准备工作②

1. 诉讼标的与诉讼请求的分析

诉讼标的，也称诉的标的，是指当事人之间发生的，请求人民法院作出裁判

---

① 参见江伟、李浩主编：《民事诉讼法配套教学案例分析》，212～215页，北京，高等教育出版社，2009。

② 参见蔡虹主编：《民事程序法学实验教程》，90～95页，北京，北京大学出版社，2011。

的实体法律关系争议。诉讼标的在本质上是一种法律关系，是当事人争议的对象，也是人民法院审理和裁判的对象。一种民事法律关系要成为诉讼标的，首先必须是平等的民事主体之间发生的争议，其次是争议的一方到人民法院提起民事诉讼。

诉讼标的与诉讼请求具有密切联系，但两者并不等同。诉讼请求是指基于法律关系要求人民法院作出特定判决的请求，表现为特定的、具体的权利主张。一般来说，诉讼标的决定诉讼请求，当事人应当基于民事实体法律关系而提出诉讼请求。诉讼请求是诉讼标的的主要内容，诉讼标的不仅与诉讼请求有关，而且还包括案件事实和诉讼理由等内容。在民事诉讼中，诉讼标的是不能变的，在原告起诉时争议的民事法律关系就已经特定化。诉讼标的是诉的要素之一，诉讼标的改变意味着整个诉的变更；但诉讼请求则可以放弃、增加或者减少，诉讼请求的变更并不必然引起诉讼标的的变更。

2. 案件事实及适用法律分析

面对一个民事案件，若想从中找到突破口，必须逐字逐句推敲案情，找到对自己有利的事实点，然后针对不同的事实点，适用不同的法律条文，以最终写出全面、完善的起诉状。

3. 起诉证据与诉讼证据分析

证据在民事诉讼中具有举足轻重的地位。当事人都很清楚，“打官司就是打证据”，审理案件以事实为根据，而案件事实只能够用证据来证明，即“法律只相信证据”，没有证据就赢不了官司。谁拥有更多、更具说服力的证据，谁就能在诉讼中占据上风，获得有利于自己的判决的机会也就更大。所以准备证据材料的环节十分关键，当事人必须高度重视。当事人对自己提出的主张需要提供下列证据加以证明：（1）当事人主张的法律事实，应从法律事实是否存在、何时发生或怎样发生以及产生的原因等方面着手；（2）当事人主张的程序上的事实，即能够引起民事诉讼法律关系发生、变更、消灭的事实；（3）当事人之间法律关系和民事权益争议的事实；（4）能够作为定案证据的事实；（5）与案件有关的其他事实。

4. 管辖法院及审级分析

民事诉讼法和最高人民法院的司法解释对于民事诉讼中的管辖作了详细且具体的规定，当事人应当根据相关法律和司法解释的规定，选择正确的管辖法院起诉。如果起诉的法院不具有管辖权，案件将不被受理或者被驳回起诉。

5. 撰写起诉状

起诉状是法律文书中使用频率最高的一种文书。当事人的合法权益受到侵犯或与他人发生争议，依法提起诉讼，要“告状”，就应当写起诉状。起诉状主要分为首部、正文、尾部三部分，外加附项。

（1）首部

首部包括标题和双方当事人（包括诉讼代理人、诉讼代表人）的身份情况。标题要写明案件性质和文书种类名称，即“民事起诉状”。当事人包括原告、被告双方，写时依照先原告后被告的顺序，分别依次写明姓名（别名、化名）、性别、年龄（出生年月日）、民族、籍贯、文化程度、职业、住址。如果当事人系机关、团体或企事业单位，应写明单位名称的全称、所在地和法定代表人的姓名与职务。

（2）正文

正文包括诉讼请求、事实和理由，证据和证据来源，证人姓名和住址。诉讼请求事项要写明请求法院解决的有关民事争议的具体问题，如要求与被告离婚、请求被告赔偿损失或履行合同等。事实和理由部分要把何时、何地、何人、情节经过、造成何种危害后果、各自应负的责任以及实质性分歧等写清楚，然后，要根据事实和证据阐明理由，具体写法可采取先写事实后写理由的分述法，也可采取边写事实边讲道理的夹叙夹议法，视案情而定。在证据和证据来源部分，要把原告所掌握的对其有利的证据全面地列举出来，包括书证、物证、视听资料等七种证据类型。本案若有证人，则要列举证人的姓名、住址等基本情况。

（3）尾部

在正文下面，另起一行写受文机关，一般用“此致××人民法院”字样，格式与书信相同。而后在其右下方由具状人签名或盖章，注明具体的年月日。如是律师或他人代书，应写明代书人姓名和工作单位。

（4）附项

应具体说明起诉状副本的份数和证据的种类、名称、数量等。

（二）民事答辩状的写作①

1. 民事答辩状的写作要点

（1）答辩的理由，是答辩状的主体部分，通常包括以下内容：就案件事实部分进行答辩；就适用法律方面进行答辩。

（2）提出答辩主张，即对原告起诉状中的请求是完全不接受还是部分不接受，对本案的处理依法提出自己的主张，请求法院裁判时予以考虑。

2. 民事答辩状的组成部分

（1）首部

1）标题。居中写明“民事答辩状”。

2）答辩人的基本情况。写明答辩人的姓名、性别、出生年月日、民族、职业、工作单位和职务、住址等。如答辩人系无诉讼行为能力人，应在其项后写明其法定代理人的姓名、性别、出生年月日、民族、职业、工作单位和职务、住址，及其与答辩人的关系；答辩人是法人或其他组织的，应写明其名称和所在地址、法定代表人（或主要负责人）的姓名和职务。如答辩人委托律师代理诉讼，应在其项后写明代理律师的姓名及代理律师所在的律师事务所名称。

---

① 参见蔡虹主编：《民事程序法学实验教程》，124～125页，北京，北京大学出版社，2011。

3）答辩缘由。写明答辩人因××一案进行答辩。

（2）正文

1）答辩的理由。应针对原告的诉讼请求及其所依据的事实和理由进行反驳与辩解。

被告的答辩还可以从程序方面进行答辩，例如，提出原告不是正当的原告，或原告起诉的案件不属于受诉法院管辖，或原告的起诉不符合法定的起诉条件；说明原告无权起诉或起诉不合法，从而否定案件。被告提出答辩理由，要实事求是，要有证据。

2）答辩请求。答辩请求是答辩人在阐明答辩理由的基础上针对原告的诉讼请求向人民法院提出应根据有关法律规定保护答辩人的合法权益的请求。民事答辩状中的答辩请求主要有：第一，要求人民法院驳回起诉，不予受理；第二，要求人民法院否定原告请求事项的全部或一部分；第三，提出新的主张和要求，如追加第三人；第四，提出反诉请求。如果民事答辩状中的请求事项为两项以上，在写请求事项时应逐项写明。

3）证据。答辩中有关举证事项，应写明证据的名称、件数、来源或证据线索。有证人的，应写明证人的姓名、住址。

（3）尾部

1）致送人民法院的名称。

2）答辩人签名。答辩人是法人或其他组织的，应写明全称，加盖单位公章。

3）答辩时间。

4）附项主要应当写明答辩状副本份数和有关证据情况。

【法律法规】

1.《中华人民共和国民事诉讼法》

2. 最高人民法院《关于适用〈中华人民共和国民事诉讼法〉若干问题的意见》

3. 最高人民法院《关于在经济审判工作中严格执行〈中华人民共和国民事诉讼法〉的若干规定》

4. 最高人民法院《关于民事经济审判方式改革问题的若干规定》

5. 最高人民法院《第一审经济纠纷案件适用普通程序开庭审理的若干规定》

6. 最高人民法院《关于民事诉讼证据的若干规定》

7. 最高人民法院《关于严格执行公开审判规定的若干规定》

8. 最高人民法院《关于人民法院立案工作的暂行规定》

9. 最高人民法院《关于严格执行案件审理期限制度的若干规定》

10. 最高人民法院《关于受理证券市场因虚假陈述引发的民事侵权纠纷案件有关问题的通知》

实务训练

根据下面的实际案例，组织一次模拟庭审：

(一) 案情[①]

案由：电信服务合同

原告：李某，男，汉族，福建省平潭县人。

被告：中国移动通信集团福建有限公司平潭分公司，檀钟清，分公司经理

委托代理人：叶燕芳、陈斌，福建天泽广业律师事务所律师。

审判机关：福建省平潭县人民法院。

合议庭组成人员：审判长：陈爱心；审判员：任魁钰、吴强。

原告诉称：原告于2009年1月12日使用其手机浏览与被告合作的网站，该网页内容大部分是一些极其不文明、带有诱惑性的字眼来诱导用户使用的标题，原告点击进去后见到提示：服务介绍一名称：整蛊爆笑堂*电影；服务提供商：广州掌讯（代码900744）；收费方式：本次点播收取信息费1.00元，由被告代收。原告点击“我要点播”后出现“对不起，因服务提供商900744通信故障，服务暂时无法完成”。原告查清自己的话费清单发现话费为被告扣收1.00元。被告利用淫秽信息诱导用户点播且不提供相应服务内容，甚至变相乱扣用户的钱，违反等价有偿原则，侵犯原告的知情权、公平交易权。请求法院判令被告立即停止侵权，书面向原告公开赔礼道歉，退回强行代收的人民币1元并承担相应利息，赔偿原告精神损失费、误工费、打印费、车旅费共计人民币9 948.99元。

被告辩称：被告与广州掌讯公司是合作关系，为广州掌讯公司提供通道接入和代收费服务，原告订制广州掌讯公司短信息服务后，实际未享受服务，被收取信息费1.00元。被告已于2009年2月2日、4日代为向讼争手机账户返还费用各1.00元的双倍退费处理。被告在本案中没有侵权行为，原告得到补偿，原告的要求赔偿误工费、车旅费、精神损失费的诉讼请求缺乏事实和法律依据，请求依法驳回原告诉讼请求。

福建省平潭县人民法院经公开审理查明：原告于2009年1月12日16时19分使用其手机浏览与被告合作的网页，点播广州掌讯（代码900477）的“整蛊爆笑堂*电影”业务，因出现服务提供商900744通讯故障，服务暂时无法完成。原告查看话费清单，发现该次未成功的点播被被告扣划费用1.00元，原告于2009年1月15日通过10086向被告反映该问题。

福建省电信用户申诉受理中心于2009年2月1日受理原告申诉，当日即将申诉内容和转办通知书发送福建省移动公司，要求认真调查核实，查明原因，妥善处理。

① 参见福建法院网，见http：//fjfy.chinacourt.org/public/detail.php？id=6647，2011-08-09。

被告经核实，于2009年2月2日、4日在中国移动福建公司业务支撑系统统一业务服务平台中对原告使用的手机号码在2009年1月12日16时19分产生的1.00元费用作双倍返还处理。

2009年2月16日、18日、19日、27日，福建省电信用户申诉受理中心对原、被告双方进行电话调解无效，于2009年2月27日应原告的请求，出具一份NO. T20090227—1号调解意见书，原告遂提起诉讼。

上述事实有下列证据证明：

1. 话费清单及福州市电信自助业务专用发票各一份，福建省电信用户申诉受理中心出具的NO. T20090227—1号调解意见书，证明原告使用其手机于2009年1月12日16时19分点播广州掌讯信息科技有限公司的“整蛊爆笑堂*电影”业务未成，产生被收信息服务费1.00元的事实。

2. 福建移动10086客服账单查询结果2份。

3. 中国移动福建公司业务支撑系统用户信息单9份。

4. 中国移动通信集团福建省有限公司客户服务协议及中国移动通信集团福建有限公司业务受理单1份。

上述证据2～4证明原告使用的手机用户信息及被告于2009年2月2日、4日对原告使用的手机用户作特殊退款各1.00元的事实。

福建省平潭县人民法院根据上述事实和证据认为：原告持手机卡号作为被告入网客户，原、被告双方之间形成电信服务合同关系，此关系为《合同法》、《电信条例》所调整。《电信条例》规定，电信业务经营者应当为电信用户提供迅速、准确、安全、方便和价格合理的电信服务。电信用户对交纳电信费用持有异议的，电信用户有权要求电信服务经营者予以解决。

本案原告使用电信网络，在点播内容因通讯故障，未能得到实际服务情况下，被收取电信服务费用，这是电信收费存在错误，原告有权要求被告予以解决。根据《合同法》第122条规定：“因当事人一方的违约行为，侵害对方人身、财产权益的，受损害方有权选择依照本法要求其承担违约责任或者依照其他法律要求其承担侵权责任”，原告选择被告承担侵权责任，即错误收取电信费用1.00元造成原告的人身、财产权益的损害的侵权责任。

被告在原告对所收取的电信费用异议后，经核实已在原告手机账户上作双倍退款2.00元的特殊退款处理，此可为被告提供的中国移动福建公司业务支撑系统用户信息单的证据所证实，原告亦可凭手机密码在移动公司自动终端上打印查询。显然，原告未享受相应服务被收取1.00元的财产权益的损害，在其起诉前就已经得到补偿。至于人身权益受损害方面，原告并未向法庭举证；另外，本案电信费用收取并非违反国家规定，擅自改变或变相改变资费标准，擅自增加或变相收费项目，因此，原告要求书面公开赔礼道歉于法无据。综上，对原告的诉讼请求法院不予支持。

福建省平潭县人民法院依照《合同法》第107条、第122条，《电信条例》第5条、第40条、第41条第3项、第75条之规定，作出如下判决：驳回原告李某对被告中国移动通信集团福建有限公司平潭公司的诉讼请求；案件受理费人民币50元，由原告负担。

(二) 法院普通程序庭审提纲①

[庭前准备]

书：请当事人、诉讼代理人入庭。

书：查明当事人、诉讼代理人到庭情况，核对证件。

书：请肃静，现在宣布法庭纪律。

书：全体起立，请审判长、审判员入庭。

书：报告审判长，原告××，原告代理人××，被告××，被告代理人××到庭。原告（被告）提供的证人××，鉴定人××庭外候传。庭前准备工作就绪，请开庭。

[开庭审理]

审：现在核对当事人、诉讼参与人基本情况。

审：原告对被告出庭人员有无异议？

原：____________________

审：被告对原告出庭人员有无异议？

被：____________________

审：经审查，原、被告出庭人员符合法律规定，可以参与本案庭审活动。

××市××区人民法院现在公开（不公开）开庭审理原告×××诉被告×××××纠纷一案，依据《民事诉讼法》第 40 条第 1 款、第 120 条的规定，本案由审判员×××担任审判长、审判员×××、助理审判员×××组成合议庭适用普通程序进行审理，书记员×××担任本案记录。

有关当事人诉讼权利与义务的规定，庭前已以书面形式告知双方当事人。原、被告对诉讼权利、义务是否清楚？

原：____________________

被：____________________

审：原告是否申请回避？

原：____________________

审：被告是否申请回避？

被：____________________

[法庭调查]

1. 诉辩阶段

审判长根据双方诉辩意见进行总结。总结围绕案件事实进行，首先，对双方认可的事实予以认定。其次，总结双方争议的事实，按 1、2、3、顺序逐一列出。暂时不总结双方法律关系方面的争议点。

① 参见《深圳市罗湖区法院普通程序审理民事案件庭审提纲》，见 http：//www.dffy.com/sifashijian/ws/200504/20050429174603.htm，2011－08－09。

审：庭审分四个阶段进行：法庭调查、法庭辩论、法庭调解、评议与宣判。现在进行法庭调查。鉴于庭前证据交换程序中，诉状与答辩状已依法送达给各方当事人，原告的诉讼请求、事实、理由与被告的答辩意见不再当庭陈述。

原告对诉讼请求、事实、理由有无变更或补充？

原：____________________

审：被告对答辩意见有无变更或补充？

被：____________________

审：根据双方诉辩意见，本庭认为以下事实是双方认可的事实：1、2、3……本庭予以确认，本庭确认的事实，无须质证和辩论。双方争议焦点有 1、2、3、4……原告，对本庭归纳的争议焦点有无异议？

原：____________________

审：被告对本庭归纳的争议焦点有无异议？

被：____________________

2. 质证阶段

经庭前证据交换，证据应装订成册，按 1、2、3、4……的顺序分类编订，并已就证据来源、证据内容、所证明的事实作出说明。法官在庭审中仅指导当事人围绕法庭总结的焦点进行质证。法庭已认定的事实，当事人不再举证，法庭也不认证。

审：现在由原、被告双方就庭前证据交换程序中提交的证据进行质证。

审：由原告出示证据。

原：证据一，____________________，证明____________________

证据二，____________________，证明____________________

审：被告质证。

被：____________________

审：被告出示证据。

被：____________________

审：原告质证。

原：____________________

审：本庭依职权调查的证据有：1、2、3……现出示给原、被告双方，原告对本庭调查的证据有何意见？

原：____________________

审：被告对本庭调查的证据有何意见？

被：____________________

3. 问答阶段

法官针对当事人未提供证据证实，但又必须查清的事实，询问双方当事人。双方当事人也可针对此类事实互相发问。

审：____________________

原：____________________

被：____________________

4. 认证、总结阶段

审：经过法庭质证，本庭对以下证据予以认定：原告出示的证据一、证据二，被告出示的证据一、证据三。

经过法庭调查，本庭对以下事实给予认定：____________________

基于事实的认定，本庭认为本案的焦点为1、2、3……

［法庭辩论］

审：现在进行法庭辩论，双方围绕本庭归纳的焦点发表对本案性质、法律关系、法律适用、责任承担等方面的意见。

审：原告发表辩论意见。

原：____________________

审：被告发表辩论意见。

被：____________________

审：原、被告是否有新的辩论意见？

原：____________________

被：____________________

［法庭调解］

审：依据《民事诉讼法》第128条之规定，由本庭主持调解。

审：原告是否同意调解？

原：____________________

审：被告是否同意调解？

被：____________________

审：原告提出你的调解方案？

原：____________________

（略）

审：在法庭主持下，双方当事人自愿达成如下调解协议：1、2、3……本庭认为，双方自愿达成的调解协议，符合法律规定，本院予以确认。本调解书经双方签收后即具有法律效力，双方应自觉履行。

现在闭庭

书：全体起立，请法官退庭。

［评议、宣判］

〈当庭宣判〉

审：因原告（被告）代理人无调解权限，本庭不主持调解。（由于原、被告不同意调解或双方意见分歧较大，调解未成。）现休庭，由合议庭进行评议。

（书：全体起立，请审判员退庭）

（书：全体起立，请审判员入庭）

审：现在继续开庭。

对原告×××诉被告××纠纷一案进行宣判。原告认为________________，请求________________，被告认为________________，请求________________。经审

理查明，本案事实是____________________。基于以上事实，本庭认为（法律关系、责任承担）。依据《____________________》、《____________________》第×条之规定，判决如下：（书：请全体起立）

（1）____________________

（2）____________________

审：原告发表对本庭判决的意见。

原：____________________

审：被告发表对本庭判决的意见。

被：____________________

当庭宣判案件，当事人于宣判后第10日到本院领取判决书。如不服本判决，可在判决书送达之日起15日内向本院提交上诉状并按对方当事人人数提交副本，上诉于××人民法院。

现在闭庭。

书：全体起立，请审判员退庭。

〈定期宣判〉

审：由于本庭对本案事实和法律关系还需进一步确认，本案待后宣判。

现在休庭。

书：全体起立，请审判员退庭。

课后练习

1. 齐某起诉宋某要求返还借款8万元，法院适用普通程序审理并向双方当事人送达出庭传票，因被告宋某不在家，宋某的妻子代其签收了传票。开庭时，被告宋某未到庭。经查，宋某已离家出走，下落不明。关于法院对本案的处理，下列哪一选项是正确的？（单选）

A. 法院对本案可以进行缺席判决

B. 法院应当对被告宋某重新适用公告方式送达传票

C. 法院应当通知宋某的妻子以诉讼代理人的身份参加诉讼

D. 法院应当裁定中止诉讼

2. 张某因孙某欠款不还向法院起诉。在案件审理中，孙某因盗窃被刑事拘留。关于本案，下列哪一选项是正确的？（单选）

A. 法院应当裁定中止诉讼，待对孙某的刑事审判结束后再恢复诉讼程序

B. 法院应当裁定终结诉讼，并告知张某提起刑事附带民事诉讼

C. 法院应当继续审理此案

D. 法院应当将此案与孙某盗窃案合并审理

3. 法院对于诉讼中有关情况的处理，下列哪一做法是正确的？（单选）

A. 杨某与赵某损害赔偿一案，杨某在去往法院开庭的路上，突遇车祸，被送至医院急救。法院遂决定中止诉讼

B. 毛某与安某专利侵权纠纷一案，法庭审理过程中，发现需要重新进行鉴定，法院裁定延期审理

C. 甲公司诉乙公司合同纠纷一案，审理过程中，甲公司与其他公司合并，法院裁定诉讼终结

D. 丙公司诉丁公司租赁纠纷一案，法院审理中，发现本案必须以另一案的审理结果为依据，而该案又尚未审结，遂裁定诉讼中止

4. 甲公司以乙公司为被告向法院提起诉讼，要求乙公司支付拖欠的货款100万元。在诉讼中，甲公司申请对乙公司一处价值90万元的房产采取保全措施，并提供担保。一审法院在作出财产保全裁定之后发现，乙公司在向丙银行贷款100万元时已将该房产和一辆小轿车抵押给丙银行。关于本案，下列哪一说法是正确的？（单选）

A. 一审法院不能对该房产采取保全措施，因为该房产已抵押给丙银行

B. 一审法院可以对该房产采取保全措施，但是需要征得丙银行的同意

C. 一审法院可以对该房产采取保全措施，但是丙银行仍然享有优先受偿权

D. 一审法院可以对该房产采取保全措施，同时丙银行的优先受偿权丧失

5. A地甲公司与B地乙公司签订买卖合同，约定合同履行地在C地。乙到期未能交货。甲多次催货未果，便向B地基层法院起诉，要求判令乙按照合同约定交付货物，并支付违约金。法院受理后，甲得知乙将货物放置于其设在D地的仓库，并且随时可能转移。下列哪些选项是错误的？（　　）

A. 甲如果想申请财产保全，必须向货物所在地的D地基层法院提出

B. 甲如果要向法院申请财产保全，必须提供担保

C. 受诉法院如果认为确有必要，可以直接作出财产保全裁定

D. 法院受理甲的财产保全申请后，应当在48小时内作出财产保全裁定

6. 法院对于诉讼中有关情况的处理，下列哪些做法是正确的？（　　）

A. 甲起诉其子乙请求给付赡养费。开庭审理前，法院依法对甲、乙进行了传唤，但开庭时乙未到庭，也未向法院说明理由。法院裁定延期审理

B. 甲、乙人身损害赔偿一案，甲在前往法院的路上，胃病发作住院治疗。法院决定延期审理

C. 甲诉乙离婚案件，在案件审理中甲死亡。法院裁定按甲撤诉处理

D. 原告在诉讼中因车祸成为植物人，在原告法定代理人没有确定的期间，法院裁定中止诉讼

7. 关于对当事人及其法定代理人的缺席判决，下列哪些选项是正确的？（　　）

A. 原告经法院传票传唤，无正当理由拒不到庭的，或者未经法庭许可中途退庭的，可以按撤诉处理；被告反诉的，法院可以缺席判决

B. 无民事行为能力人离婚案件，当事人的法定代理人应当到庭，法定代理人不能到庭的，法院应当在查清事实的基础上，依法作出缺席判决

C. 有独立请求权第三人经法院传票传唤，无正当理由拒不到庭的，或者未经法庭许可中途退庭的，法院可以缺席判决

D. 无独立请求权第三人经法院传票传唤，无正当理由拒不到庭的，或者未经法庭许可中途退庭的，法院可以缺席判决

8. 案例分析

村民甲和村民乙系同村邻居。2008 年 7 月 10 日，甲向法院诉称：被告乙房后的数十棵桑树是 1998 年村里买来树种并派工栽活的，应属于村里所有。但现在被乙所占，要求法院判决被告乙将桑树退回村里并将多年获蚕的收益折款退返。法院经审查后，认为甲与本案无利害关系，于 2008 年 7 月 20 日作出不予受理的裁定。甲将情况告诉村委会。村委会决定决定委托甲为诉讼代理人代为起诉，并向法院提交了授权委托书。甲作为诉讼代理人以同样的事实、理由和请求重新起诉，法院受理此案。被告乙收到起诉状副本后，即到甲家谩骂，并同甲扭打起来。扭打中乙被甲推倒在地，右手腕骨折。其后，被告乙在答辩状中向法院反诉，诉称自己右手手腕骨折是甲所致，要求甲赔偿医疗费。法院决定将本诉、反诉合并审理。开庭审理中，乙经法院一次口头传唤、一次传票传唤，无正当理由拒绝到庭，法院遂对乙采取拘传措施。法院经过审理，依据事实和法律对该案作出了判决。

问：请指出本案在诉讼程序上存在的问题，并简述理由。

延伸阅读

1. 廖中洪．中国民事诉讼程序制度研究．北京：中国检察出版社，2004

2. 唐力．民事诉讼构造研究．北京：法律出版社，2006

3. 熊跃敏．民事审前准备程序研究．北京：人民出版社，2007

4. 章武生．民事简易程序研究．北京：中国人民大学出版社，2002

5. 张卫平．起诉条件与实体判决要件．法学研究，2004（6）

6. 王亚新．民事诉讼准备程序研究．中外法学，2000（2）

7. 范愉．小额诉讼程序研究．中国社会科学，2001（3）

第七专题　第二审程序

【内容摘要】

二审程序作为对于一审程序可能作出的不当裁判的民事诉讼内在救济机制，担负着多样化的司法功能。在采取二审终审制的我国，二审程序需要在诸多价值目标之间进行平衡与选择。学习本专题，关键在于把握我国二审程序如何发挥其疏解当事人不服、监督一审法院的裁判以及维护法律统一适用等功能。本专题从二审程序的启动入手，着重阐述提起上诉的条件、二审的审查范围与受理条件、二审的审理方式与裁判类型。此外，结合民事诉讼法中的有关基本原则介绍对于二审程序中可能出现的特殊情形的处理方式。

【知识要点】

第二审程序，是指民事诉讼当事人不服地方各级法院未生效的第一审裁判，在法定期限内向上一级法院提起上诉，上一级法院对案件进行审理所适用的程序。由于当事人依法上诉是发动第二审程序的唯一手段，因此第二审程序亦称为上诉审程序。鉴于我国民事诉讼实行两审终审制，第二审程序又被称为终审程序。第二审程序的价值或曰功能在于保护当事人的合法权益，便于上级法院监督和检查下级法院的审判工作，并维护国家法律的统一适用。

在学习第二审程序的过程中，要注意把握其与第一审程序之间的关系，两者之间既是逻辑的延续，又各自独立。第一审程序是第二审程序的前提和基础，第二审程序则是第一审程序的继续和发展。两者的区别则体现为：审级不同，第一审程序是初审程序，第二审程序则是终审程序；启动原因不同，当事人发动第一审程序，其诉权指向诉讼标的，而当事人行使上诉权发动第二审程序，上诉权指向的最直接对象是第一审尚未生效的裁判，案件事实本身却成为间接对象；担负任务不同，法院在第一审程序中的任务在于“定纷止争”，确认民事权利义务关系，而第二审程序中除此任务外，还有监督之责；适用具体程序不同，法院审理一审民事案件可以适用普通程序或简易程序，而审理二审民事案件则只能适用第二审程序，由此两者在审判组织的构成、审理形式和审理期限等具体程序上也存在诸多区别；裁判效力不同，法院依据第二审程序所作的裁判属于终审裁判，一经宣告即生既判力。①

一、当事人提起上诉

第二审程序是依赖于当事人的上诉而启动的，只有当事人向人民法院依法提起了上诉，才能引起二审法院的审理。因此，二审启动的条件实质上就是当事人上诉的条件。为了保证一审判决的权威性，防止当事人对上诉权的滥用，必须对上诉程序设置一定的准入门槛即上诉条件。只有设置合理的上诉条件，才能实现将稀缺的上诉司法资源配置给最需要救济的上诉案件，同时也才能够避免上诉程序启动的过低条件带来的二审案件的积压和对一审判决权威的减损。我国民事诉讼法对上诉条件的设置主要包括如下几个方面：

（一）上诉的主体条件

提起上诉的主体，是整个法律救济程序的发起人。各国的司法实践均认可一审判决的当事人享有上诉救济程序的启动权，但各国对于当事人范围的界定却存在认识上的差别。我国民事诉讼法规定，上诉人与被上诉人都必须适格，都须为一审当事人。只有一审中的当事人才可以上诉，也只有一审中的当事人才可以被上诉。换言之，在提起上诉的时候，不能以案外人作为被上诉人。

值得注意的是第三人作为上诉主体的问题。通常认为，有独立请求权的第三人相当于原告，因此可以作为上诉人或被上诉人。无独立请求权的第三人只有被判令承担责任时才有权上诉或者成为被上诉人。在必要共同诉讼中，部分共同诉讼人提出上诉的，无论是否涉及其他共同诉讼人的利益，其他共同诉讼人不为共同上诉人，而是分别情况确定其在二审程序中的诉讼地位。

提起上诉时，上诉人和被上诉人必须符合上文所述的法律要求，此为审查上诉是否成立最为基本的方面。司法实践中，法院简便易行的做法是，要求当事人提交上诉状时一并提交原审法院送达的判决文书。经过第一审程序后，法院对当事人的主体资格已进行过审查判断，上诉的受理审查只需判断呈请上诉的人是否是原审判决的当事人或承担义务的无独立请求权的第三人，即对判决是否是具有上诉利益的主体即可。所谓上诉利益，在日本被称为“不服之利益”，是源于西方大陆法系的概念和理论学说②，具体而言，是指原审法院作出的于当事人不利而由当事人提起上诉并要求上诉审法院予以改判的判决结果。因此，对上诉利益的有无应该如此判断：

---

① 参见江平主编：《民事诉讼法学案例教程》，269页，北京，知识产权出版社，2003。

② 参见廖中洪：《“上诉利益”若干问题研究》，载《河北法学》，2007（7）。

若原判决与上诉人在原审所为诉之声明相比存有差异，且原判决之结果较诉之声明更为不利，此时便有上诉之利益。

（二）上诉的对象

上诉对象，又被称为上诉客体，是指针对其启动第二审程序、由一审法院所作出的各种裁决。各个国家对于上诉对象的规定差别较大。例如，英国上诉针对的对象比较复杂，包括拥有法院作出的上诉许可的郡法院或高等法院的裁决、拘禁令等。在我国，提出上诉的客体必须是依法允许上诉的裁判，可以分为两类：一为判决，诉讼程序的一审判决一般都可以上诉；二为裁定，对于不予受理、驳回起诉、管辖权异议的裁定可以提起上诉。

根据我国民事诉讼法的规定，下列民事裁判不允许提起上诉：最高人民法院的判决和裁定；第二审法院的判决和裁定；法院按照第二审程序进行再审作出的判决和裁定；基层法院按照特别程序、督促程序、公示催告程序作出的裁判。另外，如果当事人在一审中调解达成协议而结案，不得对调解结果上诉。若当事人对裁判本身涉及的事实问题和法律问题没有不同意见，只对诉讼费用负担不服，亦不能对此提起上诉。

（三）上诉期限

上诉的法定期限就是上诉期限，当事人必须在法定的期间内上诉。我国《民事诉讼法》第 147 条规定了判决和裁定的上诉期限：当事人不服地方法院第一审判决的，有权在判决书送达之日起 15 日内向上一级法院提起上诉；当事人不服地方法院第一审裁定的，有权在裁定书送达之日起 10 日内向上一级法院提起上诉。上诉期限是法定期间，当事人如果在此期限内没有提起上诉，第一审法院的判决或者裁定即发生法律效力，当事人的上诉权因期满而失权。因此，在实务中，正确确定上诉期限便尤其重要。在确定上诉期限时应注意下列问题：

1. 一般情况下上诉期限的起算问题。上诉期限不是从宣判之日起计算，而应当从判决书、裁定书送达之日起计算，具体而言是从接到判决书、裁定书的次日起计算。如果裁决书、裁定书不是同时送达双方当事人的，则上诉期限应从各自收到的次日计算。

2. 共同诉讼人上诉期限的计算问题。普通共同诉讼人各自独立享有并行使上诉权，各共同诉讼人从收到判决书、裁定书的次日起分别计算上诉期限。必要共同诉讼人由于享有共同权利或者承担共同义务，上诉期限应当共同计算，即以共同诉讼人中最后一人接到判决书、裁定书的次日起计算上诉期限，因此，只有最后一个收到判决书、裁定书的共同诉讼人的上诉期限届满后没有人提起上诉的，一审判决、裁定才发生法律效力。

3. 上诉期限的顺延问题。上诉期间属于可变期间，在符合法律规定的情形下可以顺延。根据我国民事诉讼法的规定，当事人因不可抗拒的事由或其他正当理由耽误上诉期限的，在障碍消除后 10 日内可以申请顺延，但是否准许由人民法院加以决定。

（四）上诉的形式要件

提起上诉除了要满足法律所规定的实质性的条件之外，还应当具备法定形式要件，即提起上诉状。上诉状是具体表达上诉人不满对象，传递当事人不满理由的载体。作为一个法律程序意义的起点，其宣告了一审判决的效力中止，启动可能引发司法裁判变动的权利救济程序，是一个承上启下的过渡性文书。在我国民事诉讼中，对于该形式要件有如下要求：

1. 书面上诉状。上诉必须提交书面上诉状，若当事人口头表示上诉，后来并没有在法定期间内提交上诉状的，视为未提起上诉。上诉状的内容应当包括：（1）当事人的基本情况，即当事人的姓名、法人的名称及其法定代表人的姓名、其他组织的名称以及主要负责人的姓名；（2）原审人民法院名称、案件编号和案由；（3）上诉的请求和理由。上诉的请求，即上诉人向二审法院提出的，主张改变或撤销一审裁判、重新确认民事权利义务关系的要求。上诉的理由，即上诉人提出的支持上诉请求成立的依据。诸如上诉人认为一审裁判在认定事实、适用法律方面错误，或者一审法院严重违反法定程序，均可为上诉理由。此外，上诉人还可以提出新的事实作为上诉理由。

2. 提交上诉状原则上应当由上诉人向原审法院提交，但是民事诉讼法允许上诉人直接向上一级法院提交。这主要是考虑到消除当事人对原审法院的各种疑虑。

3. 上诉状副本由原审法院送达对方当事人，对方当事人在收到之日起 15 日内向原审法院提交答辩状。但是，答辩状的提交并非二审程序的启动要件，对方当事人不提交答辩状的，并不影响人民法院的审理。

二、上诉的审查与受理

（一）上诉的审查

上诉是当事人行使诉权的一种表现，当事人这种行使诉权的方式表现了其对于原审判决的不满，而吸收当事人的不满正是上诉制度的功能之一。从司法实践来看，原审判决确实可能存在某种程度的错误。然而同样无可置疑的是，实务中存在着当事人因败诉而产生心理冲动而为的上诉，甚或为了拖延诉讼而发动二审程序。由此，二审程序的建构要彰显两方面的功能：一是保障诉权，尊重当事人的意思自治；二是以某种恰当的形式设置第二次审理程序的准入门槛，以此控制不合适的上诉。

相比于世界其他各国（地区）普遍赋予接受上诉状法院以初步审查权，即由原审法院对上诉的程序要件进行把关，甚至于提前以上诉许可的方式决定上诉程序是否启动，我国民事诉讼法则将该审查权力移至第二审法院。从权力制衡有效性的角度出发，这一做法更为有效。原因在于，由独立的上一级法院来审查比原审法院审查更少偏见，更少受到先入为主的影响。此外，基于我国基层法院的现状，这种后置更有其必要性，能够有效避免上诉渠道被阻塞的可能。至于其他国家的前置审查，主要是基于抑制上诉，解决“诉讼爆炸”的难题。

（二）上诉的受理

如果说上诉的提起，彰显的是当事人主动发起案件审查程序的诉讼权利，那么上诉的受理突出的就是法院职权对于当事人这一权利的审查与制衡。为了维护司法的根本权威，法院有理由防止当事人因败诉而产生不平心理，随意发动上诉程序，因此设置一种具有形式审查功能的准入程序是非常有必要的。

在我国，当事人提起上诉，一般应通过原审人民法院提交上诉状，这样既便于当事人提起上诉，又便于原审法院进行审查，如有不符之处，可以及时给当事人指出，通知其进行补正。但为了消除当事人对原审法院的不信任情绪，也允许当事人直接向第二审人民法院提交上诉状，由后者在收到上诉状之日起 5 日内将上诉状交给原审人民法院。因此，我国受理上诉的主体，虽然从形式上看（即接收上诉状的主体）为原审法院和二审法院，实际上只有一个，即原审法院的上级法院。这种规定不同于日本与法国等国的上诉制度。日本由三元的法院体系审理控诉、上诉和抗告案件，而法国设置了专门的上诉法院，包括非讼案件在内的几乎所有案件判决的上诉均由上诉法院审理。

若当事人将上诉状交至原审法院，原审法院在收到上诉状 5 日内将上诉状副本送达对方当事人，告知其在 15 日内提出答辩状，但如前所述，提交答辩状并不是上诉的必经程序，只能说被上诉人有答辩之权利，其不答辩亦不影响第二审程序的进行。原审法院在收到上诉状、答辩状后 5 日内将全部卷宗和证据报送二审法院，二审法院对当事人的上诉进行审查。

三、上诉案件的审理程序

（一）审理前的准备

二审法院受理上诉后，案件进入审理阶段。上诉案件的审理，大致可以分为两个阶段：审理前的准备阶段和审理阶段。我国《民事诉讼法》第 157 条规定：“第二审人民法院审理上诉案件，除依照本章规定外，适用第一审普通程序。”上诉案件审理前的准备，除了适用第一审普通程序的相应规定外，对于以下几项准备工作应特别注意：

1. 组成合议庭。二审法院对于上诉案件应组成合议庭进行审理，因为第二审既要对当事人之间的民事权利义务关系予以确认，又要监督、审查原审判决、裁定是否确有错误。第二审程序的合议庭应当全部由审判员组成，陪审员不得参加。

2. 阅卷。第二审程序是在第一审程序的基础上进行的，既有上诉状、答辩状，又有一审全部案卷材料，因此，第二审合议庭成员阅卷的工作量更大，而且更为重要。审判人员通过阅卷，不但可以熟悉整个案情，掌握原审法院作出裁判的事实根据和法律依据，还可以充分了解当事人上诉的请求及其理由，并对事实是否清楚、证据是否充分、适用法律是否正确、是否违反法定程序等作出正确的判断。

3. 调查。二审法院在阅卷的基础上，对于审理上诉案件所需要的证据，可以进行调查。调查不但是第二审程序顺利进行的保障，还有可能使得第二审程序快速终结。根据我国民事诉讼法的规定，二审法院对一部分上诉案件，在阅卷的基础上，经过必要的调查并询问当事人，在事实核对清楚后如果认为不需要开庭审理的，可以直接进行判决、裁定。

（二）审理的范围

审理范围实际上是对当事人意志与国家干预力进行平衡的产物，它一方面体现当事人对于自己民事实体权利和诉讼权利的自主处分，另一方面体现了国家干预的权力。民事诉讼的最大特点之一是对处分权原则的贯彻，基于该原则，在第二审程序中，上级法院不得依职权主动变更上诉请求以外的第一审判决内容。"不告不理"作为民事诉讼的基本原则之一，同样适用于上诉审。在司法实践中，一些二审的审判人员不受当事人上诉请求的限制，不是针对上诉人的请求范围审理案件，而是机械地依职权实行全案审理、全面审查，导致当事人重复陈述、重复举证、重复辩论。这种做法不仅降低了诉讼效率，更为严重的是违反了"不告不理"的基本原则，使当事人基于诉权派生的处分权受到审判权的不当干预。①

在二审程序中，我们既要强调对原审判决的尊重，又要顾及法律自身的尊严，因此上诉这种主要用于复审的救济手段不可无限放任当事人的主导性，而应当在审理范围的宏观形态上作出规定，此为"事实审"与"法律审"的不同取向。所谓"事实审"与"法律审"，是根据第二审的审查内容是否包括原审裁判对事实的认定而划分的。前者是指第二审的审查内容不仅包括原审裁判适用法律是否正确的问题，而且包括对案件事实认定是否正确的问题；后者是指第二审的审查内容只针对原审对案件在适用法律上的问题。事实审与法律审的区分，并非单纯地反映两种上诉审方式在内容上的差异，更重要的是反映了二者的宗旨与实际作用不尽相同。若为事实审，当事人可对原裁判以事实上的理由提出复审申请，法院一旦接受，首先对当事人提出的原审法院关于案件事实的认定进行审查，因此原审裁判如果对案件事实的认定发生错误，在第二审中便有机会纠正。上诉审若为法律审，当事人只能以原裁判在适用法律方面有错误为由提起申请，上诉法院审查的内容只能是案件中的法律问题。

根据我国现行民事诉讼法的规定，上诉案件的审理范围受上诉人上诉请求范围的限制，这与《民事诉讼法（试行）》规定的"第二审人民法院必须全面审理第一审人民法院认定的事实和适用的法律，不受上诉范围的限制"相比，无疑是程序的进步。那么，在审判实践中，二审法院如果发现上诉请求以外的事实和适用法律存在错误，应该如何处理呢？尽管根据目前的法律规定，二审法院的审理范围原则上受上诉请求范围的限制，但应当认为这不是绝对的，是允许有例外的。二审法院发现非上诉部分存在错误时，应当区别情况处理：一方面，如果一审判决违反法律禁止

① 参见齐树洁：《论我国民事上诉制度之重构》，载《法律适用》，2004（1）。

性规定，侵害社会公共利益或者他人利益，二审法院应当予以纠正，不受当事人上诉请求的范围限制；另一方面，对于其他非上诉部分，即使有错误法院也不应审查处理，不能超出上诉请求范围进行干预。这种意见被最高人民法院制定的《关于民事经济审判方式改革问题的若干规定》采纳，即“第二审案件的审理应当围绕当事人上诉请求的范围进行，当事人没有提出请求的，不予审查。但判决违反法律禁止性规定、侵害社会公共利益或者他人利益的除外”。

（三）审理的方式

审理方式是一个内涵颇有争议的法学概念。对于审理方式的阐述，通常包括审理组织的设立、审理形式的选择、审理地点的确定等。但也有学者仅就审判形式对审理方式作狭义上的界定。

1. 开庭审理

开庭审理是上诉案件审理的基本方式，这种方式要求二审法院在审理案件时，应当同时传唤各方当事人并通知其他诉讼参与人到庭，通过法庭调查、法庭辩论、合议庭评议、宣判等一系列环节，对原裁判认定的事实、适用的法律以及当事人提出的新事实进行审查和口头辩论，经合议庭评议后作出新的裁判。开庭审理能够实现直接言词原则、辩论原则的基本要求，能够有效地维护当事人的诉讼权利，有利于增强当事人对裁判结果的信服感和确保司法公正。

根据《民事诉讼法》第152条之规定，第二审程序的审理方式以开庭审理为原则，以径行裁判为例外，其中，需要对原证据重新审查或者当事人提出新证据的，应当开庭审理；而对于事实清楚、适用法律正确，只是定性错误或者适用法律错误的案件，可以在询问当事人后径行裁判。开庭审理和口头辩论有利于体现程序的严谨性，使当事人形成案件经过慎重考虑的感觉，从而极大提高裁判结果的严肃性和信服度，为当事人提供进一步声明主张和宣泄不满的机会，因此应强调开庭审理的必要性。同时基于民事诉讼对经济、效率等价值目标的追逐，亦应在适当情形下简化审理方式。

2. 径行裁判

不开庭审理也称为径行裁判，就是不同时传唤当事人，不通知其他诉讼参与人到庭进行法庭调查和法庭辩论，合议庭仅经过阅卷和调查、询问当事人，在事实核对清楚后，直接对案件作出裁判。鉴于这种审理方式是对一般程序的简化，在适用时应当谨慎，有以下几点应当重点把握：

（1）径行裁判必须组成合议庭。根据《民事诉讼法》第152条第1款的规定，无论采取何种审理方式，第二审程序都必须组成合议庭进行审理，不能由一名审判员独任审判。第二审程序实行径行裁判的，同样必须组成合议庭。

（2）径行裁判不同于书面审理。书面审理就是在不开庭、不调查、不询问当事人的情况下，经过对当事人提供的书面材料以及第一审案卷材料进行审查就作出裁判。我国民事诉讼法规定的径行裁判尽管不开庭，但除了阅卷之外，还必须开展调查，询问当事人，听取当事人陈述，这些远远超出了书面审理的范围。

(3) 径行裁判的适用范围受到严格限制。根据《民事诉讼法意见》第 188 条的规定，第二审法院对下列 4 类上诉案件可以径行判决、裁定：第一类是一审就不予受理、驳回起诉和管辖权异议作出裁定的案件；第二类是当事人提出的上诉请求明显不能成立的案件；第三类是原审裁判认定事实清楚，但是适用法律错误的案件；第四类是原判决违反法定程序，可能影响案件正确判决，需要发回重审的案件。

(四) 审理的期限

与第一审程序一样，审理期限是二审法院必须遵守的法定期限，它关系到当事人之间的权利义务关系能否得以尽快确定，当事人的利益能否得到及时的维护。民事诉讼法规定：第二审法院审理不服判决的上诉案件，应当在第二审法院立案之日起 3 个月内审结；有特殊情况需要延长的，报请本院院长批准，由院长根据案件的具体情况，在保证案件审判质量的基础上，予以审批。第二审法院审理不服裁定的上诉案件，应当在二审法院立案之日起 30 日内作出终审裁定，而且在任何情况下都不得延长。

四、上诉的撤回

(一) 撤回上诉的概念与性质

我国《民事诉讼法》第 156 条规定："第二审人民法院判决宣告前，上诉人申请撤回上诉的，是否准许，由第二审人民法院裁定。"所谓撤回上诉，是指上诉人提起上诉后，在第二审人民法院判决宣告前撤回上诉请求的诉讼行为。[①]

上诉权是法律赋予当事人对一审裁判表达不满情绪的诉讼权利，因此当事人撤回上诉实际上是一种处分自己权利的诉讼行为。在二审法院对上诉人的上诉请求进行审理的过程中，如果上诉人基于自身状况的考虑不愿继续进行诉讼，或者愿意接受一审法院作出的裁判，可以申请撤回上诉，使一审法院的裁判发生法律效力。

(二) 撤回上诉的方式和效力

当事人在第二审程序启动后，如果不愿继续进行诉讼，应当提出撤回上诉的申请。撤回上诉应当向二审法院提出申请，该申请既可以用书面的方式，也可以用口头的方式，口头申请撤回上诉的，应当记入笔录。

二审法院裁定准许上诉人撤回上诉后，第二审程序即告终结，并因此引起原裁判发生法律效力。须强调一点，与撤回起诉不同的是，第二审法院作出的准予撤回上诉的裁定，是终审裁定，因此，上诉人撤回上诉后，即使其上诉期间未满也不得再行上诉。

---

① 参见张卫平主编：《民事诉讼法案例教程》，320 页，北京，中国法制出版社，2003。

（三）法院对于撤回上诉申请的处理

尽管撤回上诉是上诉人处分自己权利的行为，但这一行为能否引起终结第二审程序的法律后果，要由法院裁定。根据《民事诉讼法》第156条和最高人民法院《民事诉讼法意见》第190条的规定，第二审人民法院经审查，有下列情形之一的，应当作出不准撤回上诉的裁定：其一，一审法院的判决确有错误的；其二，双方当事人串通损害国家、集体、社会公共利益或者其他人的合法权益的。民事诉讼法作出此种规定的理由主要是：

1. 根据法律规定，当事人处分自己的权利，不得违背国家法律，不得损害国家、集体和社会公共利益，不得侵害他人的合法权益。上诉人申请撤回上诉，是否违背国家法律，是否损害国家、集体或者社会公共利益，是否侵害他人的合法权益，应当由二审法院依法进行审查并作出判断。经审查，上诉人撤回上诉有可能违背国家法律，损害国家、集体或者社会公共利益，侵害他人合法权益的，二审法院就应当裁定不准其撤回上诉。

2. 第二审程序的重要功能在于监督第一审法院的审判工作。上诉人提起上诉后，经审查全部案卷材料，发现原审法院的裁判确有错误的，第二审法院就应当行使审判监督权依法予以纠正。此时，即使上诉人申请撤回上诉，第二审法院也不能准许。

3. 各方当事人均为上诉人时，一方当事人申请撤回上诉，并不影响其他各方当事人上诉权的行使。为了公平地维护各方当事人的诉讼权利，双方当事人都上诉的情况下，一方撤回上诉，第二审法院仍然要对另一当事人的上诉进行审理，第二审程序不能因一方当事人撤回上诉而终结。

准许或者不准许撤回上诉的裁定，既可以用书面形式，也可以用口头形式。一般来说，准许撤回上诉应制作裁定书。因为第二审法院一旦作出准许撤回上诉的裁定，立即产生以下法律效力：第一，第二审程序终结；第二，当事人不得再行上诉；第三，原审裁判生效。如果不制作裁定书，当事人就可能对一审裁判的效力产生疑问或者不能确定，影响当事人实体权利的实现。而不准许撤回上诉的裁定，不一定要用书面形式作出，因为此后第二审程序仍将继续进行，口头形式的裁定不会对当事人的实体权利义务关系产生实质影响。

五、上诉案件的裁判

（一）各种裁判类型

对于判决案件，二审的裁判类型主要有：判决驳回上诉，维持原判决；撤销原判，依法改判；裁定撤销原判，发回重审；裁定驳回起诉。

对于裁定案件，第二审法院对不服第一审法院裁定的上诉案件的处理，一律使用裁定。

（二）各类型裁判的具体适用规则

1. 原判决认定事实清楚，适用法律正确的，判决驳回上诉，维持原判决。

2. 原判决适用法律错误的，依法改判。

3. 原判决认定事实错误，或者原判决认定事实不清，证据不足，裁定撤销原判决，发回原审人民法院重审，或者查清事实后改判。

4. 原判决违反法定程序，可能影响案件正确判决的，裁定撤销原判决，发回原审人民法院重审。具体包括回避、开庭审理方式等违法情形。之所以将这些案件发回重审，是为了避免事实上的一审终审，保障相关当事人享有上诉的权利。因此，如果二审法院依法发回重审，当事人对重审案件的判决及裁定可以上诉。

（三）对受理问题上诉的处理方式

1. 二审法院认为该案依法不应由人民法院受理的，可以由第二审法院直接裁定撤销原判，驳回起诉。

2. 对于不予受理、驳回起诉的裁定，第二审法院查明第一审法院作出的不予受理裁定有错误的，应在撤销原裁定的同时，指令第一审法院立案受理；二审法院查明第一审法院作出的驳回起诉裁定有错误的，应在撤销原裁定的同时，指令第一审法院进行审理。

（四）二审裁判的效力

由于我国实行的是两审终审制，第二审法院为终审法院，其作出的裁判为终审裁判。二审裁判一经送达当事人便产生法律效力。具而言之，其法律效力主要体现在以下几个方面：

1. 不得就同一诉讼标的，以同一事实和理由重新起诉，但是，判决不准离婚、调解和好的离婚案件以及判决、调解维持收养关系的案件除外。

2. 不得对二审裁判再行起诉。第二审法院作出的裁判是对当事人之间实体权利义务关系的最终确认，一经送达即发生法律效力，当事人不得就此再行上诉。如果当事人认为第二审法院的裁判确有错误，只能按照审判监督程序向法院申请再审。

3. 二审裁判具有强制执行力。对于第二审法院作出的具有给付内容的裁判，义务人如果拒不履行义务，对方当事人有权向法院申请强制执行，法院也可以视情况依职权强制执行，以维护终审裁判的司法权威，保障当事人合法权益的实现。

六、上诉案件审理中特殊问题的处理

第二审程序依然是法院组织当事人、其他诉讼参与人解决纠纷的过程，其与第一审程序必有诸多共同之处。因此，第二审程序中没有特别规定的，皆可适用第一审程序。在司法实务中，对于第二审程序更要关注的是一些特殊规定，这些规定集中体现在对于某些特殊问题的处理方式上。具体介绍如下：

(一) 一审中遗漏诉讼请求或当事人

1. 遗漏诉讼请求。对于当事人在一审中已经提出的诉讼请求，原审法院如果未作审理、判决的，第二审法院可以调解，调解不成的，发回重审。

2. 遗漏当事人。必须参加诉讼的当事人在一审中未参加诉讼，第二审法院可以调解，调解不成的，发回重审。须注意的是，发回重审的裁定书不列应当追加的当事人。

另外需要强调的是，在第二审程序中，作为当事人的法人或者其他组织分立的，法院可以直接将分立后的法人或者其他组织列为共同诉讼人；作为当事人的法人或者其他组织合并的，将合并后的法人或者其他组织列为当事人。因此，若出现以上情形，二审法院不必将案件发回原审法院重审。

(二) 二审中的新请求和新证据

1. 二审中的新请求

在第二审程序中，出现新请求包括两种情形：一为原审原告增加独立的诉讼请求，二为原审被告提出反诉。对于二审中出现的新的请求，第二审法院的处理方式是，可以就新增加的诉讼请求或反诉进行调解，调解不成的，告知当事人另行起诉。另须注意，再审程序若适用第二审程序，且被告于其中提出反诉的，亦按照同样方式处理。

2. 二审中的新证据

(1) 新证据的认定

前已谈及，我国第二审程序既是事实审也是法律审。作为事实审，第二审程序必然涉及证据的问题。第二审程序在举证、质证、认证的规则方面与第一审程序适用的规则不同之处体现在上诉案件新证据的认定和举证期限两个方面：根据我国民事诉讼法的规定，允许当事人在第二审程序中提出“新的证据”，但不是任何新提出的证据都是“新的证据”。新证据的认定具有十分重要的意义，特别是在实行举证时限制度以后，当事人在第二审程序中提出的证据是否属于“新的证据”，将直接影响案件的裁判结果

根据最高人民法院《证据规定》第41条的规定，“新的证据”包括：第一，一审庭审结束后新发现的证据；第二，当事人在一审举证期限届满前申请法院调查取证未获准许，第二审法院经审查认为应当准许并依当事人申请调取的证据。另外，根据该规定第43条，当事人举证期限届满后提供的证据不是“新的证据”的，法院不予采纳。当事人经法院准许延期举证，但因客观原因未能在准许的期限内提供，且不审理该证据可能导致裁判明显不公的，其提供的证据可视为新的证据。

(2) 二审中的举证时限

一般来说，第二审程序中举证期限的确定、计算、逾期举证的后果等举证期限规则，与第一审程序是基本一致的，其独特之处仍然体现在与“新的证据”有关的问题上：第一，上诉案件的举证期限是提出“新的证据”的举证期限。当事人在第

一审程序中已经提出的证据，不需要再次举证，也就不存在举证期限的问题。第二，上诉案件举证期限仅对“新的证据”具有约束力。对于在第一审程序中已经提出的证据，无论第一审法院是否已经认定，当事人都可以再次进行争执，不存在超过举证期限的问题。第三，上诉案件举证期限的确定方式较为简单。最高人民法院《证据规定》第42条第2款规定，当事人在二审程序中提供“新的证据”的，应当在二审开庭前或者开庭审理时提出；二审不需要开庭审理的，应当在人民法院指定的期限内提出。在第二审程序中，一方当事人提出“新的证据”的，人民法院应当通知对方当事人在合理期限内提出意见或者举证。

此外须留意的是，根据《证据规定》第46条的规定，由于当事人未能在指定期限内举证，致使案件在二审期间因提出“新的证据”被人民法院发回重审或者改判的，原审裁判不属于错误裁判案件。一方当事人请求提出“新的证据”的另一方当事人负担由此导致其增加的差旅、误工、证人出庭作证、诉讼等合理费用以及由此产生的直接损失，人民法院应予支持。

（三）离婚案件的特殊规定

在离婚诉讼中，除了婚姻关系，还涉及子女抚养和财产问题，基于诉讼经济等因素考量，立法有相应的特殊规定。

根据目前的民事诉讼法规定，一审判决不准离婚的案件，第二审法院认为应当判决离婚的，可以与子女抚养、财产问题一并调解，调解不成的，裁定发回重审。在这里，要对法条有细致入微的把握，注意适用的情形是“一审法院判决不准离婚，二审法院认为应当判决离婚”，若是“一审法院准予离婚，二审法院认为不应准许离婚”，则不适用该规定。同时还需把握以下两点：其一，法律都是规定了调解作为前置程序，只有经过调解，且调解不成的，方可进行相应的处理；其二，调解不成的处理方式一般有裁定发回重审和告知当事人另行起诉两种，要区分不同情形加以把握。

（四）二审中的和解问题

关于和解的性质，英美法系国家一般认为，和解是当事人私下达成协议，属于私法行为，因此一般作出如下规定：当事人达成和解，可以向法院提出双方当事人签署的撤回诉讼的书面协议，从此终了诉讼程序；也可以和解协议为基础，向法院申请合意判决，使和解协议获得与判决同等的效力。而大陆法系国家认为，和解兼有私法行为和诉讼行为性质，其既发生诉讼效果，也直接产生实体效果，因此，大陆法系国家一般规定，当事人达成和解产生与法院判决相同的效力，即诉讼程序终结、以前所作裁判无效、法律关系不得再行争辩、协议内容强制执行。

在我国民事诉讼第二审程序中，当事人可以达成和解。当事人在二审中达成和解协议的，有两种选择：一为请求人民法院对双方达成的调解协议进行审查并制作调解书；二为申请撤诉，经审查符合撤诉条件的，人民法院应予准许，此为《民事诉讼法意见》第191条之规定。

【案例评析】

案例 1

（一）案情简介

杨某驾车从高速公路驶出时，因通行卡丢失，北京市某公路公司根据《北京市公路条例》第 44 条的规定按最远端距离让其交付通行费 95 元。杨某起诉称按行驶里程只需交 5 元，要求对方返还 90 元。一审法院判决杨某胜诉。被告公路公司随后向一审法院的上级法院即北京市第二中级人民法院递交上诉状。北京市第二中级人民法院受理后，经问卷和调查，听取了当事人陈述，认为案情简单、事实清楚，不需开庭审理，遂径行作出二审判决：撤销原审人民法院一审判决，驳回杨某的诉讼请求。

（二）基本问题

本案涉及问题较多，而且其中有的问题争议较大，须认真分析。主要问题有：其一，按照民事诉讼法的规定，被告公路公司对一审判决不服时有权提起上诉，需要讨论的是，被告应该向哪个法院提起上诉，上诉状应该递交哪个法院？明晰这一问题，不仅有利于当事人上诉权的行使，而且有利于各级法院之间权限职能的划分。其二，二审法院审理案件应当以怎样的审理方式进行？二审法院是否可以不经开庭审理而径行判决？其三，从我国第二审程序的现状来看，审判权与诉权之间的关系在一定程度上被扭曲了，其中一个方面的问题是，诉权没有受到审判权的合理限制。

（三）知识内容

1. 二审的启动方式

《民事诉讼法》第 149 条和第 150 条规定：诉状应当通过原审人民法院提出，并按照对方当事人或者代表人的人数提出副本。当事人直接向第二审人民法院上诉的，第二审人民法院应当在 5 日内将上诉状移交原审人民法院。原审人民法院收到上诉状，应当在 5 日内将上诉状副本送达对方当事人，对方当事人在收到之日起 15 日内提出答辩状，人民法院应当在收到答辩状之日起 5 日内将副本送达上诉人；对方当事人不提出答辩状的，不影响人民法院审理。原审人民法院收到上诉状、答辩状，应当在 5 日内连同全部案卷和证据，报送第二审人民法院。从上述规定我们可以看出，上诉的提起方式有两种：

第一，可以通过原审人民法院提出。原则上，上诉人应当向原审人民法院提起上诉。这是基于以下几个方面的考虑：首先，原审人民法院是案件的审理法院，当事人是否上诉关系到诉讼程序就此终结还是转移到上级人民法院继续审理的问题。作为一审裁判的作出者，原审人民法院有权了解这一情况。其次，原审人民法院有权对上诉人的上诉是否符合条件进行审查，如果不符合条件的，应当予以补正；对已经超过上诉期限，又没有延长事由的，原审人民法院可以直接作出裁定予以驳回，以避免转移到上级人民法院后司法资源的浪费。最后，当事人通过原审人民法院提起上诉也比较方便。原审人民法院经审查合格后，向对方当事人送达上诉状副本、向上诉审人民法院报送全部案卷和诉讼材料也较为方便。总之，通过原审人民法院提出诉讼不仅便于当事人上诉，也便于原审人民法院进行审查，有利于诉讼的进行。

第二，当事人可以直接向第二审人民法院上诉。对一审裁判不服的当事人往往对一审法院持质疑态度，因此立法的这一规定主要是为了消除当事人的疑虑，以充分保障当事人的上诉权，同时也可以避免有的原审法院隐匿上诉状，不向上级人民法院转交的情况。应该注意的是，当事人直接向第二审人民法院提起上诉的，第二审人民法院应当接受，不应拒绝。第二审人民法院应当在 5 日内将上诉状移交原审人民法院。这些规定都是为了更好地维护当事人的合法上诉权。

根据以上分析，本案中，公路公司既可以向原审人民法院提起上诉，也可以向原审法院的上一级法院即北京市第二中级人民法院提起上诉。因此公路公司的上诉行为是符合法律规定的。

2. 二审的审理方式

从《民事诉讼法》第 152 条的规定中可以看出，第二审人民法院审理上诉案件有两种方式：开庭审理和径行判决。其中应以开庭审理为原则，以径行判决为例外。

开庭审理是民事诉讼法中的辩论主义、言词主义等原则的集中体现，也是审理上诉案件的基本方式。人民法院审理上诉案件，以开庭审理为原则。其原因在于：第一，许多上诉案件涉及事实的认定问题，只有以开庭审理的方式才能真正加以核实；第二，陈述权和辩论权是法律赋予当事人的重要诉讼权利，而开庭审理是当事人集中陈述和辩论的良好机会。

所谓的“径行判决”，如本专题第二部分谈及的，是第二审人民法院不同时传唤和通知当事人与其他诉讼参与人到庭参加法庭调查和辩论，而是在经过充分的阅卷和必要的询问之后，直接对案件作出裁判。由此可见，“径行判决”的适用属于上诉案件开庭审理的例外，因此必须严格掌握，只有符合以下条件方可适用：案件必须由合议庭审理，不能采用独任制方式进行审理；合议庭必须阅卷和调查，调查可以由合议庭的全体成员进行，也可以由合议庭指定一名成员进行，该成员调查后，应当向合议庭报告；合议庭必须询问当事人，听取当事人的陈述；在案件全部事实核对清楚后，由合议庭决定采取何种审理方式，认为不需要开庭审理的，方可径行判决。

应当注意的是，我国《民事诉讼法》没有规定第二审可以采用书面审理，因此，径行判决只是省去了开庭程序，但必须组成合议庭，不仅要审查案卷材料，而且还要询问当事人，不能只看案卷，不调查，不接触当事人，就直接作出判决。

本案中，二审法院对案件进行了审阅和对事实进行了调查，并询问了杨某和公路公司，听取了双方当事人的陈述，认为案件事实清楚，决定不开庭审理而径行判决，完全符合有关的法律规定，是恰当的。

3. 审判权对上诉权的合理限制

有学者认为，在我国民事第二审程序中，上诉权与审判权关系被严重扭曲：一方面，当事人上诉权的行使未受到合理的限制，上诉程序被不适当地频繁启动；另一方面，当事人进入上诉程序后应当享有的正当权利未受到应有的保护。要改变这种状况，就必须维持审判权与上诉权的平衡和相互制约以保障民事上诉制度的公正性，同时在不损害公正价值的前提下提高第二审程序的效率，使其更容易为当事人所利用。①

本案的诉讼标的额为 90 元，目前类似小额案件难以及时审结及上诉投机的现象日益凸显。为了提高诉讼效率，保障当事人正当权利得以及时实现，许多学者借鉴外国小额法庭（Small Claims Court）或小额诉讼的经验，主张在我国建立针对部分案件的一审终审制②，即在立法上界定一个限制上诉的范围，对于一些经一审法院审理并作出裁判的案件，只要超越了该范围就不得提起上诉，裁判一经作出即产生既判力。此种立法主要是基于对诉讼经济理念的追逐。因为无论是当事人还是国家，都不愿支付与诉讼收益不相称的诉讼成本。从司法资源配置来看，个案诉讼占用过多的司法资源意味着社会资源分配的不公平。

对于如何确定提起第二审的上诉标准，我们认为应当采取以下三个规则：第一，划定上诉的最低争议标的金额的标准，争议的金额在最低上诉标准之下的，不准许上诉；第二，划定简单案件范围，凡属于案件简单、事实清楚、争议不大的案件，不准许上诉；第三，在适当情形下允许双方当事人在诉讼之前或者诉讼中以书面形式约定对所发生的争议适用一审终审制。

此外，审判权对上诉权的制约，除了确立上诉限额标准外，还可以考虑上诉审理中新证据的限制使用。这已经在国外立法中有所体现。例如，在美国，上诉法院不会考虑新的证据，不会传召证人作证，上诉法院通常遵循一审法院作出的事实认定。我国民事诉讼法对当事人在二审中提出新证据并没有严格的限制。尽管可以说这种区别与美国的陪审制有关，但这并不意味着在我国的二审中对新证据提出的限制没有必要。

综上所述，如果我国能够确立完整的审判权对于上诉权的制约机制，在处理诸如本案案情简单且金额较低的纠纷时便可以适用。该机制对于防止当事人利用上诉制度进行诉讼投机，从而提高第二审程序的效率，具有十分积极的意义，但具体如何设置尚待论证。

案例 2

（一）案情简介

某导演身故后，宋某与刘某数次对其死予以污蔑。该导演遗孀徐某向某区法院

① 参见齐树洁：《论我国民事上诉制度之重构》，载《法律适用》，2004（1）。

② 参见杨荣新、乔欣：《重构我国民事诉讼审计制度的探讨》，载《中国法学》，2001（5）。

起诉，要求两被告停止侵害、赔礼道歉、赔偿损失 30 万元。法院一审判决：两被告立即停止侵害、刊登赔礼道歉声明；宋某、刘某分别赔偿原告 15 万元、5 万元。宋某认为其与刘某应承担同等责任，遂提起上诉。但在上诉后、二审法院判决宣告前，宋某、刘某与徐某达成和解，宋某、刘某分别一次性赔偿徐某 10 万元、4 万元。宋某向法院要求撤回上诉。

（二）基本问题

本案主要涉及两个问题：其一，我国民事诉讼实行两审终审制，当一方当事人对一审判决或裁定不服时，可以提起上诉，要求上一级法院改变一审裁判，以维护其民事权益。对于简单之诉而言，一审中的原告和被告均享有上诉权，可以互以对方为被上诉人提起上诉，其当事人在二审程序中的地位并无疑问。但对于共同诉讼或第三人参加之诉，当事人在二审程序中的诉讼地位问题则相对复杂。在本案中，一审共同被告宋某能否以另一共同被告刘某为被上诉人提起上诉？其二，在二审程序中，上诉人在判决宣告前要求撤回上诉，法院是否应当准许？如果法院不准许撤回上诉的话，是否违背了民事诉讼法中的处分原则？

（三）知识内容

1. 二审程序当事人的主体地位

所谓上诉人，是指提起上诉的一方当事人；而被上诉人则是指上诉人的对方当事人。上诉程序在主体方面的条件是上诉人和被上诉人必须合格，具体而言，双方必须是第一审中具有实体权利、义务的人，包括原告、被告、共同诉讼人、有独立请求权的第三人。无独立请求权的第三人是否有上诉权要视具体情况而定：一般而言，无独立请求权的第三人无上诉权，但是，在判决涉及其实体权益时也可以有上诉权。

各种诉讼的当事人在第二审程序中的诉讼地位如下：首先，在普通的诉讼中，每个人都有权利以对方为被上诉人提起上诉，成为独立的上诉人。其次，在共同诉讼中，因其种类不同，当事人上诉的情况也不同。对于普通共同诉讼，每一个共同诉讼人都可以单独提起上诉，也可以因对方当事人的上诉而成为被上诉人；对于必要的共同诉讼，共同诉讼人可以全体提起上诉，也可以由一人或者一部分人提起上诉。共同诉讼人中的一人或者部分人提起上诉的，经其他共同诉讼人同意，对全体发生效力。

最高人民法院《民事诉讼法意见》第 177 条针对必要共同诉讼人的上诉作了特别规定，根据该规定，必要共同诉讼人中的一人或者部分人提起上诉的，按下列情况处理：第一，该上诉是针对该上诉人与对方当事人之间的权利、义务分担有意见，不涉及其他共同诉讼人利益的，对方当事人为被上诉人，未上诉的同一方当事人依原审诉讼地位列明；第二，该上诉仅对共同诉讼人之间权利、义务分担有意见，不涉及对方当事人利益的，未上诉的同一方当事人为被上诉人，对方当事人依原审诉讼地位列明；第三，该上诉对双方当事人之间以及共同诉讼人之间权利、义务承担有意见的，未提起上诉的其他当事人均为被上诉人。

此外，尚需强调，若案件涉及第三人参加之诉，第三人能否提起上诉是一个有争议的问题，对此应该分为有独立请求权的第三人和无独立请求权的第三人两种情况来予以考虑。有独立请求权的第三人可以以本诉的双方或者一方当事人为被上诉人提起诉讼，成为上诉人，也可以成为本诉的双方或者一方当事人的被上诉人。无独立请求权的第三人是否可以成为上诉人和被上诉人，则要进一步根据具体情况确定：在一审判决涉及其实体权益时，无独立请求权的第三人有权提起上诉而成为上诉人。另外，其也可以因参加之诉中对方当事人提起上诉而成为被上诉人。[①]

本案中，一审判决后，上诉人宋某（一审共同被告）不服一审判决而向上级法院提起上诉。但是，他并非对停止侵权、赔礼道歉及赔偿总额 20 万元不服，而是对其与共同被告之间的权利、义务分配有异议，并不涉及原告徐某的利益，依照有关司法解释的规定，另一个共同被告刘某应为被上诉人，一审原告徐某依原审诉讼地位列明。

2. 二审中撤回上诉

任何权利都不能被滥用。第二审程序涉及上诉审法院一系列功能的发挥，而撤回上诉会影响到二审法院对一审法院的监督，因此撤回上诉这一处分权必须受到审判权的限制。根据《民事诉讼法》第 156 条的规定，当事人申请撤回上诉的行为能否引起结束诉讼程序的法律后果，应由人民法院决定。这一规定与现行民事诉讼法的基本原则是一致的。当事人在行使处分权时不得违背国家的法律、法规、政策，不得损害国家、集体和他人的利益，否则人民法院就有权进行干预。因此，第二审人民法院接到上诉人的撤诉申请后，应当进行审查，如果认为撤回上诉没有损害社会、国家、集体和他人的利益，符合处分原则的精神，应作出准许撤诉的裁定，否则，应裁定不准撤诉，上诉审程序继续进行。

在以下几种情况下，第二审人民法院不宜准许撤诉，而应当继续审理：第一，第二审人民法院对上诉案件的全部案卷材料经过审查，调查、询问当事人后，如果发现原审人民法院的判决和裁定确有错误，应当继续审理，不能准予当事人撤回上诉，因为第二审程序的任务不仅仅是要保护当事人的合法权益，还要纠正原审人民法院错误的判决和裁定，以保证人民法院正确地行使国家审判权。第二，第二审人民法院经过审理，认为如果同意上诉人撤回上诉，会侵犯被上诉人的合法权益，也就是说上诉人有故意逃避法律责任的情况时，可作出不准撤诉的裁定；第三，双方当事人均为上诉人时，为了维护双方当事人的诉讼权利，不能因一方当事人申请撤诉而影响另一方当事人的诉讼权利。

从撤回上诉的法律后果来看，撤回上诉与第一审程序中原告撤回起诉产生的法律后果是截然不同的。第二审人民法院裁定准许上诉人撤回上诉后，意味着上诉人放弃了自己的上诉权利，一审裁判对其即生效，即使撤回上诉时法定上诉期尚未届满，也不得再行上诉。原因如下：第一，上诉人撤回上诉，就表明其放弃了上诉权

---

① 参见张卫平主编：《民事诉讼法案例教程》，311 页，北京，中国法制出版社，2003。

利，认可了一审法院所作的裁判。二审人民法院既然准予上诉人撤回上诉，第二审程序便随之结束，第一审人民法院的判决、裁定即发生法律效力。第二，提起上诉必须在法定期间内进行，超过上诉期间，第一审判决、裁定就发生法律效力。如果允许上诉人撤诉后再上诉，就等于否认了民事诉讼法中对上诉期间的规定。

从本案的情况来看，原告徐某为了一次性获得赔偿，同意了对方当事人的和解请求。而宋某在行使处分权撤回上诉时没有违背国家的法律、法规、政策，也没有损害国家、集体和他人的利益，因此法院应当准许其撤回上诉，这也是民法上的意思自治原则在程序法上的体现。

案例 3

（一）案情简介

2008 年 1 月，万华公司驾驶员孙某驾车在高速公路行驶，为躲避过往车辆遗落的货物撞上护栏，致车辆损坏。该公司以高速公路管理处未履行道路安全保障义务为由起诉，请求被告赔偿损失 23 万元。一审法院认为：二者之间为公路使用合同关系，被告未履行合同义务致使事故发生，应赔偿原告 14 万元。被告上诉称，与被上诉人是行政关系，请求驳回原告诉讼请求。二审法院就原审的诉讼资料和适用法律全面审理后认为本案中司机是否存在违章的事实不清，因此判决：撤销原判，发回重审。

（二）基本问题

我国民事诉讼实行两审终审制，因此，第二审程序有不同于其他国家的特征。通过本案，我们可以了解我国第二审程序的全貌。首先，本案中，二审法院首先对原审法院所有诉讼资料及适用法律情况进行了审查后，而后作出了判决，那么，二审法院的审理范围究竟如何框定？其次，二审法院对上诉案件审理终结，经合议庭评议后应根据案件的不同意见分别作出判决和裁定。在本案中，二审法院作出了“撤销原判，发回重审”的判决，除了此种裁决形式以外，二审法院对上诉案件的处理还有什么方式？

（三）知识内容

1. 第二审程序审理的范围

在上诉审的审理范围上，第二审法院应坚持两项原则：其一，上诉人于上诉状内表明上诉之声明，上级法院即应以上诉人之上诉声明范围作为调查裁判之基础，不得对上诉人作出更不利的判决；其二，当事人对原判决没有作出声明不服的部分，上级法院亦不得对上诉人为更有利的判决，此为利益变更禁止原则。

从法院的角度来说，二审法院对上诉案件的审理范围体现了第二审法院的职能。我国现行《民事诉讼法》第 151 条规定，第二审人民法院应当对上诉请求的有关事实和适用法律进行审查。由此可见，我国第二审法院对上诉案件的审理，属于对案件的续审，即第二审审理所要解决的是一审已经审理但仍存在争议的问题，包括事实问题和法律问题。实际上，应当认为，二审程序中的审理范围是由诉权和审判权交互作用而划定的。对于法院来说，它只能在这个范围内行使上诉审判权；对于当事人来说，当事人只能在这个范围内行使上诉审的诉权。二审程序中的审理范围既对人民法院的审判权形成制约，也对当事人的诉权形成制约。当事人超越审判范围行使诉权，会受到人民法院审判权的控制。同样，人民法院超越审判范围行使审判权，也会受到当事人诉权的制约，同时也影响到该审判权行使的有效性问题。因此，确定二审的审判范围是二审法院行使上诉审判权的逻辑前提，应当首先予以解决。

本案中，二审法院不仅审查了原审的事实是否清楚、证据是否确凿，同时审查了上诉人所认为的“收取车辆通行费，是实施行政管理行为，双方之间由此形成的只能是行政关系，不是合同关系”的上诉理由，另外，还审查了原审法院依据《民法通则》第 111 条的规定作出判决的适用法律的情况，充分体现了我国第二审程序续审制的特点。

2. 二审法院的裁判方式

根据《民事诉讼法》第 153 条和最高人民法院《民事诉讼法意见》的有关规定，第二审人民法院对上诉案件的处理主要有四种方式，我们不仅应当了解每一种处理方式的适用规则，还应当把握其立法意旨。在此重点阐述以下几个相关的知识点。

第一，判决驳回上诉，维持原判。当事人对一审判决提起上诉，第二审人民法院经审理认为原判决认定事实清楚，适用法律恰当，证据充分、确实，应以判决驳回当事人的上诉，维持原判。这种判决实质上肯定了原审人民法院判决的正确性和合法性，否定了上诉人提出的上诉理由，承认了原判决的法律效力。

第二，依法改判。依法改判适用于两种情形：一是当事人对一审判决提起上诉，第二审人民法院经过审理，认为原判决事实清楚，证据充分，但在适用法律上有错误，可作出改正原判决的判决；二是当事人对一审判决提起上诉，第一审人民法院认为原判决认定事实错误，或者原判决认定事实不清，证据不足的，可以在查清事实的基础上予以改判。

第三，裁定撤销原判，发回重审。这种处理方式涉及案件从二审法院回转至原审法院，即回到案件被一审法院受理的状态，因此在司法实务中要对其重点把握。

当事人对一审判决提起上诉，第二审人民法院经审理认为有下列情形之一的，应当裁定撤销原判，发回重审：其一，原判决认定事实错误，或者原判决认定事实不清，证据不足的；其二，原判决违反法定程序，可能影响案件正确判决的，根据最高人民法院《民事诉讼法意见》第 181 条的规定，主要包括审理本案的审判人员或书记员应当回避未回避、未经开庭审理而作出判决、适用普通程序审理的案件当事人未经传票传唤而缺席判决以及其他严重违反法定程序的情形；其三，最高人民法院《民事诉讼法意见》第 182 条至第 185 条规定的情形，第二审人民法院应当根据当事人自愿进行调解，调解不成的，裁定发回重审。

第二审法院在撤销原判、发回重审的裁定书中，应当明确地指出发回重审的根据和理由，具体地指明原判中哪些主要事实不清、证据不足，比如，是否属于应查清的标的范围没有查清，是否遗漏了当事人，是否对案件的主要证据没有核对等；或者违反了哪些诉讼程序，如是否应当回避而没有回避，是否必须到庭的当事人没有到庭而径行判决等。这样做的好处在于，有利于原审人民法院在重审时纠正错误，作出正确的判决。

值得注意的是，对于发回重审的案件，原审人民法院应当按照第一审程序另行组成合议庭进行审理，不能由审判人员一人独任审判，原合议庭成员或者独任审判人员，不能参加新组成的合议庭。在某种程度上，这是为了防止已经参与案件审理的法官基于对案件本身已经形成的认识，再次作出不适当的裁判。

原审人民法院对发回重审的案件所作出的判决，仍属于第一审判决，当事人如果不服，有权提起上诉。根据 2002 年通过的最高人民法院《关于人民法院对民事案件发回重审和指令再审有关问题的规定》，对同一案件，只能发回重审一次。第一审人民法院重审后，第二审人民法院认为原判决认定事实仍有错误，或者原判决认定事实不清、证据不足的，应当查清事实后依法改判。

本案中，第二审人民法院经审理认为，司机孙某在驾车过程中是否存在违章行为对本案的判决有重要意义，但是一审法院的判决并未对事故发生的原因等事实作出认定，因此二审法院判决撤销原审判决，发回重审。这种做法完全合乎法律规定。根据上文阐释，案件被发回原审法院后，原审法院必须根据法律规定另行组成合议庭进行审理。

【疑难问题】

（一）实务中对上诉的条件及其限制的判断

首先，从适用范围上讲，第二审程序不适用于依特别程序、督促程序、公示催告程序审理的案件，调解协议以及最高人民法院的一审判决；其次，从适用对象上讲，上诉可针对判决，亦可针对“不予受理”、“驳回起诉”、“管辖权异议”的裁定；最后，从上诉期间来看，上诉期间自裁判文书送达或者宣判之次日起开始计算，判决的上诉期间是 15 天，裁定的上诉期间是 10 天，此不同于刑事诉讼法的相关规定。

（二）二审的审查范围问题

首先，依据不告不理原则，二审人民法院原则上只能针对当事人上诉的请求进行审查，但是判决违反禁止性规定、侵害公共利益或他人利益的除外，此与刑事诉讼中的二审迥异，刑事诉讼中的二审遵循全面审查的原则，不受上诉或抗诉范围的限制；其次，二审审查的对象既包括事实又包括法律，尤需注意，此处的法律既包括实体法又包括程序法。

（三）二审的审理方式问题

其一，二审人民法院审理上诉案件必须组成合议庭，不采独任制；其二，二审法院审理案件原则上应该开庭，但是例外情况下亦可径行判决或裁定；其三，二审审判地点可在本法院、案发地法院或者原审法院中选择，此出于诉讼经济、方便当事人出庭及取证等所虑；其四，二审法院可以自行宣判，亦可委托原审法院或当事人所在地法院宣判。

（四）二审案件的裁判问题

需要把握以下要点：首先，从二审案件的裁判的种类来看，主要分为：驳回上诉、维持原判；依法改判；直接改判或者撤销原判、发回重审。其次，违反法定程序所作出的判决必须发回重审，而在事实认定方面或者证据方面存在问题，则可以发回重审或者查清事实后直接改判，且重审案件的判决和裁定相当于一审案件的判决和裁定，当事人可以上诉。最后，须特别注意驳回起诉和驳回上诉的区别。驳回起诉的适用条件是，法院在受理案件后，发现原告的起诉从程序上不符合条件，人民法院不应当受理，故属程序问题，因此应当以裁定处之；而当事人对一审判决提起上诉后，二审法院驳回上诉实因当事人的上诉请求不能成立，故此属于实体问题，因此应以判决处之。

（五）二审法院发现一审法院遗漏当事人的处理问题

根据民事诉讼法的规定，必须参加诉讼的当事人在一审中未参加诉讼，即被遗漏。对于何谓“必须参加诉讼的当事人”的判断，并不容易作出，须结合其他诸如共同诉讼等法律条文的规定。这里需要特别强调的有两点：其一，有独立请求权的第三人并不是必须参加诉讼的人，如果在二审中发现本案可能存在有独立请求权第三人，此时并不属于遗漏了必须参加诉讼的人，因为有独立请求权第三人可以选择另行起诉。其二，应当注意有独立请求权第三人与必要共同诉讼人之间的区别。有些可以构成必要共同诉讼的当事人并不是必须要追加的。例如，连带保证引起的诉讼。如果债权人起诉了债务人、保证人，则构成必要共同诉讼。但是如果债权人只起诉了保证人，一审法院没有追加债务人作为共同被告，二审法院发现了此问题，就不能以一审遗漏当事人处理。

【法律法规】

1.《中华人民共和国民事诉讼法》

2.最高人民法院《关于适用〈中华人民共和国民事诉讼法〉若干问题的意见》

(一) 律师在二审中的注意要点与办案技巧

不同于第一审程序，二审是针对一审所认定的事实及法律适用，围绕事实、证据、法律适用等问题，通过新证据的提出和（或）法律关系的推导，对案件作出进一步的梳理和认识。鉴于二审判决为终审判决，是对当事人权利义务关系的终局性确认，无论是在法律文书的制作方面还是法律问题焦点、新证据方面，都必须加以注意。本部分从一个执业律师的角度，对于第二审程序的律师代理工作要点进行归纳与总结。

1. 上诉状和答辩状的撰写及审查

从法律文书的撰写规范角度而言，二审上诉状与答辩状不同于第一审程序的起诉状和答辩状。上诉状在以下几个方面需要加以注意：（1）上诉状应围绕一审的诉讼请求和证据；（2）在二审的法律文书中，应当全面、认真地分析与评估一审判决的合法性；（3）根据民事诉讼法的规定，上诉状中一般不可补充或者变更一审诉讼请求，只有发现一审判决认定事实不清、适用法律不当的，可以要求发回一审法院重审。此外，应当注意在上诉人或被上诉人第一次称谓上注明当事人的一审法律地位，这样便于厘清法律关系，例如上诉人（一审第三人）、被上诉人（一审原告）等。

2. 律师在二审中的代理工作基本流程

一般而言，律师会在代理完毕第一审程序后，继续接受当事人的委托进行二审中的代理工作。但是在某些情况下，律师亦可能直接接受委托进入案件的第二审程序。为顺利完成二审中的代理工作，不至于因某一环节的疏忽而给当事人造成损失或给自己带来不必要的麻烦，在二审代理中，律师需要重点把握以下几个环节：

（1）根据双方代理合同关系的实际情况，签订委托代理合同。如果双方之前已经签订代理合同，但仅约定由律师在第一审程序中提供代理服务，那么在当事人要求律师继续提供二审代理服务时，要重新签订代理合同。

（2）及时递交法律文书。律师应当协助当事人向一审法院或者径向二审法院及时递交上诉状（或）答辩状、全部证据材料及诉讼代理文书（律师事务所所函、当事人的授权委托书），应注意二审法院是否依上诉请求全面审查。特别强调的是，由于卷宗是独立的，因此不能因向一审法院已提交了证据而懈怠于向二审法院提交。

（3）及时查询二审法院的立案时间和合议庭组成并与当事人进行及时沟通。

（4）及时、充分地查阅卷宗。如果发现新证据，应当及时提交或申请法院调取。

（5）在法定期间内决定是否申请回避并查询二审合议庭对本案是书面审理还是开庭审理。

（6）做好审理准备。对书面审理的，及时提交代理词；对二审法院通知询问的，及时做好举证准备并在询问时提交或加以强调；为了充分、有效地展开二审中的庭审工作，对开庭审理的，律师应当同一审一样准备代理大纲。

3. 律师二审代理中应重点把握的问题

首先，若一审法院收到上诉状时未出具收据，也无代收上诉诉讼费用的通知，应迅速查明当事人在一审宣判时是否明确表明上诉或者在法院的裁判文书送达回证上是否明确表示上诉，收集与递交上诉状相关的其他初步证据材料。

其次，律师应及时提醒当事人依照法院通知要求的时间、地点、金额交纳二审诉讼费用，并取得收据。

再次，应及时提交委托代理文书和新的证据或申请调查取证的申请书。在提出新证据方面，应当把握新的证据的提出时间，对于一审未被采纳的调取证据请求，宜在上诉状中表明，并在二审立案后及时书面再提交专门的调取证据的申请。要注意新的证据必须与一审存在证据上的关联度。

此外，二审法院如果决定采用书面审理，律师的工作就包括阅卷、参与询问和提交代理词。作为上诉人的代理律师，做好这些工作需要树立高度的责任感。其一，应注意己方当事人在上诉状中是否主张事实争议；其二，在阅卷时应认真分析一审案卷是否存在事实争议；其三，在参与法庭询问己方当事人时，当事人回答法庭询问时是否有否定一审判决的事实认定。律师若在上述任何一个环节中发现有事实争议，应书面向二审合议庭提出开庭审理的要求，并要求当事人把这项要求记入二审法院的询问记录中。至于二审的开庭审理，律师的准备应与一审相同，宜根据上诉状（答辩状）及其举证而准备二审代理大纲。同时，由于受二审的审理时限所限，应重视及时整理代理词。

4. 律师在二审代理中的风险预防

律师在二审代理中最大的风险是，二审法院对律师代理关系的确定和认可。由于法院可能没有收取律师委托代理手续（律师事务所所函、授权委托书）的确定程序，因此在案件进入二审程序时，律师应保持与二审立案庭和业务庭的联络，以保障代理关系不被善意遗忘。

律师必须认真查阅一审卷宗和二审新的证据。二审是一级独立的审判程序，同时也是终审程序。律师应避免惯性思维的影响和制约，避免过于相信一审代理的充分度和切实度，对于一切与二审有关的事实点和法律点要保持相当的警惕，应投入足够的时间和精力，充分研究对方当事人的主张和理由变化的可能性，做到知己知彼，方能百战不殆。

此外，律师在二审中要保持与当事人的及时沟通，对于变化了的情况及时协调应对方案，并要注意与当事人沟通好二审中的调解方案。①

（二）实务演练与解析

1. 被告王某在一审判决宣判时，当庭提出口头异议，表示要上诉，但是上诉期

① 参见中华全国律师协会：《律师执业基本技能》，435页，北京，北京大学出版社，2007。

间届满前其迟迟未递交上诉状，请问一审判决是否生效？

解析：本案涉及上诉的条件。根据《民事诉讼法意见》第178条，当事人仅口头表示上诉，但未在上诉期间内递交上诉状的，视为未提起上诉。因此，一审判决生效。这表明，我国对上诉和起诉在提起诉讼的形式上有所区别，对上诉的形式要求采书面主义，而起诉可采用书面和口头两种形式。

2. 张三承租李四的房屋，因未付租金李四起诉。一审法院判决张三支付李四租金1万元，分5个月履行，每月给付2 000元。张三和李四均不服该判决，提起上诉：李四请求改判张三一次性支付所欠的租金1万元；张三提出，为修缮李四的出租房自己花费了2 000元，请求抵销部分租金。请问，关于张三提出用房屋修缮款抵销租金的请求，二审法院正确的处理方式是：

A. 查明事实后直接判决

B. 不予审理

C. 经当事人同意进行调解解决，调解不成的，发回重审

D. 经当事人同意进行调解解决，调解不成的，告知张三另行起诉

解析：本题涉及二审法院对反诉的处理问题。根据《民事诉讼法意见》第184条之规定，在二审程序中，原审被告提起反诉的，经当事人同意，二审法院可以就反诉进行调解，调解不成的，告知当事人另行起诉。在本案中，在二审程序中一审被告张三提出用房屋修缮款来抵销租金。由于这一上诉请求具有抵销或者吞并一审原告李四要求其支付未付租金的作用，因此该请求实际上构成了反诉。在这种情形下，二审法院应当按照《民事诉讼法意见》第184条的规定进行处理，而不能直接判决或不予审理。其立法原理在于，二审中的反诉实际上为另一独立之诉，为贯彻二审终审的制度要求，保障当事人对涉及该诉之判决获得上诉机会，只能告知当事人另行起诉。

3. 王某诉李某合同纠纷一案，牛某以无独立请求权第三人的身份参加诉讼。一审法院依法作出判决，要求李某与牛某承担责任。在向当事人送达判决时，王某当场口头表示不上诉，但在上诉期内又向一审法院提交上诉状；李某当场口头表示上诉，但在上诉期内未直接到一审法院提交上诉状，而是在上诉期届满前头一天到邮局以挂号的方式向一审法院的上级法院邮寄了上诉状，法院受到上诉状时，上诉期已过了两天；牛某当场口头表示要上诉，但始终没有向法院提交上诉状。在本案中，对本案判决提起上诉的人是谁？

解析：本案涉及上诉的条件与对象问题。就上诉的主体而言，一审原、被告毫无疑问可以对一审判决提起上诉，而无独立请求权第三人若被一审法院判决承担责任，其亦可提起上诉；就上诉状的递交对象而言，上诉状可向一审法院或二审法院提交；上诉的形式采书面主义，但不限于当场实际提交，邮寄形式亦可。综上所述，本案中的上诉人是王某与李某。

4. 甲在某报发表纪实报道，对明星乙和丙的关系作了富有想象力的描述。乙和丙以甲及报社共同侵害了他们的名誉权为由提起诉讼，要求甲及报社赔偿精神损失并公开赔礼道歉。一审判决甲向乙和丙赔偿1万元，报社赔偿3万元，并责令甲及

报社在该报上书面道歉。报社提起上诉，请求二审法院改判甲和自己各承担 2 万元，并以甲的名义在该报上书面道歉。请问二审法院如何确定当事人的地位？

A. 报社是上诉人，甲是被上诉人，乙和丙列为原审原告

B. 报社是上诉人，甲、乙、丙是被上诉人

C. 报社是上诉人，乙和丙是被上诉人，甲列为原审被告

D. 报社和甲是上诉人，乙和丙是被上诉人

解析：本案考查的是二审中当事人诉讼地位的确定。根据《民事诉讼法意见》第 177 条的规定，必要共同诉讼人中的一人或者部分人提起上诉的，应区别情况处理。若上诉是对与对方当事人之间的权利、义务分担有意见，并不涉及其他共同诉讼人的利益的，对方当事人为被上诉人，未上诉的同一方当事人依原审诉讼地位列明；上诉仅对共同诉讼人之间权利、义务分担有意见，不涉及对方当事人的利益的，未上诉的同一方当事人为被上诉人，对方当事人依原审诉讼地位列明；上诉对双方当事人之间以及共同诉讼人之间权利、义务承担有意见的，未提起上诉的其他当事人均为被上诉人。本案中，报社提起上诉，请求二审法院改判甲和自己各承担 2 万元，无疑是对共同诉讼人之间的权利、义务分担有意见。关键问题在于，报社要求二审改判由甲以其名义在该报书面道歉是否意味着对双方当事人之间的权利、义务分配有意见？应当认为，以甲个人名义还是以甲与报社的共同名义道歉对乙和丙而言是有区别的，影响到乙和丙的权利实现程度，因此本题的答案为 B。

5. 某省海兴市的《现代企业经营》杂志刊登了一篇自由撰稿人吕某所写的报道，内容涉及同省龙门市甲公司的经营方式。甲公司负责人汪某看到该篇文章后，认为《现代企业经营》作为一本全省范围内发行的杂志，其所发文章内容严重失实，损害了甲公司的名誉，使公司的经营受到影响。于是甲公司向法院起诉，要求《现代企业经营》杂志社和吕某赔偿损失 5 万元，并进行赔礼道歉。一审法院仅判决杂志社赔偿甲公司 3 万元，未对“赔礼道歉”的请求进行处理。杂志社认为赔偿数额过高，不服一审判决，提起上诉。关于二审法院对本案的处理，下列选项正确的是：

A. 由于“赔礼道歉”的诉讼请求并不在上诉请求的范围之中，二审法院不得对其进行审理

B. 针对一审中“赔礼道歉”的诉讼请求，二审法院应当根据当事人自愿的原则进行调解，调解不成的，发回重审

C. 针对“赔礼道歉”的诉讼请求，二审法院应当根据当事人自愿的原则进行调解，调解不成的，径行判决

D. 针对一审中“赔礼道歉”的诉讼请求，二审法院应当根据当事人自愿的原则进行调解，调解不成的，告知甲公司另行起诉

解析：本案涉及的是二审中发现一审法院遗漏当事人诉讼请求的处理方式。根据《民事诉讼法意见》第 182 条之规定，对于当事人在一审中已经提出的诉讼请求，原审人民法院未作审理、判决的，二审法院应当根据当事人自愿的原则进行调解，调解不成的，发回重审。从本案来看，“赔礼道歉”的诉讼请求属于当事人在一审中已经提出而一审法院未作处理的诉讼请求，因此本题应当选 B。需要明确的是，法

律之所以作出如此规定，是为了贯彻二审终审的制度要求。因为若一审中遗漏的诉讼请求直接由二审法院作出终审判决，当事人便丧失了上诉的机会。

课后练习

1. 甲公司与乙公司因合同纠纷向 A 市 B 区法院起诉，乙公司应诉。经开庭审理，法院判决甲公司胜诉。乙公司不服 B 区法院的一审判决，以双方签订了仲裁协议为由向 A 市中级法院提起上诉，要求据此撤销一审判决，驳回甲公司的起诉。A 市中级法院应当如何处理？（单选）

A. 裁定撤销一审判决，驳回甲公司的起诉

B. 应当首先审查仲裁协议是否有效，如有效，则裁定撤销一审判决，驳回甲公司的起诉

C. 应当裁定撤销一审判决，发回原审法院重审

D. 应当裁定驳回乙公司的上诉，维持原判决

2. 某借款纠纷案二审中，双方达成调解协议，被上诉人当场将欠款付清。关于被上诉人请求二审法院制作调解书，下列哪一选项是正确的？（单选）

A. 可以不制作调解书，因为当事人之间的权利义务已经实现

B. 可以不制作调解书，因为本案属于法律规定可以不制作调解书的情形

C. 应当制作调解书，因为二审法院的调解结案除了解决纠纷外，还具有对一审法院的判决效力发生影响的功能

D. 应当制作调解书，因为被上诉人已经提出请求，法院应当予以尊重

3. 甲起诉与乙离婚，一审法院判决不予准许。甲不服一审判决，提起上诉。在甲将上诉状递交原审法院后第三天，乙遭遇车祸死亡。此时，原审法院尚未将上诉状转交给二审法院。关于本案的处理，下列哪一选项是正确的？（单选）

A. 终结诉讼

B. 驳回上诉

C. 不予受理上诉

D. 中止诉讼

4. 二审法院审理继承纠纷上诉案时，发现一审判决遗漏另一继承人甲。关于本案，下列哪一说法是正确的？（单选）

A. 为避免诉讼拖延，二审法院可依职权直接改判

B. 二审法院可根据自愿原则进行调解，调解不成，裁定撤销原判决、发回重审

C. 甲应当被列为本案的有独立请求权的第三人

D. 甲应当是本案的共同原告

5. 丙承租了甲、乙共有的房屋，因未付租金被甲、乙起诉。一审法院判决丙支付甲、乙租金及利息共计 1 万元，分 5 个月履行，每月给付 2 000 元。甲、乙和丙均不服该判决，提出上诉：乙请求改判丙一次性支付所欠的租金 1 万元；甲请求法院判决解除与丙之间的租赁关系；丙认为租赁合同中没有约定利息，甲、乙也没有

要求给付利息，一审法院不应当判决自己给付利息，请求判决变更一审判决的相关内容。丙还提出，为修缮甲、乙的出租房自己花费了 3 000 元，请求抵销部分租金。请问，关于甲上诉请求解除与丙的租赁关系，下列哪一选项是正确的？（单选）

A. 二审法院查明事实后直接判决

B. 二审法院直接裁定发回重审

C. 二审法院经当事人同意进行调解解决

D. 甲在上诉中要求解除租赁关系的请求，须经乙同意

延伸阅读

1. 柴发邦主编．体制改革与完善诉讼制度．北京：中国人民公安大学出版社，1991

2. 谷口安平．程序的正义与诉讼年版．北京：中国政法大学出版社，1996

3. 杨一平．司法正义论．北京：法律出版社，1999

4. 肖建国．民事诉讼程序价值论．北京：中国人民大学出版社，2000

5. 齐树洁．民事上诉制度研究．北京：法律出版社，2006

6. 齐树洁．论我国民事上诉制度之重构，法律适用，2004（1）

7. 傅郁林．论民事上诉程序的功能与结构：比较法视野下的二审上诉模式．法学评论，2005（4）

8. 邱星美，唐玉富．民事上诉审程序中的利益变动．法学研究，2006（6）

9. 廖中洪．“上诉利益”若干问题研究．河北法学，2007（9）

10. 闫旭彤．二审举证制度的完善．法学杂志，2009（12）

第八专题　再审程序

【内容摘要】

人民法院作出的裁判一旦发生法律效力，产生既判力，对法院、当事人以及社会产生拘束力。生效裁判若存在错误，必须依法定程序进行审理和纠正。再审程序为纠正已发生法律效力但存在错误的裁定、判决和调解书，提供了程序保障。再审程序的启动有三种方式：人民法院发现发生法律效力的裁判、调解书存在错误时，可以根据审判监督程序的规定决定对案件进行再审；检察机关发现人民法院作出的生效裁判确有错误时，可以依法提起抗诉；当事人认为人民法院作出的生效裁判、调解书存在再审的法定事由时，可以依法申请再审。

【知识要点】

一、再审程序概述

（一）再审程序的概念

再审程序，是指人民法院已作出且发生法律效力的判决、裁定和调解书，在符合法定事由的情形下，因法院依法决定、检察院提起抗诉，或因当事人依法申请，人民法院对案件进行再审时所适用的程序。

在民事诉讼法中，再审程序被冠以“审判监督程序”的称谓。这说明，在我国再审程序的启动是以法律监督权为主导，即法定的机关对人民法院的审判活动实施监督，在生效的裁判、调解书出现错误时，依职权发动再审程序。当事人申请再审，不属于审判监督的范畴，而是当事人依法享有的诉讼权利。民事诉讼法规定，当事人申请再审的，比照适用审判监督程序的规定。因此，我国民事再审程序的发动有三种方式：法院依职权决定再审、检察机关提起抗诉和当事人申请再审。

由于民事案件本身具有复杂性，加之当事人的诉讼能力和审判人员在认识能力上的局限性，不可避免地会出现错误的裁判。裁判的错误可能表现在以下四个方面：一是案件事实认定上存在错误。案件事实认定错误的原因较为复杂，有可能是审判人员的业务能力不高，也可能是当事人提供的证据不充分，或者有虚假证据，没有能够甄别；二是适用法律错误，表现在对法律条文的内涵理解错误，或者对案件的性质认识不准确，错误地适用法律；三是没有严格依照民事诉讼法规定的程序规则进行审理，没有为当事人提供充分的程序保障，侵害了当事人的程序利益；四是审判人员在案件审理中有违法甚至犯罪行为，导致案件的裁判错误。再审程序的设立，为纠正生效裁判中的错误提供了制度保障，这也是诉讼公正的要求和体现。

设立再审程序，不但能为当事人提供充分的司法救济，保护当事人的合法权益；而且，对法院作出的错误裁判及时地加以纠正，有利于维护司法的权威性。

（二）再审程序的特点

再审程序是法律设置的对法院作出的存在错误的生效裁判的一种事后补救程序，不属于审级制度的范畴，也不是法院审理民事案件的必经程序，其规则具有特殊性。与一审程序和二审程序相比较，再审程序具有以下特点：

1. 再审程序的性质具有特殊性

我国民事诉讼中设立的再审程序，其性质属于审判监督程序，职权化倾向较为明显。再审程序是上级法院对下级法院实施监督权的途径，同时也是人民检察院实现对人民法院的审判活动实施监督的程序。

2. 再审程序启动的主体具有广泛性

发动再审程序的主体较一审和二审要更为宽泛，除了案件当事人可以向法院申请再审外，人民法院可以依职权启动再审程序，人民检察院可以依法律监督权提起抗诉发动再审程序；在特殊情况下，生效判决涉及案外第三人利益时，案外人也可以向人民法院申请再审。

3. 审理对象具有特定性

再审程序，是补救性的事后救济程序，其审理的对象是法院作出的已发生法律效力且存在错误的判决、裁定和调解书；没有发生效力的法院裁判，可以通过上诉审程序加以救济或通过其他复议程序救济，不能作为再审的对象。再审对象既包括发生效力的法院一审判决、裁定和调解书，也包括法院二审判决、裁定和调解书。

4. 再审程序没有独立的审理程序

再审程序，并不是一种独立的案件审理程序，再审程序启动以后，视审理对象及审理法院不同，适用不同的程序。发生法律效力的判决、裁定或调解书是由第一审人民法院作出的，按照第一审程序审理；发生法律效力的判决、裁定或调解书是由第二审人民法院作出的，或者上级人民法院按照审判监督程序提审的案件，按照第二审程序审理。

二、再审程序的启动

根据《民事诉讼法》的规定，再审程序的启动有三种方式：法院依职权启动、检察院提起抗诉和当事人申请再审。

(一) 人民法院依职权启动再审程序

根据《民事诉讼法》第177条的规定，法院决定再审的途径有二：一是作出生效裁判的法院的院长提请本院审判委员会讨论决定再审，二是上级法院决定再审。

1. 作出生效裁判的法院发动的再审

各级人民法院院长，发现本院作出的发生法律效力的判决、裁定确有错误，认为有必要进行再审的，可以将案件提交本院审判委员会讨论决定再审。可以说，人民法院的院长和审判委员会，对本院的审判活动享有监督权，当认为本院作出的生效裁判确有错误时，可以启动再审程序加以纠正。这里需要注意的是，一审宣判后，原审人民法院发现判决有错误的，应当区分情况加以处理：当事人在上诉期内提起上诉的，原审人民法院可以提出原审判决有错误的意见，报送第二审人民法院，由第二审人民法院按照第二审程序进行审理；当事人在上诉期内未提起上诉的，原审人民法院可以依法决定再审。

2. 最高人民法院、上级人民法院启动的再审程序

最高人民法院对全国各级地方人民法院、上级人民法院对下级人民法院的审判活动享有监督权，这种来自法院上下级之间的监督权，一方面通过第二审程序来实现，另一方面通过再审程序来实现。因此，最高人民法院对全国各级地方人民法院作出的生效裁判、上级人民法院对下级人民法院作出的生效裁判，当发现其确有错误时，可以启动再审程序加以纠正。

最高人民法院、上级人民法院启动再审程序的方式有两种：一是提审，二是指令下级人民法院再审。所谓的“提审”，是指最高人民法院或上级人民法院对于下级人民法院作出的发生法律效力的裁判，发现其确有错误的，依职权直接决定再审并将案件提本院进行审理的行为。所谓的“指令再审”，是指最高人民法院或上级人民法院对于下级人民法院作出的发生法律效力的裁判，发现其确有错误的，依职权直接决定再审并指令下级人民法院进行审理的行为。

上级人民法院指令再审时应当考虑三个因素：一是案件的影响程度。对于社会影响大的案件，上级人民法院在决定再审时就不能指定下级人民法院进行再审。二是应当便利当事人行使诉讼权利。如果下级人民法院审理更方便当事人诉讼，上级人民法院就可以将案件指令下级人民法院进行再审。三是考虑是否便利人民法院审理。上级人民法院若认为下级人民法院审理比本院更为方便，即可考虑指定下级人民法院进行再审。但有下列情形之一的，上级人民法院不得指令原审人民法院再审：(1) 原审人民法院对该案本就无管辖权的；(2) 原审人民法院审理该案时，审判人员有贪污受贿、徇私舞弊、枉法裁判行为的；(3) 原审判决、裁定系经原审人民法院审判委员会讨论作出的；(4) 其他不宜指令原审人民法院再审的。

3. 人民法院依职权决定再审的立案管辖

《民事诉讼法》及最高人民法院《关于规范人民法院再审立案的若干意见》(以下简称《再审立案若干意见》)对最高人民法院、地方各级人民法院再审立案的范围作了相应的规定，具体如下：

(1) 地方各级人民法院负责的再审立案范围

第一，是本院作出的生效裁判，符合再审条件的。这是地方各级人民法院主要的再审案件，本院对自己作出的生效裁判最为了解，也最容易发现裁判中的错误。

第二，对下一级人民法院复查驳回或者再审改判后，仍符合再审立案条件的。这里要分两种情况理解：一是下级人民法院在接受当事人申诉或者再审申请后，经复查认为不符合再审条件，裁定予以驳回，而上级人民法院认为符合再审立案条件的，可以决定或者裁定再审；二是下级人民法院对案件进行了再审并作出了再审判决，而上级人民法院认为再审判决仍然存在错误，符合再审立案条件的。

第三，上级人民法院指令再审的案件。上级人民法院依职权直接复查，认为符合再审条件，决定再审的案件，也可以指令下级人民法院进行再审，下级人民法院应当立案再审。

第四，人民检察院依法提出抗诉的案件。人民检察院依法提出抗诉，具有法定效力，即人民法院必须立案再审。

(2) 最高人民法院负责的再审立案范围

第一，是最高人民法院自己作出的终审裁判，符合再审立案条件的。最高人民法院是最高审判机关，从法院自身的角度来看，只有本院有权利对案件进行复查并决定立案再审。

第二，高级人民法院复查驳回或者再审改判后，仍符合再审立案条件的。作为各高级人民法院的上一级审判机关，最高人民法院对高级人民法院复查驳回的当事人再审申请的案件，以及高级人民法院进行再审并作出再审判决的案件，有权进行复查，符合再审立案条件的，应当立案再审。

第三，最高人民检察院依法提出抗诉的案件。根据法律规定，最高人民检察院对各级人民法院的生效裁判，认为确有错误的，可以提出抗诉。按照抗诉程序的要求，最高人民检察院应当向最高人民法院提出抗诉，由最高人民进行再审立案。

第四，最高人民法院认为应当由自己再审的案件。最高人民法院是我国的最高审判机关，其所具有的法律地位决定了其对案件的管辖权力。如果最高人民法院认为某一案件影响特别重大，或者具有特殊性，由自己审理更为合适或者说更具有意义，最高人民法院可以直接决定立案再审。

(二) 人民检察院提起抗诉启动再审程序

我国宪法规定，人民检察院是国家的法律监督机关，对法院的审判活动享有监督的职权。在民事审判领域，人民检察院的法律监督权通过对法院作出的生效且确有错误的裁判提起抗诉的方式来加以实现。根据民事诉讼法的规定，最高人民检察院对各级人民法院已经发生法律效力的判决、裁定，上级人民检察院对下级人民法院已经发生法律效力的判决、裁定，发现具有法定再审情形时，应当提出抗诉。

1. 享有抗诉权的人民检察院

根据民事诉讼法的规定，最高人民检察院对各级人民法院作出的生效裁判、上级人民检察院对下级人民法院作出的生效裁判，享有抗诉权；地方各级人民检察院对同级人民法院作出的生效裁判没有抗诉权，当发现有法定再审情形时，应当提请上级人民检察向同级人民法院提出抗诉。

2. 抗诉的法定情形

人民检察院启动再审程序与人民法院依职权启动再审程序的要求有所不同。人民法院经复查案件，认为确有错误，即可以决定再审，法律没有对此规定明确的再审事由。但是，人民检察院提起抗诉的案件，必须具备《民事诉讼法》第179条规定的法定情形之一，归纳起来包括五个类别的事由：一是法院认定事实错误。事实认定错误，可能是因为原本就缺乏证据证明，或是判决生效后又发现了新的证据，或是原判决认定事实的主要证据是伪造的等。二是适用法律错误。这主要是由于原审对案件性质认识不正确，错误地适用了法律。三是没有为当事人诉讼提供充分的程序保障，严重侵害了当事人的诉讼权利，比如没有诉讼行为能力的人未经法定诉讼代理人代为诉讼，或剥夺了当事人的辩论权等。四是法院违反法定程序，损害当事人的程序利益，或是有可能影响案件正确判决、裁定的情形。五是法院审理案件时，审判人员有贪污受贿、徇私舞弊、枉法裁判行为。

3. 抗诉的法律后果

人民检察院的抗诉行为，具有确定的法律效力，即人民法院必须对案件进行再审。根据《民事诉讼法》第188条的规定，人民检察院提出抗诉的案件，接受抗诉的人民法院应当自收到抗诉书之日起30日内作出再审的裁定。法律规定接受抗诉的人民法院在一定的期限内裁定再审，并不是赋予人民法院审查人民检察院的抗诉是否合法、是否具备法定事由，而是保证实现人民检察院的抗诉能启动再审程序的法律效果。

（三）当事人申请再审

当事人申请再审，是指当事人对人民法院已经发生法律效力的判决、裁定和调解书，认为符合法定的再审事由，向人民法院提出申请，要求对案件进行再审的诉讼行为。我国实行的是两审终审的审级制度，第二审是发生法律效力的终审裁判，或者第一审判决后当事人未提起上诉，一审判决即发生法律效力，当事人必须履行生效裁判所确定的义务。然而，即使法院的裁判发生法律效力，当事人也可能会认为其存在错误，损害了自己的合法权益，那么就只能向法院申请再审或者向有关机关提出申诉，来纠正裁判中的错误。

1. 当事人申请再审的条件

当事人申请再审，是法律赋予当事人的诉讼权利，其行使必须符合法律规定的条件，才能启动再审程序。

（1）享有申请再审权的主体。通常情况下，受法院生效裁判约束的是案件当事人，包括原告、被告和第三人，他们依法享有向法院申请再审的权利。但是，法院生效裁判除对当事人的利益产生影响外，其所确定的权利、义务也可能涉及案外人的利益，如果案外人不能通过新的诉讼保护自己的利益，在此种情况下，案外人也有申请再审的权利。

（2）申请再审的对象。当事人申请再审的对象，是法院生效的判决、裁定和调解书。依诉讼法理，法院作出的判决、裁定，依法律规定不得上诉的，也当然不能成为再审的对象，比如非讼程序的判决、财产保全的裁定、先予执行的裁定等。

此外，对解除婚姻关系的生效判决，当事人不得申请再审。但，离婚诉讼中涉及财产分割部分的判决，是可以申请再审的。

（3）申请再审的事由。当事人申请再审必须符合法律规定的事由，法院才能启动再审程序，这也是避免当事人滥用再审申请权所必需的。根据《民事诉讼法》第 179 条的规定，当事人申请再审符合 13 项法定事由之一的，法院即应当立案再审。这 13 项法定再审事由是：

1）有新的证据，足以推翻原判决、裁定的。所谓“新证据”，是指原审庭审结束前已客观存在，庭审程序结束后新发现的证据；或者是原审庭审结束前就已发现，但因客观原因无法取得或在规定期限内不能提供的证据；或者是原审庭审结束后，原审所进行的鉴定、勘验又重新进行，重新鉴定的结论和勘验的笔录，推翻原结论的证据。此外，如果当事人在原审中已经提出的证据，原审未予质证、认证，而该证据足以推翻原判决、裁定的，也可以理解为新证据。

2）原判决、裁定认定的基本事实缺乏证据证明的。所谓案件中的基本事实是指：对判决、裁定的结果有实质影响的事实；用以确定当事人主体资格的事实；用以确定案件性质的事实；用以确定当事人具体权利、义务和民事责任内容的事实。只要这些基本事实之一缺乏证据证明，即属于法定的再审事由。

3）原判决、裁定认定事实的主要证据是伪造的。如果证据是伪造的，必然会导致法院对事实的认定错误，作出的判决也就会产生错误。

4）原判决、裁定认定事实的主要证据未经质证的。诉讼中所涉及的证据，都必须经当事人双方的质证，法院才能予以认定。这是对当事人辩论权的保障，也是确保法院对证据的认定具有客观性和真实性。

5）对审理案件需要的证据，当事人因客观原因不能自行收集，书面申请人民法院调查收集，人民法院未调查收集的。尽管在民事诉讼中当事人承担证明责任，并有责任收集和提供证据，但由于当事人取证能力和手段所限，有些证据必须由人民法院根据当事人申请依职权收集调查，比如档案材料，涉及当事人隐私、商业秘密的证据等。实际上，这些证据本质上可以理解为“新证据”。

6）原判决、裁定适用法律确有错误的。这里所说的适用法律错误，是指适用实体法上的错误。所谓的适用法律错误，主要是指适用的法律与案件性质明显不符；或者确定民事责任明显违背当事人的约定或者法律规定的；适用已经失效或尚未施行的法律；或者适用法律时违反法律关于溯及力的规定；或者违反法律适用规则；或者明显违背立法本意。

7）违反法律规定，管辖错误的。管辖错误，主要是指法院违反法律强制性的规定，错误地管辖某一案件，比如法院违反专属管辖的规定等。

8）审判组织的组成不合法或者依法回避的审判人员没有回避。这是为当事人提供正当审判和公正审判的基本程序保障所要求的。

9）无诉讼行为能力人未经法定代理人代为诉讼，或者应当参加诉讼的当事人因不能归责于本人或者其诉讼代理人的事由，未参加诉讼的。参与诉讼，是对当事人最基本，也是最低的程序保障要求，法院没有能够提供这样的程序保障的，应当进行再审。

10）违反法律规定，剥夺当事人辩论权利的。剥夺当事人辩论权利，是指在原审开庭过程中，审判人员不允许当事人行使辩论权利，或者以不送达起诉副本或者上诉状副本等其他方式，致使当事人无法行使辩论权利的。这里还包括法定诉讼代理人、委托诉讼代理人代理诉讼的情形。

11）未经传票传唤，缺席判决。该项再审事由，也涉及对当事人程序参与权的程序保障问题。

12）原判决、裁定遗漏或者超出诉讼请求的。这是对当事人处分权的尊重，法院应当就当事人请求的所有事项作出裁判，在当事人请求的范围内作出裁判，这是法院裁判的基本原则。

13）据以作出原判决、裁定的法律文书被撤销或者变更的。已发生法律效力的法律文书中所确认的事实，属于免证事实，法院可以直接认定该事实的真实性。但，该法律文书被依法撤销或者变更的，据以作出的原判决、裁定必然会发生错误。

有违反法定程序可能影响案件正确判决、裁定的情形，或者审判人员在审理案件时有贪污受贿、徇私舞弊、枉法裁判行为的，人民法院应当对案件进行再审。

当事人申请对调解书进行再审，必须能够提供证据证明调解违反自愿原则或者调解协议的内容违反法律规定。

（4）申请再审的时间。当事人申请再审，应当在判决、裁定、调解书发生法律效力后两年内提出。这个期间为不变期间，自判决、裁定、调解书发生法律效力之次日起计算。对于在两年期满后，据以作出原判决、裁定的法律文书被撤销或者变更的，自知道或者应当知道之日起 3 个月内提出。

（5）当事人申请再审的管辖法院。当事人申请再审，应当向作出生效裁判、调解书的原审法院的上一级人民法院提出书面申请。

（6）当事人应当提交书面申请。当事人申请再审，应当向法院提交书面申请，并按照对方当事人人数提出副本。

2. 法院对当事人申请再审的审查、受理程序

法院对当事人再审申请的审查、受理程序，类似于对起诉的审查、受理程序，具体包括以下内容：

（1）在法定期间向对方当事人送达再审申请书副本

人民法院收到当事人的再审申请后，应当在 5 日之内将再审申请书副本发送对方当事人。这主要是便于对方当事人根据再审申请人的请求和再审事由，进行答辩，

有利于法院审查再审申请人的申请是否符合法律规定。

（2）对方当事人在法定期间提出答辩意见

对方当事人在收到再审申请书副本之日起 15 日内提交书面意见，是对方当事人的权利而非义务。对方当事人不提交答辩意见的，不影响法院对再审申请的审查。

（3）对当事人再审申请的审查处理

人民法院应当在收到当事人再审申请书之日起 3 个月内完成审查，并分别情况加以处理：对于符合法律规定的再审情形的，裁定再审；对于不符合法律规定的再审申请，裁定驳回申请。

人民法院在审查再审申请期间，不停止原判决、裁定、调解书的执行；当事人的再审申请符合法律规定，裁定再审的，应当同时裁定原判决、裁定、调解书的执行，并及时通知双方当事人。

三、再审案件的审理程序

（一）裁定中止原生效判决、裁定、调解书的执行

法院一旦裁定再审，原生效裁判、调解书就可能存在错误而被改判，无论是该判决、裁定、调解书是否已进入执行程序，法院必须裁定中止原裁判、调解书的执行。裁定原裁判、调解书的执行，应当由法院院长签署，并加盖人民法院印章。

（二）庭审组织

再审案件一律组成合议庭审理，若案件由本院审理，则必须另行组成合议庭。

（三）再审适用的程序

再审程序是一种补救性程序，其是在生效裁判、调解书存在错误的特别情形下启动的审理程序，因此，无论原生效裁判、调解书是否适用简易程序审结，再审时一律不得适用简易程序审理。再审适用的审理程序按以下方式决定：

1. 发生错误的生效判决、裁定、调解书是一审人民法院作出的，适用第一审程序审理。

2. 发生错误的生效判决、裁定、调解书是二审人民法院作出的，适用第二审程序审理。

3. 上级人民法院提审的案件，适用第二审程序审理。

人民法院审理再审案件应当开庭审理；适用第二审程序审理再审案件时，双方当事人已经以其他方式充分表达意见，且书面同意不开庭审理的除外。

人民法院应当在当事人再审请求的范围内或者在抗诉所支持的当事人请求的范围内，审理再审案件。

（四）再审案件的裁判及效力

1. 人民法院再审案件的裁判形式

（1）维持原裁判。人民法院经再审审理认为，原判决、裁定认定事实清楚、适

用法律正确的，应当判决予以维持。如果再审审理后，人民法院认为原裁判的结果是正确的，但在事实认定、适用法律、阐述理由方面有瑕疵，应当在再审判决、裁定中纠正原裁判的瑕疵并维持原裁判结果。

（2）依法改判。人民法院经再审审理认为，原审裁判认定事实错误或者认定事实不清的，应当在查清事实后依法改判；若认为原审裁判适用法律错误的，适用正确的法律依法改判。

有新的证据证明原判决、裁定确有错误的，人民法院应当予以改判。

（3）裁定撤销原裁判，发回重审。人民法院适用第二审程序审理再审案件时，如果认为原审人民法院审理更便于查清事实、化解纠纷的，可以裁定撤销原裁判，发回重审。

此外，如果再审法院认为原审法院违反法定程序，可能影响案件正确判决、裁定的，应当裁定撤销原裁判，发回原审法院重审。

2. 人民法再审裁判的效力

人民法院再审裁判的效力，依其适用的程序不同而存在差别。适用第一审程序进行再审的，当事人不服法院作出的再审判决、裁定的，可以提起上诉；适用第二审程序进行再审的，法院作出的再审判决、裁定，是终审判决、裁定。

（五）再审案件的调解

调解是民事诉讼法的基本原则，其不但在一审、二审程序中可以适用，在再审程序中也可以根据当事人自愿的原则进行调解，达成调解协议的，制作调解书送达后，原判决、裁定即被视为撤销。

在再审审理中，人民法院若发现原裁判遗漏了应当参加诉讼的当事人，可以根据当事人自愿的原则予以调解，调解不成的，裁定撤销原裁判，发回原审人民法院重审。

【案例评析】

案例 1[①]

（一）案情简介

原告郑某提出以下诉讼请求：（1）判令解除与蒋某的婚姻关系；（2）婚生子由原告抚养，被告每月支付生活费 150 元；（3）婚生子的医疗费、教育费用双方平分；（4）双方平均分割夫妻共同财产。

A 县法院经审理，判决如下：（1）准予郑某与蒋某离婚；（2）婚生子由郑某抚

① 本案例引自吴杰主编：《民事再审原理及程序构造》，北京，法律出版社，2010。

养；(3) 婚后在银行的存款 20 000 元双方平分。诉讼费用由原告承担。

在判决生效后，郑某向 A 县人民检察院提出申诉，主张其提出的由被告每月支付 150 元生活费、婚生子的医疗费和教育费平摊的诉讼请求，法院未审理，要求法院判决支持其请求。A 县人民检察院向 A 县法院提出了“再审检察建议书”，A 县法院经审查后决定再审。

(二) 基本问题

本案涉及两个问题：一是本案再审程序是以什么方式启动的？是否合法？二是本案是否符合法律规定的再审条件？

(三) 知识内容

1. 就本案再审的启动方式问题分析如下：民事诉讼法规定的再审启动方式有三种：人民法院依职权决定再审、人民检察院提起抗诉、当事人申请再审。本案中，当事人向 A 县人民检察院提出了申诉，而没有向法院提出再审申请，因此不属于当事人申请再审。A 县法院启动再审程序，是根据 A 县人民检察院的检察建议作出再审决定的，那么本案是否属于检察院提出抗诉启动再审程序呢？答案是否定的。理由是：A 县检察院是 A 县法院的同级检察机关，其没有对 A 县的抗诉权，同时，其也没有向 A 县法院提出抗诉，而是以检察建议的形式要求法院对案件进行再审。检察建议，并不具有抗诉的法律效力，也不能引起再审程序的开始。以检察建议的方式要求法院进行再审，是司法实践中的一种探索，它的主要功能是将案件的错误信息传递给法院，以便法院及时复查案件并决定是否进行再审。因此，本案是法院根据检察机关提供的信息，经审查本案作出的生效判决，发现确有错误而决定再审，是 A 县法院依职权启动的再审程序。

2. 关于本案是否符合再审条件的分析：本案原审原告提出了 4 项诉讼请求，其中涉及子女抚养费、教育费和医疗费的请求，原审 A 县法院未作出处理，属于漏判，可以认定原判决确有错误，A 县法院依职权启动再审程序是正确的。

案例 2[①]

(一) 案情简介

吕某与 M 房地产开发公司签订了商品房买卖合同，购买 M 公司开发的商品房一套，价格为 159 231 元，交房时间为 2008 年 12 月 31 日；双方同时还约定合同签订吕某即付款 10 万元，余款待交房后一次付清；M 公司若迟延交房，则按 10 元／天支付违约金。双方还口头约定，M 公司负责为吕某购买的房屋装修卫生间、厨房。后 M 公司迟延至 2010 年 3 月才交付房屋。吕某以 M 公司未兑现为其装修卫生间和厨房的承诺，拒不支付余款，而 M 公司也拒不将房产证交于吕某。吕某诉至 A

---

① 本案例引自吴杰主编：《民事再审原理及程序构造》，北京，法律出版社，2010。

县人民法院，提出如下诉讼请求：（1）M公司因迟延交房的违约金4 700元；（2）要求M公司为其装修卫生间和厨房。诉讼中，M提出反诉，要求吕某支付购房余款。

A县人民法院经审理认为，原告吕某主张M公司迟延交房违约的事实，但并没有能够提供证据证明；要求M公司为其装修卫生间、厨房，也没有能够向法庭提出证据证明双方有合同约定；M公司也没有能够提供证据证明通知了原告吕某结清购房余款并领取房产证。A县人民法院作出如下判决：（1）驳回原告吕某对被告M公司的诉讼请求；（2）驳回被告M公司对原告吕某的反诉请求。

判决生效后，吕某向A县人民法院申诉，认为不应当由自己证明M公司的交房时间，法院适用法律错误。A县人民法院经复查案件，认为符合再审的法定条件，决定再审。在再审中，经法院调解，双方达成如下协议：（1）吕某支付购房余款59 231元；（2）M公司支付违约金4 500元；（3）M公司将房产权证交付吕某。A县人民法院制作调解书送达双方当事人。

（二）基本问题

1. 本案是以什么方式启动再审的？
2. 本案的再审事由是什么？
3. 法院再审程序中的调解是否合法？

（三）知识内容

1. 关于本案再审程序的启动方式。本案是依当事人申请启动再审还是法院依职权启动再审程序？我们认为，本案是法院依职权启动再审程序。理由是：当事人申请再审的管辖法院，是原作出生效判决法院的上一级法院，而本案当事人是向原审法院提出了申诉（尽管实践中有时将当事人的申诉理解为再审申请），不具备启动再审程序的管辖条件。当事人向原审法院提出申诉，实际上是为原审法院提供发现本案判决错误的信息。经审查，A县法院认为其判决确有错误，决定再审。

2. 本案再审的事由。本案再审的具体事由是，原审适用法律错误，即在证明责任分配问题上适用了“谁主张，谁证明”的条款，而实际上本案关于合同中交房义务的履行这一事实的证明责任分配，应当是一种特殊分配，不能适用“谁主张，谁证明”的证明责任分配的一般条款，而应当适用“对合同是否履行发生争议的，由负有履行义务的当事人承担举证责任”的证明责任特殊分配条款，应当由原审被告M公司对其交房的事实承担证明责任。这里值得争议的是：适用程序法错误是否属于《民事诉讼法》第179条第6项规定的“原判决、裁定适用法律错误”的情形？我们认为，法律所规定的适用法律错误，既包括适用实体法错误，也包括适用程序法错误。本案再审的事由应当是适用法律错误的情形。

3. 本案再审中法院调解的合法性。在再审程序中，法院通过调解方式结案是符合法律规定的。问题的关键是：法院的调解超出了原审请求的范围，调解协议是否具有合法性？我们认为，在再审程序中，除法院裁定撤销原判决、发回重审的情况外，当事人不能提出超出原审范围的再审请求，这仅仅是针对法院以裁判的方式结案的情形。而法院以调解方式结案，不应当受到这样的限制。因为，调解是一种当事人自治的纠纷解决方式，当事人在再审程序中就与本案有关的其他请求一并调解解决，只要不违背当事人自愿原则，应当允许，法院不应过多地依职权干预，除非这样的调解涉及了第三人的利益，或者损害国家利益和社会公共利益。

案例 3

（一）案情简介

2005 年 1 月，A 市三江气体有限公司（以下简称三江气体公司）与刘某签订了“承包经营合同”，合同约定：三江气体公司将其现有的生产车间、生产设备、办公楼等承包给刘某经营，经营期限为 10 年，每年承包经营费为 20 万元，刘某享有完全的自主经营权。为保证合同履行，双方约定违约金为 10 万元。合同签订后，刘某觉得承包费过高，遂向三江气体公司去函，要求解除承包经营合同。但三江气体公司不同意，并多次催促刘某办理承包交接手续，履行合同。此后，刘某一直未与三江气体公司办理交接手续。2006 年 5 月，三江气体公司向 A 市 B 区人民法院起诉。三江气体公司主张，因与刘某签订的承包经营合同未能履行，企业处于停产状态（但未提供证据，刘某也不予认可），要求刘某承担违约责任，支付违约金 10 万元。

B 区人民法院经审理认为：刘某不具有气体生产经营的质资，双方签订的承包经营合同违反了国家的强制性规定，属于无效合同。同时，法院认为，三江气体公司称因其与刘某签订的承包经营合同未能履行，导致企业停产，其土地承包费和固定资产折旧费属企业的直接经济损失，应当由刘某与三江气体公司按责任大小分担。法院判决如下：（1）原告三江气体公司与刘某签订的承包经营合同无效；（2）由被告刘某向三江气体公司赔偿经济损失 38 000 元；（3）驳回原告的其他诉讼请求。双方当事人均未上诉，判决发生法律效力。

（二）基本问题

1. 认定事实证据不足的理解；
2. 适用法律错误的理解；
3. 当事人申请再审的适用。

（三）知识内容

1. 法院认定基本事实缺乏证据证明，是当事人申请再审的法定事由。本案中，原审法院对三江气体公司所受损失这一基本事实的认定，是基于原告在法庭所作的“因与被告刘某签订的承包经营合同未实际履行而导致企业停产”的陈述，但对于原告的这一陈述刘某在庭上已予以否认，且原告三江气体公司并未就双方争议的这一事实向法院提供证据加以证明，法院对“三江气体公司因被告未履行承包经营合同导致停产而受损失”这一事实的认定，明显没有证据支持，属于认定事实错误。

2. 法院适用法律错误，是当事人申请再审的另一重要法定事由。本案中，原告三江气体公司以合同有效为基础向法院请求判决刘某承担违约责任。但，双方提供的证据显示，该合同是无效合同。合同有效与合同无效，是对案件法律性质的认识，属于法律适用的范畴。法院本应通过行使释明权，促使当事人变更诉讼请求。然而，在当事人未变更诉讼请求的情况下，法院适用合同无效的规则对本案进行了实体判决，属于适用法律错误，导致判决错误。

3. 本案当事人可以通过以下途径寻求再审救济：(1) 向A市中级人民法院申请再审。根据民事诉讼法的规定，当事人申请再审应当向原审法院的上一级法院提出申请。(2) 向原审法院申诉或者向上级法院申诉。当事人申诉，并不是民事诉讼法规定的当事人的诉讼权利，当事人的申诉行为也不能引起确定的法律后果，但当事人的申诉，可以向法院提供案件确有错误的信息，引起法院对案件判决的重视并进行复查，以发现生效裁判中的错误。由于其仅仅是向法院传递案件的相关信息，因此，对申诉法院的级别并无限制的必要。(3) 向检察机关申请。在实践中，人民检察院通常是根据当事人的申诉来发现法院裁判中的错误，并提出抗诉。因此，当事人可以向检察机关提出申诉，以提供案件确有错误的主张和支持其主张的证据材料。

【疑难问题】

(一) 当事人对离婚案件申请再审的，法院应当如何处理

根据法律规定，解决婚姻关系的生效判决，当事人不得申请再审。这主要是因为，解除婚姻关系的判决一旦生效，当事人即可以另行结婚，如果解除婚姻关系的判决也可以申请再审的话，必然会导致新的婚姻关系受到影响。所以，解除婚姻关系的生效判决不得申请再审的规定，是维持婚姻关系稳定所必需的。

在离婚诉讼中，当事人除了要求解除婚姻关系之外，可能还存在财产分割和子女抚养问题，法院在判决解除婚姻关系的同时，一并对这两项内容作出判决。当事人就子女抚养权的判决、财产分割的判决申请再审的，如果符合《民事诉讼法》第179条规定的再审事由的，应当立案审理。

如果当事人就判决中未处理的夫妻共同财产分割申请再审的，由于其不属于原生效裁判中的错误，法院应当告知当事人另行起诉。

(二) 当事人超出原审范围提出再审要求的，法院应当如何处理

再审，是对原生效裁判中的错误问题加以审理和改正，一般情况下，人民法院应当在当事人的具体再审请求范围内进行审理；检察机关提出抗诉的案件，人民法院应当在抗诉支持当事人请求的范围内审理案件。当事人的再审请求，是针对原生效裁判中在事实认定、法律适用、程序保障等方面法院存在的错误，要求审理并改正。

在实践中，当事人可能会超出原审范围增加诉讼请求，或者变更诉讼请求，这

些增加或者变更的诉讼请求原审并未审理和判决，不应当属于再审审理的范围。这一方面符合对当事人处分权的尊重，另一方面也与再审制度的功能和目的相一致，同时也是维护法院裁判的稳定性和权威性的需要。但是，案件涉及国家利益、社会公共利益，或者当事人在原审诉讼中已经依法要求增加诉讼请求、变更诉讼请求，原审未予审理且客观上不能形成其他新的诉讼的，人民法院再审时应当将其纳入再审的范围。

值得强调的是，在实践中案件经法院审理并裁定撤销原判决，发回原审法院重审，在重审中当事人是否可以增加或变更诉讼请求呢？我们认为是可以的。因为，裁定发回重审，是将原生效裁判废弃，原审法院对案件进行重新、全面的审理。在这种情况下，当事人有权利根据法律的规定增加、变更诉讼请求。

（三）再审程序中当事人申请撤诉的，法院应当如何处理

撤诉，是当事人对其已经提起之诉予以撤回并终结诉讼程序的诉讼行为。撤诉是当事人享有的重要的诉讼权利。但是，撤诉权的行使也必须符合相应的条件，特别是在再审程序中，法院审理的对象具有特殊性，当事人行使撤诉权的余地较小。在实践中，法院按照第一审程序审理再审案件时，一审原告申请撤回起诉的，是否准许由人民法院裁定。人民法院应当综合考虑各种因素来决定是否准予撤诉，比如原裁判存在的错误的性质、当事人再诉的可能性等。人民法院裁定准予撤诉的，应当同时裁定撤销原判决、裁定、调解书。

（四）一审法院宣判后，发现判决有错误的，法院应当如何处理

法院的裁判错误有两种表现形式：一是形式上的错误，比如打印错误等；二是实质上的错误，比如事实认定错误、法律适用错误等。对形式的错误，作出裁判的人民法院可以作出裁定，补正判决书的错误即可。一审法院宣判后，若发现判决中存在实质性错误，应当区别情况加以处理：当事人在上诉期内提起上诉的，原审人民法院可以提出原判决有错误的意见，报送第二审人民法院，由第二审人民法院按照第二审程序进行处理；当事人在上诉期内未提起上诉的，一审判决发生法律效力，原审法院即可按照审判监督程序启动再审程序予以纠正判决中存在的错误。

【法律法规】

1.《中华人民共和国民事诉讼法》

2.最高人民法院《关于适用〈中华人民共和国民事诉讼法〉若干问题的意见》

3.最高人民法院《关于适用〈中华人民共和国民事诉讼法〉审判监督程序若干问题的解释》

4.最高人民法院《关于规范人民法院再审立案的若干意见》

5.《人民检察院民事行政抗诉案件办案规则》

实务训练

(一) 法院审理再审案件的实务操作

1. 裁定中止原裁判的执行

法院决定立案再审的案件，必须同时裁定中止原生效判决、裁定或调解书的执行。具体操作程序是：

(1) 本院院长对本院已经发生法律效力的判决、裁定，发现确有错误，经审判委员会讨论决定再审的，应当同时裁定中止原判决、裁定的执行。

(2) 最高人民法院对地方各级人民法院已经发生法律效力的判决、裁定，上级人民法院对下级人民法院已经发生法律效力的判决、裁定，如果发现确有错误，需要再审的，应当在提审或者指令再审的裁定中同时写明中止原判决、裁定的执行。如果情况特别紧急的，也可以将中止执行的裁定口头通知负责执行的人民法院，但应当在口头通知后10日内发出裁定书。

中止执行的裁定，应当由作出裁定的人民法院院长署名，并加盖人民法院印章。

2. 法院审理再审案件开庭审理的操作程序

人民法院开庭审理再审案件，应当区别不同情况操作庭审程序。

(1) 因当事人申请再审人民法院裁定再审的案件，开庭审理时，应当先由再审申请人陈述再审申请及理由，然后由被申请人答辩及其他原审当事人发表意见。

(2) 因人民检察院抗诉人民法院裁定再审的案件，开庭审理时，应当先由抗诉机关宣读抗诉书，再由申请抗诉的当事人陈述，然后再由被申请人答辩及其他原审当事人发表意见。

(3) 人民法院依职权裁定再审的案件，当事人按照其在原审中的诉讼地位依次发表意见。所谓原审诉讼地位，是指作出生效判决、裁定和制作调解书时所适用的程序中，当事人所处的诉讼地位。比如，再审对象是一审生效的判决，那么，开庭审理时应当依照原告、被告、第三人的顺序发表意见；如果再审对象是二审生效的判决，那么，开庭审理时应当依照上诉人、被上诉人、依原审列明诉讼地位的当事人的顺序发表意见。

3. 再审案件的审理次数

民事诉讼法并未就案件的再审次数作出规定。在司法实践中，为避免当事人滥用再审申请权，最高人民法院对案件的再审次数作了具体规定：(1) 各级人民法院对本院发生法律效力的民事判决、裁定，不论再审程序是以何种方式启动的，一般对案件只能再审一次；(2) 上级人民法院指令下级人民法院再审的，只能指令再审一次；(3) 对于下级人民法院已经再审过的案件，上级人民法院认为需要再审的，应当依法提审，提审的人民法院对该案件也只能再审一次。

（二）人民检察院提起抗诉的实践操作

人民检察院对生效民事裁判提起抗诉的程序操作，类似于法院对案件的审理程序，包括以下几个方面的流程：(1) 对当事人或者其他利害关系人的申诉材料的初审查与受理；(2) 对申诉案件的立案；(3) 对申诉案件所涉及的人民法院审判活动的审查；(4) 提出抗诉。

1. 人民检察院民事抗诉案件的来源

在实践中，人民检察院受理的民事抗诉案件的来源主要有四个方面：一是当事人或者其他利害关系人申诉的案件，二是国家权力机关或者其他机关转办的案件，三是上级人民检察院交办的案件，四是人民检察自行发现的案件。其中，当事人或者其他利害关系人不服法院作出的生效裁判，或者认为有错误，而向检察机关提出申诉，是人民检察院抗诉案件的主要来源。

人民检察院对当事人或者其他利害关系人的申诉材料应当进行审查，申诉符合下列两个条件的，人民检察院应当受理：(1) 人民法院的判决、裁定已经发生法律效力；(2) 有具体的申诉理由和请求。

但是，有下列情形之一的申诉，人民检察院不予受理：(1) 判决、裁定尚未发生法律效力。因为，当事人不服法院未生效的裁判，可以通过诉讼程序提供的上诉程序或者复议程序加以救济；同时，未生效的法院裁判也不属于再审对象，人民检察院不能提起抗诉。(2) 判决解除婚姻关系或者收养关系的。(3) 人民法院已经裁定再审的案件。(4) 人民检察院已对当事人的申诉作出终止审查或者不予抗诉决定的，当事人又提出申诉的案件。(5) 不属于人民检察院民事抗诉范围的案件。比如当事人对案件的实体判决没有异议，只是对诉讼费用分担表示不服而申诉的案件；法院关于诉讼程序进行的裁定，如诉讼中止、诉讼终结等，都不属于人民检察院民事抗诉的范围，当事人申诉的，人民检察院不予受理。

在审查当事人的申诉时，还要特别注意审查当事人是否提交了申诉书、人民法院生效的裁判文书，是否提供了支持其申诉主张的证据材料，以避免当事人滥用申诉权。

2. 人民检察院对民事抗诉案件的立案

民事抗诉案件必须由有抗诉权的人民检察院立案。由于各级地方人民检察院对同级人民法院的生效裁判没有抗诉权，所以，其接受当事人或者其他利害关系人的申诉，发现符合抗诉立案条件的，应当提请上级人民检察院抗诉立案。

按照最高人民检察院制定的《人民检察院民事行政抗诉案件办案规则》（以下简称《抗诉案件办案规则》）的规定，经审查申诉具有法定的再审情形之一的，人民检察院应当自受理当事人或者其他利害关系人的申诉之日起 30 日内立案，并通知申诉人和其他当事人。其他当事人对人民检察院抗诉案件的立案决定有异议，可以在收到立案通知书之日起 15 日内提出书面意见。

3. 人民检察院对民事抗诉案件的审查

人民检察院立案后，应当按照以下程序完成对民事抗诉案件的审查。

（1）调阅人民法院审判案卷。人民检察院立案后，应当向人民法院调阅审判案卷。调阅人民法院审判案卷，能保障人民检察院作出符合实际的准确判决，是人民检察院提起民事抗诉的基础。

（2）指定审查人员。人民检察院立案后，应当及时指定检察人员对案件进行审查。

（3）审查的内容。人民检察院审查民事抗诉案件，主要是针对人民法院对该申诉案件的原审判活动进行审查，审查的内容主要是查清申诉案件是否符合《民事诉讼法》第179条规定的法定再审情形。

（4）责令当事人提供必要的证据材料和进行必要的调查。一般情况下，人民检察院办理民事抗诉案件也应遵循类似于民事诉讼“谁主张、谁举证”的规则，申诉人对自己的申诉主张必须提供证据材料加以支持。若人民检察院认为需要申诉人提供证据材料证明其申诉主张的，可以要求申诉人在指定的期限内提交证据材料。申诉人逾期无故不提交证据材料的，视为撤回申诉。

检察人员在审查民事抗诉案件时，应当就原审案卷进行审查，原则上不进行调查。因为检察机关不是审判机关，其职能是监督人民法院的审判活动，而不是对案件进行审理。但这并不是绝对的，在某些特殊情况下，检察人员也有进行职权调查的必要。比如，在原审诉讼中，当事人及其诉讼代理人由于客观原因不能自行收集证据，向人民法院提供了证据线索，并申请人民法院依职权进行调查，但人民法院应予调查而未进行调查，这对当事人来讲就会带来诉讼的不公正，法院的判决也会发生错误。在这种情形下，人民检察院就有必要进行调查。

（5）终止审查。人民检察院在审查民事抗诉案件时，遇有下列情形应当决定终止审查，并向申诉人送达“终止审查决定书”：（1）申诉人撤回申诉的；（2）在审查过程中，人民法院已经裁定再审的；（3）当事人自行和解的；（4）应当终止审查的其他情形。

4. 人民检察院对民事抗诉案件审查的处理

人民检察院按上述程序对案件审查终结后，应当根据审查的结果分别情况作出决定：

（1）提出抗诉。经审查，申诉案件符合法律规定的抗诉条件的，按照相关程序向法院提出抗诉。

（2）作出不予抗诉的决定。经审查，申诉案件不符合法律规定的抗诉条件的，人民检察应当作出不抗诉的决定；同时，制作“不抗诉决定书”通知当事人。

人民检察院在审查申诉案件时，发现有下列情形的，应当作出不抗诉的决定：1）申诉人在原审过程中未尽举证责任的。在民事诉讼中，当事人对自己的主张负有证明的负担，承担举证责任，法律另有规定除外。如果当事人因自身的原因未能尽举证之责任，即使裁判存在错误，也不能归咎于人民法院，不符合法律设立检察监督制度的本意。因此，在原审过程中当事人未尽到举证责任的，人民检察院应当作出不予抗诉的决定。2）现有证据不足以证明原判决、裁定存在错误或者违法的。人民检察院对申诉案件的审查，主要依赖原审判案卷、当事人申诉时提交的证据材料，以及在特殊情况下人民检察院调查的证据，现有的证据不能证明法院原裁判是错误的，或者有违法情形，人民检察院应当作出不予抗诉的裁定。3）原审违反法定程序，但未影响案件正确判决、裁定的。从法理上讲，再审更注重追求纠正实体上的错误，如果程序上轻微违法且未影响实体判决的正确性，人民检察院应当作出不予抗诉的决定。4）不符合法律规定的抗诉条件的其他情形。

（3）提请抗诉。地方各级人民检察院对同级人民法院已经发生法律效力的裁判，经审查认为符合抗诉条件的，应当提请上一级人民检察院抗诉。提请抗诉时，应当制作“提请抗诉报告书”，随同审判卷宗、检察卷宗一起报送上一级人民检察院。

5. 提出抗诉

经审查，申诉案件符合法律规定的抗诉条件的，人民检察院应当依法向人民法院提出抗诉。人民检察提出抗诉应当按以下程序进行：

（1）人民检察院提出抗诉，应当由检察长批准或者检察委员会决定，并制作“抗诉书”。人民检察院审查申诉案件符合法律规定的抗诉条件的，应当由检察人员报请检察长批准，或者检察委员会决定，这是人民检察院提出抗诉的批准程序。

（2）抗诉的具体方式是，由有抗诉权的人民检察院向同级人民法院提出。具体是指：1）最高人民检察院对各级人民法院生效裁判的抗诉，应当向最高人民法院提出；2）省级人民检察院对下级人民法院生效裁判的抗诉，应当向高级人民法院提出；3）市级人民检察院对基层人民法院生效裁判的抗诉，应当向中级人民法院提出。

（三）当事人申请再审的实务操作

在司法实践中，当事人申请再审的程序主要涉及以下实务操作的内容。

1. 当事人申请再审应当提交的材料

当事人申请再审，应当向法院提交以下材料：（1）再审申请书及副本；（2）已经发生法律效力的判决书、裁定书、调解书；（3）身份证明；（4）支持自己再审主张的相关证据材料，即用于证明再审申请符合法定再审事由的证据材料。

2. 人民法院对当事人再审申请的审查

（1）审查组织形式。人民法院应当组成合议庭对当事人的再审申请进行审查。

（2）审查方式。人民法院对当事人的再审申请，原则上采取书面审查，在审查中可以调阅原审卷宗。人民法院认为必要时，也可以对当事人进行询问。再审申请人经传票传唤，若无正当理由不接受询问的，人民法院可以裁定撤回再审申请处理。

（3）审查的内容。首先，对再审申请书进行审查。人民法院应当审查当事人的再审申请书是否载明了以下内容：1）当事人的基本情况。包括申请再审人与对方当事人的姓名、住所及有效联系方式等基本情况；法人或其他组织的名称、住所和法定代表人或主要负责人的姓名、职务及有效联系方式等基本情况。2）裁判文书的基本情况。包括原审人民法院的名称，原判决、裁定、调解文书案号等。3）再审请求。再审请求应当明确、具体。4）申请再审的法定情形及具体事实、理由。其次，重点围绕再审事由是否成立进行审查。审查时，应当注意当事人的申请中所主张的再审理由是否符合《民事诉讼法》第179条规定的再审事由。

人民法院在审查中，如果发现再审申请人提交的再审申请书或者其他材料不符合要求的，应当要求再审申请人补充或改正。

3. 再审申请审查程序的终结

在人民法院审查当事人的再审申请时，可能出现某种特殊情况，使得再审程序的启动没有必要，此时，人民法院应当裁定终结再审申请审查程序。这些情形包括：

（1）申请再审人死亡或者终止，无权利、义务承受人或者权利、义务承受人声明放弃再审申请；

（2）在给付之诉中，负有给付义务的被申请人死亡或者终止，无可供执行的财产，也没有应当承担义务的人；

（3）当事人达成执行和解协议且已履行完毕，但当事人在执行和解协议中声明不放弃申请再审权利的除外；

（4）当事人之间的争议可以通过另案解决的。

课后练习

1. 关于再审程序的说法，下列哪些选项是正确的？（多选）

A. 在再审中，当事人提出新的诉讼请求的，原则上法院应根据自愿原则进行调解，调解不成的告知另行起诉

B. 在再审中，当事人增加诉讼请求的，原则上法院应当根据自愿原则进行调解，调解不成的，裁定发回重审

C. 按照第一审程序再审案件时，经法院许可原告可以撤回起诉

D. 在一定条件下，案外人可申请再审

2. 张某诉季某人身损害赔偿案判决生效后，张某以法院剥夺其辩论权为由申请再审，在法院审查张某再审申请期间，检察院对该案提出抗诉。关于法院对本案的处理方式，以下哪一选项是正确的？（单选）

A. 法院继续对当事人的再审申请进行审查，并裁定是否再审

B. 法院应当审查检察院的抗诉是否成立，并裁定是否再审

C. 法院应当审查检察院的抗诉是否成立，如不成立，再继续审查当事人的再审申请

D. 法院直接裁定再审

3. 林某诉张某房屋纠纷案，经某中级人民法院一审判决后，林某没有上诉，而是在收到判决书20日后向省高级人民法院申请再审。期间，张某向中级人民法院申请执行。省高级人民法院经审查认为，一审判决确有错误，遂指令作出判决的中级人民法院再审。下列哪些说法是正确的？（多选）

A. 高级人民法院指令再审的同时，应作出撤销原判决的裁定

B. 中级人民法院再审时，应当作出中止原判决的执行的裁定

C. 中级人民法院再审时应作出撤销原判决的裁定

D. 中级人民法院适用一审程序再审该案件

4. 赵某与黄某因某项财产所有权发生争议，赵某向法院提起诉讼，经一、二审法院审理后，判决该项财产属于赵某所有。此后，案外人陈某得知此事，向二审法院反映其是该财产的共同所有人，并提供了相关证据。二审法院经复查，决定对此案进行再审。关于此案的说法，下列哪些选项是正确的?（多选）

A. 陈某不是本案一、二审当事人，不能参加再审程序

B. 二审法院可以直接通知陈某参加再审程序，并根据自愿原则进行调解，调解不成的，告知陈某另行起诉

C. 二审法院可以直接通知陈某参加再审程序，并根据自愿原则进行调解，调解不成的，裁定撤销一、二审判决，发回原审法院重审

D. 二审法院只能裁定撤销一、二审判决，发回原审法院重审

5. 案例分析

2007 年 3 月 2 日至 2008 年 1 月 6 日期间，刘某向贺某借款 6 次共计 156 万元，每次借款的期限均约定为 1 年，借条中未约定利息。刘某未按期偿还借款。2010 年 5 月 10 日，贺某向四川省 A 市 B 区人民法院起诉，要求刘某偿还借款 156 万元，并按同期银行定期利率支付利息。贺某向法院提交了刘某亲笔书写的 6 份借条作为证据。

因刘某不知去向，B 区人民法院无法向其送达传票，即采取了公告送达。开庭时刘某未到庭参加诉讼，法庭缺席审理。庭审中，法院经审查证据后认为，贺某与刘某签订的借款合同真实、有效，应当受到法律保护；贺某主张返还本金及利息理由正当，被告刘某应当履行还款义务。B 区人民法院作出如下判决：(1) 刘某返还贺某借款 156 万元；(2) 刘某支付贺某借款利息 3.2 万元。

判决生效后，刘某不服判决，向检察机关提出如下申诉主张：(1) 2007 年 3 月 2 日的借款 20 万元和 2007 年 3 月 20 日的贷款 30 万元已超过诉讼时效，不应当受法律保护；(2) 2009 年 7 月 8 日曾还贺某 20 万元，有贺某出具的收条为证。

问：本案中法院的判决是否存在错误?

延伸阅读

1. 杜闻．民事再审程序研究．北京：中国法制出版社，2006

2. 王俊杰．法的正义价值理论与民事再审程序构建．北京：人民法院出版社，2007

3. 孙祥壮．民事再审程序原理精要与适用．北京：中国法制出版社，2010

4. 李浩．民事再审程序改造论．法学研究，2000 (5)

5. 常怡，唐力．民事再审程序重构的理论思考．河北法学，2002 (5)

6. 沈德咏主编．最新再审司法解释适用与再审改革研究．北京：人民法院出版社，2003

7. 沈德咏主编．审判监督指导与研究．北京：人民法院出版社，2001～2010

8. 张卫平．民事再审事由研究．法学研究，2000 (5)

第九专题　非讼案件的审理程序

【内容摘要】

特别程序是法院对非民事权益冲突案件的审理程序。特别程序适用于：选民资格案件；宣告公民失踪、宣告公民死亡案件；认定公民无民事行为能力、限制民事行为能力案件；认定财产无主案件。这些案件，都应当适用特别程序的规定进行审理。督促程序是一种略式程序，具有快速、经济的特点。当给付金钱或有价证券的债权人与债务人之间不存在对等给付义务时，申请人可以向法院申请支付令。公示催告程序是保证票据正常流转而设立的非讼程序，其通过一定的程式，保护票据关系人的合法利益，稳定社会主义经济秩序。

【知识要点】

一、特别程序

（一）特别程序的特点和适用范围

1. 特别程序的特点

特别程序是法院对非民事权益冲突案件的审理程序。与普通程序、简易程序相比，特别程序有如下特点：

（1）适用特别程序审理的案件，其目的不是解决双方当事人之间的民事权益冲突，而是确认某种法律事实是否存在、权利状态的有无或公民是否享有某种资格、能否行使某种权利。法院在依照特别程序审理案件的过程中，发现本案属于民事权益争议的，应裁定终结特别程序，并通知利害关系人可另行起诉。

(2) 启动特别程序的当事人比较特殊。特别程序可基于申请人的申请而开始；起诉人或者申请人不一定与本案有直接利害关系。这与普通程序具有明显的区别，在普通诉讼程序中，起诉的原告必须是与本案有直接利害关系的公民、法人或其他组织，与本案没有直接利害关系的公民、法人或其他组织不得提起诉讼。

(3) 审判组织特殊。与审理民事争议案件的审判组织相比，根据特别程序审理案件的审判组织较为特别。例如审理选民资格案件或者重大疑难的其他案件，必须是由审判员组成合议庭审理。除此之外的其他按特别程序审理的案件，由独任制法庭审理。而在普通程序中民事案件一般由合议庭审理，合议庭可由审判员组成，也可由审判员和陪审员组成。根据简易程序审理的简单民事案件，由独任制法庭审理。

(4) 实行一审终审制度。人民法院依照特别程序审理案件，实行一审终审制，判决书一经送达，即发生法律效力，不得提起上诉。而在普通程序中，对于民事案件的审理一般实行两审终审制，如果当事人不服第一审法院的判决，可依法向原审法院的上一级法院即二审法院提起上诉，二审法院的判决是终审判决。

(5) 审理期限较短。按特别程序审理的案件，应当在立案之日起 30 日内或公告期满后 30 日内审结，有特殊情况需要延长的，由本院院长审批；但选民资格案件必须在选举日之前审结。适用普通程序审理一审案件，应在立案之日起 6 个月内审结，有特殊情况需要延长的，由本院院长批准，可延长 6 个月；还需要延长的，报上级法院院长批准。对上诉案件，应当自第二审法院立案之日起 3 个月内审结，有特殊情况需要延长的，由本院院长批准。对裁定不服，提起上诉的案件，应当自第二审法院立案之日起 30 日内作出终审裁定。

(6) 免交案件受理费。根据特别程序审理的案件，不论当事人的情况如何，一律免交案件受理费。而在普通程序中，一般需要交纳案件受理费；如果需要免交，则要求当事人证明交纳诉讼费用确有困难，并提出免交的申请，由受诉法院审查决定。对于那些确有困难、无力交纳的当事人，可批准免交；反之，对于那些有能力交纳的当事人，不批准免交。

(7) 根据特别程序审理的案件，判决发生效力后，如发现认定事实或适用法律确有错误，无须启动再审程序，由原审法院按特别程序的规定，撤销原判决，作出新判决。

2. 特别程序的适用范围

根据民事诉讼法的规定，特别程序适用于：选民资格案件；宣告公民失踪、宣告公民死亡案件；认定公民无民事行为能力、限制民事行为能力案件；认定财产无主案件。这些案件，都应当适用特别程序的规定进行审理。

(二) 选民资格案件

选民资格，是指选举委员会按选区对选民进行登记，凡年满 18 周岁的中华人民共和国公民不分民族、种族、性别、职业、社会出身、宗教信仰、教育程度、财产状况和居住期限，都有选举权和被选举权，都是本选区的选民。经过登记的选民，选举委员会应当根据审查登记的情况，制作选民名单并在选举前 30 天公布，并发给选民证，承认其选民资格。

公民对选举委员会公布的选民资格名单有不同意见，应当先向选举委员会提出申诉。选举委员会应在 3 日内对申诉作出决定。申诉人对处理决定不服的，可以在选举日的 5 日以前向人民法院起诉。选民资格案件，由选区所在地的基层人民法院管辖。《民事诉讼法》第 161 条规定，人民法院审理选民资格案件，只能由审判员组成合议庭进行审理，不能实行独任制和陪审制。这是因为选民资格案件关系到公民的政治权利问题，必须严肃、慎重对待。根据《民事诉讼法》第 165 条的规定，人民法院受理选民资格案件后，必须在选举日前审结，否则，就不能保障公民选举权的行使和选举工作的顺利进行，审判就会失去意义。开庭审理时，起诉人、选举委员会的代表和有关公民必须参加。人民法院在充分听取意见、查清事实的基础上进行评议和判决。人民法院的判决书应当在选举日前送达选举委员会和起诉人，并通知有关公民。判决书一经送达，立即发生法律效力。

（三）宣告公民失踪案件

宣告公民失踪案件，是指公民离开自己的住所下落不明，达到法律规定的期限仍无音讯，人民法院经利害关系人申请，宣告该公民为失踪人的案件。

1. 申请条件

根据《民事诉讼法》和相关法律、法规的规定，申请人民法院宣告公民失踪，必须具备四个条件：

（1）必须有公民下落不明满 2 年的事实。所谓下落不明，是指公民最后离开自己的住所或居所地后，去向不明，与任何人都无联系，杳无音讯的事实状态。认定公民下落不明的起算时间，应当从公民离开自己的最后住所地或居所地之日起，连续计算满 2 年，中间不能间断，如有间断，应从最后一次出走或最后一次来信时计算；战争期间下落不明的，从战争结束之日起计算；因意外事故下落不明的，从事故发生之日起计算；登报寻找失踪人的，从登报之日起计算。

（2）必须是与下落不明的公民有利害关系的人向人民法院提出申请。申请宣告失踪的利害关系人，包括被申请宣告失踪人的配偶、父母、子女、兄弟姐妹、祖父母、外祖父母、孙子女、外孙子女以及其他与被申请人有民事权利义务关系的人。其他与被申请人有民事权利义务关系的人，主要是指与被申请人有着债权债务关系的人。如果几个利害关系人对是否申请宣告该公民死亡的意见不一致的，其申请权的行使按照上述排列的顺序。

（3）必须向有管辖权的法院提出申请。宣告公民失踪的案件，由失踪人住所地的基层人民法院管辖。住所地与居住地不一致的，由最后居住地基层人民法院管辖。

（4）必须采用书面形式提出申请。申请书应写明失踪的事实、时间和申请人的请求，并附有公安机关或者其他有关机关关于该公民下落不明的书面证明。其他有关机关，是指公安机关以外的能够证明该公民下落不明的机关。

2. 审理程序

法院在收到利害关系人的书面申请后，认为符合法定条件的，应立案受理，并发出寻找下落不明人的公告，公告应记明如下事项：申请人的姓名、住所；寻找下落不明人的姓名、年龄、性别、职业、面貌特征；该公民失去音讯的最后时间；公告期间；向接受申请的法院陈述该公民的下落和信息。公告期间为 3 个月，从发出公告的次日起计算。公告期间届满，查明该公民的确切的下落和信息，申请宣告该公民失踪的事实不存在的，法院应作出判决，驳回其申请；确认申请宣告公民失踪的事实存在的，应作出判决，宣告该公民为失踪人，判决一经作出并送达当事人，即发生法律效力。

3. 失踪人财产的管理

法院宣告该公民为失踪人后，失踪人的财产应由适当的人进行管理。根据《民法通则》第 21 条第 1 款，失踪人的财产由其配偶、父母、成年子女或者关系密切的亲戚朋友代为管理。如果这些代管人同时存在，对行使代管职责有争议，或者没有上述代管人，或者虽有上述代管人，但无能力行使代管职责的，或者因其他原因，不宜作代管人的，法院应当根据有利于保护失踪人的财产的原则为失踪人指定财产代管人。

代管人的职责是，管理和保护好失踪人的全部财产，清偿失踪人失踪前所欠下的税款、债务和其他费用。如果失踪人的财产受到他人侵犯，代管人有权向法院提起诉讼，请求排除侵害，依法保护；造成损害的，应请求赔偿。失踪人对他人享有债权的，代管人可请求他人及时还债，也可以作为原告向法院提起诉讼。代管人不履行职责或者侵犯失踪人的合法财产权益的，失踪人的其他利害关系人可以向法院请求代管人赔偿损失，承担相应的责任；同时可请求法院变更财产保管人。代管人承担管理职责后，认为自己无力履行代管职责的，可向法院提出申请，要求变更财产代管人。受理变更代管人申请的法院应当按照特别程序进行审理。

4. 判决的撤销

法院宣告公民失踪的判决，是根据一定期间该公民下落不明的事实所作的法律上的判定。宣告判决后，如果该公民重新出现，下落不明的事实不复存在，不能继续维持法院的判决、保持其宣告失踪的效力而影响该公民的权利。该公民本人或者其利害关系人有权向作出失踪判决的法院提出申请，请求撤销原判决，以恢复公民失踪前的事实和法律状态。法院审查属实后，应当作出新判决，撤销原判决。原判决撤销后，财产代管人的职责终止，无权再代管财产，并对原代管的财产进行清理，负责返还给该公民。

（四）宣告公民死亡案件

宣告公民死亡案件，是指公民下落不明满法定期限，人民法院根据利害关系人的申请，依法宣告该公民死亡的案件。

1. 申请条件

（1）须生死不明。公民最后离开自己的住所后，去向不明，生死未卜，杳无音讯。如果确知该公民健在或者已经死亡，都不能宣告该公民死亡。被申请宣告死亡的公民，可以是已被宣告为失踪的人，也可以是未经宣告失踪的失踪人。

（2）须达到法定的期限。第一，在通常情况下，公民下落不明满 4 年的。其期间的计算，从该公民最后离开自己的住所地之日起，连续 4 年生死未卜，杳无音讯。第二，因意外事故下落不明满 2 年的。意外事故包括：交通事故，如海难、空难等；自然灾害，如地震、雪崩、山洪暴发等。期间从意外事故发生之日起计算，下落不明的状态持续时间须届满 2 年。因意外事故下落不明的公民，其死亡的可能性比第一种情况下要大，因而法定的期限相对较短。第三，因意外事故下落不明，经有关机关证明该公民不可能生存的。这种情况死亡的可能性最大，因而可不受“4 年”或“2 年”法定期间的限制。

（3）必须由利害关系人提出书面申请。利害关系人包括：被宣告死亡人的配偶、父母、子女、兄弟姐妹、祖父母、外祖父母、孙子女、外孙子女以及其他与被申请人有利害关系的人。失踪人的工作单位为解决单位的内部管理问题的，不宜作为利害关系人向人民法院申请宣告失踪人死亡。而且，申请宣告死亡的利害关系人的顺序是按照上述的顺序排列。同一顺序的利害关系人，有的申请宣告死亡，有的不同意申请宣告死亡，人民法院应当按照宣告死亡案件审理。应当明确，宣告失踪不是宣告死亡的必经程序，只要符合宣告死亡的条件，利害关系人就可以直接向人民法院申请宣告失踪人死亡。

（4）宣告死亡案件，由下落不明人住所地基层人民法院管辖。这样规定便于人民法院调查案件事实，寻找失踪人，及时作出判决。

2. 审理程序

如果利害关系人的申请符合法定的条件，人民法院应当立案受理，依法审理。人民法院受理宣告公民死亡案件后，必须发出寻找下落不明公民的公告，公告应当写明：申请人的姓名、性别、与被申请人的关系；下落不明人的姓名、年龄、性别、籍贯、体貌特征以及下落不明的事实、时间。公告期间为 1 年；因意外事故下落不明，经有关机关证明其不可能生存的，公告期为 3 个月。之所以这样规定，是因为因意外事故下落不明，并经有关机关证明其不可能生存的，下落不明人死亡的可能性比较大，因而这种情况下的公告期间要比一般的宣告公民死亡案件的公告期间要短。公告期间是等待失踪人出现的期间，也是宣告公民死亡的必经程序。

人民法院判决宣告公民失踪后，利害关系人向人民法院申请宣告失踪人死亡，从失踪的次日起满 4 年的，人民法院应当受理，宣告失踪的判决即是该公民失踪的证明，审理中仍应依照《民事诉讼法》第 168 条的规定进行公告。

在公告期间，如果失踪人出现，或者其生死状况已经有确切消息的，人民法院应作出驳回申请的判决，终结案件的审理。如果公告期间届满，失踪人仍然下落不明的，人民法院应依法作出宣告失踪人死亡的判决。判决书除应送达申请人外，还应在被宣告死亡公民住所地和人民法院所在地公告。判决一经宣告，即发生法律效力，不得声明不服，不得提起上诉，并以判决宣告的这一天为该公民的死亡日期。

3. 宣告公民死亡的法律后果

公民被宣告死亡和自然死亡的法律后果基本相同，表现在宣告死亡结束了该公民以自己的住所地或经常居住地为活动中心所发生的民事法律关系：

（1）该公民的民事权利能力因宣告死亡而终止。

（2）与该公民人身有关的民事权利义务关系也随之终结，如原有的婚姻关系自然消灭，其配偶可以再婚，受法律的保护；继承因宣告死亡而开始，没有继承人或者继承人放弃继承权的，按照继承法的规定，其遗产应归国家或者集体所有。

（3）清理被宣告死亡的公民的债权、债务。该公民的债权人有权要求继承人用该公民的遗产支付该公民所欠的债务。同时，继承人同样有权要求债务人偿还债务。

实践中应当注意，宣告死亡是对公民死亡的一种推定，与自然死亡毕竟不同。如果该公民在异地生存，其仍然享有民事权利能力，仍可在那里进行民事活动，因为公民的民事权利能力与人身是不可分割的。如果被宣告死亡和自然死亡的时间不一致的，被宣告死亡所引起的法律后果仍然有效，但自然死亡前实施的民事法律行为与被宣告死亡引起的法律后果相抵触的，则以其实施的民事法律行为为准。也正因为如此，被宣告死亡的公民有重新出现的可能。

4. 判决的撤销

宣告公民死亡判决的撤销是指宣告死亡后，被宣告死亡的人出现或有人确知其没有死亡时，经本人或利害关系人申请，由法院撤销对其的死亡宣告，从而恢复原状的制度。及时撤销不真实的死亡宣告，目的在于保护受到不真实死亡宣告的人及其亲属的利益，同时兼顾善意相对人的利益。判决撤销后会产生新的法律效果：

（1）财产关系。我国《民法通则》第25条规定，被撤销死亡宣告的公民有权请求返还财物，依照继承法取得其财产的公民或者组织，应当返还原物；原物不存在或者原物受损的，应给予适当的补偿。被撤销死亡宣告的人请求返还财产，其原物已被第三人合法取得的，第三人可不予返还。但依继承法取得原物的公民或者组织，应当返还原物或者给予适当补偿。利害关系人隐瞒真实情况，使他人被宣告死亡而取得其财产的，除应返还原物及孳息外，还应对造成的损失予以赔偿。

（2）身份关系。该公民因死亡宣告而消灭的人身关系，有条件恢复的，可以恢复。原配偶在该公民被宣告死亡期间，尚未再婚的，夫妻关系从撤销宣告死亡判决之日起自行恢复；如果原配偶再婚，或者再婚后又离婚及再婚后配偶又死亡的，其夫妻关系不能自行恢复。如果其子女为他人收养，宣告死亡的判决撤销后，该公民不得单方面解除收养关系，但收养人与被收养人以此为由同意解除收养关系的，不在此限。

（3）被宣告死亡时间和自然死亡的时间不一致。被宣告死亡和自然死亡的时间不一致的，被宣告死亡所引起的法律后果仍然有效，但自然死亡前实施的民事法律行为与被宣告死亡引起的法律后果相抵触的，则以其实施的民事法律行为为准。这说明，有民事行为能力人在被宣告死亡期间实施的民事法律行为有效。

(五) 认定公民无民事行为能力或者限制民事行为能力的案件

认定公民无民事行为能力、限制民事行为能力案件，是指人民法院根据利害关系人的申请，对不能正确辨认自己行为或不能完全辨认自己行为的精神病人，按照法定程序，认定并宣告该公民无民事行为能力或限制民事行为能力的案件。

1. 申请条件

(1) 申请的事由只能是被申请人由于精神上的原因导致其无民事行为能力或只具有限制民事行为能力。只有当公民由于精神原因丧失或部分丧失民事行为能力或者因此而不能取得或不能完全取得民事行为能力时，才可以，也才有必要申请人民法院认定该公民无民事行为能力或限制民事行为能力，未成年人不需要。精神病人没有判断能力和自我保护能力，不知其行为后果的，可以认定为无民事行为能力人；对于比较复杂的事物或者比较重大的行为缺乏判断能力和自我保护能力的，并对自己的行为无法预见的，可以认定为限制民事行为能力人。

(2) 必须由利害关系人提出申请。利害关系人包括，该精神病患者的配偶、父母、子女、兄弟姐妹、祖父母、外祖父母、孙子女、外孙子女，或者与该精神病人关系密切的其他亲属、朋友，愿意承担监护责任，经精神病人的所在单位或所在地居民委员会、村民委员会同意的人。

(3) 申请必须采用书面形式。申请书的内容应包括：申请人的姓名、性别、年龄、住所，与被认定为无民事行为能力、限制民事行为能力人的关系；被申请认定为无民事行为能力、限制民事行为能力人的姓名、性别、年龄、住所，该公民无民事行为能力或限制民事行为能力的事实和根据。如果有医院出具的诊断证明或鉴定结论，也应当一并提交人民法院。

(4) 应当向有管辖权的人民法院提出申请。认定公民无民事行为能力或限制民事行为能力案件，由该公民住所地基层人民法院管辖。这样规定便于人民法院就近调查该公民的健康状况和日常表现，收集有关证据，作出正确的判决，以保护该公民的合法权益。

2. 审理程序

法院接受申请人的申请，经审查认为申请不合法或者不具备认定为无民事行为能力或者限制民事行为能力条件的，裁定驳回申请；申请手续完备，符合认定为无民事行为能力或者限制民事行为能力条件的，予以审理。审理程序是：

(1) 确定代理人。《民事诉讼法》第 172 条规定：人民法院审理认定公民无民事行为能力或者限制民事行为能力的案件，应当由该公民的近亲属为代理人，但申请人除外。近亲属互相推诿的，由人民法院指定其中一人为代理人。该公民健康情况许可的，不仅要代理人出庭，法院还应当征询本人的意见。本人不能到庭的，审判人员应就地询问，把申请书的内容告知本人，征询本人的意见。

(2) 鉴定。这是审理此类案件的重要程序。认定公民无民事行为能力或者限制民事行为能力，需要对该公民的身心状态进行科学的观察和分析，然后才能作出结论。精神病人精神失常的状况必须借助科学鉴定，仅凭一般的常识往往难以作出正确的判断。《民事诉讼法》第 171 条规定：人民法院受理申请后，必要时应当对被请求认定为无民事行为能力或者限制民事行为能力的公民进行鉴定。申请人已提供鉴定结论的，应当对鉴定结论进行审查。鉴定应当由具有一定权威性的鉴定机构作出。

（3）对案件的审理。法院通过审理查清精神病人的实际情况后，认为该公民并未丧失民事行为能力，申请没有事实根据的，应当判决予以驳回，该判决为终审判决，不得上诉。

判决生效后，根据《民法通则》第 17 条的规定，由下列人员担任监护人：（1）配偶；（2）父母；（3）成年子女；（4）其他近亲属；（5）关系密切的其他亲属、朋友愿意承担监护责任，经精神病人的所在单位或者住所地的居民委员会、村民委员会同意的。如果上述有监护资格的人员对担任监护人存在争议，由该公民所在单位或者住所地的居民委员会、村民委员会从近亲属中指定，并以书面方式或者口头通知被指定人。从通知之日起，被指定人应当履行指定职责。被指定人对指定不服的，应当自接到通知之次日起 30 日内向法院起诉，逾期未起诉的，按变更监护关系处理。

监护人的职责是：保护被监护人的人身、财产和其他合法权益；管理被监护人的财产，照顾被监护人的生活，对被监护人进行管理、教育，代理被监护人进行民事活动；当被监护人的财产与他人发生争议或者受到侵害时，应当代理被监护人进行诉讼。监护人不履行监护职责或者侵害被监护人合法权益的，应当承担责任；给被监护人造成财产损失的，应当赔偿损失。

3. 判决的撤销

精神病人被法院审判认定为无民事行为能力或者限制民事行为能力后，如果经过治疗病情痊愈，身心恢复健康，能够清醒地处理自己的事务，正确判断自己行为的后果，如此听任原判决继续有效，不仅有损于该公民的合法权益，也不利于该公民参与社会的经济、文化生活。因此，当认定该公民无民事行为能力或限制民事行为能力的原因消失、事实不复存在时，法院应当根据该公民本人或者利害关系人的申请，作出新判决，撤销原判决，从法律上恢复该公民的民事行为能力，监护人的监护权因原判决被撤销而消灭，不能再对该公民行使监护权。

（六）认定财产无主案件

认定财产无主案件，是指人民法院根据公民、法人或者其他组织的申请，依照法定程序将某项归属不明的财产认定为无主财产，并将它判归国家或集体所有的案件。

1. 申请条件

（1）被认定的无主财产，须以有形财产为限。无形财产或者精神财富，不属于认定无主财产的范围之内。

（2）须是财产所有人不明或者不存在。这是认定无主财产最重要的条件。

（3）财产的所有人不明或失去所有人的状态须持续一定期间，不满法定期间的，即使所有人已消灭或不明的，也不能申请认定为无主财产。

（4）须由申请人提出书面申请。人民法院不得依职权认定财产无主。申请人提出的申请书应当写明：申请人的姓名或名称、住所，财产的种类、数量、形状，所在地以及申请认定财产无主的根据。

（5）须由财产所在地的基层人民法院管辖。这样规定有利于人民法院调查该项财产的状况和事实，对财产作出临时性的措施，并寻找财产所有人，及时审理和判决。

2. 审理程序

人民法院收到申请人的申请后，经审定认为申请不合法或者不具备认定财产无主的条件或者财产有主的，应当裁定驳回申请；申请手续完备，符合认定财产无主条件的，应当受理申请。

人民法院受理认定财产无主案件后，应发出财产认领公告，寻找该财产的所有人。公告应当写明申请人的姓名或名称、住所，财产的种类、数量、形状，公告期间以及寻找财产所有人认领财产的意旨。公告期为 1 年。在公告期间，因财产仍处于无主状态，人民法院可根据财产的具体情况，指定专人看管，或委托有关单位代管。

在公告期间，如果财产所有人出现，人民法院应作出裁定，驳回申请，并通知财产所有人认领财产。公告期满仍无人认领的，人民法院即应作出判决，认定该项财产为无主财产，并判归国家或集体所有。判决送达后，立即发生法律效力，交付执行组织执行。如果财产的非法占有人拒不交出财产的，人民法院予以强制执行。

在公告期间，如果有人对财产提出请求，人民法院应裁定终结特别程序，告知申请人另行起诉，适用普通程序审理。在公告期间，有人认领财产，认领人与原申请人就该项财产的所有权发生了争议，而双方当事人之间的民事权益争议只能适用普通程序解决，但是由于争议是在特别程序案件立案之后出现的，所以应当裁定终结特别程序，告知申请人另行起诉。

3. 判决的撤销

人民法院判决认定财产无主，仅仅是通过一定的程序，根据一定的事实，从法律上推定其为无主财产，这并不意味着该财产在事实上真的无主。在实践中，财产所有人没有看到公告或者不知道自己的财产被申请认定为无主财产的情况是大量存在的，所以，判决认定财产无主后，原财产所有人或者其继承人出现的情况可能发生。

在司法实践中，我们应当注意以下两个问题：

一是财产所有人提出撤销判决申请的时间。认定财产无主的判决生效后，如果原财产所有人或者继承人出现，在《民法通则》规定的诉讼时效期间内，可以对财产提出请求。也就是说，原财产所有人或者其继承人应当在从知道或者应当知道人民法院判决认定财产无主之日起 2 年内行使请求权，请求作出认定财产无主判决的人民法院撤销原判决，作出新判决。人民法院查证属实后，应当作出新判决，撤销原判决。

二是原判决撤销后，财产如何返还的问题。原判决撤销后，已被国家或集体取得的财产，应将其返还原主。原财产尚在的，应返还原财产；原财产不存在的，可以返还同类财产，或者按原财产的实际价值折价返还。

二、督促程序

（一）督促程序的概念和特点

督促程序，是指人民法院根据债权人的给付金钱和有价证券的申请，以支付令的形式，催促债务人限期履行义务的特殊程序。督促程序的特点有：

1. 程序的特殊性。人民法院以督促程序处理债务纠纷过程中，拟定债务人对债权人的给付请求没有争议。因此，没有对立双方当事人参加诉讼，只是经过书面审查，以支付令的方式催促债务人履行义务。如果债务人接到支付令后提出异议，即终结督促程序，债权人只能另行起诉，请求司法保护。

2. 审判组织的特定性。适用督促程序审理的案件，不管请求给付的金额大小，一律实行独任审理，无须组成合议庭。

3. 适用案件范围的特定性。督促程序仅适用于债权人请求给付金钱和有价证券的案件，这类案件不存在交叉的权利、义务争议。

4. 实行一审终审。通常的程序有一审、二审之分，但在督促程序中，没有二审程序。如果债务人接到支付令后，在法定期间内对支付令不提出异议，或提出的异议不能成立，而债务人又不履行支付令的，债权人可以向人民法院申请强制执行。

5. 不设再审程序。通过督促程序审理的案件，不能启动再审程序进行纠错。人民法院对依照督促程序审理的案件的再审申请不予受理。如果债务人未在法定期间提出书面异议，支付令即发生法律效力，债务人不得申请再审；超过法定期间债务人提出的异议，不影响支付令的效力。人民法院院长对本院已经发生法律效力的支付令，发现确有错误，认为需要撤销的，应当提交审判委员会讨论通过后，裁定撤销原支付令，驳回债权人的申请。

（二）申请支付令的条件

支付令的申请必须具备下述条件：

1. 债权人申请给付的范围，仅限于请求给付金钱或汇票、本票、支票以及股票、债券、国库券、可转让的存单等有价证券。这一限定是符合督促程序简易、迅速解决债务纠纷的立法要求的。其他标的物的给付请求比较复杂，当事人双方往往互有责任，需要通过诉讼程序解决。

2. 请求给付的金钱或者有价证券已到偿付期且数额确定，并写明请求所根据的事实、证据。

3. 债权人没有对等给付义务，即债权人与债务人之间没有其他债务纠纷，债务关系是单向的。依照民事诉讼法的规定，适用支付令的债务关系必须明确。如果债权人与债务人互向对方承担某种给付义务，那么债务纠纷中的权利义务关系，不能仅凭一方当事人的申请就可以认定，也不能仅按一方当事人的请求而向其相对人发出限期清偿债务的命令。因此，债权人与债务人之间存在其他债务纠纷的，不适用督促程序，应按普通程序或简易程序予以解决。

4. 支付令能够送达债务人。支付令能够送达债务人，是指人民法院按照法定送达方式，能使债务人直接收到支付令。支付令的送达方式，一般应以直接送达为原则，只有在直接送达有困难的情况下，才可以采用委托送达和邮寄送达。直接送达有利于债务人在法定期限内及时提出对支付令的异议。在支付令的送达中，是否可以采用留置送达方式，在法学界有不同的意见。《民事诉讼法意见》第220条规定："向债务人本人送达支付令，债务人拒绝接收的，人民法院可以留置送达。"可见支付令的留置送达应具备两个要件：第一，支付令必须向债务人本人送达；第二，债务人拒绝接收支付令。另外，债务人不在我国境内，或者虽在我国境内但下落不明的，不适用督促程序。因为通过涉外送达方式或公告送达，不能使支付令迅速、及时地送达债务人，或者不能确保下落不明的债务人知道支付令的内容，从而使债务人不能在法定期限内提出异议。

5. 向债务人住所地的基层人民法院提出申请。

（三）申请支付令的方式

申请支付令必须采用书面形式，申请书应当写明请求给付金钱或者有价证券的数量和所根据的事实、证据。申请书具体应包括以下内容：

第一，当事人的情况。应分别写明申请人和被申请人的基本情况，包括公民的姓名、性别、年龄、民族、籍贯、职业和住址，单位的名称、地址和法定代表人。当事人如有诉讼代理人的，应当写明其姓名、年龄、职务、住址、与被代理人的关系等项。律师担任代理人的，只需写明律师的姓名和所在的律师事务所。

第二，申请事由。应写明请求目的是由人民法院发布支付令，督促债务人履行逾期债务。

第三，请求给付金钱或有价证券的数量和所根据的事实、证据。应写明请求给付标的物的名称和数量，债权债务关系发生的原因和过程，请求给付的理由和证据材料。其中特别应当指明债权人对债务人不存在对等给付义务，支付令能够送达债务人。

第四，申请发布支付令的人民法院和申请人的姓名以及随申请书向人民法院附交的有关证据，如合同、借据等。

（四）支付令申请的审查与受理

债权人提出支付令的申请后，有管辖权的人民法院应按照民事诉讼法规定的申请条件，由独任审判人员对申请进行审查。审查的方式，是采用书面审查的方式。

人民法院对债权人的申请依法审查后，认为债权债务关系明确、合法，请求给付的内容有根据的，应当受理申请，并在收到申请后5日内通知债权人。人民法院对当事人持台湾地区有关法院支付命令及其确定证明书申请其认可的，可比照最高人民法院《关于人民法院认可台湾地区有关法院民事判决的规定》予以受理。如果债权人的申请不符合上述条件的，人民法院应当通知不予受理。人民法院收到债权人的书面申请后，认为申请书不符合要求的，可以通知债权人限期补正，补正期间不计入《民事诉讼法》第192条规定的5日期限。

（五）支付令的制作和发出

支付令是人民法院根据债权人的申请，督促债务人限期清偿债务的法律文书。支付令在所附条件成就时，与生效的给付判决具有同等的法律效力。基于此，人民法院发出支付令，必须以债权债务关系明确、合法为实质要件。人民法院决定受理债权人的申请后，应在15日内向债务人发出支付令。支付令应载明以下事项：

1. 债权人、债务人的姓名、住所或法人、其他组织的名称等基本情况。

2. 债务人应当给付的金钱、有价证券的种类、数量。

3. 债务人清偿债务或提出异议的期限。债务人应当自收到支付令之日起15日内清偿债务，或者向人民法院提出书面异议。

4. 债务人在法院期间内不提出异议的法律后果。债务人在15日内不提出异议又不履行支付令的，债权人可以向人民法院申请执行。

支付令由审判员、书记员署名，并加盖人民法院印章。人民法院应以法定的送达方式向债务人发出支付令。向债务人本人送达支付令，债务人拒绝接收的，人民法院可以留置送达。

（六）支付令的效力

支付令是人民法院制作的法律文书，一经送达债务人，即具有法律效力。基于债务人对支付令的态度不同，支付令具有两种不同意义的效力：

1. 支付令的相对效力，即支付令发出以后，在法定的期限内对债务人产生特定的行为要求和约束。支付令的相对效力表现在两个方面：其一，债务人收到支付令之日起15日内，必须在清偿债务或提出异议这两种行为中选择其一。债务人选择清偿债务的，人民法院发布支付令的目的得以实现，债权人与债务人之间的债权债务关系消灭；债务人选择提出异议的，则支付令自行失效，督促程序因此而终结。其二，债务人在收到支付令之日起15日内既不清偿债务又不提出异议，而是向其他人民法院另行起诉或者只承认债务的，支付令仍然产生强制执行的效力。

2. 支付令的绝对效力，即债务人在法定期限内既不清偿债务，又不提出异议的，支付令具有与给付判决同等的法律效力。支付令的绝对效力表现在三个方面：其一，督促程序正常结束，债务人对支付令既不能上诉，也不能对该项债务另行起诉；其二，债权人与债务人的债权债务关系得以确认，给付纠纷得到解决，不论是债权人还是债务人，均不能以同一诉讼标的另行起诉；其三，债务人拒不按照支付令的要求清偿债务的，债权人有权向人民法院申请强制执行，亦即支付令具有执行的效力。

（七）支付令异议的成立条件

支付令的异议，是指债务人向人民法院申明不服支付令确定的给付义务的法律行为。支付令只以债权人一方提出的主张和理由为根据，未经债务人答辩，所以法律允许债务人以异议的方式对支付令提出自己的答辩意见。支付令异议成立的条件有：

1. 异议应在法定期间提出。债务人收到人民法院发出的支付令，如认为不应当清偿债务的，应在收到支付令次日起 15 日内向人民法院提出异议。超过法定期限提出异议的，异议不能成立，人民法院可以裁定驳回异议。

2. 债务人的异议必须针对债权人的请求，即异议应针对债务关系本身提出。如果债务人的异议是陈述自己无力偿还债务，则异议不能成立。在司法实践中，债务人的异议有下述几种情况：一是债权人在申请中提出多项独立的给付请求，债务人就其中一项请求提出异议，其异议效力不能及于其他请求。二是债权人的支付令申请涉及几个债务人，如果该项债务为共同债务，其中一个债务人提出异议的，该异议视为全体债务人的异议；如果该项债务不属共同债务，而是各自独立的债务，那么一债务人的异议，不涉及其他债务人。

3. 异议必须以书面方式提出，债务人以口头方式提出的异议无效。债务人是否提出异议，关系到督促程序是否终结以及支付令的效力问题，因而债务人必须以书面方式提出异议。

债务人的异议只要符合以上三个条件，就可以成立。经人民法院审查符合异议条件的，支付令失效。而且，债务人在法定期间提出书面异议的，人民法院无须审查异议是否有理由，即债务人提出异议可以不附任何理由，不必提供事实和证据来证明异议的成立，只要作出异议陈述即可。

人民法院受理支付令申请后，债权人就同一债权关系又提起诉讼，或者人民法院发出支付令之日起 30 日内无法送达债务人的，应当裁定终结督促程序。人民法院裁定终结督促程序前，债务人请求撤回异议的，应当准许。债务人在收到支付令后，不在法定期间提出书面异议，而向其他人民法院起诉的，不影响支付令的效力。

（八）督促程序的终结

督促程序的终结，是指在督促程序中，因发生法律规定的情况或某种特殊原因而结束督促程序的进行。遇有下列情形的，督促程序终结：

1. 申请人撤回申请。在人民法院发出支付令前，申请人撤回申请的，应当裁定终结督促程序。

2. 债务人在法定期间清偿债务。债务人收到人民法院发出的支付令，而且在法定期间履行了债务，督促程序自然终结。

3. 债务人在法定期间提出异议。债务人在 15 日法定期间内对支付令提出书面异议的，支付令自行失效，人民法院应当裁定终结督促程序。

4. 支付令无法送达债务人。人民法院发出支付令之日起 30 日内无法送达债务人的，应当裁定终结督促程序。

5. 债权人提起诉讼。人民法院受理支付令申请后，债权人就同一债权关系又提起诉讼的，人民法院应当裁定终结督促程序。

6. 支付令生效。债务人在15日法定期间内不提出异议又不履行支付令，或者异议不成立的，支付令发生强制执行的效力，督促程序自然终结。

终结督促程序的裁定书，由审判员、书记员署名，加盖人民法院印章。终结督促程序的裁定书，一经送达，立即生效。督促程序终结后，债权人起诉的，由有管辖权的人民法院受理，并按照普通程序或简易程序进行审理。

（九）支付令错误的补救

支付令是在有利于保护债权人的情况下发出的，债务人没有陈述和抗辩的机会，这样就会导致支付令发生错误的概率比较高。在审判实践中，由于债务人对法律的无知或债权人有意隐瞒案件事实，以致支付令出现错误，如支付令确定的支付的数额与债务人实际上应当支付的数额不符，或者债权不真实，债务人实际上并无支付义务等。

通过督促程序审理的案件，即使支付令有错误，也不能启动再审程序进行纠错。最高人民法院《关于规范人民法院再审立案的若干意见（试行）》第14条明确规定，人民法院对依照督促程序审理的案件的再审申请不予受理。最高人民法院《关于支付令生效后发现确有错误应当如何处理问题给山东省高级人民法院的复函》也指出：债务人未在法定期间提出书面异议，支付令即发生法律效力，债务人不得申请再审；超过法定期间债务人提出的异议，不影响支付令的效力。人民法院院长对本院已经发生法律效力的支付令，发现确有错误，认为需要撤销的，应当提交审判委员会讨论通过后，裁定撤销原支付令，驳回债权人的申请。最高人民法院《关于适用督促程序若干问题的规定》第11条又重申了这一点。

三、公示催告程序

（一）公示催告程序概述

1. 公示催告程序的概念

公示催告程序，是指在票据持有人的票据被盗、遗失或者灭失的情况下，人民法院根据当事人的申请，以公告的方式催告利害关系人在一定期间内申报权利，如果逾期无人申报，根据申请人的申请，依法作出除权判决的程序。

2. 公示催告程序的适用范围

我国《民事诉讼法》第195条对公示催告的适用范围规定为两大类：一是按照规定可以背书转让的票据被盗、遗失或灭失的，二是依照法律规定可以申请公示催告的其他事项。

3. 公示催告程序的特点

公示催告程序是非诉讼程序，与通常的诉讼程序相比，具有以下特点：

（1）引起程序开始的方式特殊。公示催告程序的发生不是基于当事人的起诉，而是基于当事人的申请。公示催告申请与起诉的要求和内容不同。

（2）适用于特定的范围。公示催告程序只适用于两类情况：一是按规定可以背书转让的票据被盗、遗失或灭失的，二是依法律规定可以申请公示催告的其他事项。除此之外的其他事项，不得适用公示催告程序。

（3）公示催告案件无明确的相对人。通常的诉讼案件必须具有相互争议的双方当事人，起诉才有可能成立。而公示催告案件在申请之时，相对人必须处于不明确状态。如果在申请公示催告之时，申请人已有明确的争议对象，其申请就不能成立，有关利害关系人应提起票据诉讼。在公示催告过程中，出现向法院申报权利的相对利害关系人时，公示催告程序即应终结。

（4）审判程序简略。适用公示催告程序审判案件，不需要，也不存在通常诉讼程序所有的开庭前的准备、开庭审理等阶段。人民法院审理公示催告案件有两个阶段，即公示催告阶段和除权判决阶段。就审理方式而言，主要是书面审查和公示方式。

（5）结案方式特殊。公示催告程序的结案方式有两种，即判决和裁定。但其判决或裁定与通常诉讼程序用以结案的判决或裁定作出的前提和要求不同。适用公示催告程序作除权判决必须以申请人申请法院作出除权判决为前提。除权判决作出后，应当公告。以裁定方式终结公示催告程序，适用于三种情况：其一，在公示催告期间有利害关系人申报权利；其二，公示催告期限届满后，申请人在法定期间内未申请法院作出除权判决；其三，在公示催告期间，申请人撤回申请。

（6）实行一审终审。通常诉讼程序实行两审终审制度，而公示催告程序则实行一审终审。人民法院对公示催告案件无论用判决的方式结案，还是用裁定的方式结案，当事人均不得对判决或裁定提起上诉。此外，当事人也不得对生效的除权判决或终结公示催告程序的生效裁定申请再审。

（二）公示催告申请的提起和受理

1. 申请公示催告的条件

（1）申请人必须是享有申请权的票据持有人。所谓票据持有人，是指票据被盗、遗失或者灭失前的最后持有人。

（2）具有明确、合法的申请形式和理由。明确、合法的申请形式和理由的要求有：其一，申请公示催告的票据必须是按规定可以背书转让的票据；其二，申请人应当递交申请书，并写明票面金额、出票人、持票人、背书人等主要内容；其三，申请公示催告的原因必须是可以背书转让的票据被盗、遗失或者灭失，而且是相对利害关系人处于不明确状态。

（3）向有管辖权的人民法院申请。公示催告案件由票据支付地的基层人民法院管辖。

2. 公示催告申请的受理

人民法院收到公示催告的申请后，应当立即审查并决定是否受理。法院的审查主要有四个方面：

（1）审查申请人是不是享有申请权的持票人，如果申请人不享有申请权，应告知由享有申请权的人申请。

（2）审查申请是否具备法定形式和内容。申请人口头申请的，应告知其向法院递交申请书。申请书的内容有欠缺的，应当限期申请人补正。

（3）审查有关票据是否属于公示催告程序的适用范围，以及申请原因是否属于法律规定的“被盗、遗失或灭失”的情况。凡不属于的，人民法院不予受理。

（4）审查接受申请的法院是否具有管辖权。如果该法院没有管辖权的，应告知申请人向有管辖权的法院申请。

人民法院经审查，认为申请符合条件的，应当受理，并通知申请人；认为申请不符合条件的，应当在7日内裁定驳回申请。

（三）公示催告案件的审理

1. 止付与公告

人民法院决定受理申请，应当同时通知支付人停止支付，并在3日内发出公告，催促利害关系人申报权利。

（1）止付

人民法院受理公示催告申请，意味着票据权利尚未实现。但是，在人民法院作出除权判决之前，完全可能使票据权利被非权利人实现，从而损害权利人的利益，也使人民法院以后作出的判决得不到执行。因此，人民法院受理公示催告申请的同时，应当通知支付人停止支付。

人民法院通知停止支付，必须以已受理公示催告申请为条件。人民法院发给支付人的停止支付通知中，应当附有公示催告申请受理通知书。支付人收到人民法院的停止支付通知后，应当停止支付，至公示催告程序终结。人民法院的止付通知，是具有强制力的司法决定，支付人应当执行。支付人收到止付通知后拒不止付的，除可采取强制措施外，在人民法院判决后，支付人仍应承担赔偿责任。

（2）公告

人民法院受理公示催告申请后，应当在3日内发出公告。公告的目的是告知相对利害关系人人民法院已受理申请人的公示催告申请，并催促其向人民法院申报权利。公示催告期间的长短，由人民法院根据案件的具体情况决定，但最短不得少于60日。公告应张贴于人民法院公告栏，并在有关报纸或其他宣传媒介上刊登；人民法院所在地有证券交易所的，还应张贴于该交易所。

在公示催告期间，转让票据权利的行为无效。公示催告期间届满时，无人申报权利的，经申请人申请，人民法院应作出除权判决。申请人在公示催告前撤回申请的，人民法院应予准许。申请人在公示催告期间撤回申请的，人民法院可以径行裁定终结公示催告程序。

2. 申报权利

申报权利，是指受公示催告的利害关系人在指定期间内，向人民法院主张票据权利的行为。公示催告发出后，利害关系人为避免因除权判决而失权，可以向人民法院申报权利。申报权利一般应在人民法院指定的公示催告期间内进行。

利害关系人在公示催告期间或者作出除权判决之前申报权利，所提出的票据与公示催告的票据一致的，人民法院应当裁定终结公示催告程序，并通知申请人和支付人。支付人收到人民法院公示催告程序终结的通知后，即应恢复支付。公示催告程序因利害关系人申报权利而终结后，申请人或申报人可以按普通程序或简易程序向人民法院起诉。

3. 除权判决

除权判决，是指人民法院作出的宣告票据无效的判决。人民法院作出除权判决，应当具备两个前提条件：(1) 公示催告期间届满，无人申报权利，或是有人申报权利，但被人民法院裁定驳回申报；(2) 申请人在法定期间内请求人民法院作出除权判决。除权判决是公示催告程序的最后阶段，但却不是必经阶段，只要在除权判决作出之前有人申报权利，即使申请人请求作出除权判决，人民法院也不能作出除权判决，而只能裁定终结公示催告程序。同样，公告期间届满，虽无人申报权利，但申请人并未在法定期间内申请作出除权判决的，人民法院仍然不能主动作出除权判决。所以，必须同时具备上述两个条件，人民法院才能够作出除权判决。

公示催告申请人申请人民法院作出除权判决的，应自申报权利期间届满的次日起 1 个月内提出。逾期不申请判决的，人民法院应终结公示催告程序。适用公示催告程序审理案件，可由审判人员一人独任审理；判决宣告票据无效的，应当组成合议庭审理。

除权判决作出后，应当进行公告。公告判决可以使利害关系人在知晓判决内容后，另行提起诉讼。除权判决自公告之日起发生法律效力，当事人不得提起上诉。除权判决生效后，申请人以外的人对票据丧失权利，即使是票据丢失后的善意取得者也不例外。同时，申请人被确认对票据享有权利，并自判决公告之时起，有权向支付人请求支付。

(四) 对利害关系人权利的救济

除权判决是人民法院根据申请人一方陈述的事实和理由，以及公示催告期间届满无人申报权利的事实作出的，其判决的根据是法律上的推定，因而判决结论与事实真相完全可能相反。如果真正的票据权利人因故未能在作出除权判决前申报权利，其合法权益就会因除权判决而受到损害。基于此，法律必须为利害关系人设立相应的救济措施。

对利害关系人权利的救济包括两个方面：其一是关于除权判决的公告规定。对除权判决公告带有对利害关系人的救济性质，使利害关系人在失去申报机会后，还有机会获知该票据被申请公示催告和作出除权判决的情况，以便其行使另行起诉的权利。其二是关于另行提起诉讼的规定。根据《民事诉讼法》第 198 条的规定，利害关系人在除权判决生效后，还可以向人民法院起诉。

【案例评析】

案例 1[①]

(一) 案情简介

申请人：刘某，女，35 岁

被申请人：陶某，男，39 岁

陕西某县化肥厂工人陶某酷爱钓鱼，每逢星期日就出门垂钓，清早出发，天黑后才回家。陶某的妻子刘某对他的这一爱好十分不满，经常抱怨说："别的夫妻星期日都在家里休息、团聚，一起做饭、清理家务，你就不要每周都出去，抽点时间留在家里陪陪老婆、孩子。"陶某听完也不吭声，到星期日仍然去钓鱼。1990 年 6 月的一个周末，陶某早上 6 点就起床，收拾钓具，准备出发。刘某一看陶某又要出去钓鱼，心头火起，气恨恨地说："你别的本事没有，就知道钓鱼。你就去钓一辈子鱼，永远不要回来。"陶某听到这话，拎着钓具就扬长而去。当天夜里，陶某没有回家，刘某也没有在意。第二天厂里的人告诉陶某没有来上班，刘某就有点慌了，四处打听，没有人看见陶某。后来找到陶某经常去钓鱼的池塘，发现陶某的钓具扔在那里，请人去池塘打捞，也没有发现尸体。此后，四年多的时间里，陶某一直未归，音信全无。1995 年 2 月，刘某向县人民法院提出宣告陶某死亡的申请，法院受理后于 1995 年 2 月 20 日发出公告，公告 1 年期满，仍没有陶某的消息。县人民法院遂于 1996 年 3 月 1 日作出判决，宣告失踪人陶某死亡。1996 年 10 月，刘某和马某结婚。同年 12 月的一个晚上，刘某正和马某坐在家里和孩子陶乙一起看电视，听到有人敲门，刘某开门一看，顿时目瞪口呆，陶某一身风尘，站在门口。原来陶某听到妻子骂他没本事，叫他不要回来，心中郁郁不乐，没法静下心来钓鱼。后来心中发狠，想：我干脆出去挣一大笔钱回来给你看。于是扔下钓具，搭车去了深圳。在深圳陶某拼命干活，省吃俭用，6 年下来积攒了 6 万元钱，这才觉得有脸回家了。没想到回到家中，发现一切均已大变。陶某、刘某和马某三人面面相觑，不知如何是好。

(二) 基本问题

宣告死亡的法律后果是什么？如何处理陶某与刘某、刘某与马某、陶某与独生子陶乙的关系？

(三) 知识内容

公民被宣告死亡所产生的法律后果和自然死亡产生的法律后果基本相同，该公民的民事权利能力因宣告死亡而终止，原有的婚姻关系随之消灭，继承因宣告死亡

---

① 参见田平安主编：《民事诉讼法教学案例集》，236～239 页，北京，法律出版社，2000。

而开始。宣告死亡结束了该公民以自己的住所或经常居住地为活动中心所发生的民事法律关系。但宣告死亡和自然死亡毕竟不同，如果该公民在异地生存，仍可以进行正常的民事活动。

在本案中，陶某被法院宣告死亡后，他与刘某之间的婚姻关系随之消灭。刘某与马某所建立的婚姻关系是合法、有效的，不因陶某重新出现而失效。如果陶某要恢复与刘某的夫妻关系，必须等到刘某与马某离婚后，两人才能重新登记结婚。至于陶乙，由于母亲刘某再婚，他和继父马某之间形成了继父子关系。陶某重新出现后，陶某与儿子陶乙之间依然存在亲子关系。因此，陶某重新出现后，他可以向法院申请撤销宣告死亡的判决，但陶某与刘某的夫妻关系并不必然恢复，他可以与陶乙继续保持亲子关系。

案例 2①

（一）案情简介

申请人：刘甲，刘乙

被申请人：邹某荣

邹某荣 1940 年与刘丙结婚，生有 3 个孩子，大女儿刘甲、二女儿刘乙、三儿刘丁。1970 年刘丙去世。20 世纪 80 年代初期，邹某荣开始经商，经营祖传特色小吃“口水鸡”，生意红火。有了一些资本后，邹某荣在 A 市 B 区中山路买了一处房子，一楼一底共两间，楼上作居室，楼下作铺面。1993 年 6 月邹某荣患上老年性痴呆症，日常生活无法自理，邹某荣的妹妹邹某群就搬来和姐姐同住，照顾其起居。1994 年 2 月，三儿刘丁准备了一份遗嘱，内容是邹某荣决定在自己死后将两间房屋和 5 万元存款留给刘丁一人。刘丁来到母亲住所，叫邹某荣在遗嘱上签字并摁上手印。邹某群发现后，将情况告诉了侄女刘甲、刘乙。刘甲、刘乙找到刘丁，要求他销毁遗嘱，刘丁没有同意。无奈之下，姐妹二人来到律师事务所咨询。经过律师的指导，刘甲、刘乙于 1994 年 3 月向 A 市 B 区人民法院提出申请，要求认定其母邹某荣为限制民事行为能力人。B 区人民法院受理申请后，对邹某荣进行了医学鉴定，结论为：被鉴定人患有精神疾病，由于精神活动障碍，致使不能完全辨认、不能完全控制自己的行为。根据鉴定结论，法院判决，被申请人邹某荣自 1993 年 6 月患精神病，不能完全辨认、控制自己的行为，认定其为限制民事行为能力人。判决还同时指定被申请人邹某荣的妹妹作为监护人。

（二）基本问题

认定公民为无民事行为能力人或限制民事行为能力人的判决会产生什么法律后果？

（三）知识内容

根据《民事诉讼法》第 172 条第 2 款的规定，人民法院经过对案件的审理，认

① 参见田平安主编：《民事诉讼法教学案例集》，239～241 页，北京，法律出版社，2000。

为该公民并未丧失民事行为能力，申请没有根据的，应当作出判决，驳回申请；认为该公民完全或部分丧失民事行为能力，申请有事实根据的，应当作出判决，认定该公民为无民事行为能力或者限制民事行为能力的人，并为其指定监护人。

民法根据公民的年龄和精神健康状况，将公民分为完全民事行为能力人、限制民事行为能力和无民事行为能力人，目的是维护未成年人和精神病人的合法民事权益及社会正常的经济秩序。因为未成年人和精神病人，由于无意识能力或意识能力欠缺，容易在民事活动中被人利用、上当受骗。精神病患者被认定为无民事行为能力人或限制民事行为能力人后，其所从事的有损自己或他人合法民事权益的民事行为就可被认定为无效的民事行为。

在本案中，邹某荣患有老年性痴呆症，其子刘丁明知这种情况，却利用邹某荣不能完全辨认、控制自己行为的弱点，诱使她在遗嘱上签字、摁手印。这是一种无效的民事行为，但要认定这是无效的民事行为，只有通过申请认定行为人为无民事行为能力或限制民事行为能力这种程序。A 市 B 区人民法院依刘甲、刘乙的申请认定邹某荣从 1993 年 6 月起为限制民事行为能力人，那么从 1993 年 6 月起，邹某荣就不能独立实施与她的精神状况不相适应的民事行为。设立遗嘱是一种复杂的民事行为，限制民事行为能力人不能实施这种民事行为，所以，邹某荣在 1994 年 2 月签署的遗嘱无效。另外，法院指定邹某群作为邹某荣的监护人，今后，邹某荣的人身和财产就由邹某群来保护。邹某群可以从被监护人的财产中为其开支生活费用和其他花费，但是除了为被监护人的利益外，监护人不得处分被监护人的财产。

案例 3①

（一）案情简介

甲公司向乙银行申请华东三省一市可背书转让转账银行汇票一份，申请人为甲公司，出票人为乙银行，收款人为丙公司，出票日期为 2004 年 10 月 12 日，票面金额为 1 万元，付款日期为见票即付，未记载代理付款行。甲公司于同年 10 月 13 日将该汇票交付收款人丙公司，后丙公司因某种原因一直未向其开户行要求转账付款。2007 年 3 月 16 日，丙公司在核对以往账目时，发现该笔汇票款项一直未入账，同时该汇票已无法找到。经去出票行乙银行查询，该汇票上记载的 1 万元款项仍在乙银行账户上，未被他人转账领取。2007 年 3 月 17 日，丙公司向乙银行所在地的法院申请公示催告，要求宣告该银行汇票无效。

（二）基本问题

根据《票据法》第 17 条第 1 项的规定，持票人对票据的出票人和承兑人的权利，自票据到期日起届满 2 年不行使而消灭，见票即付的汇票、本票，自出票日起

---

① 参见江伟、李浩主编：《民事诉讼法配套教学案例分析》，270～272 页，北京，高等教育出版社，2009。

届满 2 年不行使而消灭。本案申请人丙公司申请公示催告的银行汇票因 2 年的票据时效已届满，其已丧失了对该汇票的票据权利。在此前提下，法院应否受理丙公司提出的公示催告申请?

(三) 知识内容

《民事诉讼法意见》第 227 条规定：人民法院收到公示催告的申请后，应当立即审查，并决定是否受理。经审查认为符合受理条件的，通知予以受理，并同时通知支付人停止支付；认为不符合受理条件的，7 日内裁定驳回申请。可见，是否符合一定的条件是法院是否受理公示催告申请的关键所在。一般认为，公示催告程序要求申请人必须是依法享有票据权利的最后持有人，其实质是要求申请人必须依法享有票据上所记载的权利。如果申请人已丧失票据权利，或者票据权利已发生灭失，也就不再符合申请公示催告的条件。从立法设置公示催告程序的目的来考察，由于票据的无因性，谁占有票据谁就享有票据权利，因此，当票据发生被盗、遗失或者灭失后，就需要一种制度和程序使票据权利与票据分离。一方面，防止非正当获得票据的人取得票据权利；另一方面，使真正的权利人享有票据权利。从这一意义上讲，公示催告程序是以公示的方式催告不明利害关系人及时申报权利，并通过除权判决将票据权利与票据本身相分离，从而使申请人在不持有票据的情况下也能享有票据上权利的一种制度性构建。因此，享有票据权利是当事人申请公示催告的前提，如果申请人原本就不享有票据权利，或者票据上的权利已经不复存在，公示催告程序的进行就失去了全部意义。总之，票据上仍存在票据权利并且申请人享有票据权利是申请公示催告程序必须具备的和最为根本的条件。

本案中，丙公司遗失的汇票是见票即付的即期汇票，其出票日期是 2004 年 10 月 12 日，其票据权利届满的日期是 2006 年 10 月 11 日，丙公司向法院申请公示催告的日期是 2007 年 3 月 17 日，显然，这时的票据权利已因 2 年的时效届满而消灭，丙公司也不可能再享有该票据上的票据权利。因此，法院应裁定驳回丙公司所提出的公示催告申请。当然，根据《票据法》第 18 条的规定，丙公司虽不能申请公示催告，却可以请求出票人乙银行返还其与未支付的票据金额相当的利益。乙银行如不同意返还的，其可以依法向人民法院起诉，要求乙银行返还。因为丙公司因票据权利时效届满所丧失的仅仅是票据权利，而不是汇票背后的民事权利。

案例 4①

(一) 案情简介

1995 年 10 月 24 日下午，柯某在由商场回家的路上，一歹徒从柯某左后方扑上前，用利器割断柯某背在左肩上的布包带，将布包抢走。柯某虽奋力追赶，但未将其抓获。随即，柯某到公安机关报案，但案件一直未能侦破。柯某向法院申请公示

① 参见汤维建主编：《民事诉讼法案例分析》，2 版，297 页，北京，中国人民大学出版社，2006。

催告，声称：被抢布包中装有户名为李某的某股份有限公司股票，系自己在1995年10月22日在城北区体育公园（自发的股票交易市场）所购，现被抢，故申请公示催告。法院受理申请后查明：某股份有限公司确有股东姓名记载为李某、股东编码为t10009738的1 000元股票，但无交易或过户的记载。法院认为：此股票姓名不是申请人柯某的姓名，申请人又不能证明自己是该股票的最后持有人，所以柯某不能作为该股票被抢后的公示催告的申请人。因此，法院根据《民事诉讼法》的有关规定，裁定驳回柯某公示催告的申请。

（二）基本问题

法院应否以柯某不是股票最后持有人为由，裁定驳回柯某公示催告的申请？

（三）知识内容

法院应当以柯某不是股票最后持有人为由，裁定驳回柯某公示催告的申请。按照法律规定，记名股票的转让必须采用背书方式并在法律允许的证券交易所进行才能过户，产生转让的法律效力。非规范交易，实际上就是未按照上述法定程序和方式所进行的交易，其转让行为是无效的，股票的合法持有人仍然是交易前而非交易后的人。应当注意的是，这类申请往往是交易后的人向法院申请公示催告。法院在立案审查时将合格申请人问题告知交易前后的双方，合格申请人同意申请公示催告的，才能进行公示催告程序；申请人不愿意或找不到合格的申请人的，应以申请人不合格为理由，裁定驳回申请。本案中柯某是非法交易后的持有人，故法院应以申请人不合格为由，裁定驳回其申请。

案例5[①]

（一）案情简介

1999年12月，某家电公司的经理拿着一张可以背书转让的没有到期的汇票到附近的一家银行，申请贴息兑现。可是，因这家银行不是家电公司的开户行，没有办成。有人建议让经理把汇票转让给一家综合商场，而这家商场的开户行就是这家银行，可以申请贴息兑现。综合商场正有意和家电公司做生意，就同意接受这张汇票，同时要求家电公司接受一批等价的商品，双方在12月18日办理了票据背书转让的手续。可是，这场交易的双方当事人都不知道，就在12月1日，这张汇票的发票人已经向法院提出了公示催告程序的申请，法院也依法予以公告，公告期间为1999年12月7日至2000年2月18日。

（二）基本问题

在公示催告期间，家电公司能否将该汇票转让给综合商场？家电公司怎样获得

---

① 参见汤维建主编：《民事诉讼法案例分析》，2版，299页，北京，中国人民大学出版社，2006。

救济?

(三) 知识内容

公示催告程序是对票据最后持有人因意外事故丧失票据后进行补救的程序。为了保护失票人的合法权益，维护交易安全，《民事诉讼法》第196条规定，法院决定受理申请，应当同时通知支付人停止支付，并在3日内发出公告，催促利害关系人申报权利；第197条第2款规定，公示催告期间，转让票据权利的行为无效。事实上，法院决定受理申请后，票据上记载的权利就被合法地暂时冻结，票据和票据上记载的权利就开始暂时分离了。因此，在公示催告期间，家电公司将汇票转让给综合商场的行为无效。

在公示催告期间，家电公司可以通过向法院申报权利的方式来获得救济。家电公司合法申报权利应当具备以下要件：(1) 申报权利人应是利害关系人，并且必须具有诉讼行为能力或由法定代理人代为申报。所谓利害关系人，是指已经丧失的票据的实际持有人。(2) 应以书面形式申报权利，同时应向法院提交所持的票据等。申请书只需说明票据权利等的主要内容和申报的意旨即可，不必附申报的理由和证据。利害关系人申报权利是为了防止法院作出除权判决，以避免票据权利等被除去，并非确认所申报的权利是否合法，所以申报不必附理由和证据。(3) 利害关系人应当在公示催告期间向法院申报。申报权利的期间并非不变期间，遇有正当理由的可延长或缩短。申报权利的期间也并非除斥期间，所以在申报期届满后、除权判决作出之前申报权利的，视为合法的申报。(4) 应向发布公示催告的法院申报权利，向申请人或其他法院申报均不发生效力。

法院收到利害关系人的权利申报后，应通知申请人在指定的期间内到法院阅览该票据。若法院认为利害关系人申报不符合上述要件而无效的，或者认为申请人申请公示催告的票据与申报人提交的票据不一致的，则裁定驳回申报。利害关系人申报的权利合法、有效的，或者申请人认为该票据系自己丧失的票据，则意味着申请人的申请不真实或者申请人和申报人之间存在实体争议，这均非公示催告程序所能解决的问题，所以法院应当裁定终结公示催告程序。之后，申请人或申报人可以起诉，通过争讼程序来确认谁为票据的权利人。

【疑难问题】

(一) 选民资格案件通过民事诉讼程序解决是否妥当

从立法旨趣和背景上考察，立法设置选民资格案件的诉讼程序是为了保障我国《全国人民代表大会和地方各级人民代表大会选举法》(以下简称《选举法》) 的实现，依据《村民委员会组织法》所发生的村民委员会的选民资格问题能否适用该程序?

选民资格案件，是公民对选举委员会公布的选举名单有异议，向选举委员会申诉后，对选举委员会的处理决定不服而向人民法院提起诉讼的案件。选民资格案件在性质上属于公民所享有的政治权利纠纷案件，这类案件显然不是刑事诉讼的受案范围，也不是行政诉讼的受案范围，在严格意义上也不是民事诉讼的受案范围。在现代法治社会，其应属于宪法诉讼的受案范围。由于我国目前尚无宪法诉讼，暂时适用民事诉讼程序解决这方面的纠纷是无可厚非的。

从我国民事诉讼法的立法背景考察，选民资格案件的立法目的主要是保障《选举法》规定的公民选举和被选举权利的实现，而村民委员会的选举资格是由《村民委员会组织法》规定的。对因村民委员会选举产生的选民资格争议能否适用选民资格案件的诉讼程序，在学理上存在较大的争议。我们认为，村民委员会选举产生的选民资格争议适用选民资格案件的诉讼程序应当得到肯定。其理由是：第一，村民对村民委员会的选举权与公民对一级政权（政府或代议机构组成人员）的选举权都源自宪法，都属于宪法性的权利。第二，从现实的重要性而言，选举村民委员会对村民的重要程度不见得比选举一级政权低。第三，从选民资格案件在实务中的发生情况看，法院所审理的选民资格案件几乎都是有关村民委员会选举资格案件，以至于人们对村民委员会选举资格争议适用民事诉讼特别程序早已习以为常。第四，最重要的一点是，村民委员会选举资格争议适用民事诉讼特别程序解决在法理上并不存在难以解决的问题，而且适用该程序的大量司法实践也没有产生负面效应。①

（二）劳动纠纷案件可否适用督促程序

依据劳动法的有关规定，劳动纠纷案件实行仲裁程序前置原则，即劳动纠纷案件只有经过仲裁程序裁决后或仲裁机构拒绝受理时，当事人方可向法院提起民事诉讼，否则，法院不予受理。同时，督促程序是一种既不同于普通程序又不同于简易程序的略式程序，其适用范围有其特殊性。那么，劳动纠纷案件能否适用督促程序呢?

根据《民事诉讼法》第 191 条的规定，督促程序的适用范围及条件可归纳为五个方面：一是适用督促程序的案件必须是债权人请求债务人给付金钱和有价证券的案件，即只有有关金钱和有价证券的给付之诉才可以向法院申请支付令，而确认之诉和变更之诉则不能适用；二是债权人请求债务人给付的金钱和有价证券必须已经到期且数额是确定的；三是债权人和债务人之间没有其他纠纷；四是支付令必须能够送达债务人；五是受诉的法院必须有管辖权。

按照传统法学理论和立法，劳动纠纷案件是被排除在督促程序的适用范围之外的。我国立法最初考虑到劳动纠纷案件不断增多，为了发挥劳动争议仲裁方式灵活、快捷的优势，使大量的劳动争议通过仲裁得到及时解决，同时也减轻法院的工作负担，规定了劳动争议仲裁作为诉讼的前置程序。这样，劳动纠纷案件就不可能再适用督促程序。劳动争议通过仲裁程序仲裁的结果只有两种情况：一是纠纷得以解决；

---

① 参见江伟、李浩主编：《民事诉讼法配套教学案例分析》，267 页，北京，高等教育出版社，2009。

二是当事人对仲裁裁决结果不服，纠纷没有解决。就这两种情况而言，当事人在第一种情况下不可能再适用督促程序，在第二种情况下因双方当事人已产生争议，不符合适用督促程序的条件。

这种立法设计实际上忽略了劳动纠纷案件的多样性，也忽视了当事人自由选择诉讼程序解决纠纷的权利。正因为如此，我国 2008 年 1 月 1 日正式实施的《劳动合同法》第 30 条规定：用人单位应当按照劳动合同约定和国家规定，向劳动者及时足额支付劳动报酬。用人单位拖欠或者未足额支付劳动报酬的，劳动者可以依法向当地人民法院申请支付令，人民法院应当依法发出支付令。这一规定是对劳动争议仲裁程序作为诉讼的前置程序原则的突破。[①]

【法律法规】

1. 《中华人民共和国民事诉讼法》
2. 最高人民法院《关于适用〈中华人民共和国民事诉讼法〉若干问题的意见》
3. 最高人民法院《关于严格执行案件审理期限制度的若干规定》
4. 最高人民法院《关于失踪人的工作单位能否向人民法院申请宣告失踪人死亡问题的批复》
5. 最高人民法院《关于适用督促程序若干问题的规定》
6. 最高人民法院《关于支付令生效后发现确有错误应当如何处理问题的复函》
7. 最高人民法院《关于中级人民法院能否适用督促程序的复函》
8. 最高人民法院《关于当事人持台湾地区有关法院支付命令向人民法院申请认可人民法院应否受理的批复》
9. 最高人民法院《对金融债券可否按“公示催告”程序办理的复函》

实务训练

（一）案情[②]

在 1998 年区县换届选举中（选举日为 12 月 28 日），某厂选举委员会认为，该厂职工甲已下岗，应在其所在的街道参加选举，故未将甲列入选民名单。但是，甲所在的街道选举委员会认为，甲虽已下岗，但仍是该厂的职工，不应在街道参加选举，所以也未将甲列入选民名单。12 月 14 日，甲向该厂选举委员会提出申诉，该选举委员会于 12 月 15 日决定甲应在其街道参加选举。12 月 16 日，甲找到街道选

① 参见江伟、李浩主编：《民事诉讼法配套教学案例分析》，269 页，北京，高等教育出版社，2009。
② 参见汤维建主编：《民事诉讼法案例分析》，2 版，279 页，北京，中国人民大学出版社，2006。

举委员会，该街道选举委员会决定甲不应在该街道参加选举。甲及其邻居乙不服街道选举委员会的决定，乙在 12 月 19 日向街道所在地的基层人民法院提起诉讼，请求确认甲的选民资格。该法院认为，乙不得作为起诉人，应由甲作为起诉人。于是，甲在 12 月 21 日向该法院提起了确定其选民资格的诉讼。

由于临近选举日，法院决定由审判员丙独任审判。在街道选举委员会未到庭的情况下，法院进行了审理，并于 12 月 29 日作出判决：甲应在该厂选区参加选举，并于 12 月 30 日送达了判决书。

(二) 问题

本案的审判存在哪些违反法定程序的情形？

(三) 分析

本案的审判存在诸多违反法定程序的情形：

1. 法院认为该案的起诉人是甲而不是乙，这一认定是违法的。选民资格案件的起诉人既可以是对选民资格存在争议的公民本人，也可以是对选举委员会关于选民资格的申诉处理决定不服的其他公民。因此，本案中，甲的邻居乙不服街道选举委员会的决定，可以依法提起确认甲选民资格的诉讼。

2. 法院决定由审判员丙独任审判，这一决定是违法的。根据《民事诉讼法》第 161 条的规定，选民资格案件由审判员组成合议庭审理。因此，该选民资格案件应由审判员组成合议庭审理，而不应由审判员丙独任审判。

3. 法院在街道选举委员会未到庭的情况下，就进行了审理并作出了判决，这一做法是违法的。选民资格案件是因为公民不服选举委员会对选民资格的申诉所作的处理决定而提起的，所以，在选民资格案件及其审理中，存在着争议的双方当事人（起诉人与选举委员会）。因此，《民事诉讼法》第 165 条规定，开庭审理时，起诉人、选举委员会的代表和有关公民必须参加。由此，法院必须在起诉人和选举委员会的代表等均到庭的情况下，进行审判。

4. 法院违反了法定的审限。《民事诉讼法》第 165 条规定，人民法院受理选民资格案件后，必须在选举日前审结；判决书应当在选举日前送达选举委员会和起诉人，并通知有关公民。在该案中，选举日为 12 月 28 日，但是法院在 12 月 29 日作出判决并于 12 月 30 日送达判决书，显然违反了法定的审限。这一违法行为不仅使审判失去了意义，而且阻碍了公民选举权的有效行使和选举工作的顺利进行。

课后练习

1. 在基层人大代表换届选举中，村民刘某发现选举委员会公布的选民名单中遗漏了同村村民张某的名字，遂向选举委员会提出申诉。选举委员会认为，刘某不是本案的利害关系人，无权提起申诉，故驳回了刘某的申诉。刘某不服诉至法院。下列哪一选项是错误的？（单选）

A. 张某、刘某和选举委员会的代表都必须参加诉讼

B. 法院应该驳回刘某的起诉，因刘某与案件没有直接利害关系

C. 选民资格案件关系到公民的重要政治权利，只能由审判员组成合议庭进行审理

D. 法院对选民资格案件作出的判决是终审判决，当事人不得对此提起上诉

2. 甲的汇票遗失，向法院申请公示催告。公告期满后无人申报权利，甲申请法院作出了除权判决。后乙主张对该票据享有票据权利，只是因为客观原因而没能在判决前向法院申报权利。乙可以采取哪种法律对策？（单选）

A. 申请法院撤销该除权判决

B. 在知道或者应当知道判决公告之日起 1 年内，向作出除权判决的法院起诉

C. 依照审判监督程序的规定，申请法院对该案件进行再审

D. 在 2 年的诉讼时效期间之内，向作出除权判决的法院起诉

3. 对民事诉讼法规定的督促程序，下列哪一选项是正确的？（单选）

A. 向债务人送达支付令时，债务人拒绝签收的，法院可以留置送达

B. 向债务人送达支付令时法院发现债务人下落不明的，可以公告送达

C. 支付令送达债务人之后，在法律规定的异议期间，支付令不具有法律效力

D. 债务人对支付令提出异议，通常以书面的形式，但书写异议书有困难的，也可以口头提出

4. 根据我国民事诉讼法的规定，下列哪些案件的审理程序中公告是必经的程序？（多选）

A. 甲在车祸中导致精神失常，其妻向法院申请要求认定甲为无民事行为能力人

B. 2005 年 1 月乙被冲入大海后一直杳无音信，2007 年 3 月其妻向法院申请宣告乙死亡

C. 丙拿一张 5 万元的支票到银行兑现，途中遗失，丙向银行所在地的区法院提出申请公示催告

D. 某施工单位施工时挖出一个密封的金属盒，内藏一本宋代经书，该施工单位向法院申请认定经书及盒子为无主财产

5. 甲因乙拒不归还到期借款而向法院申请支付令。法院审查后向乙发出支付令。下列哪些说法是正确的？（多选）

A. 乙可以向法院提出异议，由法院审查异议理由是否成立

B. 乙可以向法院提出异议，法院不审查理由

C. 乙在法定期间既不提出异议也不履行的，甲可以向法院申请强制执行

D. 乙在法定期间内向本院就该借款纠纷起诉的，支付令失效

6. 甲公司因遗失汇票，向 A 市 B 区法院申请公示催告。在公示催告期间，乙公司向 B 区法院申报权利。关于本案，下列哪些说法是正确的？（多选）

A. 对乙公司的申报，法院只就申报的汇票与甲公司申请公示催告的汇票是否一致进行形式审查，不进行权利归属的实质审查

B. 乙公司申报权利时，法院应当组织双方当事人进行法庭调查与辩论

C. 乙公司申报权利时，法院应当组成合议庭审理

D. 乙公司申报权利成立时，法院应当裁定终结公示催告程序

延伸阅读

1. 廖中洪．制定单行民事非讼程序法的建议与思考．现代法学，2007（3）

2. 邵明．民事争讼程序基本原理论．法学家，2008（2）

3. 邱联恭．诉讼法理与非诉讼法理之交错适用．见：民事诉讼法研究基金会编．民事诉讼法之研讨（二）．台北：三民书局，1987

4. 章武生．督促程序的改革与完善．法学研究，2002（2）

第十专题　民事强制执行程序

【内容摘要】

了解执行依据的含义，明确执行依据的种类，掌握执行管辖的规定及划分依据，掌握执行程序启动的方式。掌握执行通知和立即执行的适用，了解财产报告的制度背景和适用，明了执行措施的种类和相关的保障性执行措施与制度，掌握代位执行的适用，了解参与分配的含义与适用条件，熟悉执行中止和执行终结的适用。了解向上一级法院申请执行、参与分配异议和参与分配异议之诉的有关程序，重点掌握对执行行为的异议、对执行标的的异议、案外人异议之诉和许可执行之诉的适用。掌握执行和解、执行担保、暂缓执行的程序适用，了解委托执行的适用条件与程序。

【知识要点】

一、民事强制执行程序的启动

民事强制执行，又称民事执行，是指当债务人拒不履行生效法律文书确定的给付义务时，执行机构依照法定程序，运用国家强制力，强制债务人履行义务，以实现债权人的债权的行为。启动民事强制执行程序必须具备执行依据、执行管辖、启动方式等要素。

（一）执行依据

执行根据，又称执行名义，是指执行机构据以强制执行的法律文书。根据现行法律规定，能够作为执行根据的法律文书有下列四大类：

1. 人民法院制作的具有给付内容的判决、裁定、调解书、支付令和司法确认决定等生效法律文书。

2. 其他机关制作的由人民法院执行的法律文书。主要有四类：一是依法应由人民法院执行的行政处罚决定、行政处理决定，二是国内仲裁机构制作的具有给付内容的仲裁裁决与调解书，三是中国国际经济贸易仲裁委员会仲裁裁决（调解协议）和中国海事仲裁委员会仲裁裁决与调解书，四是公证机关制作的依法赋予强制执行效力的关于追偿债款、物品的债权文书。

3. 人民法院制作的承认并执行外国法院判决，或者外国仲裁机构的仲裁裁决的裁定书。

4. 法律规定由人民法院执行的其他法律文书。

（二）执行管辖

执行管辖，是指人民法院办理执行案件的权限和分工的制度，即各类执行根据应由哪一个法院来执行。执行案件的管辖可以分为级别管辖、地域管辖、特别管辖、共同管辖、选择管辖和移送管辖。

1. 执行级别管辖和地域管辖的一般规定

根据民事诉讼法的规定，发生法律效力的民事判决、裁定，以及刑事判决、裁定中的财产部分，由第一审人民法院或者与第一审人民法院同级的被执行财产所在地人民法院执行。依最高人民法院《关于适用〈中华人民共和国民事诉讼法〉执行程序若干问题的解释》（以下简称《执行程序若干问题的解释》）的规定，申请执行人向被执行的财产所在地人民法院申请执行的，应当提供该人民法院辖区有可供执行的财产的证明材料。

发生法律效力的民事调解书，如具备执行条件，也应由第一审人民法院或者与第一审人民法院同级的被执行财产所在地人民法院执行。

人民法院在审理民事、行政案件中作出的财产保全和先予执行裁定，由审理案件的审判庭负责执行。

发生法律效力的支付令，由制作支付令的人民法院负责执行。

对经人民调解委员会调解并达成的调解协议，人民法院依法作出司法确认决定，需要执行的，由作出确认决定的人民法院负责强制执行。

法律规定由人民法院执行的其他法律文书，由被执行人住所地或者被执行财产所在地人民法院执行。所谓其他法律文书，包括仲裁裁决、仲裁调解书、公证债权文书和行政处理决定、处罚决定等。

有关仲裁相关法律文书的执行管辖，分为三类：一是仲裁裁决或调解书的执行，无论国内仲裁还是涉外仲裁，都是向被申请人住所地或者财产所在地的中级人民法院申请执行。二是申请财产保全的裁定和执行。在国内仲裁过程中，当事人申请财产保全，经仲裁机构提交人民法院的，由被申请人住所地或被申请保全财产所在地的基层人民法院裁定并执行；在涉外仲裁过程中，当事人申请财产保全，经仲裁机构提交人民法院的，由被申请人住所地或被申请保全财产所在地的中级人民法院裁定并执行。三是有关申请证据保全的裁定和执行。在国内仲裁过程中，当事人申请证据保全的，由证据所在地的基层人民法院裁定并执行；在涉外仲裁过程中，申请证据保全的，由证据所在地的中级人民法院裁定并执行。

专利管理机关依法作出的处理决定和处罚决定，由被执行人住所地或财产所在地的省、自治区、直辖市有权管理专利纠纷案件的中级人民法院执行；国务院各部门，各省、自治区、直辖市人民法院和海关依照法律、法规作出的处理决定与处罚决定，由被执行人住所地或财产所在地的中级人民法院执行。

2. 执行特别管辖

对船舶执行时，由船舶所在港或所在地人民法院执行。

3. 执行共同管辖和选择管辖

执行共同管辖，是指对同一执行案件两个以上的人民法院享有管辖权。两个以上人民法院都有管辖权的执行案件，当事人可以选择向其中一个人民法院申请执行；当事人向两个以上人民法院申请执行的，由最先立案或最先接受申请的人民法院管辖。

4. 执行管辖冲突和争议的解决

据《民事诉讼法》、《民事诉讼法意见》和最高人民法院《关于人民法院执行工作若干问题的规定（试行）》（以下简称《执行规定》）的有关内容，按照下列规则解决：

（1）由最先接受申请的法院管辖。当事人分别向两个以上有管辖权的人民法院申请执行的，由最先接受申请的人民法院执行。人民法院在立案前发现其他有管辖权的人民法院已经立案的，不得重复立案。立案后发现其他有管辖权的人民法院已经立案的，应当撤销案件；已经采取执行措施的，应当将控制的财产交先立案的执行法院处理。

（2）移送管辖后受移送的法院不得再自行移送。人民法院发现受理的执行案件不属于本院管辖的，应当移送有管辖权的人民法院，受移送的人民法院认为不属于本院管辖的，可报请上级人民法院指定管辖，不得再自行移送。

（3）协商和指定解决管辖争议。管辖权发生争议的，由争议双方或者双方的上级人民法院协商解决，协商解决不了的，报请双方的共同上一级人民法院指定管辖。人民法院由于特殊原因不便或者无法行使管辖权的，可报请上级人民法院指定管辖。

（4）下级人民法院报请上级人民法院解决管辖。基层人民法院和中级人民法院管辖的执行案件，因特殊情况需要由上级人民法院执行的，可以报请上级人民法院执行。

（三）启动方式

民事执行的启动方式有两种：移送执行和申请执行。

1. 移送执行

移送执行，是指人民法院审判员根据案情依法主动将生效的判决、裁定、调解书、支付令交付执行组织执行，从而引起执行程序启动的行为。

依照《执行规定》第 19 条第 2 款，发生法律效力的具有给付赡养费、扶养费、抚育费内容的法律文书、民事制裁决定书，以及刑事附带民事判决、裁定、调解书，由审判庭移送执行机构执行。另外，人民法院已生效的含有财产执行内容的刑事法律文书，人民法院作出的罚款、拘留等民事制裁决定书，以及审判庭采取财产保全或者先予执行的裁定书，也应当移送执行。

移送执行要填写移送执行通知书，内容主要包括：移送执行案件的编号、案由；需要执行事项和具体要求；被执行人经济状况、履行义务的能力、对判决的态度，以及在执行中需要注意的其他事项。

移送执行通知书经庭长或院长批准后，连同生效的判决书、裁定书、支付令、调解协议书交给执行庭或者执行员。如有必要，也可以将案卷一并移交。

2. 申请执行

申请执行，是指生效法律文书中的实体权利人，在对方当事人不履行义务时，向人民法院请求强制执行的行为。申请执行是民事执行的主要启动方式。

根据《民事诉讼法》和《执行规定》第 18 条、第 20 条、第 21 条、第 22 条、第 23 条的规定，执行权利人在申请时，应注意下列事项：

(1) 递交申请执行书及有关文件、证件。包括：

1) 申请执行书。申请执行书中应当写明申请执行的理由、事项、执行标的，以及申请执行人所了解的被执行人的财产状况。

申请执行人书写申请执行书确有困难的，可以口头提出申请。人民法院接待人员对口头申请应当制作笔录，由申请执行人签字或盖章。

外国一方当事人申请执行的，应当提交中文申请执行书。当事人所在国与我国缔结或共同参加的司法协助条约有特别规定的，按照条约规定办理。

2) 生效法律文书副本。

3) 申请执行人的身份证明。公民个人申请的，应当出示居民身份证；法人申请的，应当提交法人营业执照副本和法定代表人身份证明；其他组织申请的，应当提交营业执照副本和主要负责人身份证明。

4) 继承人或权利承受人申请执行的，应当提交继承或承受权利的证明文件。

5) 其他应当提交的文件或证件。

(2) 申请或执行的法律文书已经生效、有给付内容，且执行标的和被执行人明确。

(3) 申请执行人是生效法律文书确定的权利人或其继承人、权利承受人。

(4) 申请执行人在法定期限内提出申请。《民事诉讼法》第 215 条规定：申请执行的期间为 2 年。申请执行时效的中止、中断，适用法律有关诉讼时效中止、中断的规定。该两年的申请执行期间，从法律文书规定的履行期间的最后一日起计算；法律文书规定分期履行的，从规定的每次履行期间的最后一日起计算；法律文书未规定履行期间的，从法律文书生效之日起计算。

(5) 义务人在生效法律文书确定的期限内未履行义务。

(6) 属于受申请执行的人民法院管辖。

(7) 对依法设立的仲裁机构的裁决，一方当事人不履行的，对方当事人可以向有管辖权的人民法院申请执行。受申请的人民法院应当执行。申请执行仲裁机构的仲裁裁决，应当向人民法院提交有仲裁条款的合同书或仲裁协议书。申请执行国外仲裁机构的仲裁裁决的，应当提交经我国驻外使领馆认证或我国公证机关公证的仲裁裁决书中文本。

被申请人提出证据证明国内仲裁裁决有下列情形之一的，经人民法院组成合议庭审查、核实，裁定不予执行：1）当事人在合同中没有订有仲裁条款或者事后没有达成书面仲裁协议的；2）裁决的事项不属于仲裁协议的范围或者仲裁机构无权仲裁的；3）仲裁庭的组成或者仲裁的程序违反法定程序的；4）认定事实的主要证据不足的；5）适用法律确有错误的；6）仲裁员在仲裁该案时有贪污受贿、徇私舞弊、枉法裁决行为的。

人民法院认定执行该裁决违背社会公共利益的，裁定不予执行。裁定书应当送达双方当事人和仲裁机构。仲裁裁决被人民法院裁定不予执行的，当事人可以根据双方达成的书面仲裁协议重新申请仲裁，也可以向人民法院起诉。

对中华人民共和国涉外仲裁机构作出的裁决，被申请人提出证据证明仲裁裁决有下列情形之一的，经人民法院组成合议庭审查、核实，裁定不予执行：1）当事人在合同中没有订有仲裁条款或者事后没有达成书面仲裁协议的；2）被申请人没有得到指定仲裁员或者进行仲裁程序的通知，或者由于其他不属于被申请人负责的原因未能陈述意见的；3）仲裁庭的组成或者仲裁的程序与仲裁规则不符的；4）裁决的事项不属于仲裁协议的范围或者仲裁机构无权仲裁的。

人民法院认定执行该裁决违背社会公共利益的，裁定不予执行。

涉外仲裁裁决被人民法院裁定不予执行的，当事人可以根据双方达成的书面仲裁协议重新申请仲裁，也可以向人民法院起诉。

(8) 对公证机关依法赋予强制执行效力的债权文书，一方当事人不履行的，对方当事人可以向有管辖权的人民法院申请执行，受申请的人民法院应当执行。但公证债权文书确有错误的，人民法院裁定不予执行，并将裁定书送达双方当事人和公证机关。

人民法院对符合上述条件的申请，应当在7日内予以立案；不符合上述条件之一的，应当在7日内裁定不予受理。

无论是移送执行还是申请执行，执行员应认真阅卷，熟悉案情，决定是直接执行还是委托执行，以及确定协助执行的单位或者公民。

二、强制执行的实施

(一) 执行通知和立即执行

人民法院的执行人员接到申请执行书或移送执行书后，应当向被执行人发出执行通知，责令其在指定的期间履行；逾期不履行的，强制执行。

立即执行，是指为了防止被执行人在接到执行通知后隐匿、转移财产，执行机构可以在一定情况下不发执行通知而直接执行的制度。根据《民事诉讼法》第216条第2款的规定，被执行人不履行法律文书确定的义务，并有可能隐匿、转移财产的，执行员可以立即采取强制执行措施。立即采取强制执行措施的，可以同时或者自采取强制执行措施之日起3日内发送执行通知书。

（二）财产报告

为更有效查明被执行人的财产状况，《民事诉讼法》第217条规定了被执行人财产报告制度。被执行人未按执行通知履行法律文书确定的义务，应当报告当前以及收到执行通知之日前1年的财产情况。被执行人拒绝报告或者虚假报告的，人民法院可以根据情节轻重对被执行人或者其法定代理人、有关单位的主要负责人或者直接责任人员予以罚款、拘留。

根据《执行程序若干问题的解释》第31～35条的规定，财产报告的具体要求为：

1. 发出报告令。人民法院责令被执行人报告财产情况的，应当向其发出报告财产令。报告财产令中应当写明报告财产的范围、报告财产的期间、拒绝报告或者虚假报告的法律后果等内容。

2. 报告的主要内容。被执行人收到报告令后，应当书面报告下列财产情况：（1）收入、银行存款、现金、有价证券；（2）土地使用权、房屋等不动产；（3）交通运输工具、机器设备、产品、原材料等动产；（4）债权、股权、投资权益、基金、知识产权等财产性权利；（5）其他应当报告的财产。

3. 财产变动报告和补充报告。被执行人自收到执行通知之日前1年至当前财产发生变动的，应当对该变动情况进行报告。被执行人报告财产后，其财产情况发生变动，影响申请执行人的债权实现的，应当自财产变动之日起10日内向人民法院补充报告。

4. 财产报告查询和核实。对被执行人报告的财产情况，申请执行人请求查询的，人民法院应当准许。申请执行人对查询的被执行人财产情况，应当保密。对被执行人报告的财产情况，执行法院可以依申请执行人的申请或者依职权调查核实。

5. 报告程序终结。被执行人在报告财产期间履行全部债务的，人民法院应当裁定终结报告程序。

（三）执行措施

强制执行措施可以分为：对财产的执行措施、对行为的执行措施、保障性执行措施。

1. 对财产的执行措施，主要有以下四种：（1）查询、冻结、划拨被执行人的存款；（2）扣留、提取被执行人的收入；（3）查封、扣押、冻结、拍卖、变卖被执行人的财产；（4）强制被执行人交付法律文书指定的财物或者票证。

2. 对行为的执行措施，主要有两类：（1）强制迁出房屋或强制退出土地；（2）强制被执行人履行法律文书指定的行为。

需要指出的是：法律文书指定的行为，包括作为和不作为。其中，作为还可分为可替代完成的行为和不可替代完成的行为。对于可以替代完成的行为，可以委托有关单位或他人完成，所发生的费用由被执行人承担，从而可以转化为金钱债权的强制执行。不可替代完成的行为或不作为执行，只能采取罚款、拘留、强制支付迟延履行金等间接执行的方法执行。

3. 保障性执行措施，主要有八种：（1）查询被执行人的存款；（2）搜查被执行人隐匿的财产；（3）办理有关财产权证照手续；（4）责令支付延期利息或迟延履行金；（5）限制出境；（6）征信系统记录不履行义务信息；（7）通过媒体公布不履行义务信息；（8）限制被执行人高消费。

（四）代位执行

代位执行，又称对第三人财产的执行，是指被执行人不能清偿债务，但对本案以外的第三人享有到期债权的，人民法院依申请执行人或被执行人的申请对该第三人的财产进行强制执行的制度。具体程序为：

1. 程序启动

对第三人到期债权的执行，人民法院应当依申请执行人或被执行人的申请，向第三人发出履行到期债务的通知，履行通知必须直接送达第三人。

2. 履行通知的内容

履行通知应当包含下列内容：（1）第三人直接向申请执行人履行其对被执行人所负的债务，不得向被执行人清偿；（2）第三人应当在收到履行通知后的 15 日内向申请执行人履行债务；（3）第三人对履行到期债权有异议的，应当在收到履行通知后的 15 日内向执行法院提出；（4）第三人违背上述义务的法律后果。

3. 第三人异议

第三人对履行通知的异议一般应当以书面形式提出，口头提出的，执行人员应记入笔录，并由第三人签字或盖章。第三人收到履行通知后 15 日内提出异议的，人民法院不得对第三人强制执行，对提出的异议不进行审查。第三人提出自己无履行能力或其与申请执行人无直接法律关系，不属于有效异议。第三人对债务部分承认、部分有异议的，可以对其承认的部分强制执行。

4. 无异议后的执行

第三人在履行通知指定的期限内没有提出异议，而又不履行的，执行机构有权裁定对其强制执行。此裁定同时送达第三人和被执行人。

被执行人收到人民法院履行通知后，放弃其对第三人的债权或延缓第三人履行期限的行为无效，人民法院仍可在第三人无异议又不履行的情况下予以强制执行。第三人收到人民法院要求其履行到期债务的通知后，擅自向被执行人履行，造成已向被执行人履行的财产不能追回的，除在已履行的财产范围内与被执行人承担连带清偿责任外，可以追究其妨害执行的责任。在对第三人作出强制执行裁定后，第三人确无财产可供执行的，不得就第三人对他人享有的到期债权强制执行。

第三人按照人民法院履行通知向申请执行人履行了债务或已被强制执行后，人民法院应当出具有关证明。

(五) 参与分配

参与分配，是指在执行过程中，作为公民或者其他组织的被执行人的全部或主要财产已被某个人民法院因执行确定金钱给付的生效法律文书而查封、扣押或冻结，无其他财产可供执行或其他财产不足清偿全部债务时，在被执行人的财产被执行完毕前，对该被执行人已经取得金钱债权执行依据的其他债权人可以申请对该被执行人的财产加入执行程序，并将执行所得在各债权人中公平分配的一种执行制度。参与分配制度的建立，目的在于最大限度地、平等地保护被执行人的所有债权人的合法权益，使他们的债权能够在同一执行程序中得到公平的清偿。

参与分配适用的条件为：

（1）被执行人应当是公民或其他组织，且必须有两个以上的债权人请求清偿。如果被执行人为企业法人，其财产不足清偿全部债务的，可告知当事人依法申请被执行人破产；如其未经清理或清算而被撤销、注销或歇业，其财产不足清偿全部债务的，应当参照参与分配的规定，对各债权人的债权按比例清偿。

（2）被执行人的财产不能清偿各债权人的全部债权。

（3）有多个债权人对同一个被申请人享有债权。

（4）参与分配的标的应当是金钱债权。民事执行一般分为财产的执行（含金钱债权的执行、物的交付请求权的执行）和行为请求权的执行。参与分配的一个重要特征是就执行所得的金额在各债权人之间按比例公平分配，而且只有对金钱才能做到按比例公平分配。

（5）申请人必须取得生效的执行根据，起诉后尚未获得生效判决的债权人不具有参与分配的资格。

（6）参与分配必须发生在执行程序开始后，被执行人的财产清偿完毕之前。

根据《执行规定》第 90 至 95 条的规定，对参与被执行人财产的具体分配，应当由首先查封、扣押或冻结的法院主持进行。首先查封、扣押、冻结的法院所采取的执行措施如系为执行财产保全裁定，具体分配应当在该院案件审理终结后进行。

债权人申请参与分配的，应当向其原申请执行法院提交参与分配申请书，写明参与分配的理由，并附有执行依据。该执行法院应将参与分配申请书转交给主持分配的法院，并说明执行情况。对人民法院查封、扣押或冻结的财产有优先权、担保物权的债权人，可以申请参加参与分配程序，主张优先受偿权。参与分配案件中可供执行的财产，在享有优先权、担保权的债权人依照法律规定的顺序优先受偿后，按照各个案件债权额的比例进行分配。被执行人的财产分配给各债权人后，被执行人对其剩余债务应当继续清偿。债权人发现被执行人有其他财产的，人民法院可以根据债权人的申请继续依法执行。

（六）执行中止

执行中止，是指在执行过程中，由于某种特殊情况的出现而使执行程序暂时停止，待该情况消失后，执行程序再继续进行的制度。

依《民事诉讼法》的规定，有下列情形之一的，人民法院应当裁定中止执行：

1. 申请人表示可以延期执行。

2. 案外人对执行标的提出确有理由的异议。

3. 作为一方当事人的公民死亡，需要等待继承人继承权利或者承担义务。

4. 作为一方当事人的法人或者其他组织终止，尚未确定权利、义务承受人。

5. 人民法院认为应当中止执行的其他情形。根据《执行规定》第 102 条和第 103 条，其他情形包括：（1）人民法院已受理以被执行人为债务人的破产申请的；（2）被执行人确无财产可供执行的；（3）执行的标的物是其他法院或仲裁机构正在审理的案件争议标的物，需要等待该案件审理完毕确定权属的；（4）一方当事人申请执行仲裁裁决，另一方当事人申请撤销仲裁裁决的；（5）仲裁裁决的被申请执行人提出不予执行请求，并提供适当担保的；（6）人民法院对作为执行根据的裁判文书提审或再审的案件。

中止执行的，人民法院应制作裁定书。裁定书送达当事人后立即生效。

执行程序在人民法院裁定中止后，即暂时停止执行工作。执行程序一经中止，执行人员在未决定恢复执行程序之前，不得进行执行活动；任何一方当事人以及其他参加执行程序的人，不得改变执行中止前的财产状况和事实状况，如权利人不得自行采取行动向被执行人追索债务，被执行人不得自行使用和处分已被查封、扣押的财产，协助执行人不得推卸协助执行的义务。

中止的情形消失后，恢复执行。根据《执行规定》第 104 条，执行程序可以由人民法院依职权主动恢复，也可以由当事人申请经人民法院同意后恢复。恢复时，原已进行的执行活动依然有效。

（七）执行终结

执行终结，是指在执行过程中，出现了某种特殊情况，使执行程序不可能或没有必要继续进行，从而结束执行程序的制度。

具有下列情形之一的，人民法院裁定终结执行：（1）申请人撤销申请的；（2）据以执行的法律文书被撤销的；（3）作为被执行人的公民死亡，无遗产可供执行，又无义务承担人的；（4）追索赡养费、扶养费、抚育费案件的权利人死亡的；（5）作为被执行人的公民因生活困难无力偿还借款，无收入来源，又丧失劳动能力的；（6）人民法院认为应当终结执行的其他情形，如《执行规定》第 105 条规定，在执行中，被执行人被人民法院裁定宣告破产的，裁定终结执行。

终结执行，由执行法院下达裁定书，裁定书应当写明终结执行的理由和法律根据。

裁定书送达当事人后立即发生法律效力，当事人不得复议和上诉。另外，在执行程序中如果有协助执行人的，终结执行的裁定也应对其送达，或者采取其他方式予以告知。

三、执行救济

执行救济是指在民事执行过程中，执行债权人、被执行人或案外第三人因人民法院的强制执行行为受到侵害或者有受侵害之虞时，所设立的一种补救性的保护性制度和方法。

由民事执行工作的性质决定，执行措施必须迅速、及时，而执行时只能就权利归属的外表来加以判断；同时，也可能由于人员素质等其他各种原因，在执行过程中难免会发侵害执行债权人、被执行人或案外第三人的合法权益的情形。此时，为了保护他们的合法权益，保障执行工作的严格依法进行，必须对此予以救济。这种侵害可能来自程序上的，也可能来自实体上的，执行救济也可相应地分为程序上的执行救济和实体上的执行救济。

（一）程序上的执行救济

根据《民事诉讼法》第 202 条、第 203 条和第 204 条的规定，程序上的执行救济可分为三类：

1. 对执行行为的异议

对执行行为的异议，是指当事人、利害关系人对人民法院的执行行为提出合法性质疑，从而要求人民法院变更或者停止执行行为的请求。这是修订后的《民事诉讼法》确立的一项重要的执行救济制度，对维护执行当事人和利害关系人的合法权益具有十分重要的意义。

（1）执行异议的条件。首先，提出主体可以是执行当事人或者利害关系人；其次，提出的理由是执行行为违反法律规定；再次，必须向负责执行的人民法院提出；最后，必须以书面形式提出。

（2）异议的处理。当事人、利害关系人提出书面异议的，人民法院应当自收到书面异议之日起 15 日内审查并作出裁定，理由成立的，裁定撤销或者改正；理由不成立的，裁定驳回。

（3）对异议不服的救济。当事人、利害关系人对裁定不服的，可以自裁定送达之日起 10 日内向上一级人民法院以书面形式申请复议。申请复议的书面材料，可以通过执行法院转交，也可以直接向执行法院的上一级人民法院提交。执行法院收到复议申请后，应当在 5 日内将复议所需的案卷材料报送上一级人民法院；上一级人民法院收到复议申请后，应当通知执行法院在 5 日内报送复议所需的案卷材料。

对当事人、利害关系人的复议申请，上一级人民法院应当组成合议庭，自收到复议申请之日起 30 日内审查完毕，并作出裁定。有特殊情况需要延长的，经本院院长批准，可以延长，延长的期限不得超过 30 日。

执行异议审查和复议期间，不停止执行。被执行人、利害关系人提供充分、有效的担保请求停止相应处分措施的，人民法院可以准许；申请执行人提供充分、有效的担保请求继续执行的，应当继续执行。

2. 向上一级法院申请执行

向上一级法院申请执行，是修订后的《民事诉讼法》第 203 条规定的监督执行法院如期执行的保障性制度。

(1) 申请的提出

人民法院自收到申请执行书之日起超过 6 个月未执行的，申请执行人可以向上一级人民法院申请执行。此处所规定的 6 个月期间，不计算执行中的公告期间、鉴定评估期间、管辖争议处理期间、执行争议协调期间、暂缓执行期间以及中止执行期间。

(2) 上一级人民法院的处理

上一级人民法院经审查，有下列情形之一的，可以根据申请执行人的申请，责令执行法院限期执行或者变更执行法院：(1) 债权人申请执行时被执行人有可供执行的财产，执行法院自收到申请执行书之日起超过 6 个月对该财产未执行完结的；(2) 执行过程中发现被执行人可供执行的财产，执行法院自发现财产之日起超过 6 个月对该财产未执行完结的；(3) 对法律文书确定的行为义务的执行，执行法院自收到申请执行书之日起超过 6 个月未依法采取相应执行措施的；(4) 其他有条件执行超过 6 个月未执行的。

上一级人民法院责令执行法院限期执行的，应当向其发出督促执行令，并将有关情况书面通知申请执行人。上一级人民法院决定由本院执行或者指令本辖区其他人民法院执行的，应当作出裁定，送达当事人并通知有关人民法院。上一级人民法院责令执行法院限期执行，执行法院在指定期间内无正当理由仍未执行完结的，上一级人民法院应当裁定由本院执行或者指令本辖区其他人民法院执行。

3. 对执行标的异议

对执行标的异议，是指在执行过程中，案外人对被执行的财产主张全部或部分的权利，并要求执行的人民法院停止或者变更执行的书面请求。

(1) 异议的提出。依照《民事诉讼法》第 204 条及《执行程序若干问题的解释》第 15 条、第 16 条的规定，案外人对执行标的主张所有权或者有其他足以阻止执行标的转让、交付的实体权利的，可以向执行法院书面提出异议。

(2) 审查期间对执行标的的处理。人民法院应当自收到书面异议之日起 15 日内审查。异议审查期间，人民法院可以对异议标的财产采取查封、扣押、冻结等保全措施，但不得进行处分。案外人向人民法院提供充分、有效的担保请求解除对异议标的的查封、扣押、冻结的，人民法院可以准许；申请执行人提供充分、有效的担保请求继续执行的，应当继续执行。因案外人提供担保解除查封、扣押、冻结有错误，致使该标的无法执行的，人民法院可以直接执行担保财产；申请执行人提供担保请求继续执行有错误，给对方造成损失的，应当予以赔偿。

(3) 审查处理方式。经审查，根据情况分别作两种处理：一是理由成立的，裁定中止对该标的的执行。申请执行人自裁定送达之日起 15 日内未提起许可执行之诉的，执行法院裁定解除已经采取的执行措施。二是理由不成立的，裁定驳回，执行程序继续进行。

4. 参与分配异议

参与分配异议，是指在参与分配过程中，执行法院制作财产分配方案并送达各债权人和被执行人后，债权人或者被执行人对分配方案提出不同意见。

参与分配异议的适用条件为：(1) 所适用的案件为多个债权人对同一被执行人申请执行或者对执行财产申请参与分配。(2) 异议提出时间为收到执行法院制作的参与分配方案之日起 15 日内。(3) 受理异议的法院为执行法院。(4) 异议方式为书面。

参与分配异议的处理：债权人或者被执行人对分配方案提出书面异议的，执行法院应当通知未提出异议的债权人或被执行人。未提出异议的债权人、被执行人收到通知之日起 15 日内未提出反对意见的，执行法院依异议人的意见对分配方案审查修正后进行分配；提出反对意见的，应当通知异议人。异议人未在收到通知之日起 15 日内起诉的，执行法院依原分配方案进行分配。

(二) 实体上的执行救济

1. 案外人异议之诉和许可执行之诉

执行法院对执行标的异议的处理裁定是在执行过程中经过执行法院的初步审查后作出，但并没有经过法定的诉讼程序，不能作为确认实体权利的最终依据。案外人、当事人如果对裁定不服，希望通过诉讼对执行标的的权利予以实体确认，根据《民事诉讼法》第 204 条、最高人民法院《执行程序若干问题的解释》第 5 条及《执行规定》的规定，有两条实体上的执行途径：一是原判决、裁定、调解书对执行标的的确认本身就有错误的，可以在判决、裁定、调解书发生法律效力后 2 年内，或者自知道或应当知道执行利益被损害之日起 3 个月内，向作出原判决、裁定、调解书的人民法院的上一级人民法院申请再审；二是原生效法律文书不涉及执行标的的权属确认，则案外人或申请执行人可以自裁定送达之日起 15 日内，向执行法院提起新的诉讼，即案外人异议之诉和许可执行之诉。

(1) 案外人异议之诉

案外人异议之诉，是指在民事执行过程中，案外人对执行标的主张实体权利，被执行法院裁定驳回后，向执行法院提出对执行标的物的权利归属作出判决，并请求对执行标的停止执行的诉讼。

案外人异议之诉的条件为：(1) 起诉的时间，为收到对执行标的异议的驳回裁定之日起 15 日内。(2) 案外人为原告，申请执行人为被告；被执行人反对案外人对执行标的所主张的实体权利的，应当以申请执行人和被执行人为共同被告。(3) 管辖法院为执行法院。(4) 诉讼请求为对执行标的物主张实体权利，并停止对执行标的的执行。

执行法院对案外人异议之诉，应当依照普通诉讼程序进行审理。经审理，理由不成立的，判决驳回其诉讼请求；理由成立的，根据案外人的诉讼请求作出相应的裁判。

在案外人提起异议之诉期间，一般不停止执行。案外人的诉讼请求确有理由或者提供充分、有效的担保请求停止执行的，可以裁定停止对执行标的进行处分。申请执行人提供充分、有效的担保请求继续执行的，应当继续执行。案外人请求停止执行或请求解除查封、扣押、冻结或者申请执行人请求继续执行有错误，给对方造成损失的，应当予以赔偿。

（2）许可执行之诉

许可执行之诉，是指在民事执行过程中，当执行标的异议被执行法院裁定支持并中止执行后，申请执行人向执行法院提出要求，否定案外人对执行标的物享有足以中止执行的实体权利，并请求对执行标的继续执行的诉讼。

许可执行之诉的条件为：（1）起诉的时间，为收到对异议标的中止执行的裁定之日起 15 日内。（2）申请执行人为原告，案外人为被告；被执行人反对申请执行人的请求的，应当以案外人和被执行人为共同被告。（3）管辖法院为执行法院。（4）诉讼请求为确认案外人对执行标的不享有足以中止执行的实体权利，并请求许可对执行标的的执行。

执行法院对许可执行之诉的审理，应当依照普通诉讼程序进行。经审理，理由不成立的，判决驳回其诉讼请求，该判决生效后，执行法院应当裁定解除对该执行标的的执行措施；理由成立的，根据申请执行人的诉讼请求作出相应的裁判，许可对执行标的物继续执行。

2. 参与分配异议之诉

参与分配异议之诉，是指在执行参与分配程序中，执行法院制作财产分配方案并送达各债权人和被执行人后，部分债权人或者被执行人对分配方案提出不同意见被其他人反对时，而向法院提起的对该分配方案的相关权利进行确认的诉讼。

参与分配异议之诉的适用条件为：（1）参与分配表异议之诉的原告为对执行法院制作的财产分配方案提出异议的人；（2）参与分配表异议之诉的提起前提为，收到执行法院的财产分配方案后提出不同意见，但该意见又遭到其他人反对；（3）参与分配表异议之诉的被告为对参与分配异议提出反对意见的债权人、被执行人；（4）参与分配表异议之诉的管辖法院为执行法院；（5）起诉时间为自收到执行法院其他人反对参与分配异议的通知之日起 15 日内。

参与分配异议诉讼期间进行分配的，执行法院应当将与争议债权数额相应的款项予以提存。

【案例评析】

案例 1

（一）案情简介

甲公司在 2005 年发明出某“数据交换及存储方法与装置”并已在当年申请了专利。乙公司在 2008 年未经甲公司许可，擅自按甲公司公示的专利制造相关产品。专利管理机关依甲公司申请，根据《专利法》的规定，作出了责令乙公司停止侵权行为并赔偿甲公司损失 20 万元的处罚。收到处理和处罚决定后，乙公司未向人民法院起诉，也未停止侵权和进行赔偿。专利管理机关申请人民法院强制执行乙公司的罚款。

（二）基本问题

1. 执行根据有哪些？行政处罚决定可以作为人民法院强制执行根据吗？

2. 如果该案可由人民法院强制执行，应由哪个法院管辖？

（三）知识内容

执行根据，又称执行名义，是指执行机构据以强制执行的法律文书。根据现行法律规定，能够作为执行根据的法律文书有下列三大类：

1. 人民法院制作的具有给付内容的生效法律文书

具体而言，包括：

（1）发生法律效力并且具有给付内容的民事判决、裁定、调解书、支付令和司法确认决定

人民法院在民事审判程序中所制作的具有给付内容的判决、裁定和调解书，是民事执行最主要的执行依据。人民法院在督促程序中制作的、债务人在异议期内未提出有效异议的支付令，债权人有权将其作为申请人民法院强制执行的依据。而依《仲裁法》第 28 条的规定，申请仲裁的当事人因另一方当事人的行为或者其他原因，可能使裁决不能执行或者难以执行的，可以申请财产保全，仲裁委员会应当将当事人的申请提交人民法院裁定，该裁定也应由人民法院负责执行。另外，依《人民调解法》的规定，由人民调解委员会主持并达成的人民调解协议，经人民法院制作司法确认决定后，也可以作为执行依据。

（2）发生法律效力并具有财产给付内容的刑事判决、裁定和调解书

刑事判决、裁定和调解书有两种情况：一种是没有财产给付内容的纯粹的刑事判决和裁定；一种是有财产给付内容的刑事判决、裁定和调解书，如对被告处以罚金或者没收财产的裁判，以及刑事附带民事判令被告赔偿被害人经济损失的裁判。这些具有财产给付内容的刑事判决、裁定和调解书生效后，可以作为执行的根据。

（3）发生法律效力并具有给付内容的行政判决、裁定和调解书

根据《行政诉讼法》的规定，人民法院行政审判庭审理行政案件后作出的行政判决、裁定和调解书，具有给付内容的，可以作为执行根据。

2. 其他机关制作的由人民法院执行的法律文书

（1）依法应由人民法院执行的行政处罚决定、行政处理决定

根据《执行规定》第 13 条、第 14 条，专利管理机关依法作出的处理决定和处罚决定，国务院各部门及各省、自治区、直辖市人民政府和海关依照法律、法规作出的处理决定和处罚决定，都是由人民法院执行的行政处罚决定和行政处理。

(2) 国内仲裁机构制作的具有给付内容的仲裁裁决和调解书

目前，我国仲裁机构分两大类：一类为一般民商事的仲裁机构，另一类为包括劳动争议仲裁委员会和农村承包合同仲裁机构的特殊仲裁机构。这两类仲裁机构制作的仲裁裁决和调解书生效后，一方当事人不自动履行的，另一方当事人可以申请人民法院强制执行。

(3) 中国国际经济贸易仲裁委员会仲裁裁决（调解协议）与中国海事仲裁委员会仲裁裁决和调解书

经中国国际经济贸易仲裁委员会或中国海事仲裁委员会的仲裁庭审理结束后，对案件的实质性争议所作的终局裁决，或者对当事人提交的某一部分争议所作出的部分裁决，或者在经调解达成和解协议的案件中所制作的调解书或者裁决，一方当事人不履行的，另一方当事人可以依据中国法律的规定，向我国有管辖权的法院申请执行，或者依据 1958 年《承认及执行外国仲裁裁决公约》或者中国缔结或参加的其他国际条约，向外国有管辖权的法院申请执行。

(4) 公证机关制作的依法赋予强制执行效力的关于追偿债款、物品的债权文书

根据《民事诉讼法》第 214 条和《公证法》第 37 条的规定，对经公证的以给付为内容并载明债务人愿意接受强制执行承诺的债权文书，债务人不履行或者履行不适当的，债权人可以依法向有管辖权的人民法院申请执行，受申请的人民法院应当执行。

3. 人民法院制作的承认并执行的外国法院判决或者外国仲裁机构仲裁裁决的裁定

根据国家主权原则，任何国家法院的判决书和仲裁机构的裁决书，原则上只能在该国领域内产生法律效力，没有域外效力。但国际经济贸易关系往往发生在不同国家的当事人之间，争议的标的也常涉及多个国家，这两种情况都会使得一国法院作出的涉外经济贸易案件判决或仲裁机构的裁决变得毫无意义。此时，请求有关争议标的物所在国法院承认法院地国的判决或者仲裁机构的裁决并协助执行就变得十分重要。为了加强我国同外国的贸易往来，全国人大常委会于 1986 年 12 月 2 日通过了《关于我国加入〈承认及执行外国仲裁裁决公约〉的决定》。参加公约后，我国就承担了承认及执行各缔约国仲裁裁决的义务，同样，我国的仲裁裁决在各缔约国也得到承认及执行。这既保护了外国当事人合法权益，也使我国当事人的合法权益受到保障。但值得注意的是，我国参加该公约时已作了“互惠保留”和“契约性和非契约性商事保留”的声明。

4. 法律规定由人民法院执行的其他法律文书

在立法时规定这一款，旨在解决意想不到的情况，可以使法院灵活、主动地执行一些法律尚未规定的法律文书，如港澳台地区法院委托执行的判决、裁定和仲裁裁决书。

按照中英、中葡联合声明，香港和澳门地区已分别于 1997 年 7 月 1 日和 1999 年 12 月 20 日回归中国，而台湾，自古以来就是我国领土不可分割的一部分。但基于历史原因，当前的我国已成为一个包括大陆、香港、澳门和台湾在内的多法域国

家，出现了“一国两制三法系四法域”的格局，香港和澳门特别行政区及我国台湾地区法院的判决、裁定和仲裁裁决在全国其他地区不直接发生法律效力及执行，而要承认港澳台地区法院判决及仲裁裁决的法律效力和执行。而全国其他地区法院的判决及仲裁裁决在港澳台地区也不直接发生法律效力及执行，需港澳台地区的承认及执行。

内地与香港之间通过探索和积极磋商，已经签署了1999年《关于内地与香港特别行政区法院相互委托送达民商事司法文书的安排》、2000年《关于内地与香港特别行政区相互执行仲裁裁决的安排》、2008年《关于内地与香港特别行政区法院相互认可和执行当事人协议管辖的民商事案件判决的安排》，以解决两地民商事司法文书相互委托送达、仲裁裁决的相互执行、当事人协议管辖的民商事案件判决的相互认可与执行等问题。

内地与澳门之间，根据2008年1月1日生效的《关于内地与澳门特别行政区相互认可和执行仲裁裁决的安排》，内地与澳门两地法院互相认可和执行仲裁裁决有了法律依据，认可和执行仲裁裁决的程序更加简便易行。

在大陆改革开放之前，大陆与台湾地区长期处于极度对立状态，根本不可能产生承认和执行台湾地区的裁决的问题。在大陆加入《承认及执行外国仲裁裁决公约》后，台湾地区的裁决在理论上可以向大陆法院申请承认和执行，大陆法院参照执行外国法院的裁决办理，政策性较强。1998年5月，最高人民法院颁发了《关于人民法院认可台湾地区有关法院民事判决的规定》，明确规定：“被认可的台湾地区有关法院民事判决需要执行的，依照《中华人民共和国民事诉讼法》规定的程序办理。”这使得大陆法院承认和执行台湾地区法院的裁决有了直接法律依据。此外，相关的法律依据还有：1999年5月12日起生效的最高人民法院《关于当事人持台湾地区有关法院民事调解书或者有关机构出具或确认的调解协议书向人民法院申请认可人民法院应否受理的批复》、2001年4月27日起生效的最高人民法院《关于当事人持台湾地区有关法院支付命令向人民法院申请认可人民法院应否受理的批复》。以及2009年5月14日起生效的《关于人民法院认可台湾地区有关法院民事判决的补充规定》。

我国《专利法》第60条规定：“未经专利权人许可，实施其专利，即侵犯其专利权，引起纠纷的，由当事人协商解决；不愿协商或者协商不成的，专利权人或者利害关系人可以向人民法院起诉，也可以请求管理专利工作的部门处理。管理专利工作的部门处理时，认定侵权行为成立的，可以责令侵权人立即停止侵权行为，当事人不服的，可以自收到处理通知之日起十五日内依照《中华人民共和国行政诉讼法》向人民法院起诉；侵权人期满不起诉又不停止侵权行为的，管理专利工作的部门可以申请人民法院强制执行。”《执行规定》第13条明确规定：“专利管理机关依法作出的处理决定和处罚决定，由被执行人住所地或财产所在地的省、自治区、直辖市有权受理专利纠纷案件的中级人民法院执行。”

因此，（1）某些行政处理决定可以申请人民法院强制执行；（2）本案执行管辖法院为乙公司住所地或财产所在地的省、自治区、直辖市有权受理专利纠纷案件的中级人民法院。

案例 2

(一) 案情简介

张某多次在公开场合虚构同一事实，对刘某进行诽谤，被刘某诉至法院。一审法院调解结案，张某同意向刘某：(1) 赔偿损失 5 万元；(2) 在该市公开发行的报纸上发文，澄清事实；(3) 不得再陈述该不实事实进行诽谤。但双方签收调解书后，张某既不赔偿损失，也不登报澄清事实，而且继续在公开场合传播同一虚构事实。张某向一审法院申请强制执行。法院查明，张某独身一人，无妻子、儿女，为甲公司退休工人，每月领有退休工资 700 元，有价值 4 万元左右的汽车一辆，所领工资基本上每月花光，住单位公租集体单身宿舍，无任何存款。

(二) 基本问题

1. 强制执行措施具体有哪些？每项执行措施是如何适用的？

2. 对于本案生效调解书确定的三项义务分别该采取哪些强制措施？

(三) 知识内容

强制执行措施可以分为对财产的执行措施、对行为的执行措施以及保障性强制措施三类。

1. 对财产的执行措施

(1) 查询、冻结、划拨被执行人的存款

《民事诉讼法》第 218 条规定，被执行人未按执行通知履行法律文书确定的义务，人民法院有权向银行、信用合作社和其他有储蓄业务的单位查询被执行人的存款情况，有权冻结、划拨被执行人的存款，但查询、冻结、划拨存款不得超出被执行人应当履行义务的范围。人民法院决定冻结、划拨存款，应当作出裁定，并发出协助执行通知书，银行、信用合作社和其他有储蓄业务的单位必须办理。

《执行规定》第 32～34 条要求：查询、冻结、划拨被执行人在银行（含其分理处、营业所和储蓄所）、非银行金融机构、其他有储蓄业务的单位（以下简称金融机构）的存款，依照中国人民银行、最高人民法院、最高人民检察院、公安部《关于查询、冻结、扣划企业事业单位、机关、团体银行存款的通知》的规定办理。金融机构擅自解冻被人民法院冻结的款项，致冻结款项被转移的，人民法院有权责令其限期追回已转移的款项。在限期内未能追回的，应当裁定该金融机构在转移的款项范围内以自己的财产向申请执行人承担责任。被执行人为金融机构的，对其交存在人民银行的存款准备金和备付金不得冻结和扣划，但对其在本机构、其他金融机构的存款，及其在人民银行的其他存款可以冻结、划拨，并可对被执行人的其他财产采取执行措施，但不得查封其营业场所。

根据《民事诉讼法意见》第 280 条的规定，人民法院可以直接向银行及其营业所、储蓄所、信用合作社以及其他有储蓄业务的单位查询、冻结、划拨被执行人的存款。外地法院可以直接到被执行人住所地、被执行财产所在地银行及其营业所、储蓄所、信用合作社以及其他有储蓄业务的单位查询、冻结、划拨被执行人应当履行义务部分的存款，无须由当地人民法院出具手续。

（2）扣留、提取被执行人的收入

被执行人未按执行通知履行法律文书确定的义务，人民法院有权扣留、提取被执行人应当履行义务部分的收入。被执行人的收入主要有：工资、奖金、稿酬、农副业收入、股息或红利收益等。

人民法院在决定扣留、提取收入时，应当为被执行人及其所扶养的家属保留生活必需费用，不能因执行使被执行人及其所扶养的家属的基本生活发生困难。

人民法院决定冻结、划拨存款，应当作出裁定，并发出协助执行通知书，银行、信用合作社和其他有储蓄业务的单位必须办理。具体而言，根据《执行规定》第35～37条及第51条的规定，作为被执行人的公民，其收入转为储蓄存款的，应当责令其交出存单；拒不交出的，人民法院应当作出提取其存款的裁定，向金融机构发出协助执行通知书，并附生效法律文书，由金融机构提取被执行人的存款交人民法院或存入人民法院指定的账户。被执行人在有关单位的收入尚未支取的，人民法院应当作出裁定，向该单位发出协助执行通知书，由其协助扣留或提取。有关单位收到人民法院协助执行被执行人收入的通知后，擅自向被执行人或其他人支付的，人民法院有权责令其限期追回；逾期未追回的，应当裁定其在支付的数额内向申请执行人承担责任。对被执行人从有关企业中应得的已到期的股息或红利等收益，人民法院有权裁定禁止被执行人提取和有关企业向被执行人支付，并要求有关企业直接向申请执行人支付。对被执行人预期从有关企业中应得的股息或红利等收益，人民法院可以采取冻结措施，禁止到期后被执行人提取和有关企业向被执行人支付。到期后人民法院可从有关企业中提取，并出具提取收据。

有关单位收到人民法院协助执行被执行人收入的通知后，擅自向被执行人或其他人支付的，人民法院有权责令其限期追回，逾期未追回的，应当裁定其在支付的数额内向申请执行人承担责任。

（3）查封、扣押、冻结、拍卖、变卖对被执行人财产

这几种执行措施适用于直接以除金钱外的其他财产为执行标的的执行案件以及被执行人无金钱给付能力的案件。依《民事诉讼法》第220条的规定，被执行人未按执行通知履行法律文书确定的义务，人民法院有权查封、扣押、冻结、拍卖、变卖被执行人应当履行义务部分的财产，但应当保留被执行人及其所扶养家属的生活必需品。根据最高人民法院《关于人民法院民事执行中查封、扣押、冻结财产的规定》，下列财产不得查封、扣押：1）被执行人及其所扶养家属生活所必需的衣服、家具、炊具、餐具及其他家庭生活必需的物品；2）被执行人及其所扶养家属完成义务教育所必需的物品；3）未公开的发明或者未发表的著作；4）被执行人及其所扶养家属用于身体缺陷所必需的辅助工具；5）医疗物品、被执行人所得的勋章及其他荣誉表彰的物品；6）享有合法、有效的司法豁免权的财产；7）法律或者司法解释规定的其他不得查封、扣押、冻结的财产。

人民法院在决定采取上述措施时，应当作出裁定，需有关单位协助的，应向有关单位发出协助执行通知书，连同裁定书副本一并送达有关单位。并根据案件的需要和被执行人的财产情况，分别采取不用的方法。

1）查封和扣押

查封，是指人民法院执行员将作为执行对象的财产加贴封条予以封存，禁止被执行人转移或处分的措施。对动产的查封，应当采取加贴封条的方式。不便加贴封条的，应当张贴公告。对有产权证照的动产或不动产的查封，应当向有关管理机关发出协助执行通知书，要求其不得办理查封财产的转移过户手续，同时可以责令被执行人将有关财产权证照交人民法院保管。必要时也可以采取加贴封条或张贴公告的方法查封。既未向有关管理机关发出协助执行通知书，也未采取加贴封条或张贴公告的办法查封的，不得对抗其他人民法院的查封。被查封的财产，可以指令由被执行人负责保管。如继续使用被查封的财产对其价值无重大影响，可以允许被执行人继续使用。因被执行人保管或使用的过错造成的损失，由被执行人承担。

扣押，是指执行机构将作为执行对象的财产运送到有关场所，从而使被执行人不能占有、使用和处分的强制措施。这种措施一般用于价值较高、便于移动的物品。其与查封的区别在于：查封一般是针对不易搬动的物品（如机器、设备等）采用的，而扣押一般是针对容易移动的物品采用的；查封多为就地进行，扣押则多为移地进行。被扣押的财产，人民法院可以自行保管，也可以委托其他单位或个人保管。对扣押的财产，保管人不得使用。

人民法院对被执行人所有的其他人享有抵押权、质押权或留置权的财产，可以采取查封、扣押措施，财产拍卖、变卖后，所得价款应在抵押权人、质押权人或留置权人优先受偿后，其余额部分用于清偿申请执行人的债权。

根据《民事诉讼法》第 221 条的规定，“人民法院查封、扣押财产时，被执行人是公民的，应当通知被执行人或者他的成年家属到场；被执行人是法人或者其他组织的，应当通知其法定代表人或者主要负责人到场。拒不到场的，不影响执行。被执行人是公民的，其工作单位或者财产所在地的基层组织应当派人参加。对被查封、扣押的财产，执行员必须造具清单，由在场人签名或盖章后，交被执行人一份。被执行人是公民的，也可以交给他的成年家属一份”。对于不动产和有产权证照的特定动产，在查封、扣押时还应当在相关产权部门办理查封登记手续。

在执行中，如果发现被查封、扣押的财产被被执行人或其他人毁损、变卖、转移、灭失的，除应依法对行为人采取强制措施外，人民法院有权责令责任人限期追回财产或承担相应的赔偿责任。被执行人的财产经查封、扣押后，被执行人在人民法院指定的期间内履行义务的，人民法院应及时解除查封、扣押措施。

2）冻结

冻结，是对被执行人的存款、资产、债权，预期从有关企业中应得的股息或红利，被执行人在有限责任公司、其他法人企业中的投资权益或股权，被执行人在中外合资、合作经营企业中的投资权益或股权及专利、商标、著作权等知识产权财产部分所采取的强制措施。对被执行人的存款、债权、预期股息或红利，人民法院可以向银行、信用社及有关企业发出协助通知书，禁止上述权益被提取、转让或者处分，有关部门必须依法协助执行。被执行人在执行人员限定的期限内仍未履行义务的，人民法院可直接提取被执行人的存款、债权、股息、红利，也可以依法转让其股权、投资权。

另，根据《民事诉讼法意见》第 282 条的规定，人民法院在执行中已对被执行人的财产查封、冻结的，任何单位包括其他人民法院不得重复查封、冻结或者擅自解冻。

3）拍卖和变卖

拍卖，是指人民法院公开出售查封、扣押的财产，召集各买受意愿人出价，以公平竞争的形式出价，确定被拍卖财产的价金，并将财产卖给出最高价格的买进人，其卖得价金在支付相关费用后，交付给申请执行人。变卖，是指对已被查封、扣押的财产，人民法院委托信托商店、供销合作社等部门代为出卖或者收购，或者由人民法院直接变卖，把所得的现金支付给申请执行人。

财产被查封、扣押后，执行机构应当责令被执行人在指定期间履行法律文书确定的义务。被执行人逾期不履行的，人民法院可以按照规定交有关单位拍卖或者变卖被查封、扣押的财产。拍卖是实现财产换价的一种最为公平、合理的方法，它有利于最大限度地保护债权人和债务人的合法权益，增强执行工作的公开性和透明度，也有利于最大限度地实现财产价值。《执行规定》第 46、48 条要求：人民法院对查封、扣押的被执行人财产进行变价时，应当委托拍卖机构进行拍卖。但财产无法委托拍卖、不适于拍卖或当事人双方同意不需要拍卖的，人民法院可以交由有关单位变卖或自行组织变卖；被执行人申请对人民法院查封的财产自行变卖的，人民法院可以准许，但应监督其按照合理价格在指定的期限内进行，并控制变卖价款。国家禁止自由买卖的物品，如黄金、白银、文物等，不得变卖，要交有关单位按照国家规定的价格收购。

（4）强制被执行人交付法律文书指定的财物或者票证

法律文书指定交付的财物，可以是种类物，也可以是特定物；交付的票证，可以是有价证券，也可以是无价证券。

法律文书指定交付的财物或者票证，由执行机构传唤双方当事人到庭或到指定场所，当面交付，或者由执行员转交，并由被交付人签收。

有关单位持有该项财物或者票证的，应当根据人民法院的协助执行通知书转交，并由被交付人签收。有关公民持有该项财物或者票证的，人民法院通知其交出。拒不交出的，强制执行。

2. 对行为的执行措施

（1）强制迁出房屋和强制退出土地

强制迁出房屋，可以适用于房屋拆迁、买卖、租赁案件的执行；强制退出土地可以适用于强占耕地、宅基地纠纷、土地使用权纠纷、相邻关系中阻塞通道及排除妨碍等案件的执行。

1）由人民法院院长签发公告

公告前，执行人员应当对被执行人进行必要的法制教育，动员他自动迁出房屋或退出土地。拒不履行义务的，由人民法院院长签发强制迁出房屋或退出土地的公告，责令被执行人在指定期间履行。公告公开张贴在人民法院的公告栏以及被执行人占有的房屋或土地附近。被执行人逾期不履行的，即强制执行。

2）执行人员强制执行

强制执行时，应当通知有关人员到场。被执行人是公民的，应当通知被执行人或者他的成年家属到场；被执行人是法人或者其他组织的，应当通知其法定代表人或者主要负责人到场；拒不到场的，不影响执行。被执行人是公民的，其工作单位或者房屋、土地所在地的基层组织应当派人参加。执行员应当将强制执行情况记入笔录，由在场人签名或者盖章。

强制迁出房屋被搬出的财物，由人民法院派人运至指定处所，交给被执行人。被执行人是公民的，也可以交给他的成年家属。因拒绝接收而造成的损失，由被执行人承担。

（2）强制被执行人履行法律文书指定行为的执行

对法律文书指定行为的执行，是指以行为作为执行标的的一种特殊的执行措施。法律文书指定的行为，包括作为和不作为。其中，作为还可分为可替代完成的行为和不可替代完成的行为。

对于可以替代完成的行为，可以委托有关单位或他人完成，因完成行为所发生的费用，由被执行人承担。被执行人拒不承担的，依照对财产执行的方法采取执行措施，强制执行。

如果法律文书指定行为系不可替代完成的行为，或者系不作为，被执行人拒不履行法律文书确定的行为义务，则人民法院只能采取间接执行的方法，通过对其罚款、拘留、强制支付迟延履行金等方法，促使其自动完成或者遵守法律文书指定的义务。

3. 保障性执行措施

（1）查询被执行人的存款

被执行人未按执行通知履行法律文书确定的义务，人民法院有权向银行、信用合作社和其他有储蓄业务的单位查询被执行人的存款情况。

（2）搜查被执行人隐匿的财产

执行人不履行法律文书确定的义务，并隐匿财产的，人民法院有权发出搜查令，对被执行人及其住所或者财产隐匿地进行搜查。对拒绝按人民法院的要求提供其有关财产状况的证据材料的被执行人，也可进行搜查。

搜查是民事执行程序中最为严厉的强制措施之一。它不仅涉及公民的财产权和人身权等诸多法定权益，而且具有较大的社会影响，因此，必须严格按照法定程序进行。首先，必须符合法定条件，即生效法律文书确定的履行期限已经届满；被执行人不履行法律文书确定的义务；有隐匿财产的行为，或拒绝按人民法院的要求提供有关财产状况的证明材料。其次，必须由院长签发搜查令。

搜查人员搜查时必须按规定着装，并出示搜查令和身份证件。人民法院搜查时，禁止无关人员进入搜查现场；搜查对象是公民的，应通知被执行人或者他的成年家属以及基层组织派员到场；搜查对象是法人或者其他组织的，应通知法定代表人或者主要负责人到场，有上级主管部门的，也应通知主管部门有关人员到场，拒不到场的，不影响搜查。搜查妇女身体，应由女执行人员进行。对可能藏有财物及有关证据材料的处所、箱柜等，经责令被执行人开启而拒不配合的，可以强制开启。搜查应制作搜查笔录，由搜查人员、被搜查人及其他在场人签名或盖章。拒绝签名或者盖章的，应在搜查笔录中写明。

（3）办理有关财产权证照手续

在执行中，需要办理有关财产权证照，如房产证、土地证、山林所有权证、商标证书、专利证书、车辆执照等，人民法院可以向有关单位发出协助执行通知书，要求其办理财产权转移和更名过户手续，有关单位必须办理。

（4）责令支付延期利息或迟延履行金

责令被执行人支付延期利息，主要适用于执行金钱债务的案件，在某些情况下，也可适用于对行为或财产执行的案件。《民事诉讼法》第229条规定："被执行人未按判决、裁定和其他法律文书指定的期间履行给付金钱义务的，应当加倍支付迟延履行期间的债务利息。"所谓迟延履行期间，是指生效法律文书指定期间届满后，到实际履行日的一段时间；如果生效法律文书没有指定期间，则为法律文书生效之日起到实际履行日止。加倍支付迟延履行期间的债务利息，是指在按银行同期贷款最高利率计付的债务利息上增加一倍。

责令被执行人支付迟延履行金，适用于给付金钱以外的其他执行案件。《民事诉讼法》第229条规定："被执行人未按判决、裁定和其他法律文书指定的期间履行其他义务的，应当支付迟延履行金。"关于迟延履行金的计算，《民事诉讼法意见》第295条规定："被执行人未按判决、裁定和其他法律文书指定的期间履行非金钱给付义务的，无论是否已给申请执行人造成损失，都应当支付迟延履行金。已经造成损失的，双倍补偿申请人已经受到的损失；没有造成损失的，迟延履行金可以由人民法院根据具体案件情况决定。"

（5）限制出境

被执行人不履行法律文书确定的义务的，人民法院可以对其采取或者通知有关单位协助采取限制出境措施；被执行人为单位的，可以对其法定代表人、主要负责人或者影响债务履行的直接责任人员限制出境。对被执行人限制出境的，应当由申请执行人向执行机构提出书面申请；必要时，执行机构可以依职权决定。被执行人为无民事行为能力人或者限制民事行为能力人的，可以对其法定代理人限制出境。在限制出境期间，被执行人履行法律文书确定的全部债务的，执行机构应当及时解除限制出境措施；被执行人提供充分、有效的担保或者申请执行人同意的，可以解除限制出境措施。

（6）征信系统记录不履行义务信息

被执行人不履行法律文书确定的义务的，执行机构可以对其采取或者通知有关单位协助采取在征信系统记录不履行义务信息。

（7）通过媒体公布不履行义务信息

被执行人不履行法律文书确定的义务的，执行机构可以依职权或者依申请执行人的申请，将被执行人不履行法律文书确定义务的信息，通过报纸、广播、电视、互联网等媒体公布。媒体公布的有关费用，由被执行人负担；申请执行人申请在媒体公布的，应当垫付有关费用。

（8）限制被执行人高消费

被执行人未按执行通知书指定的期间履行生效法律文书确定的给付义务的，人民法院可以限制其高消费，禁止被执行人或者被执行单位的法定代表人、主要负责人、影响债务履行的直接责任人员以被执行人的财产支付下列行为：乘坐交通工具时，选择飞机、列车软卧、轮船二等以上舱位；在星级以上宾馆、酒店、夜总会、高尔夫球场等场所进行高消费；购买不动产或者新建、扩建、高档装修房屋；租赁高档写字楼、宾馆、公寓等场所办公；购买非经营必需车辆；旅游、度假；子女就读高收费私立学校；支付高额保费购买保险理财产品；其他非生活和工作必需的高消费行为。

人民法院决定采取限制高消费措施时，应当考虑被执行人是否有消极履行、规避执行或者抗拒执行的行为以及被执行人的履行能力等因素。

限制高消费一般由申请执行人提出书面申请，经人民法院审查决定；必要时人民法院可以依职权决定。人民法院决定限制高消费的，应当向被执行人发出限制高消费令。限制高消费令由人民法院院长签发。限制高消费令应当载明限制高消费的期间、项目、法律后果等内容。被限制高消费的被执行人因生活或者经营必需而进行禁止的消费活动的，应当向人民法院提出申请，获批准后方可进行。

被执行人违反限制高消费令进行消费的行为属于拒不履行人民法院已经发生法律效力的判决、裁定的行为，经查证属实的，按妨害民事诉讼行为予以拘留、罚款；情节严重，构成犯罪的，追究其刑事责任。有关单位在收到人民法院协助执行通知书后，仍允许被执行人高消费的，人民法院可以追究其妨害民事诉讼行为的法律责任。

人民法院根据案件需要和被执行人的情况可以向有义务协助调查、执行的单位送达协助执行通知书，也可以在相关媒体上进行公告。限制高消费令的公告费用由被执行人负担；申请执行人申请在媒体公告的，应当垫付公告费用。

限制高消费期间，被执行人提供确实、有效的担保或者经申请执行人同意的，人民法院可以解除限制高消费令；被执行人履行完毕生效法律文书确定的义务的，人民法院应当在限制高消费通知或者公告的范围内及时以通知或者公告解除限制高消费令。

本案中，张某应当履行的第一项义务——“赔偿损失 5 万元”的强制执行，为对财产的强制执行，通常可供采取的强制措施有四类：一是查询、冻结、划拨被执行人的存款，二是扣留、提取被执行人的收入，三是查封、扣押、冻结、拍卖、变卖被执行人的财产，四是强制被执行人交付法律文书指定的财物或者票证。本案中，（1）张某无存款，也不存在交付法律文书指定的财物或者票证，故第一、四项执行措施不能适用。（2）但张某每月有 7 000 元的退休工资收入，执行法院可以作出裁定，向甲公司发出协助执行通知书，由其协助扣留或提取，但应当保留张某的必需生活费用。(3) 在我国，张某所有价值约四万元的汽车为非生活必需品，可对其对予以扣押，再予以拍卖或者变卖，所得价款在扣除相关执行费用后，再交给权利人刘某。

张某应履行的第二项义务——“在该市公开发行的报纸上发文澄清事实”的强制执行，为对行为的强制执行。该行为为可以替代完成的行为，张某拒不履行时，执行法院可以委托有关单位或他人撰文并登报，因完成该行为所发生的费用，由被执行人承担，从而可以转化为对财产的执行方法执行。

张某应履行的第三项义务——“不再陈述该不实事实进行诽谤”的强制执行，为对行为的强制执行。该行为为不作为，无法请他人代为完成，执行法院只能采取对其罚款、拘留、强制支付迟延履行金等方法，促使其自动完成或者遵守该不作为义务。

案例 3

(一) 案情简介

2010 年 4 月 5 日某市中级人民法院二审判决了李某诉王某欠货款纠纷一案，判决王某给付李某货款 135 万元及利息 21 万元，王某逾期没有自动履行。2010 年 8 月 10 日，李某向法院申请强制执行。2010 年 8 月 30 日，双方达成执行和解协议：1 个月内由王某给付李某货款 135 万元，另外 21 万元予以免除。5 天后，王某将 50 万元款项交付李某时，李某反悔，并向法院申请强制执行二审判决书。王某留下遗书后服毒自杀，留有遗产 150 万元，王小二是其唯一的继承人。

(二) 基本问题

1. 被执行人死亡后，本案应否继续执行？如果继续执行，谁是被执行人？

2. 执行中可否达成执行和解协议？如果一方当事人反悔，执行法院应当以执行和解协议还是以二审判决书为执行依据？

(三) 知识内容

1. 执行过程中，被执行人死亡后的执行处置问题，涉及执行承担制度的适用

所谓执行承担，是指在执行过程中，由于特定事实的出现，被执行人的义务由与被执行人有一定法律关系的公民、法人或者其他组织履行的制度。《民事诉讼法》第 209 条规定：“作为被执行人的公民死亡的，以其遗产偿还债务。作为被执行人的法人或者其他组织终止的，由其权利义务承受人履行义务。”

对此，《民事诉讼法意见》第 271～274 条和《执行规定》第 79～82 条作了如下比较明确、具体的规定：

(1) 作为被执行人的公民死亡，其遗产继承人没有放弃继承的，人民法院可以裁定变更被执行人，由该继承人在遗产的范围内偿还债务。继承人放弃继承的，人

民法院可以直接执行被执行人的遗产。

(2) 执行中作为被执行人的法人或者其他组织分立、合并的，其权利、义务由变更后的法人或者其他组织承受。具体为：

被执行人按法定程序分立为两个或多个具有法人资格的企业，分立后存续的企业按照协议确定的比例承担债务；不符合法定程序分立的，裁定由分立后存续的企业按照其从被执行企业分得的资产占原企业总资产的比例对申请执行人承担责任；被撤销的，如果依有关实体法的规定有权利义务承受人的，可以裁定该权利义务承受人为被执行人。

被执行人被撤销、注销或歇业后，上级主管部门或开办单位无偿接受被执行人的财产，致使被执行人无遗留财产清偿债务或遗留财产不足清偿的，可裁定由上级主管部门或开办单位在所接受的财产范围内承担责任。

(3) 其他组织在执行中不能履行法律文书确定的义务的，人民法院可以裁定执行对该其他组织依法承担义务的法人或者公民个人的财产。具体分为三种情况：

1) 被执行人为无法人资格的私营独资企业，无能力履行法律文书确定的义务的，人民法院可以裁定执行该独资企业业主的其他财产。

2) 被执行人为个人合伙组织或合伙型联营企业，无能力履行生效法律文书确定的义务的，人民法院可以裁定追加该合伙组织的合伙人或参加该联营企业的法人为被执行人。

3) 被执行人为企业法人的分支机构不能清偿债务时，可以裁定企业法人为被执行人。企业法人直接经营、管理的财产仍不能清偿债务的，人民法院可以裁定执行该企业法人其他分支机构的财产。

(4) 在执行中，作为被执行人的法人或者其他组织名称变更的，人民法院可以裁定变更后的法人或者其他组织为被执行人。

(5) 被执行人无财产清偿债务，如果其开办单位在其开办时投入的注册资金不实或抽逃注册资金，可以裁定变更或追加其开办单位为被执行人，在注册资金不实或抽逃注册资金范围内对申请执行人承担责任。被执行人的开办单位已经在注册资金范围内或接受财产的范围内向其他债权人承担了全部责任的，人民法院不得裁定开办单位重复承担责任。

本案中，被执行人王某死亡后，如果王小二没有放弃继承，执行法院可以裁定变更王小二为被执行人，在王小二继承的150万元内偿还债务。如果王小二放弃继承的，执行法院可以直接执行被执行人王某的遗产。由于王某死亡时留有遗产，无论王小二是否放弃继承，本案都继续执行。

2. 对于何者为执行依据的问题，涉及执行和解制度的适用

所谓执行和解，是指在执行中，双方当事人在自愿协商的基础上，就生效法律文书确定的权利义务关系达成新协议，从而结束执行程序。

执行和解是执行权利人行使处分权的结果，是处分原则在执行程序中的具体体现。根据《执行规定》第86条，在执行中，双方当事人可以自愿达成和解

协议，变更生效法律文书确定的履行义务主体、标的物及其数额、履行期限和履行方式。和解协议一般应当采取书面形式。执行人员应将和解协议副本附卷。无书面协议的，执行人员应将和解协议的内容记入笔录，并由双方当事人签名或盖章。

执行和解的条件为：(1) 和解双方当事人完全自愿，并且不得违反国家法律的禁止性规定，损害国家、集体或者他人的合法权益；(2) 和解应在执行程序开始后、结束前进行；(3) 和解协议应采用书面形式或由执行人员记入笔录。

和解协议只要具备上述条件，即产生结束执行程序的效力，但是一方当事人对该协议翻悔的，另一方当事人不得将该和解协议作为执行根据向人民法院申请强制执行。具体而言，(1) 如果一方当事人不履行和解协议或者反悔的，对方当事人申请执行的，人民法院应按原生效的法律文书执行。(2) 如果和解协议合法、有效且已经履行完毕，人民法院作执行结案处理。当事人又申请按原生效的法律文书执行的，人民法院不予准许。

本案中，和解协议没有履行完毕，李某反悔并申请执行，执行法院应当以二审判决书为执行依据。

案例 4

(一) 案情简介

甲、乙两邻居分别为某县的水产养殖大户和生猪养殖大户。2011 年年初，乙因猪粪处置不当，造成甲的鱼苗大量死亡，给甲造成很大损失。2011 年 3 月 28 日，经当地人民调解委员会调解达成协议，乙在 1 个月内（即 4 月 28 日前）向甲赔付 45 万元。2011 年 4 月 6 日，甲、乙双方向该县人民法院申请司法确认，该县人民法院 15 天内下达了人民调解协议的司法确认决定。但乙到 2011 年 5 月中旬仍未支付任何赔偿款，甲遂于 2011 年 5 月 20 日向该县人民法院申请强制执行。执行过程中，乙称愿意如数赔钱，但目前手头缺钱，让其大哥丙作担保人，请求宽限执行 14 个月。法院在丙单独提交担保承诺书后，决定中止执行 14 个月。14 个月过去了，乙仍不履行原调解协议，甲申请执行丙在中国建设银行中的 45 万元存款。法院称：对丙执行没有法院的判决书或者调解书作为执行根据，因而拒绝了甲申请对丙的财产的强制执行。

(二) 基本问题

1. 人民调解协议能否作为执行依据？
2. 执行担保制度是如何规定的？
3. 本案中该法院在执行担保中的哪些处理是错误的？

(三) 知识内容

1. 一般的人民调解协议原则上不能作为直接向人民法院申请强制执行的依据。

经人民调解委员会调解达成调解协议后，当事人之间就调解协议的履行或者调解协议的内容发生争议的，一方当事人可以向人民法院提起诉讼，但是经司法确认的人民调解协议除外。《人民调解法》第33条规定："经人民调解委员会调解达成调解协议后，双方当事人认为有必要的，可以自调解协议生效之日起三十日内共同向人民法院申请司法确认，人民法院应当及时对调解协议进行审查，依法确认调解协议的效力。人民法院依法确认调解协议有效，一方当事人拒绝履行或者未全部履行的，对方当事人可以向人民法院申请强制执行。"本案中的人民调解协议经过了司法确认，能够作为执行依据。

2. 所谓执行担保，是指在执行中，被执行人暂时确有困难而缺乏偿付能力时，向人民法院提供担保并经申请执行人同意而暂缓执行的一种制度。《民事诉讼法》第208条规定："在执行中，被执行人向人民法院提供担保，并经申请执行人同意的，人民法院可以决定暂缓执行及暂缓执行的期限。被执行人逾期仍不履行的，人民法院有权执行被执行人的担保财产或者担保人的财产。"

据此，执行担保的适用条件为：(1) 被执行人向人民法院提出申请，为方便查证，原则上应递交书面申请。(2) 经申请执行人同意。执行担保需要被执行人与申请执行人协商，取得其同意为条件，因为直接涉及申请执行人的权益。(3) 人民法院决定暂缓执行的期限。暂缓执行期限应与担保期限一致，但最长不得超过1年。(4) 有确定的担保或者担保人。

根据《执行规定》第84条，可以由被执行人向人民法院提供财产作担保，也可以由第三人出面作担保。被执行人或其担保人以财产向人民法院提供执行担保的，应当依据《中华人民共和国担保法》的有关规定，按照担保物的种类、性质，将担保物移交执行法院，或依法到有关机关办理登记手续。

执行担保的效力有四：一是人民法院可以决定暂缓原判决、裁定等法律文书的执行。二是被执行人应按执行担保裁定确定的期限履行义务。三是被执行人或者担保人对担保的财产在暂缓执行期间有转移、隐藏、变卖、毁损等行为的，人民法院可以恢复强制执行。四是执行担保期满后，被执行人仍不履行法律文书所确定的义务时，人民法院可以直接执行担保财产，或者裁定执行担保人的财产，但执行担保人的财产时以担保人应当履行义务部分的财产为限。

3. 错误之处有三：

(1) 法院的处理前提错误：适用执行担保没有经甲同意。因为执行担保必须经申请执行人同意，即必须达成执行担保协议，而不能如本案未经对方同意由法院直接决定适用。

(2) 法院的处理方式错误：不能决定中止执行，而应当是决定暂缓执行；决定延期的时间错误，暂缓执行期限最长不能超过1年，决定中止执行14个月已超过法定最长期限。

(3) 执行担保期满后逾期不履行义务时，法院的处理方式错误：人民法院不应当让甲再向法院起诉以取得执行根据，而是有权直接执行担保人的财产。

【疑难问题】

委托执行及其相关程序

委托执行是指有管辖权的人民法院遇到特殊情况，而将本应当由本法院执行的案件委托其他人民法院代为执行的一种方式。《民事诉讼法》第206条规定："被执行人或者被执行的财产在外地的，可以委托当地人民法院代为执行。"

根据《民事诉讼法》第210条、《民事诉讼法意见》第115、259、265条和《执行规定》第111～123条的要求，委托执行程序要求及注意事项如下：

1. 委托前提

（1）被执行人或者被执行的财产在外地。

（2）不得再擅自自行执行。案件委托执行后，未经受托法院同意，委托法院不得自行执行。

2. 委托级别

委托执行一般应在同级人民法院之间进行，经对方法院同意也可委托上一级的法院执行。被执行人是军队企业的，可以委托其所在地的军事法院执行；执行标的物是船舶的，可以委托有关的海事法院执行。

3. 禁止委托情形

委托法院明知被执行人有下列情形的，应当及时依法裁定中止执行或终结执行，不得委托当地法院执行：

（1）无确切住所，长期下落不明，又无财产可供执行的；

（2）有关法院已经受理以被执行人为债务人的破产案件或者已经宣告其破产的。

4. 委托手续

委托外地法院执行，委托法院应当向受托法院出具书面委托函，附送据以执行的生效法律文书副本原件、立案审批表复印件及有关情况说明，包括财产保全情况、被执行人的财产状况、生效法律文书履行的情况，并注明委托法院地址、联系电话、联系人等。

凡需要委托执行的案件，委托法院应在立案后1个月内办完委托执行手续，超过此期限委托的，应当经对方法院同意。

5. 受托法院的承办要求

受托法院收到委托函件后，必须在15日内严格按照生效法律文书的规定和委托法院的要求开始执行，不得拒绝。受托法院接到委托后，应当及时将指定的承办人、联系电话、地址等告知委托法院；如发现委托执行的手续、资料不全，应及时要求委托法院补办，但不得据此拒绝接受委托。执行完毕后，应当将执行结果及时函复委托法院；在30日内如果未执行完毕，也应当将执行情况函告委托法院。

受托法院自收到委托函件之日起15日内不执行的，委托法院可以请求受托法院的上级法院指令受托法院执行。受托法院的上一级人民法院在接到委托法院指令执行的请求后，应当在5日内书面指令受托法院执行，并将这一情况及时告知委托法院。受托法院在接到上一级人民法院的书面指令后，应当立即执行，将这一情况报告上一级人民法院，并告知委托法院。

6. 受托法院可自行处理的事项

（1）受托法院认为债务人履行债务的时间、期限和方式需要变更的，可变更，但应征得申请执行人的同意，并将变更情况及时函告委托法院。

（2）对执行担保和执行和解的情况，以及案外人对非属法律文书指定交付的标的物提出异议，受托法院可以按照有关法律规定处理并及时通知委托法院。

（3）执行措施和妨害民事诉讼的强制措施。受托法院对受托执行的案件应当严格按照民事诉讼法和最高人民法院有关规定执行，有权依法采取强制执行措施和对妨害执行行为的强制措施。

（4）下落不明被执行人的财产执行。被执行人在受托法院当地有工商登记或户籍登记，但人员下落不明时，如有可供执行的财产，可以直接执行其财产。

7. 受托法院无权自行办理的事项

（1）提前解除拘留。受托拘留时，被拘留人申请复议或者被拘留人在拘留期间承认并改正错误，需要提前解除拘留的，受托法院应向作出拘留决定的法院转达或者提出建议，由委托法院审查并作出决定。

（2）法律文书的实体审查。受托法院在接到委托函后，无权对委托执行的生效法律文书进行实体审查；执行中发现据以执行的法律文书有错误，如执行可能造成执行回转困难或无法执行回转的，应当首先采取查封、扣押、冻结等保全措施，必要时要将保全款项划到法院账户，然后函请委托法院审查。受托法院按照委托法院的审查结果继续执行或停止执行。

（3）变更被执行人。受托法院在执行中，认为需要变更被执行人的，应当将有关情况函告委托法院，由委托法院依法决定是否作出变更被执行人的裁定。

（4）中止或者终结执行。受托法院遇有需要中止或者终结执行的情形，应提供有关证据材料函告委托法院作出裁定，受托法院提供的证据材料确实、充分的，委托法院应当及时作出中止或终结执行的裁定。在此期间，可以暂缓执行。受委托法院不得自行裁定中止或者终结执行。

8. 费用收取

委托执行案件的实际支出费用，由受托法院向被执行人收取，确有必要的，可以向申请执行人预收。委托法院已经向申请执行人预收费用的，应当将预收的费用转交受托法院。

【法律法规】

1.《中华人民共和国民事诉讼法》

2. 最高人民法院《关于适用〈中华人民共和国民事诉讼法〉若干问题的意见》

3. 最高人民法院《关于人民法院执行工作若干问题的规定（试行）》

4. 最高人民法院《关于人民法院民事执行中拍卖、变卖财产的规定》

5. 最高人民法院《关于人民法院民事执行中查封、扣押、冻结财产的规定》

6. 最高人民法院《关于适用〈中华人民共和国民事诉讼法〉执行程序若干问题的解释》

7. 最高人民法院《关于适用〈中华人民共和国民事诉讼法〉审判监督程序若干问题的解释》

8. 最高人民法院《关于限制被执行人高消费的若干规定》

9.《中华人民共和国人民调解法》

10. 最高人民法院《关于人民调解协议司法确认程序的若干规定》

实务训练

1. 法院受理甲出版社、乙报社著作权纠纷案，判决乙赔偿甲 10 万元，并登报赔礼道歉。判决生效后，乙交付 10 万元，但未按期赔礼道歉，甲申请强制执行。执行中，甲、乙自行达成口头协议，约定乙免于赔礼道歉，但另付甲 1 万元。关于法院的做法，下列哪一选项是正确的？（单选）

A. 不允许，因协议内容超出判决范围，应当继续执行生效判决

B. 允许，法院视为申请人撤销执行申请

C. 允许，将当事人协议内容记入笔录，由甲、乙签字或盖章

D. 允许，根据当事人协议内容制作调解书

2. 甲公司申请强制执行乙公司的财产，法院将乙公司的一处房产列为执行标的。执行中，丙银行向法院主张，乙公司已将该房产抵押贷款，并以自己享有抵押权为由提出异议。乙公司否认将房产抵押给丙银行。经审查，法院驳回丙银行的异议。丙银行拟向法院起诉。关于本案被告的确定，下列哪一选项是正确的？（单选）

A. 丙银行只能以乙公司为被告起诉

B. 丙银行只能以甲公司为被告起诉

C. 丙银行可选择甲公司为被告起诉，也可选择乙公司为被告起诉

D. 丙银行应当以甲公司和乙公司为共同被告起诉

3. 债权人甲因债务人乙拒绝履行公证债权文书所确定的 20 万元给付义务，而向乙住所地的基层人民法院申请强制执行，执行员将债务人正在使用的一台推土机予以扣押，但案外第三人丙向人民法院书面提出执行异议，声称该推土机是丙的，债务人乙也予以附和，该异议得到人民法院裁定支持。但甲认为推土机实为乙所有，此时（　　）。（单选）

A. 可以以乙和丙两人为共同被告，向执行法院提起许可执行之诉

B. 可以以丙为被告，向丙住所地人民法院提起许可执行之诉

C. 可以以丙为被告，向执行法院提起执行异议之诉

D. 可以以乙和丙两人为共同被告，向执行法院提起执行异议之诉

4. 甲因乙公司拒绝支付医疗费而诉至法院，并在诉讼过程中对乙公司账户内 15 万元存款予以冻结。一审判决乙公司赔付原告甲医疗费 14 万元，乙公司不服而上诉，被二审法院驳回并维持原判。在二审判决书送达时，距存款冻结时间已逾半年。第二天，乙公司即将公司账户内 15 万元存款全部取走。对于该案，下列说法正确的是(　　)。(单选)

A. 甲可以向第一审法院申请强制执行，第一审法院执行员应当向被执行人乙公司发出执行通知，责令乙公司限期履行，如仍不履行，强制执行

B. 甲可以向第一审法院申请强制执行，第一审法院执行员可以向被执行人乙公司不发出执行通知而立即采取强制执行措施

C. 在本案诉讼过程中，人民法院只能依申请对乙公司采取冻结账户的财产保全措施，人民法院可对乙公司半年后取走存款的行为进行处罚

D. 在本案诉讼过程中，人民法院可以依职权对乙公司裁定先予执行

5. 根据《民事诉讼法》和相关司法解释的规定，执行程序中的当事人，对下列哪些事项可享有异议权?(多选)

A. 法院对某案件的执行管辖权

B. 执行法院的执行行为的合法性

C. 执行标的的所有权归属

D. 执行法院作出的执行中止的裁定

6. 上海金大厦房地产开发公司开发了一个名为“天宏大厦”的房地产项目，该项目的业主吉姆娜发现该项目的实际情况与合同中载明的内容以及行政部门批准规划的内容差异较大，存在严重的合同欺诈，遂于 2009 年 4 月向法院起诉要求赔偿并获得胜诉。法院判决生效后，金大厦公司的总经理葛朗台蔑视法院判决的效力，拒不履行判决的给付内容。吉姆娜只得向法院申请强制执行。就执行措施而言，下列说法正确的是(　　)。(多选)

A. 金大厦公司拒不履行法院的判决，法院可以依申请、不能依职权在媒体上公告金大厦公司不履行债务的信息

B. 金大厦公司拒不履行法院的判决，法院可以将金大厦公司的法人代表葛朗台不履行债务的信息记录在个人征信系统中

C. 法院可以责令金大厦公司加倍支付迟延履行期间的债务利息

D. 法院可以对不履行生效判决负有主要责任的金大厦公司的法人代表葛朗台适用拘留的强制措施

课后练习

1. 对执行标的异议与对执行行为的异议的比较。

2. 执行异议之诉、许可执行之诉以及案外人再审之诉的适用条件和适用程序的

比较。

3. 暂缓执行、执行中止和执行终结的比较。

延伸阅读

1. 杨与龄. 强制执行法论. 北京：中国政法大学出版社，2002
2. 田平安主编. 民事诉讼法·执行程序篇. 厦门：厦门大学出版社，2007
3. 张卫平主编. 民事诉讼法案例教程. 北京：中国法制出版社，2003

21世纪高等院校法学系列精品教材

（以出版时间为序）

书名	ISBN	作者	定价
判例刑法学（教学版）	978-7-300-14059-9	陈兴良　著	39.80
商法学（第三版）	978-7-300-13955-5	徐学鹿　主编	49.80
刑法总论（第二版）	978-7-300-14090-2	周光权　著	45.00
刑法各论（第二版）	978-7-300-14202-9	周光权　著	55.00
财税法学（第三版）	978-7-300-14098-8	张守文　著	46.00
民事诉讼法	978-7-300-13632-5	张卫平　著	39.80
侵权法学	978-7-300-13533-5	周友军　著	49.80
法律解释学	978-7-300-13251-8	王利明　著	32.00
物权法（第二版）	978-7-300-13040-8	崔建远　著	59.00
证据学（第四版）	978-7-300-12740-8	陈一云　主编	32.00
刑事诉讼法学（第二版）	978-7-300-12467-4	郑　旭　著	39.80
刑事疑案演习（二）	978-7-300-12454-4	张明楷　著	39.00
中国宪法（第四版）	978-7-300-12301-1	许崇德　主编	29.80
普通公司法	978-7-300-11227-5	邓　峰　著	68.00
网络法学	978-7-300-11004-2	刘品新　著	25.00
人格权法	978-7-300-10990-9	王利明　著	35.00
民法总论	978-7-300-10961-9	王利明　著	35.00
刑事疑案演习（一）	978-7-300-10576-5	张明楷　著	38.00
经济法学	978-7-300-09953-8	张守文　著	45.00
物权法原理	978-7-300-09459-5	申卫星　著	39.00
民事诉讼法学	978-7-300-08377-3	邵　明　著	45.00

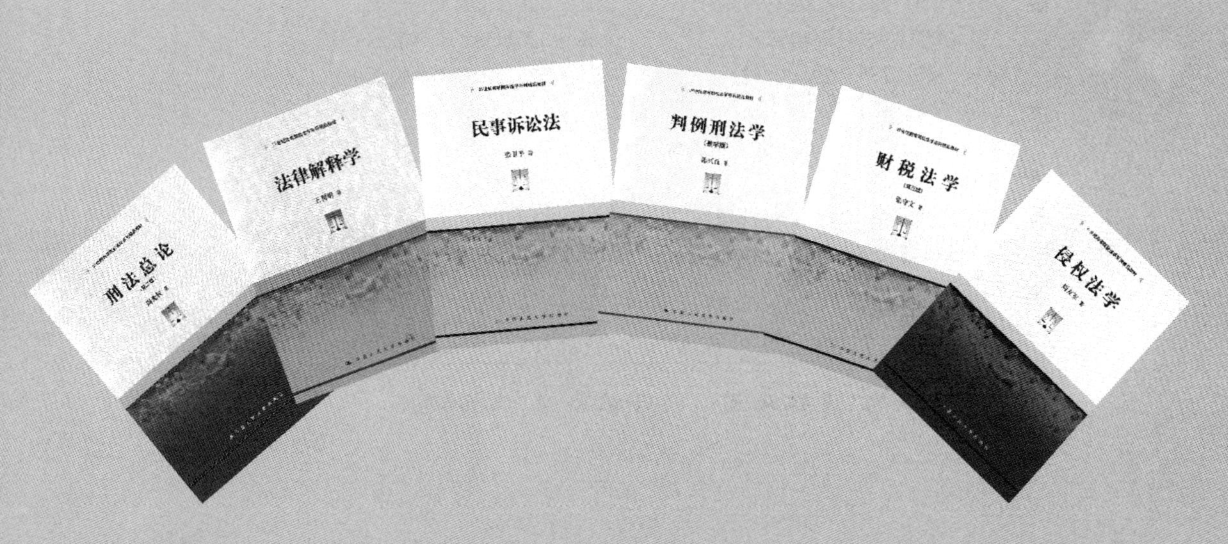

图书在版编目（CIP）数据

民事诉讼法实务教程/唐力，陈彬主编．—北京：中国人民大学出版社，2012.5
应用型高级法律人才系列教材
ISBN 978-7-300-15801-3

Ⅰ.①民… Ⅱ.①唐…②陈… Ⅲ.①民事诉讼法-中国-研究生-教材 Ⅳ.①D925.1

中国版本图书馆 CIP 数据核字（2012）第 096120 号

应用型高级法律人才系列教材
民事诉讼法实务教程
主编　唐　力　陈　彬
Minshi Susongfa Shiwu Jiaocheng

出版发行	中国人民大学出版社		
社　　址	北京中关村大街 31 号	**邮政编码**	100080
电　　话	010－62511242（总编室）		010－62511398（质管部）
	010－82501766（邮购部）		010－62514148（门市部）
	010－62515195（发行公司）		010－62515275（盗版举报）
网　　址	http://www.crup.com.cn		
	http://www.ttrnet.com(人大教研网)		
经　　销	新华书店		
印　　刷	北京民族印务有限责任公司		
规　　格	185 mm×260 mm　16 开本	**版　　次**	2012 年 6 月第 1 版
印　　张	18.75 插页 1	**印　　次**	2012 年 6 月第 1 次印刷
字　　数	393 000	**定　　价**	39.00 元

《　　　　　　　》※任课教师调查问卷

为了能更好地为您提供优秀的教材及良好的服务，也为了进一步提高我社法学教材出版的质量，希望您能协助我们完成本次小问卷，完成后您可以在我社网站中选择与您教学相关的1本教材作为今后的备选教材，我们会及时为您邮寄送达！如果您不方便邮寄，也可以申请加入我社的**法学教师QQ群：83961183（申请时请注明法学教师）**，然后下载本问卷填写，并发往我们指定的邮箱（cruplaw@163.com）。

邮寄地址：北京市海淀区中关村大街31号中国人民大学出版社411室收

邮　　编：100080

再次感谢您在百忙中抽出时间为我们填写这份调查问卷，您的举手之劳，将使我们获益匪浅！

基本信息及联系方式：※

姓名：________ 性别：________ 课程：________

任教学校：________ 院系（所）：________

邮寄地址：________ 邮编：________

电话（办公）：________ 手机：________ 电子邮件：________

调查问卷：※

1. 您认为图书的哪类特性对您选用教材最有影响力？（　　）（可多选，按重要性排序）

A. 各级规划教材、获奖教材　　B. 知名作者教材

C. 完善的配套资源　　D. 自编教材

E. 行政命令

2. 在教材配套资源中，您最需要哪些？（　　）（可多选，按重要性排序）

A. 电子教案　　B. 教学案例

C. 教学视频　　D. 配套习题、模拟试卷

3. 您对于本书的评价如何？（　　）

A. 该书目前仍符合教学要求，表现不错将继续采用

B. 该书的配套资源需要改进，才会继续使用

C. 该书需要在内容或实例更新再版后才能满足我的教学，才会继续使用

D. 该书与同类教材差距很大，不准备继续采用了

4. 从您的教学出发，谈谈对本书的改进建议：________

____

____

选题征集：如果您有好的选题或出版需求，欢迎您联系我们：

联系人：黄　强　联系电话：010-62515955/65

索取样书：书名：________

书号：________

备注：※ 为必填项。